AF322105

ÉTUDE

SUR LES

PEUPLES ANCIENS DE L'ITALIE

ET SUR LES

CINQ PREMIERS SIÈCLES DE ROME

POUR SERVIR D'INTRODUCTION

à l'Histoire de la Littérature romaine

PAR

CLOVIS LAMARRE

DOCTEUR ÈS LETTRES

PARIS

LIBRAIRIE CH. DELAGRAVE

15, RUE SOUFFLOT, 15

1899

ÉTUDE

SUR LES

PEUPLES ANCIENS DE L'ITALIE

ET SUR LES

CINQ PREMIERS SIÈCLES DE ROME

OUVRAGES DU MÊME AUTEUR

DE VITIBUS ATQUE VINIS APUD VETERES ROMANOS, thèse pour le doctorat ès lettres. 1 vol. in-8° (épuisé).

DE LA MILICE ROMAINE, DEPUIS LA FONDATION DE ROME JUSQU'A CONSTANTIN. 1 vol. in-12, librairie Hachette (2me édition épuisée).

LES PAYS ÉTRANGERS ET L'EXPOSITION DE 1878, avec la collaboration d'écrivains de la *Revue des Deux-Mondes* et de professeurs. 18 vol. in-18, librairie Delagrave.

CAMOENS ET LES LUSIADES, étude biographique, historique et littéraire, suivie du poème annoté, ouvrage honoré d'une mention par l'Académie française. 1 vol. in-8°, librairie académique Didier.

MÉMOIRES DE JULES X***, roman pédagogique, en deux parties : 1° *Avant le Collège*, 1 vol. in-18, illustré de 177 vignettes ; 2° *Le Collège*, 1 vol. in-18, illustré de 83 vignettes, librairie Delagrave.

PREMIÈRES FABLES. 1 vol. in-18, librairie académique Didier-Perrin (2me édition).

NOUVELLES FABLES. 1 vol. in-18, librairie académique Didier-Perrin (2me édition).

DERNIÈRES FABLES. 1 vol. in-18, librairie académique Didier-Perrin (2me édition).

Sous presse :

HISTOIRE DE LA LITTÉRATURE ROMAINE, depuis les origines jusqu'à la fin de la République. 3 vol. in-8°. (*Voir la note qui suit la préface du présent volume.*)

ÉTUDE

PEUPLES ANCIENS DE L'ITALIE

ET SUR LES

CINQ PREMIERS SIÈCLES DE ROME

POUR SERVIR D'INTRODUCTION

à l'Histoire de la Littérature romaine

PAR

CLOVIS LAMARRE

DOCTEUR ÈS LETTRES

PARIS

LIBRAIRIE CH. DELAGRAVE

15, RUE SOUFFLOT, 15

1899

Paris. — Imprimerie A. Reiff, 3, rue du Four.

PRÉFACE

Ayant formé, il y a quelque vingt ans, le projet d'écrire l'histoire de la littérature romaine, je jugeai bon, avant de commencer ce long travail, de me rendre compte de la civilisation des peuples anciens de l'Italie et des influences multiples sous lesquelles s'est développée celle des premiers Romains.

1° J'examinai tout d'abord la série des premiers envahisseurs de la péninsule qui, presque tous, de race pélasgique, parlaient une langue sœur de la langue hellénique, et je portai mon attention sur les couches de populations qui, dans le Latium, donnèrent naissance à cette confédération latine que présidait le canton d'Albe, d'où devaient sortir les Latins de Romulus. Je m'attachai tout spécialement aux deux grands peuples civilisateurs de l'Italie ancienne : les Étrusques et les colonies grecques. Je remarquai, chez les Étrusques, leurs doctrines religieuses, la tendance

scientifique de leurs aruspices, leur entente des grands
travaux d'assainissement et de l'architecture, leur
goût pour la peinture et pour tous les arts industriels, les emprunts faits par eux à l'Orient et à la
Grèce; chez les Grecs de la Sicile et de l'Italie méridionale, leur culture générale de toutes les connaissances humaines, poésie, philosophie, sciences et arts.
En ce qui concerne particulièrement ces colonies,
dont l'action directe passe pour ne s'être exercée sur
les Latins que longtemps après celle des Étrusques,
je recherchai si leurs rapports avec les Romains ne
pouvaient pas remonter aux premiers temps de la
République et même au temps des rois.

2° Prenant alors Rome à son origine, j'entrai dans
l'étude de ses traditions nationales et, en même temps,
par l'analyse des éléments constitutifs de son peuple,
je notai, dans les règnes successifs de ses rois sabins
et de ses rois étrusques, comme dans les débuts de
son gouvernement républicain, les marques très nettes
des diverses influences auxquelles obéissait son développement intellectuel.

3° J'arrivai ainsi à la grande lutte des plébéiens et
des patriciens pour l'égalité civile, politique et religieuse. J'y trouvai, dans l'une et l'autre classe, des
hommes d'État remarquables, sachant parler et légi-
férer. Leurs ardentes discussions, où s'exerçait si bien
leur merveilleuse aptitude à fixer les questions de droit,
me fournirent, avec un aperçu historique, pour ainsi
dire, de leur législation en ces temps-là, l'histoire
même de la parole romaine, parole alors non écrite,
non savante, privée de toutes les règles de l'art, mais

éloquente néanmoins et si puissante, si habile dans son naturel que ce fut elle en réalité qui produisit cette égalité sur laquelle s'établit l'unité du peuple entier, cause de la parfaite harmonie du gouvernement de Rome et de sa puissance au Ve siècle de sa vie.

A la fin de ce siècle que l'on considère à juste titre comme l'âge d'or de son existence républicaine, Rome avait l'empire incontesté de toute l'Italie et des grandes îles qui en dépendent. Les richesses matérielles, dont elle n'avait pas appris l'abus, affluaient chez elle; et la Grèce allait lui ouvrir tous les trésors de son intelligence. Mais, jusque-là, elle n'avait produit encore aucune œuvre littéraire. Sa langue, rude et grossière, était comme stérile. Les monuments que nous en a laissés cette longue période de cinq siècles sont d'une excessive rareté et les passer en revue me fut facile.

Toutefois comme cet examen m'entraînait nécessairement à des considérations sur les dispositions plus ou moins marquées des Romains de ce temps pour la poésie, pour la rédaction des livres de liturgie, pour la tradition écrite des faits, etc., il me parut se rattacher si intimement à leur histoire littéraire proprement dite, que je pris la détermination d'en reporter le compte-rendu au premier volume de cette histoire.

Le travail que je présente ici n'embrasse donc que les trois groupes de matières énoncées précédemment. Tant par elles-mêmes d'ailleurs que par les observations nombreuses qu'elles amènent sur les coutumes, les légendes, les cérémonies et les institutions de tout

genre auxquelles font constamment allusion les écrivains latins dont nous devons nous occuper, ces matières ne laissent pas que d'avoir pour nous un très vif
intérêt ; et le profit certain que personnellement j'ai
retiré des recherches et des lectures auxquelles j'ai dû
me livrer à leur sujet pour écrire cette sorte d'*Introduction*, me donne l'espoir qu'elle ne sera pas sans
utilité pour ceux qui voudront entreprendre avec moi
l'étude de l'*Histoire de la littérature romaine*[1].

Paris, le 1er juillet 1899.

---

(1) J'ai divisé l'*Histoire de la littérature romaine* en deux grandes périodes : l'une, qui s'étend depuis les origines, avec les monuments les plus anciens de la langue latine, jusqu'à la fin de la République ; l'autre, qui embrasse tout le temps de l'Empire. Chacune de ces deux parties est traitée en trois volumes. Ceux de la première sont achevés et vont être publiés sans interruption à la suite de celui-ci. Quant aux autres, j'en ai sous la main tous les matériaux au complet et je viens d'en commencer la rédaction ; j'espère que la publication pourra en être faite dans deux ans.

LIVRE PREMIER

LES PEUPLES ANCIENS DE L'ITALIE

[illegible]

[illegible]

CHAPITRE PREMIER

Peuples parlant une langue sœur de la langue grecque

I. Passage des Alpes par les premiers envahisseurs. Opinions contradictoires, au siècle dernier, des érudits italiens et de Fréret. Recherches nouvelles de la science. — II. Origine commune des peuples indo-européens. Dispersion des Aryas primitifs. Leur langue, mère de toutes les langues indo-européennes. — III. Branche aryenne des Pélasges, ancêtres des Grecs et des Latins. — IV. Les Pélasges en Italie. Aborigènes, autochtones. Sicules, Tyrrhéniens, Opiques et Sabelliens. — V. Sicanes, Ligures, Ombriens — VI. Grecs et Troyens. Établissement de la colonie grecque de Cumes. — VII. Développement des populations opiques et sabelliennes. Formation du peuple des Vieux Latins (*Prisci Latini*). — VIII. Confédération latine sous la présidence du canton d'Albe.

1

Le pays que nous comprenons sous le nom d'Italie[1] forme une longue presqu'île dont l'accès, au nord, semble défendu par le massif formidable des Alpes. Mais, malgré son étendue, son épaisseur et son élévation, cette chaîne de monts gigantesque n'a, en aucun temps, arrêté les invasions, et vraisemblablement c'est par les passages les

[1] Sous cette dénomination les anciens historiens grecs ne désignaient qu'une partie de la péninsule. Caton même, dans ses *Origines* n'appelait de ce nom que l'Étrurie et l'Ombrie et c'est peut-être dans une lettre de D. Brutus à Cicéron (*Ad Fam.*, XI, 20) qu'on trouve la plus ancienne mention du nom d'Italie appliqué à la péninsule tout entière jusqu'aux Alpes. — Quant au nom, Michelet ne trouve pas absurde, comme Niebuhr, l'étymologie qui le dérive du mot osque ou pélasgique *italos, italos* (bœuf). Le bœuf, laboureur de la terre, était sacré aux yeux des peuples de l'antiquité comme la terre elle-même ; la loi sainte le protégeait, et nous voyons dans Varron (*De re rust.*, II, 5, 4), Columelle (VI, *Pr.*) et Pline le naturaliste (VIII, 45) combien était grande cette protection.

moins longs et les moins difficiles qu'elle présente que se
sont accomplies les immigrations des premiers envahisseurs.

Cependant il s'est élevé des contradictions à ce sujet.
Bon nombre d'érudits italiens, au siècle dernier, désireux
surtout de témoigner que leurs compatriotes n'avaient
aucune communauté d'origine avec les peuples transal-
pins, qu'ils traitaient de barbares, se sont efforcés de
prouver que les premières populations de la péninsule y
étaient arrivées par la mer[1]. Et il faut avouer que les
défenseurs de cette dernière opinion trouvaient de sérieux
arguments à l'appui de leur thèse dans les récits de Denys
d'Halicarnasse, qui s'est appliqué, comme l'on sait, dans
la première partie de son histoire, à recueillir tout ce qui
concernait les antiquités italiques.

Denys d'Halicarnasse suppose deux peuplades grecques
différentes, qu'il appelle les Aborigènes et les Pélasges.
Selon lui, les Aborigènes étaient venus d'Arcadie par mer,
sous la conduite d'Œnotrus, dix-sept générations avant la
prise de Troie et près de deux cents ans avant l'arrivée de
Cécrops dans l'Attique[2]. Ils s'établirent sur les confins de
la Sabine et de l'Ombrie et donnèrent naissance aux
peuples du Latium. Plusieurs générations après, ils furent
joints par les Pélasges, Arcadiens comme eux d'origine,
mais qui sortaient de Thessalie d'où Deucalion venait de
les chasser. Denys les fait également arriver par mer, et à
propos d'un événement si reculé, il ne craint pas d'entrer
dans des détails historiques non moins circonstanciés que

(1) Ce système a été soutenu aussi par Théodore de Rycke, philologue
hollandais : *Th. Ryckii diss. de primis Italiæ colonis,* etc., à la suite
de *Lucæ Holstenii notæ et castigationes postumæ in Stephani Byzan-
tini* Ἐθνικά, etc. (Lugd. Bat. 1684, in-f., p. 305 sqq.)

(2) Voir dans le recueil de l'Académie des Inscriptions : *Chronologie de Denys d'Halicarnasse,* par Boivin, tom. II (M), p. 373 ; —
Examen de la véracité de Denys d'H., par Petit-Radel, 1810, *N. I.,*
tom. V (M), p. 143 ; — *Défense de l'autorité de Denys d'H. sur l'époque de la colonie d'Œnotrus,* par Petit-Radel, 1817. *N. I.,* tom. V
(M), p. 222.

s'il racontait, d'après des mémoires contemporains, un fait voisin de son siècle. Le plus grand nombre des Pélasges, affirme-t-il, s'étant retirés dans l'Épire et s'y trouvant à charge aux anciens habitants, avaient consulté, sur le choix d'une nouvelle demeure, l'oracle de Dodone qui leur indiqua l'Italie sous le nom de terre de Saturne. Ils construisirent aussitôt une flotte nombreuse et embarquèrent pour traverser le golfe Adriatique ; mais un vent du midi les ayant poussés vers l'embouchure du Pô, ils s'y arrêtèrent et fondèrent la ville de Spina. Cette ville, après avoir acquis une prospérité qui lui permettait d'envoyer tous les ans à Delphes la dîme de ses profits, fut ruinée par les Gaulois et abandonnée par la plus grande partie de ses habitants. Les Pélasges fugitifs s'avancèrent alors dans le milieu des terres, traversèrent l'Ombrie et vinrent se joindre aux Aborigènes. Les deux peuples, ainsi réunis, furent puissants ; ils fondèrent plusieurs villes ; mais leur négligence à s'acquitter d'un vœu leur attira la colère des dieux ; une maladie contagieuse en fit périr un grand nombre et le reste se dispersa de tous côtés.

Tel est, en résumé, le récit de Denys d'Halicarnasse et sur lequel se sont naturellement appuyés ceux qui ont voulu défendre l'hypothèse de l'envahissement de l'Italie par des peuples arrivés à travers les mers. Mais ce système a été vivement attaqué, dès le milieu du siècle dernier, par un savant français, qui s'est attaché, dans un travail des plus sérieux et des mieux réussis [1], à réfuter les affirmations aventureuses [2] de l'historien grec. Nous ne pou-

(1) *Recherches sur l'origine et l'ancienne histoire des différents peuples d'Italie*, par Fréret. *Acad. Inscr.*, tom. XVIII, p. 72.

(2) Le grand ouvrage de Denys d'Halicarnasse, qui embrassait l'histoire de l'Italie depuis les temps les plus anciens jusqu'à la première guerre punique sous le titre de Ῥωμαϊκὴ ἀρχαιολογία (*les Antiquités romaines*), se composait de vingt livres. Nous en possédons neuf complets, une grande partie du dixième et du onzième et quelques fragments des autres. Partout très favorable aux Romains, au milieu desquels il avait vécu vingt-deux ans et dont il voulait relever l'ori-

vous donner ici tout le développement d'une telle réfutation ; qu'il nous suffise de savoir que Fréret a étudié cette grande question avec la sagacité dont il a donné tant de preuves dans ses nombreux écrits [1] et de connaître les principales conclusions qu'il a cru pouvoir tirer de ses laborieuses investigations. On n'a pas, selon lui, l'époque fixe de l'entrée des premières peuplades dans la péninsule ; mais on peut affirmer d'après un principe certain qu'elles y sont venues par les Alpes [2]. On est en droit de croire aussi que ces peuplades occupaient toujours, même quand elles étaient peu nombreuses, une grande étendue de terrain ; qu'elles passaient facilement d'un pays à un autre après avoir épuisé le premier ; et qu'à l'arrivée de nouvelles colonies, les anciennes se retiraient sans grande lutte pour s'établir plus loin. D'où il résulte que les anciens habitants, ayant d'abord pénétré par les Alpes, se reculèrent insensiblement vers le midi, et qu'ainsi ce sont les peuples de l'extrémité méridionale, ou même ceux des îles voisines, dont les ancêtres ont mis les premiers le

gine et le caractère aux yeux des Grecs, Denys a fourni sur les commencements de leur histoire un bon nombre de faits et de documents qu'on chercherait vainement ailleurs ; il avait étudié avec soin les auteurs qui avaient traité le même sujet avant lui ; mais on lui reproche généralement d'avoir fait des emprunts à ses devanciers avec trop peu de discernement, de s'être complu aux récits fabuleux et de s'être montré trop souvent systématique.

(1) Fréret a écrit plus de quatre-vingts dissertations insérées pour la plupart dans les *Mémoires* ou dans l'*Histoire de l'Académie des Inscriptions*. Ses travaux portèrent sur toutes les branches de l'érudition, sur la chronologie, dont il indiqua la véritable méthode en se débarrassant des légendes fabuleuses, sur la mythologie, sur la linguistique, sur la géographie et l'histoire des anciens peuples. Voy. Walckenaer, *Examen critique des ouvrages composés par Fréret*.

(2) Th. Mommsen adopte cette conclusion de Fréret : « On ne peut douter, dit-il, que toutes les premières migrations des peuples n'aient eu lieu par terre, particulièrement celles qui furent dirigées sur l'Italie, dont les côtes n'étaient abordables qu'à des marins consommés et, par cette raison, étaient entièrement inconnues aux Grecs. » *Hist. Rom.*, 1, 1.

pied en Italie [1]. C'est sur cet ensemble d'observations que
Fréret a établi l'ordre dans lequel il fait entrer en Italie
les premières populations qui l'occupèrent.

Mais nous ne le suivrons pas dans l'étude successive de
tous ces peuples. Depuis un siècle et demi, la science a fait
tant de recherches fécondes, les fouilles des archéologues
et les études des linguistes ont amené de si merveilleux
résultats, que, bien que Fréret semble, en beaucoup de
points, avoir eu pour ainsi dire l'intuition des découvertes
faites après lui, nous ne saurions le prendre constamment
pour guide. C'est à l'érudition de notre siècle qu'il nous
faut recourir, c'est à elle de préférence que nous devons
demander les notions d'histoire et de linguistique qui nous
sont nécessaires pour comprendre ce que furent, à l'origine, les populations italiotes.

II

Nous n'ignorons plus maintenant ni la filiation des
peuples ni la parenté de leurs langues. Nous savons que,
dans le lointain des siècles, il y eut une grande race,
qu'on appelle les Aryas primitifs, qui occupait les régions
comprises entre l'Oxus au nord, l'Indus à l'est, la mer Caspienne à l'ouest, et les frontières extrêmes de la Perse au
sud ; qu'après avoir longtemps vécu d'une vie puissante,
elle s'ébrancha en divers rameaux devant avoir eux-
mêmes une vie indépendante ; que ses tribus distinctes se
portèrent dans la partie occidentale de l'Asie et dans le
continent européen depuis les bords du Gange, de l'Indus
et du Volga jusqu'à l'Océan Atlantique, depuis les côtes de
la mer des Indes et de la Méditerranée jusqu'aux îles

---

(1) Sur ce point important, Th. Mommsen fait encore le même raisonnement que Fréret : « L'historien peut ainsi que le géologue, qui
découvre l'origine des montagnes par l'examen de leurs couches, hasarder cette hypothèse : c'est que les rameaux des peuples qui ont été
refoulés le plus loin dans le sud sont les premiers habitants de l'Italie. »
Hist. rom., l. 1.

situées par delà la mer du Nord, l'Angleterre et l'Irlande ; et qu'ainsi sont sortis d'elle les Hindoux brahmaniques, les Persans iraniens, les Grecs et les Latins, les Slaves, les Germains, les Celtes, en un mot, toutes les variétés de la grande famille de peuples dite indo-européenne.

Malgré l'antiquité nébuleuse et presque déconcertante des Aryas primitifs, on n'a pas désespéré d'apprendre quelque chose de leur langue, de leur vie matérielle et même de leur état social et de leurs idées morales. Par les lumières de la philologie on s'est efforcé de percer les ténèbres opaques de cette nuit des temps. Et voici comment on a procédé.

Quand un mot, s'est-on dit, se retrouve sous forme de racine dans toute la série des langues indo-européennes, depuis le sanscrit jusqu'au slave et au celte, ce mot doit avoir fait partie de la langue des Aryas ; car d'où serait-il venu simultanément à tant de peuples après leur dispersion complète ? Évidemment ils n'ont pu le recevoir que de la source commune où ils puisaient à l'origine. Si même la racine manque en sanscrit, du moment qu'elle subsiste dans cinq ou six dialectes secondaires, le résultat est le même, et l'on peut affirmer encore que cette racine faisait partie de la langue aryenne. Prenez, par exemple, le nom de *Dieu :* en sanscrit, c'est *Déva* (le Lumineux) de la racine *Div* (resplendir) ; en zend, *Daéva* ; en persan, *Dew* et *Diw* ; en arménien, *Tev* ; en grec, *Théos* ; en latin, *Deus* ; en ancien irlandais, *Dia* ; en cymrique, *Duw* ; en armoricain, *Doué*, dans le dialecte de la Cornouaille, *Deu*. Prenez le nom de *père :* c'est en sanscrit *pitar*, nominatif *pitā* ; en zend, *pitar* ou, par abréviation, *ptar ;* en persan, *pédar ;* en grec et en latin, *pater ;* dans les langues germaniques, *fadar* pour le goth, *fatar* pour l'ancien allemand, *father* pour l'anglais, *vater* pour l'allemand actuel, etc. Vous trouvez le nom de *mère* transmis plus strictement encore dans toute la famille, depuis le *mātār* (*mātā*) sanscrit jusqu'au *mutter* allemand. Après une telle comparaison, ne concluez-vous pas sans hésitation que ces

mots restés les mêmes en sanscrit, en persan, en grec, etc.
appartenaient déjà à la langue des Aryas primitifs ? Il n'y a
là rien d'hypothétique ; le fait est évident.

Dès lors vous comprenez comment, à l'aide de ces rap-
prochements, appliqués aux lexiques de toutes les langues
indo-européennes [1], la philologie a pu reconstruire en partie la langue-mère dont il ne restait rien.

En même temps à la comparaison des diverses langues
il était naturel qu'on demandât une indication sur l'ordre
dans lequel se sont produits les départs successifs des
tribus aryennes. Sans avoir la prétention de rien préciser,
on pouvait, par l'examen de l'archaïsme plus ou moins
marqué de chaque idiome, deviner en quelque sorte
l'époque relative où s'est accompli chaque démembrement
et hasarder à ce sujet une classification. D'après les sup-
positions et les calculs les moins invraisemblables [2], le
zend étant plus archaïque que le sanscrit, les Iraniens de
la Perse se seraient séparés les premiers de la grande
famille, en se dirigeant vers le sud. Puis seraient partis
vers le sud-est ceux qui devaient former le peuple des
Hindoux. Après les Hindoux serait venu le tour des
Pélasges, ancêtres des Grecs et des Latins. Les trois autres
tribus n'auraient émigré que postérieurement. Et la dispersion totale des Aryas se serait trouvée consommée vers
l'an 3000 avant notre ère.

Un érudit ingénieux s'est avancé encore plus loin. Après
avoir réuni tous les mots retrouvés de la langue mère, il
les a classés par ordre de matière dans des cadres particu-

(1) Consulter pour l'étude de l'origine et de la filiation des langues :
les Leçons sur la science du langage, de Max Müller, Londres. 1863
et 1864 ; la *Grammaire comparée des langues sanscrite, zende,
grecque, latine, lithuanienne, slave ancienne, gothique et allemande*, par Fr. Bopp, grand ouvrage qui a été excellemment traduit,
avec de remarquables introductions, par M. Michel Bréal (Paris, 1867-
72) ; le *Compendium* de Schleicher, le digne élève de Bopp.

(2) Art. de Barthélemy Saint-Hilaire dans le *Journal des Savants*,
ann. 1866, p. 366.

liers et du vocabulaire aryen, ainsi présenté, il a tiré tout
ce qu'il était possible de conjecturer de la vie des Aryas[1].
Ses déductions en ce qui concerne la partie matérielle de
cette vie devaient naturellement présenter plus de certitude que celles qu'il était possible d'émettre au sujet de la
partie intellectuelle, morale et religieuse. Mais, quelle que
soit la hardiesse de ces dernières et quelque doute qu'elles
comportent, il n'en ressort pas moins comme certain que
les Aryas ont droit à toute notre estime.

Il suffit d'ailleurs, pour apprécier la générosité de leur
race de la considérer dans sa postérité. « Les traces
qu'elle a laissées d'elle, dit Barthélemy Saint-Hilaire, sont
telles qu'on ne saurait trouver rien de plus noble ni de
plus grand dans les annales de l'histoire humaine. Car,
sans parler des Hindous ni des Iraniens de la Perse, dont
l'influence intellectuelle n'a guère dépassé les limites des
pays occupés par eux, la partie des Aryas qui s'est dirigée
à l'occident s'est montrée la race civilisatrice par excellence. C'est elle qui, par les peuples qu'elle a produits, a
donné dans le monde l'impulsion la plus vive à la religion,
aux lettres, à la science, à la politique, au commerce, à
tous les arts; et nous pouvons, nous Français, puisque
nous en provenons nous-mêmes, nous plaire à constater
qu'elle s'est identifiée avec tout ce qui fait la dignité, la
puissance et le bonheur de l'homme. »

A la branche pélasgique en particulier, avec les Grecs,
les Latins et leurs descendants, revient la plus grande part
de cette glorieuse destinée.

III

Les Pélasges, en quittant leur séjour primitif, ne s'avancèrent pas rapidement vers la partie occidentale de l'Europe. Ceux qui devaient plus tard se fractionner pour

---

(1) *Les origines Indo-Européennes ou les Aryas primitifs, essai
de paléontologie linguistique,* par Ad. Pictet, 1re partie, 1856, 2e part.
gr. in-8, 1863.

occuper séparément les deux grandes péninsules de Grèce
et d'Italie, vécurent encore longtemps réunis. Déjà, à
cette époque lointaine, ils n'étaient plus seulement des
chasseurs et des nomades : les premiers éléments de l'agriculture leur étaient devenus familiers. Ils avaient connu
de bonne heure l'orge, l'épeautre, le froment et le lin, que
produit de lui-même le sol de la Mésopotamie, ainsi que la
vigne, qui est indigène au sud du Caucase et de la mer
Caspienne[1]. Cette connaissance commune d'un art agricole rudimentaire est prouvée par la communauté même
des plus anciennes expressions dont se servirent les Grecs
et les Latins pour désigner les principaux objets qui s'y
rapportent ; tels sont les mots *ager*, ἀγρός ; *aro*, *aratrum*,
ἀρόω, ἄροτρον ; *hortus*, χόρτος ; *melium*, μελίνη ; *vinum*, οἶνος, etc.
On voit encore des preuves de cette communauté origi-
naire de l'agriculture des deux peuples dans le choix des
mêmes grains cultivés, le millet, l'épeautre, l'orge ; dans
la fabrication identique des instruments aratoires tels que
les représentent les plus anciens monuments des deux
pays ; dans la coutume de couper les épis à la faucille et
de les faire fouler aux pieds par le bétail sur une aire
nivelée ; enfin, dans la manière de préparer le grain,
comme le prouvent les mots *puls*, πέλτος ; *pinso*, πτίσσω ; *mola*
μύλη. Th. Mommsen rappelle à ce propos que la vieille
coutume italique des repas en commun au milieu du jour
pour les paysans, coutume dont la mythologie a rattaché
l'origine à celle de l'agriculture, peut être comparée à la
syssitie crétoise dont parle Aristote. L'érudit allemand fait

(1) Le célèbre botaniste suisse, de Candolle, qui avait déjà traité de
l'origine des plantes cultivées dans sa *Géographie botanique raison-
née*, a publié, dans la *Bibliothèque scientifique internationale*, un
volume consacré à cette question. Il y a recherché non seulement les
lieux d'origine de chaque plante à l'état sauvage, mais aussi le mode de
culture de chacune d'elles dans les temps les plus anciens, et ses connaissances en géographie botanique, en archéologie, en paléontologie
et en linguistique lui ont permis de rectifier beaucoup d'erreurs précédemment commises dans l'étude de ces divers problèmes.

aussi remarquer [1] que les Grecs et les Italiotes eurent le même système primitif de mesurer et de délimiter les champs. Mais ce n'est pas seulement dans l'art agricole que se dévoile l'étroite affinité des deux peuples : leurs mœurs primitives, en général, se prêtent aux mêmes observations. La partie essentielle de la maison latine, l'*atrium*, c'est-à-dire la chambre noire, où se trouvent l'autel domestique, le lit nuptial, la table à manger et le foyer, ne ressemble-t-elle pas au μέγαρον, la grande pièce au plafond enfumé, telle que la dépeint Homère, avec le même autel domestique et le même foyer ? Les vêtements ne sont-ils pas semblables, la tunique correspondant exactement au χιτών et la toge elle même n'étant autre chose qu'un ἱμάτιον plus complet ? Lorsqu'on fait porter cette étude comparative sur tout ce qui concerne les fondements matériels de l'existence, on voit que les Grecs et les Latins avaient résolu de la même manière les questions que la nature leur proposait, et l'on en conclut nécessairement qu'ils n'ont pu arriver ainsi sur tant de points aux mêmes solutions qu'en y travaillant ensemble, c'est-à-dire dans le temps même où ils ne formaient encore qu'un seul peuple.

Après leur séparation d'avec les tribus qui occupèrent la Grèce, [2] ceux des Pélasges, qui se dirigèrent à l'occi-

(1) « A l'agriculture, dit-il, se rattache naturellement une certaine mesure des champs, quelque grossière quelle soit, avec les moyens de les limiter ; aussi le nom des mesures et des délimitations repose chez les deux peuples sur le même système... Le mesureur s'orientait sur un des quatre points cardinaux, tirait d'abord deux lignes du nord au sud et de l'est à l'ouest, et se plaçait à leur point d'intersection (*templum*, τέμενος de τέμνω), puis il tirait, à certaines distances fixées, des lignes parallèles à ces premières, et par ce moyen dessinait une série de terrains rectangulaires, dont les extrémités étaient marquées par des poteaux (*termini*, τέρμονες, ὅροι)... » *Hist. Rom.*, I, 2.

(2) Avant les Hellènes, les Pélasges occupaient toute la Grèce jusqu'au Strymon, comprenant ainsi toutes les tribus arcadiennes, argiennes, thessaliennes, macédoniennes, épirotes. Le principal sanctuaire de ces Pélasges se trouvait dans la forêt de Dodone, où la colombe

dent, errèrent encore un certain temps avant de pénétrer dans la péninsule italique. Ils s'étaient établis déjà de longue date sur la rive orientale de la mer Adriatique lorsqu'ils passèrent les Alpes. Leurs premières invasions connues ne s'effectuèrent que dix-sept siècles environ avant l'ère chrétienne ; mais très vraisemblablement il y en eut d'antérieures qui n'ont laissé aucune trace dans les notions acquises à l'histoire, et c'est à elles qu'il faut attribuer l'origine des populations dites aborigènes et autochtones que trouvèrent disséminées les envahisseurs du dix-septième siècle [1].

IV

Ceux-ci couvrirent, sous divers noms, la plus grande partie du littoral.

Ce furent : au sud-est, les Messapiens, qui se divisèrent en Salentins et Calabrois, les Peucétiens et les Dauniens ; au sud-ouest, les Œnotriens, les Chones et les Morgètes ; à l'est, les Liburnes.

prophétique rendait ses oracles du haut d'une colonne sacrée. D'autres Pélasges occupaient les îles de Lemnos, d'Imbros et celle de Samothrace, centre de leur religion dans l'Orient. De là, ils s'étendaient sur la côte de l'Asie, dans les pays appelés plus tard Carie, Éolide, Ionie, et jusqu'à l'Hellespont. Sur cette côte, en face de Samothrace, s'élevait Troie, la grande ville pélasgique, dont le fondateur Dardanus, venu, selon des traditions diverses, de l'Arcadie, de Samothrace ou de la ville italienne de Cortone, formait, par ces migrations fabuleuses, un symbole de l'identité de toutes les tribus pélasgiques. Michelet, *Hist. Rom.*, Intr. ch. 3.

(1) « Pelasgi primi Italiam tenuisse perhibentur ». Servius, *in Æn.*, VIII, 600. — On a remarqué que l'Italie est particulièrement pauvre en documents des époques primitives et qu'elle présente, sous ce rapport, un contraste frappant avec l'Angleterre, la France, l'Allemagne du nord et la Scandinavie, toutes contrées où une foule de découvertes archéologiques font voir, avant l'établissement des rameaux indo-européens, un peuple tout à fait barbare, peut-être de race ongro-tartare, vivant de chasse ou de pêche, façonnant ses instruments de travail avec la pierre, l'argile et les os, se parant d'ambre et de dents d'animaux, ignorant enfin l'agriculture et l'usage des métaux.

Au nord, ils s'appelèrent Sicules et Tyrrhéniens. Ils s'établirent sur les bords du Pô et sur ceux de l'Arno, dont ils travaillèrent à régulariser le cours. Ils devinrent surtout puissants au-dessous de ce dernier fleuve, dans le pays qui, dans la suite, devait être l'Étrurie : ils y fondèrent Pise, Cortona, Agylla, Pyrgi, Tarquinies, Fiesole, Volterra, qu'ils entourèrent de murailles indestructibles, et ils n'en furent jamais complètement bannis ; le nom même de Thyrrhéniens prévalut plus tard sur celui des Rhasénas, leurs vainqueurs, qui les réduisirent pour la plupart en servitude et surent mettre à profit leur industrieuse activité [1].

Dans le centre occidental, enfin, vers la côte que traverse le Tibre, les Sicules, au temps de leur puissance, occupèrent aussi la terre des Osces ou Opiques [2], peuples qui se prétendaient aborigènes ou autochtones, mais qui provenaient, comme je l'ai dit tout à l'heure, d'un ban antérieur de Pélasges arrivés les premiers. Devant les Sicules, les Opiques se retirèrent, pour un temps, dans les montagnes avec les Sabelliens, autres peuples de la même naissance et de la même antiquité [3].

Durant deux siècles, les Pélasges dominèrent ainsi du nord au midi dans l'Italie et répandirent sur la plus grande partie du territoire une vaste couche de population. Les traces matérielles de leur domination sont, aujourd'hui encore, bien visibles en beaucoup de contrées ; car ni le temps, ni la main des hommes n'ont pu détruire complètement leurs constructions cyclo-

---

(1) Les œuvres de ces Pélasges, restés dans le pays sous la domination des Rhasénas, contribuèrent beaucoup à rendre célèbre parmi les anciens le nom d'Étrusques (*Tyrrheni, Tyrseni, Tursci, Tusci, Etrusci,* indifféremment donné aux vainqueurs et aux vaincus.

(2) *Osci,* mot contracté pour *Opsci (Ops, terre), Opici,* les hommes de la terre, les premiers, les anciens habitants de la contrée.

(3) Strabon (L. V) qualifie les Sabelliens du nom d'autochtones, mot identique avec celui d'Aborigènes, qui, lui-même, n'a pas d'autre signification que celui d'*Opici.*

péennes [1]. Les murs de Norba représentent à nos yeux un des
curieux spécimens [2] de leur architecture grandiose. Bien que
cette ville, prise et brûlée par Sylla, n'existe plus depuis vingt
siècles, l'enceinte subsiste presque entière et l'on voit les
deux espèces de bastions dont est flanquée l'entrée principale. A Segni, les murs composés de blocs énormes,
forment une triple enceinte. « A Alatrium, dit Ampère [3],
on voit encore la citadelle pélasgique. Les murs ont quarante pieds de haut et quelques pierres huit à neuf pieds
de long. Le faîte d'une des portes de la ville est formé par
trois blocs posés l'un à côté de l'autre. Ces pierres ont été
taillées avec soin et ajustées avec art. Le joint des pierres
est parfait. C'est un ouvrage de géants, mais de géants
adroits. »

Mais en dehors des restes de ces constructions colossales
nous n'avons aucune marque notable de l'histoire des

(1) Des constructions de ce genre et tout aussi indestructibles que celles
de l'Italie, se voient aussi en Espagne, où d'autres Pélasges fondèrent
plusieurs villes, telles que : Sagonte, dont Annibal et les guerres sans
nombre dont le pays a été le théâtre n'ont pu faire disparaître les restes
toujours debout ; Saragosse, où les murailles pélasgiques dépassent
l'enceinte de la ville actuelle ; Tarragone dans les murs de laquelle,
au commencement de ce siècle, la mine fit moins d'effet que dans les
roches. « Ces murailles éternelles, dit Michelet, ont reçu indifféremment toutes les générations dans leur enceinte ; aucune révolution ne
les a ébranlées. Fermes comme des montagnes, elles semblent porter
avec dérision les constructions des Romains et des Goths, qui croulent
chaque jour à leurs pieds. » *Hist. rom.*, Introd., ch. 3.

(2) Voir la représentation des murs de Norba dans la grande édition, enrichie d'environ 2,500 gravures, de l'*Hist. rom.* de V. Duruy
(Paris, 1879). Introd., p. XLV ; et celle d'Alatrium, id., p. LXXXV. —
Consulter pour les œuvres de l'industrie pélasgique : *Recherches sur
les monuments cyclopéens, et description des modèles en relief
composant la galerie pélasgique de la bibliothèque Mazarine*, par
L. C. F. Petit-Radel (Paris, 1841, in-8°), ouvrage dont Raoul Rochette a
rendu compte dans le *Journal des Savants* (année 1843, p. 129) ;
Abeken, l'*Italie centrale avant la domination romaine; Mittelita-
lien vor den Zeiten römischer Herrschaft*, etc. (Stuttgard, 1843) ; et
le tome 1er de *Römische Geschichte*, de Schwegler.

(3) *L'Hist. rom. à Rome*, t. 1, p. 135.

hommes qui les ont élevées. Leur religion elle-même nous est inconnue. Nous savons seulement qu'elle se rattachait au culte des dieux Cabires [1] dont la conception reposait sur la croyance que le feu, sous toutes ses formes, est le principe des choses. Nul doute non plus que le culte de Vesta,

(1) Leur nom, qui dérive de la racine κάειν, καίειν « brûler » indique bien que les Cabires étaient les personnifications du principe igné. Hérodote (II, 51) caractérise leur culte comme essentiellement propre aux Pélasges. On en retrouve en effet les traces dans toutes les parties de la Grèce où cette population a été établie, dans le groupe d'îles qui s'étend de l'Eubée à l'Hellespont, et, de l'autre côté de la mer, dans la partie nord-ouest de l'Asie-Mineure. Comme en général les dieux des races éteintes et subjuguées, les Cabires ne conservent leur rang antique ni dans le système de la mythologie poétique ni dans le culte public ; et ce n'est que dans quelques localités qu'on célèbre des mystères en leur honneur. A Samothrace tout particulièrement, loin de descendre, comme ailleurs, au rang de génies, de héros ou de prêtres des premiers âges, ils demeurent, conformément à leur conception primitive, des dieux cosmiques de premier ordre, les plus grands des dieux. Ils sont au nombre de trois : *Axiéros*, *Axiokersa* et *Axiokersos*, avec un quatrième, d'un degré inférieur, *Casmilos*. L'élément initial du nom des trois premiers est le mot ἄξιος dans son sens antique de « puissant, fort » : *Axiéros* signifie la divinité par excellence, la plus puissante et la plus vénérable en tant que la source des autres ; les terminaisons *kersos* et *kersa* paraissent désigner « l'époux » et « l'épouse », deux divinités issues parallèlement du premier principe ; et quant au mot Κάσμιλος ou Κάδμελος, le sens en est « l'ordonnateur » et désigne un dieu ministre des trois dieux supérieurs. De là ce titre de Κάδμιλος donné selon Denys d'Halicarnasse (*Ant. rom.* III, 2) à tous les ministres du culte des dieux Cabires et aussi, par une assimilation évidente, d'après Varron et Macrobe, le titre latin de *Camillus*, originairement *Casmillus*, donné aux jeunes gens remplissant les fonctions de servants dans les sacrifices de la religion romaine (Varr., *Ling. lat.* VI, 88 ; Macr., *Saturn.*, III, 8). Les mystères célébrés à Samothrace en l'honneur des Cabires restèrent jusqu'à la fin de la république romaine les plus célèbres et les plus vénérés du monde grec après les Éleusinies. Les personnages importants de Rome, tels que Marcellus, s'y faisaient volontiers initier (Plut., *Vie de Marcellus*, 30) ; Samothrace était aux yeux des Romains un sanctuaire national : la tradition habilement entretenue par le sacerdoce de l'île leur faisait croire que les Pénates de Rome étaient les mêmes que les dieux transportés de Samothrace à Troie par Dardanus et de Troie à

cette représentation féminine de l'Agni des *Védas,* qui rentrait dans le même ordre d'idées et qui d'ailleurs fut commun à tous les peuples de la race aryenne[1], n'ait été pratiqué par les plus anciens Pélasges de l'Italie.

V

Vers l'an 1500, la puissance des Sicules se trouva menacée et bientôt détruite sur un grand nombre de points par deux peuples nouveaux, les Sicanes, qui venaient d'Espagne, d'où les chassait une invasion celtique, et les Ligures, qui venaient de la Gaule.

Les Sicanes, que Thucydide regarde comme une tribu ibérienne[2], appartenaient, comme les Sicules, à la race pélasgique. Ils forcèrent ces derniers à se soumettre et à s'éloigner des rives de l'Arno. Mais leur domination ne fut pas de longue durée. Les invasions suivantes les refoulèrent eux-mêmes dans la partie méridionale, et ils finirent, comme l'avaient fait auparavant quelques-uns de ceux qu'ils avaient vaincus, par passer le détroit et occuper une portion de la grande île qui des Sicules prit le nom de Sicile.

Les Ligures, qu'on a considérés aussi comme des Ibères, parlaient, comme l'ont prouvé M. Maury[3] et M. Ernest Desjardins[4], un idiome celtique. D'un caractère opiniâtre et durs au travail[5], ils habitèrent de préférence dans des

Rome par Énée. Par cette croyance, ils se trouvaient, à leur insu, ramenés au culte des dieux pélasgiques que, même en dehors de la tradition troyenne, avait certainement reconnus la religion de leurs plus anciens ancêtres, en tout cas Pélasges.

(1) Fustel de Coulanges, thèse latine pour le doctorat ès lettres : *Quid Vestæ cultus in institutis veterum privatis publicisque valuerit;* 1856, gr. in-8, 64 p.

(2) « Ce sont, dit Thucydide (VI, 2), des Ibères chassés par les Ligyens des bords du fleuve Sicanos, en Ibérie. »

(3) *Comptes rendus des séances de l'Académie des Inscr.,* 1870.

(4) *Géographie ancienne de la Gaule,* tom. II.

(5) « Assuetum malo Ligurem ». Virg., *Georg.,* II, 168.

bourgades cachées sur les deux versants des Alpes[1] et des Apennins, et s'y maintinrent très longtemps[2]. Ils étaient séparés en autant de tribus qu'ils occupaient de vallées. Les principales de ces tribus furent les Lœvi, les Ingauni, les Libici, les Taurini ou Taurisci, les Apuans.

Presque dans le même temps apparut le grand peuple des Ombriens, dont le nom (Amra) signifie noble et vaillant. D'où venait-il? On ne peut le préciser. M. Ern. Desjardins en fait une branche même des Ligures; mais la plupart des historiens, comme M. Th. Mommsen, lui attribuent la même origine qu'aux peuples latins; et il est certain que, si la question des races était nécessairement liée à celle des langues[3], il faudrait se ranger à cette dernière opinion; car les monuments découverts en Ombrie, dont j'aurai occasion de parler plus tard[4], démontreraient une parenté indiscutable entre les populations opiques et sabelliennes et les Ombriens. Toujours est-il que ce peuple doit être compté non seulement parmi les plus anciens de l'Italie[5], mais aussi parmi ceux qui y tinrent la plus grande place. Durant trois siècles, ils dominèrent depuis les Alpes jusqu'au Tibre à l'ouest, jusqu'au mont Garganus à l'est. Ils partagèrent leur empire en trois provinces : l'Issombrie ou basse Ombrie, dans les plaines que traverse le Pô; l'Ollombrie ou haute Ombrie, entre

(1) Dans la partie septentrionale des Alpes s'étaient également établis deux autres peuples : les Vénètes ou Hénètes, qui venaient peut-être des bords du Danube et qui donnèrent leur nom à la Vénétie, et les Carnes, probablement d'origine celtique, qui se trouvaient au pied des montagnes qu'on appela Carniques à cause d'eux.

(2) Leur soumission demanda plus tard aux Romains des efforts considérables. Cf. Plin., *Hist. Nat.*, III, 6 ; *Tit.-Liv.*, XL, 34.

(3) On sait qu'un peuple vainqueur ne réussit pas toujours à faire dominer sa langue dans le pays qu'il a soumis; en Angleterre, par exemple, la langue des Saxons l'a emporté sur celle des Normands.

(4) A propos des *Tables Eugubines*, dans l'*Hist. de la Littér. rom.*, Liv. I, ch. I, 4.

(5) Pline dit des Ombriens « gens antiquissima Italiæ ». *Hist. Nat.*, III, 14.

l'Apennin et l'Adriatique ; la Vilombrie ou Ombrie maritime, entre l'Apennin et la mer Tyrrhénienne. Ils y élevèrent des villes importantes telles que Ravenne, Arimi-
num, Améria, Nucérie, Narnia, Interamna, Sentinum.

VI

A une époque où florissait encore cette domination des
Ombriens, certaines traditions, qui ont un caractère plus
fabuleux et poétique qu'historique, font remonter l'établissement de plusieurs colonies grecques en Italie, ainsi que
l'arrivée de quelques fugitifs de Troie, la grande ville pélasgique de l'Asie-Mineure. Diomède [1] aurait colonisé
dans l'Apulie ; les Pyliens de Nestor à Métaponte ; Idoménée [2] à Salente ; Philoctète à Thurium et à Pétélie [3] ;

(1) D'après la tradition, Diomède, roi d'Étolie, fils de Tydée, ayant
blessé Vénus au siège de Troie, fut, à son retour, sur le point d'être
victime de la perfidie de sa femme et passa en Italie.

> Mittitur et magni Venulus Diomedis ad urbem,
>
> Virg., *Æn.*, VIII, 9.

De petites îles, au nord du mont Gargahus, portaient même le nom
des îles de Diomède.

> Adria qua penetrat, venias si parte sinistra,
> Atque legas Calabrum litus, tunc insula magni,
> Ostendit sese Diomedis nomine dicta ;
> Quo profugus quondam victor concesserat ille,
> Conjugis incestæ per fraudes Ægialeæ.
>
> Prisc. *Perieg.*, 511 sqq.

Cf. Plin., *Hist. Nat.*, III, 26.

(2) Idoménée, roi de Crète, de retour du siège de Troie, après avoir
sacrifié son fils à Neptune pour accomplir un vœu imprudent, fut
chassé par ses sujets et alla fonder la ville de Salente.

> .... Pulsum regnis cessisse paternis
> Idomenea ducem.
>
> Virg., *Æn.*, II, 121.

> Et sallentinos obsedit milite campos
> Lyctius Idomeneus.....
>
> Virg., *Æn.*, III, 400.

Cf. Homère, *Odys.*, III, 191.

(3) Parva Philoctetæ subnixa Petelia muro.

> Virg., *Æn.*, III, 402.

Ulysse à Scylacium ; Évandre dans le Latium[1] ; Tiburnus, petit-fils du devin Amphiaraüs, à Tibur[2] ; Télégonus, fils d'Ulysse et de Circé, à Tusculum. Le Troyen Anténor aurait fondé Padoue[3] ; Énée aurait apporté dans le Latium le palladium de Troie. Sans doute, à la suite du bouleversement produit en Orient par la guerre de Troie, il n'est pas impossible que quelques Grecs égarés ou quelques Troyens en fuite se soient trouvés transportés jusque dans l'Italie ; mais ce sont là des récits qui ne reposent en somme sur aucune preuve certaine. Les poëtes de tous les temps s'en sont emparés[4] pour flatter le goût des[5] peuples, toujours ambitieux des origines lointaines et mer-

(1)   Exsul ab Arcadiis Latios Evander in agros
                    Venerat, impositos adtuleratque deos.
                              Ovid., *Fast.*, V. 91.

(2)   Tibur argeo positum colono.
                              Hor., *Od.*, II, **VI**, 5.

Cf. Ovid., *Am.*, III, *El.*, VI, 46 ; Mart. IV. *Epigr.*, 57, *de Tibure.*

(3) Anténor, roi de Thrace, allié de Priam, serait venu, après la prise de Troie, fonder sur la côte de Vénétie une ville qui, depuis, fut nommée Padoue :

                    Antenor potuit, mediis elapsus Achivis,
                    Illyricos penetrare sinus...
                    Hic tamen ille urbem Patavi sedesque locavit
                    Teucrorum...
                              Virg., *Æn.*, I, 242 et suiv.

(4) N'avons-nous pas, nous aussi, un personnage fabuleux, du nom de Francion ou Francus, que d'anciens chroniqueurs ont donné pour père à la nation française ? N'en ont-ils pas fait un fils d'Hector qui serait venu s'établir en Gaule après la ruine de Troie ? Et Ronsard n'a-t-il pas basé sur cette tradition mensongère un poème épique intitulé la Franciade ? J'ai montré, ailleurs, dans une étude sur les Lusiades (*Camoëns et les Lusiades, étude biographique, historique et littéraire, suivie du poème annoté,* Paris, 1878, in-8, voir page 108-109) qu'il en a été de même chez les Portugais. Camoëns (ch. VIII, st. 3) regarde Lusus, fils ou compagnon de Bacchus, comme le père des Lusitaniens,

(5) La crédulité aidant, les inventions poétiques prennent corps et deviennent aux yeux des populations des vérités tangibles. Les Romains ayant fait d'Énée un de leurs dieux indigètes, les contemporains d'Auguste allaient visiter son tombeau sur les bords du Numicius et la ville de Lavinium montrait son vaisseau et ses dieux pénates.

veilleuses[1]; mais l'histoire, sans les nier absolument, ne saurait les accepter avec la même complaisance ; elle doit tout au moins émettre un doute prudent au sujet de telles traditions.

La plus ancienne colonie grecque dont l'établissement soit bien prouvé, est celle des Chalcidiens, qui bâtirent la ville de Cumes, en face de l'île d'Ischia, sur la crête d'une montagne qui dominait la mer Tyrrhénienne[2] et les champs Phlégréens. Sur cette terre, dont les fissures exhalaient des vapeurs sulfureuses[3] et d'où l'on voyait souvent sortir des flammes, les scènes des légendes de l'Asie-Mineure se localisèrent avec plus de persévérance et plus de vie que partout ailleurs. En présence de cette nature tourmentée, au milieu de tant de phénomènes physiques si bien faits pour frapper l'imagination des hommes, les nouveaux colons se laissèrent aller à toutes les rêveries de la fable, à tous les récits miraculeux de l'Orient. Leurs rochers furent ceux des sirènes ; leur lac, dont l'odeur méphitique faisait périr les oiseaux, fut celui de l'Averne[4], qui menait dans le monde inférieur et dont une des rives montrait la grotte profonde de la fameuse Sybille[5].

---

(1) Voir dans le recueil de l'Académie des Inscriptions : *Dissertation sur l'origine fabuleuse des nations,* par de Burigny, 1760, A. I. XXIX (II). p. 35 ; *Dissertation sur le goût du merveilleux reproché aux historiens grecs et latins,* 1773-1775, A. I. XL (II), p. 11.

(2) Pour les limites données à différentes époques à la mer Tyrrhénienne, à la mer Adriatique et à la mer Ionienne, voir les aperçus chronologiques de Letronne dans ses recherches géographiques et critiques sur le livre *de Mensura orbis terræ* de Dicuil. p. 170 et suiv.

(3) On l'appelle aujourd'hui *la Solfatare,* c'est-à-dire *la Soufrière,* — Cf. Silius Ital., VIII, 539 et 657 ; Prop. I, 20, 9; Plin., *Hist. Nat.,* III, 5 ; Strab.. 5 et 6.

(4) Averne, ἄορνος, sans oiseaux.

    Unde locum Graii dixerunt nomine Aornon.

                Virg., *Æn.,* VI, 242.

(5) « Quand on retrouvait l'île d'Éole dans les îles de Lipari, au cap Lacinien l'île de Calypso, au cap Misène l'île des Sirènes, au cap de Circeii celle de Circé, sur le promontoire escarpé de Terracine le monticule en forme de tour d'Elpénor, quand on reconnaissait auprès de la

Cumes devint rapidement un centre de civilisation. Elle occupa les petites îles voisines de la côte; sa puissance commerciale s'étendit, et, prenant alors le rôle de métropole, elle fonda des cités telles que Dicœarchia ou Puteoli (Pouzzolles), qui lui servit de port, Parthénope appelée aussi Neapolis (Naples), qui l'éclipsa, Zancle (plus tard Messine) et Rhegium, qui, comme deux sentinelles, gardèrent l'entrée du détroit de Sicile.

Ce fut, sans aucun doute, de l'antique et puissante colonie de Cumes, de cette population grecque amie du merveilleux, que partirent la plupart de ces légendes semi-religieuses qui attribuèrent à tant de villes d'Italie des fondateurs venus, dès les temps les plus anciens, soit de Grèce soit d'Asie-Mineure. Mais on peut dire qu'elle fut la seule dont l'origine historique remonte au douzième siècle. Toutes les autres colonies qui s'établirent dans le pays qu'on appela la Grande-Grèce, ne vinrent que beaucoup plus tard.

<h2 style="text-align:center">VII</h2>

En résumé, jusqu'au onzième siècle, époque à laquelle grandirent les Étrusques, qui feront l'objet du chapitre suivant, tous les peuples dont nous venons de voir l'établissement en Italie étaient de race aryenne, et même, à l'exception des Ligures, dont l'idiome celtique présentait une pureté moins proche, tous, en qualité de Pélasges, parlaient des langues absolument sœurs de la langue

Caiète et de Formiæ les demeures des Lestrigons, puis le lieu où (dans les plus profondes retraites des îles sacrées) les deux fils d'Ulysse et de Circé avaient commandé aux Tyrrhéniens, où, suivant une tradition plus récente, Latinus était appelé fils d'Ulysse et de Circé, et Auson fils d'Ulysse et de Calypso, c'étaient là autant de légendes des marins de la mer Ionienne, qui pensaient à leur patrie en traversant la mer Tyrrhénienne. La même vivacité de sentiment qui pénètre le poème ionien des voyages d'Ulysse se retrouve dans cette localisation de la légende tant à Cumes même que dans toutes les régions fréquentées par les marins cuméens. » Th. Mommsen, *Hist. Rom.*, liv. 1, ch. 10.

grecque. Les derniers venus, les Ombriens, ne différaient en rien sous ce rapport des premières populations opiques et sabelliennes.

Ces Opiques et Sabelliens qui, au onzième siècle, n'avaient encore acquis qu'une importance relativement minime, doivent néanmoins attacher déjà notre attention d'une façon toute particulière. Car, ce sont eux qui, fixés de tout temps au centre même de l'Italie, ont formé la véritable race italienne, celle qui, dans la suite, par les armes de Rome, étendra sa domination et sa langue sur la péninsule tout entière et bien au delà des Alpes et des mers qui l'entourent.

Les Opiques, qui avaient tout d'abord occupé les terres destinées à former un jour le Latium et la Campanie, s'étaient retirés pour la plupart, comme je l'ai dit, dans les pays montagneux devant l'immense invasion des Sicules. Mais, lorsque la déchéance de ces derniers se fut produite, ils sortirent de leurs retraites situées dans le haut pays entre Amiternum et Reate, et, laissant dans les montagnes leurs frères pasteurs les Sabelliens, qui ne formaient encore qu'un seul peuple, celui des Sabins [1], ils vinrent, avec leurs prétendus droits d'autochtones et d'aborigènes, réclamer leur place au soleil et se mêler aux Sicules affaiblis.

Une tribu importante, sous le nom de Casci [2], s'établi entre le Tibre, la mer, le petit fleuve Numicius et l'extrémité du mont Albain. Ce territoire restreint forma tout le Latium primitif et ce fut le mélange des Casci avec les

---

(1)   Quin etiam veterum effigies ex ordine avorum
        Antiqua e cedro, Italusque, paterque Sabinus
        Vitisator, curvam servans sub imagine falcem.
                        Virg., *Æn.*, VII, 177-179.

Les Sabins ont été la souche des peuples Sabelliens. Ces pasteurs habitaient les environs d'Amiternum, dans le pays d'où sortent le Veleno, le Tronto, la Pescara et où la fraîcheur des pâturages est long-temps entretenue par la fonte tardive des neiges.

(2) Les vieux, les anciens. « Et primum *cascum* significat *vetus...* » Varr., *de Ling. lat.*, VI, 3.

Sicules qui constitua le peuple des Latins ou, comme on l'appela plus tard pour le distinguer des autres tribus latines établies plus loin, le peuple des Vieux Latins, *Prisci Latini.*

Autour d'eux et presque dans le même temps, se formèrent, par des tribus congénères, divers petits peuples comme celui des Rutules, dont la capitale Ardée [1] conserva longtemps, au dire de Virgile, un nom glorieux; les Èques, chasseurs endurcis et pillards insatiables [2] qui, dans l'intervalle de leurs fréquentes excursions, vivaient à l'abri de bourgades fortifiées dans le pays difficile que traverse le haut Anio; les Herniques, plus riches et plus pacifiques, dont les principales cités telles que Ferentinum, Alatrium et Anagnia [3] s'allièrent souvent aux Vieux Latins contre les invasions des Èques et des Volsques; les Volsques, toujours armés [4], qui habitaient depuis le pays des Rutules jusqu'aux montagnes situées entre les hautes vallées du Liris et du Sagrus, et dont les déprédations s'exercèrent plus tard sur toute la mer Tyrrhénienne jusqu'à Messine non moins que sur les plaines du Latium et de la Cam-

(1) Résidence de **Turnus**.

> ....Locus Ardea quondam
> Dictus avis ; et nunc magnum manet Ardea nomen ;
> Sed fortuna fuit...
> > Virg., *Æn.*, VII, 411-413.

Tarquin le Superbe l'assiégeait, lorsque l'aventure de Lucrèce arriva, et Tite-Live attribue la cause de ce siège à la richesse des Rutules de ce temps-là : « Ardeam Rutuli habebant, gens, ut in ea regione atque in ea ætate, divitiis præpollens ; eaque ipsa causâ belli fuit, quod rex romanus tum ipse ditari, exhaustus magnificentia publicorum operum, tum præda delinire popularium animos studebat. » Lib. I, 57.

(2)   Horrida præcipue cui gens, assuetaque multo
> Venatu nemorum, duris Æquicula glebis :
> Armati terram exercent, semperque recentes
> Convectare juvat prædas et vivere rapto.
> > Virg., *Æn.*, VII, 746-749.

(3)   ....quos dives Anagnia pascit.
> > Virg., *Æn.*, VII, 684.

(4) Les Volsques étaient armés du terrible trait appelé *veru*,... Volscosque verutos, dit Virgile (Géorg., II, 167).

panie ; derrière eux, jusqu'au Liris, les Aurunces [1], à la
haute stature, au milieu desquels la légende plaçait les
géants Lestrygons [2] ; enfin, au delà du Liris, dans cette
Campanie, où des populations si nombreuses vinrent successivement s'amollir et s'énerver [3], ainsi que de l'autre
côté de la péninsule, dans l'Apulie et la Lucanie, une foule
de tribus, dont l'origine opique resta longtemps prouvée
par l'usage persistant de la langue osque, mais qui presque
toutes perdirent de bonne heure [4] leur indépendance au
milieu des peuples nouveaux avec lesquels elles eurent à
se confondre.

Quant aux Sabelliens, ils ne quittèrent leurs retraites
primitives que longtemps après les Opiques, et ils entre-
tinrent alors avec ces derniers de perpétuelles hostilités ;
car les uns et les autres, attachés à des confédérations
distinctes, par suite de leur longue séparation, avaient
perdu de vue leur ancienne parenté.

De mœurs austères et rudes, les Sabins menaient une

(1) Tite-Live (II, 26) montre tout le tumulte produit dans Rome à la
nouvelle d'une agresaion subite des Aurunces : « Cum legatis simul
exercitus Auruncorum domo profectus erat ; cujus fama, haud procul
jam ab Aricia visi, tanto tumultu concivit Romanos, ut nec consuli
ordine patres, nec pacatum responsum arma inferentibus arma ipsi
capientes dare possent. » — Cf. Denys d'Hal., *Ant. rom.*, VI., 32.

(2) Géants et anthropophages, les Lestrygons, d'après la légende,
avaient dévoré plusieurs compagnons d'Ulysse (Hom., Od., X, 89-134).
On leur attribue la fondation de Formies.

(3) Strabon accusait la douceur du climat et la fertilité de la terre
d'avoir corrompu tant de peuples (V, 4, 9). — Voyez aussi les arguments par lesquels Cicéron combattait, dans son *premier discours sur
la loi agraire,* la fondation d'une colonie à Capoue : « Qui locus,
propter ubertatem agrorum, abundantiamque rerum omnium, super-
biam et crudelitatem genuisse dicitur ; ibi nostri coloni, delecti ad
omne facinus, collocabuntur... Quid enim cavendum est in coloniis
deducendis ? Si luxuries ; Hannibalem ipsum Capua corrupit. Si super-
bia ; nata inibi esse ex Campanorum fastidio videtur... etc. » (Ch. 6 et 7.)

(4) Quelques-uns seulement comme les Sidicins de Téanum, au nord
de la Campanie, près de Samnium, et les Aurunces de Calis, dans les
montagnes situées entre le Vulturne et le Liris, conservèrent longtemps leur personnalité.

vie frugale et laborieuse[1]. Leurs divinités étaient guerrières, entre autres, leur dieu national *Dius Fidius* ou *Semo Sancus*, qu'ils adoraient sous la forme d'une lance (*quir*) plantée en terre. Lorsque, dans les malheurs publics, ils voulaient apaiser le courroux de ces divinités, ils vouaient à l'émigration tous les guerriers nés dans un même printemps[2], et ces jeunes colonies[3] prenaient pour guides certains animaux consacrés à *Mamers* (Mars), tels que le pivert, le loup[4], le taureau sauvage. On compta ainsi jusqu'à treize peuples sabelliens ; c'étaient : les Sabins ; les Picénins, dont les Prétutiens étaient une branche ; les Vestins, les Marrucins, les Péligniens, les Marses[5] qui passaient pour les plus braves de tous et dont les devins luttèrent d'habileté avec les aruspices étrusques ; les Frentans, les Caracénins, les Pentriens, les Hirpins, les Caudiniens, ces quatre derniers auxquels appartint plus particulièrement le nom glorieux de Samnites, les Lucaniens et les Picentins[6].

(1) « Disciplina tetrica ac tristi veterum Sabinorum ». *Tit.-Liv.*, I, 18. — « Severissimorum hominum, Sabinorum ». *Cic.*, *In vatin.*, 15.

(2) L'usage du *ver sacrum* se retrouve chez les Romains. Voir la formule du vœu qu'ils firent dans la seconde guerre punique. *Tit.-Liv.*, XXII, 9.

(3) Du caractère sacré de leur émigration, ces colonies prenaient le nom de *sacranæ acies*. On les appelait aussi *Mamertini* ou enfants de *Mamers*. Ce dernier nom est probablement identique avec celui de deux tribus sabelliennes, les *Marsi* et les *Marrucini*.

(4) Le pivert (*picus*) avait donné son nom aux Picénins et le loup (*hirpus*) aux Hirpins. Les Romains disaient : « Où il y a un pic, il y a aussi un loup. » Plut., *Quest. rom.*, 21.

(5) « Genus acre virum... » Virg., *Géorg.*, II, 167. — Un proverbe disait : « Qui triompherait des Marses ou sans les Marses ? » App., *Bell. civ.*, I, 46.

(6) A l'époque de la fondation de Rome, les Sabelliens formaient, avec les Étrusques, les deux peuples les plus puissants de la péninsule, et s'ils s'étaient tous unis fermement, l'Italie sans doute leur eût appartenu. Mais les Lucaniens étaient ennemis des Samnites, ceux-ci de la fédération Marse, les Marses des Sabins, et les Picentins restaient indifférents à tous. Malgré cela, Rome ne triompha d'eux qu'après de longs et sanglants efforts.

VIII

Mais, sans nous attarder ici à parler de toutes ces tribus opiques et sabelliennes qui s'étendirent au loin puisqu'il y en eut qui se portèrent jusqu'en Sicile, remarquons surtout combien leur destinée à toutes fut différente de la fortune des Vieux Latins.

En effet, les colonies grecques qui abondèrent, comme nous le verrons plus tard, en Sicile et dans l'Italie méridionale, y arrivèrent dans un temps où leur civilisation ne pouvait y rencontrer aucun obstacle. Des populations opiques et sabelliennes qui s'y étaient établies, les unes furent complètement hellénisées, les autres se trouvèrent tellement affaiblies qu'elles succombèrent sans résistance devant les puissants ennemis qui se présentèrent à elles. Et de là pour elles toutes en général l'impossibilité de jouer un rôle actif dans l'histoire de la péninsule [1]. Sur le Latium primitif, au contraire, il n'y eut point de colonies. Car, quand même nous admettrions comme absolument vraies les traditions légendaires des Arcadiens d'Évandre et des Troyens d'Énée, ces étrangers, en très petit nombre, eussent été incapables d'exercer une action décisive sur l'ensemble de la population. Les Vieux Latins formèrent une confédération qui eut le bonheur de résister à ses voisins ou de les englober et de sortir toujours intacte des dangers souvent répétés qui faillirent plus d'une fois amener sa ruine.

Cette confédération latine était, comme toutes celles du même genre qui existèrent dans l'antiquité, une réunion de cantons attachés entre eux par la communauté de race et de langage, par les mêmes mœurs et surtout par les mêmes croyances et les mêmes cérémonies religieuses. Chaque canton, composé d'un certain nombre de clans dont les membres vivaient dans des hameaux et des vil-

(1) Mommsen, *Hist. rom.,* I, ch. 3.

lages (*vicus*, *pagus*), représentait une unité politique dont
le siège avait été d'abord une citadelle (*arx* de *arcere*), ordinairement placée sur une hauteur (*capitolium*). Ces citadelles où les clans d'un canton se réunissaient à jour fixe,
en temps de paix, pour opérer les échanges commerciaux,
procéder aux actes de justice ou célébrer quelques fêtes,
et en temps de guerre, pour mettre à l'abri contre les
invasions de l'ennemi les femmes, les enfants et les bestiaux, furent ensuite pour la plupart entourées d'ouvrages
défensifs (*oppidum*) ou d'une enceinte complète (*urbs*, de
urvus [1], *curvus*, *orbis*); elles donnèrent ainsi naissance à un
grand nombre de villes. La plus ancienne de toutes, celle
qui fut universellement considérée comme le séjour primitif de la race [2] et comme la mère des villes latines, fut
Albe-la-Longue, placée le long du petit plateau qui domine
Palazzuolo, entre le lac Albain (Lago di Castello) et la
montagne d'Albe (mons Albanus, monte Cavo). Elle devint
la métropole des trente [3] vieux cantons qui formèrent de
droit la ligue perpétuelle des Latins. Chacun d'eux jouis-

(1) Pompon., *Dig.*, 50, 16 : « *Urbs* ab *urvo* appellata est : *urvare*
est aratro definire. »

(2) Voyez les termes dont se sert, dans Tite-Live, Tarquin parlant
aux Latins réunis, après le meurtre de Turnus : « Posse quidem se
vetusto jure agere, quod, quum omnes Latini ab Alba oriundi sint... »
I, 52.

(3) Ce nombre de trente, comme celui de douze, se retrouve souvent
en Grèce et en Italie pour les parties d'une agrégation politique. — On
n'a pas constaté les noms des trente plus vieux cantons de la confédération latine ; parmi ceux-là figurèrent certainement les premières
citadelles des monts albains : Lanuvium, Aricia, Tusculum ; celles des
derniers contre-forts de la chaîne sabine, comme Préneste, et sans doute
aussi quelques cantons de la plaine ou de la côte, comme Nomentum,
Laurentum et Lavinium. Les principales villes qui en firent partie avant
la fondation de Rome furent : vers la Sabine, au nord de l'Anio,
Fidènes, qui reçut plus tard une colonie étrusque, Crustumerium,
Ficulea, Corniculum, Cameria, Ameriola, Medullia, Nomentum, Cecina ;
du côté des Èques, Æsula, Præneste, Bola, Ortona, Tolerium, Pedum,
Labicum, Tusculum, Vitellia ; du côté des Volsques et des Rutules,
Albe, Aricie, Lanuvium, Cora, Lavinium ; et, du côté de l'Étrurie,
Antemnæ, au confluent de l'Anio et du Tibre.

sait de son autonomie et était gouverné par son chef assisté du conseil des anciens et de celui des guerriers; mais tous se rangeaient sous la présidence du canton d'Albe, lorsqu'ils se réunissaient religieusement au monte Cavo pour célébrer les grandes fêtes latines en l'honneur de Jupiter Latiaris ou lorsque avaient lieu, sur un champ de justice voisin, près de la source de La Ferentina, les assemblées politiques de leurs chefs. Il ne s'ensuit pas néanmoins qu'il faille attribuer à la présidence albaine une véritable hégémonie politique sur le Latium. Il est hors de doute, au contraire, que la participation à la ligue conférait aux divers cantons des droits égaux. On sait, par exemple, que tout Latin appartenant à un canton fédéré pouvait contracter mariage et avoir des enfants légitimes avec toute femme latine se trouvant dans les mêmes conditions. On sait qu'il pouvait aussi acquérir la propriété et faire le commerce dans toute l'étendue du Latium indistinctement. On peut même supposer que la ligue, sans violer l'autonomie cantonale, avait à sa disposition les moyens nécessaires pour faire exécuter le contrat fédéral. Mais quelles étaient les limites de son autorité? Exerçait-elle le droit de paix et de guerre? Avait-elle une armée régulièrement constituée et pouvait-elle exiger un contingent de chaque ville? Avait-elle le droit d'imposer son arbitrage dans les différends particuliers des cantons entre eux? Ce sont là toutes questions qu'il est impossible d'élucider et dont la solution, d'ailleurs, n'est point nécessaire. Le fait historique important est l'existence même et la perpétuité de la confédération des Latins; c'est elle qui a sauvegardé leur race contre un démembrement qui l'aurait rapidement ruinée, et c'est elle qui, plus tard, servira de base à la puissance naissante de Rome.

CHAPITRE II

LES ÉTRUSQUES

I. Leur langue et leur origine. — II. Leur religion. — III. Leur littérature sacrée. — IV. Leurs grands travaux d'assainissement et d'hygiène publique. Leur architecture, dont les modèles sont retrouvés dans les nécropoles. — V. Leur sculpture et leur peinture. — VI. Leurs arts industriels : objets d'art de toutes sortes découverts dans les chambres sépulcrales. — VII. Leur commerce maritime et leur puissance. — VIII. Cause de leur décadence.

I

Dans le cours du onzième siècle se produisit l'invasion de ceux qui s'appelaient eux-mêmes Ras ou Rasenas et qui, en confondant en eux l'ancienne population vaincue, portèrent le nom d'Étrusques, un des plus glorieux de toute l'antiquité.

Aucun sujet n'a été plus controversé que l'origine des Étrusques. Leur langue, en effet, malgré le grand nombre des inscriptions découvertes, est restée inintelligible pour nous, et de quelque persévérance, de quelque habileté qu'aient fait preuve les érudits qui l'ont étudiée, aucun jusqu'à présent n'a réussi à nous en dévoiler le mystère : nous verrons [1] combien il est difficile d'établir des rapports précis entre elle et le grec ou quelqu'un des idiomes italiotes ; on ne sait encore quelle place il faut lui attribuer dans la classification générale des langues. On ne peut donc tirer de l'étude portée sur elle aucune indication utile sur l'origine du peuple qui l'a parlée.

Le célèbre historien Micali prétend que les Étrusques étaient autochtones. Mais Micali appartient à cette école

(1) *Hist. de la littér. rom.*, Liv. I, ch. I, 3.

transalpine, dont il a déjà été question[1], qui a érigé en
système la croyance à l'indigénat de toutes les populations
anciennes de la péninsule. « Nous ne pouvons admettre,
dit-il, de migrations de peuples étrangers antérieures à celle
des Grecs du côté du midi et à la première invasion des
Gaulois du côté des Alpes sous le règne de Tarquin l'Ancien ;... » et partant de ce principe, il rejette d'avance les
traditions si universelles et si bien constatées des migrations pélasgiques, il déclare autochtones tous les envahisseurs que nous avons énumérés au chapitre précédent et
particulièrement la population étrusque dans son ensemble.
Aussi, malgré le vif intérêt qu'a excité, dès la première
publication, son grand ouvrage sur l'*Italie avant la domination des Romains*[2], il s'en faut que les conclusions qu'il en
a tirées aient obtenu un assentiment général. On rend
pleinement justice au mérite de la seconde partie consacrée aux temps postérieurs à la fondation de Rome et qui
offre de la résistance opposée par les cités italiques à l'ambition romaine un tableau non moins remarquable par la
profondeur des recherches et l'enchainement des détails
que par un véritable talent d'écrivain, joint à un grand
zèle patriotique. Mais ce zèle même semble l'avoir entrainé,
dans la première partie, au delà des bornes d'une critique
sévère. Son obstination à ne voir dans toute cette Italie
qu'il idolâtre rien que d'indigène, à en bannir toute influence étrangère comme une usurpation ennemie, lui a
suggéré un système au fond plus ingénieux que solide. C'est
ce qu'a expliqué Raoul Rochette dans de nombreuses dissertations publiées en même temps que la traduction française[3] de l'ouvrage italien ; Daunou a approuvé cette criti-

(1) Page 4.
(2) *Italia avanti il dominio de Romani*, Florence, 1810, 4 vol. in-8
avec atlas in-fol. ; 2ᵐᵉ édition corrigée, 1821, ouvrage refondu par l'auteur sous ce titre *Storia degli antichi popoli italiani*, Flor. 1832,
3 vol. in-8.
(3) Traduction de Fauriel, Joly, Genu et R. Rochette, Paris, 1824,
4 vol. in-8.

que[1] et S. de Sismondi[2] n'a pas exprimé un jugement différent.

Noël des Vergers, le savant disciple et l'heureux continuateur d'Ottfried Müller[3] en ce qui concerne les travaux d'érudition sur l'Étrurie, défend lui aussi une opinion diamétralement opposée à celle de Micali. Il partage, il est vrai, son enthousiasme pour les Étrusques et, comme lui, il leur attribue une influence considérable sur la confédération latine et les commencements du peuple romain ; mais il nie qu'ils aient été autochtones. Il est porté même à croire à l'origine lydienne attribuée par Hérodote aux Pélasges tyrrhéniens et dont la tradition semble avoir été nationale en Étrurie[4].

Noël des Vergers, en effet, remarque d'abord que le récit d'Hérodote[5] a été accepté par un grand nombre d'écrivains anciens et que les Étrusques eux-mêmes avaient dû, dans leurs annales, rapporter leur origine à la Lydie, puisque Tacite raconte que, sous le règne de Tibère, onze villes d'Asie s'étant disputé devant le sénat l'honneur d'élever un temple à ce prince, et neuf d'entre elles ayant été écartées, Sardes, qui restait seule en lice contre Smyrne, pro-

____

(1) *Journal des Savants,* ann. 1824, p. 739-749.

(2) *Revue encyclopédique,* tom. XIII et XXVII.

(3) Jusqu'à Ot. Müller, l'Étrurie avait été étudiée dans chacune de ses parties d'une façon spéciale ; les uns en avaient considéré l'histoire comme Niebuhr, Wacksmuth, Grotefend, Abeken, Mommsen, dans leurs histoires romaines, Schlegel et Lepsius, dans plusieurs mémoires ; d'autres en avaient expliqué les monuments figurés, comme Creuzer Gehrard, Betham, Dennis, etc. ; d'autres enfin, tels que Lanzi, Galvani, Risi, Stickel, Alfred Maury, en avaient recherché le langage. Mais Ot. Müller, le premier, réunit en deux volumes intitulés *Die Etrusker* (Breslau, 1828) toutes les notions connues sur l'Étrurie. Malheureusement son ouvrage, que recommande une haute critique, parut l'année même où la découverte de la nécropole de Vulci allait produire une foule de documents nouveaux ; la mort, qui l'enleva quelques années plus tard, ne lui permit pas de reprendre et de compléter son œuvre.

(4) *L'Étrurie et les Étrusques,* Paris, 1864, 2 vol. in-8 avec un vol. de planches in-fol.

(5) Hér., I, 94.

duisit en faveur de ses habitants un décret des Étrusques qui les reconnaissaient pour frères ; car, disaient les Sardiens, « Tyrrhénus et Lydus, fils du roi Atys, s'étaient partagé leurs sujets devenus trop nombreux. Lydus resta sur le sol de sa patrie ; Tyrrhénus alla fonder des demeures nouvelles, et les deux chefs, l'un dans l'Asie, l'autre dans l'Italie, donnèrent leur nom à la contrée qu'ils occupèrent [1]. » Cette tradition lydienne était d'ailleurs populaire à Rome dès les premiers siècles ; dans les sacrifices publics offerts à l'occasion d'une défaite des Véiens, on conduisait au Capitole, par la place publique, un vieillard vêtu de la prétexte et portant au cou la bulle des enfants, « et le héraut criait *Sardiens à vendre !* parce que, dit Plutarque [2], Véies est une ville étrusque et que les Étrusques passent pour une colonie venue de Sardes en Lydie. » On peut dire aussi que les Romains considéraient les pompes du cirque, les vêtements de pourpre [3], les habits somptueux [4], les cothurnes [5], les danses, les jeux [6], comme autant d'importations de Lydie opérées par les Étrusques [7].

(1) Tacite, *Ann.*, IV, 55. — On se rappelle aussi le mot de Sénèque : « Tuscos Asia sibi vindicat. »

(2) *Vie de Romulus*, 33.

(3) Il est à noter que Denys d'Halicarnasse, après s'être montré hostile à la tradition lydienne, n'a pu s'empêcher de fournir lui-même des armes en faveur de l'opinion qu'il avait combattue. C'est ainsi qu'en parlant des pompes du cirque, venues de l'Étrurie à Rome, il dit que les conducteurs de ces pompes étaient nommés *ludiones* à cause de leur origine lydienne (*Ant. rom.*, II, 71) ; et lorsqu'il rapporte que Tarquin reçut des Étrusques des vêtements de pourpre comme insignes de la royauté, il ajoute que ces vêtements étaient tels que les portaient les rois de la Lydie et de la Perse (*Id.*, III, 61).

(4) Lucilius, dans une de ses satires contre le luxe, les appelait « les misérables produits de l'industrie lydienne ». Nonius, *de genere vestim.*, v. *tunica*.

(5)   Lydius alta pedum vincla cothurnus erat.
                         Ovid., *Am.*, III, 1, 14.

(6) Val.-Max., II, 4, 4. Cf. Tertullien, *De spect.*, I, 5.

(7) De même l'application tout orientale de l'aigle aux enseignes militaires (Xén., *Anab.*, I, 10) ; l'habitude de mentionner la descendance maternelle dans les inscriptions (Hérod., I, 173) ; la mollesse et le goût

A ces faits historiques s'ajoutent des arguments tirés de l'examen des monuments artistiques. Les grands tombeaux de l'Étrurie, la *Cucumella* de Vulci[1], le *Poggio a Gajella* de Chiusi, peuvent être rapprochés du tombeau d'Alyatte décrit par Hérodote[2]. Les façades architecturales de Castel d'Asso, de Soana, de Norchia rappellent celles des sépulcres taillés dans le roc qu'on trouve en Phrygie et en Lydie. Et les monstres fantastiques, qui gardent les abords de ces monuments, les griffons, les gorgones, les sphinx ailés, les chimères, ainsi que les animaux inconnus à l'Italie, tels que les lions et les panthères dévorant une proie, ressemblent aux sujets que représentent les sculptures et les peintures orientales.

Enfin, Noël des Vergers montre que les croyances et les pratiques religieuses offrent aussi beaucoup de points sur lesquels la comparaison peut facilement s'établir : l'art de la divination[3], les augures tirés du vol des oiseaux[4], se remarquent en Asie comme en Étrurie, et l'on retrouve chez les Étrusques ces génies bons et mauvais, comme les *dews* de la Perse, qui conduisaient les âmes dans le monde infernal, et ce dualisme de la doctrine sur une autre vie, qui formait le dogme essentiel des religions persanes, auxquelles la mythologie de la Lydie avait dû l'emprunter.

Ces observations sont parfaitement justes. Elles prouvent assurément une grande communauté d'idées, de traditions

---

des plaisirs (Athén., p. 525) ; l'admission des femmes dans les festins où elles partageaient avec les hommes le lit dressé près de la table, contrairement aux mœurs grecques et latines.

(1) Voir la curieuse restauration de ce tumulus dans l'*Histoire des Romains* de V. Duruy, tome I, p. LXXVI.

(2) Alyatte, roi Lydien, dont le tumulus était sur les bords de l'Hermos. Hérod., I, 93. Cf. Stuart, *Monum. of Lydia*, p. 4 ; Texier, *Description de l'Asie-Mineure*, III, 20.

(3) Cicéron, *De divin.*, I, 12 : « Lydius ediderat Tyrrhenæ gentis aruspex ». Cf. *id.*, 41.

(4) Les augures tirés du vol des oiseaux étaient dus aux premiers habitants de la Carie, selon Pline (*Hist. Nat.*, VII, 56), ou aux Phrygiens, d'après Clément d'Alexandrie (*Strom.*, I, p. 306, éd. Sylb.).

et de coutumes entre certaines populations de l'Orient et celles de l'Étrurie. Mais sont-elles bien concluantes en ce qui concerne l'origine même du peuple étrusque? Les Romains, en appelant Sardiens à vendre les Véiens captifs, ne se moquaient-ils pas de leurs prétentions orgueilleuses? Les Étrusques, en constatant dans leurs annales cette généalogie, ne cherchaient-ils pas à créer une tradition nationale, comme les Romains se plurent à en forger une à propos des Troyens? D'un autre côté, si leurs chefs étaient ensevelis sous de grands tumuli, n'ont-ils donc partagé cet honneur qu'avec les rois Lydiens? Ne voyons-nous pas, au contraire, des sépultures du même genre chez les Germains, chez les Celtes, en un mot chez les Aryens? Et, dès lors, quoi de plus naturel que de les retrouver dans la région où s'étaient établis les Pélasges tyrrhéniens? Enfin, toutes ces importations de vêtements, de modèles artistiques, de pratiques religieuses, à quelle époque ont-elles eu lieu? Devons-nous n'y voir absolument que des souvenirs de la patrie primitive? Ou ne pouvons-nous pas y reconnaître aussi des emprunts faits à l'Orient, à une date postérieure, au moyen du commerce et des relations entre les nations?

N'insistons donc pas outre mesure sur cette tradition nationale en Étrurie d'une origine lydienne, dont Th. Mommsen ne veut tenir d'ailleurs aucun compte, la prenant pour une légende forgée ou pour une erreur sortie d'une simple confusion de noms [1]. Appuyons-nous uniquement sur l'autorité d'historiens on ne peut plus prudents dans leurs conjectures. D'après eux, en résumé, les Rasenas auraient été un peuple parti d'Asie depuis peu de siècles. Après avoir pénétré en Europe par les défilés du Caucase et laissé au sud la presqu'île des Balkans qu'occupaient les races pélasgiques, il aurait remonté directement la vallée du Danube jusqu'au Tyrol et serait arrivé en Italie par les Alpes rhétiennes. On a, en effet, remarqué avec

(1) *Hist., Rom.*, I, 9.

raison que les plus anciens colons, établis dans le Tyrol, les *Rhætii*, ont parlé étrusque jusqu'aux temps historiques et que leur nom a, à peu près, le même son à l'oreille que celui des Ras. Les envahisseurs séjournèrent alors dans la Cisalpine où ils possédèrent jusqu'à douze grandes villes. Franchissant ensuite l'Apennin, après avoir porté un coup décisif à la puissance des Ombriens, ils s'établirent sur la terre qu'on appelle aujourd'hui la Toscane. C'est dans cette région, qui s'étend de la côte de Pise à Tarquinies et qui est fermée à l'est par l'Apennin, qu'ils trouvèrent leur véritable demeure. Ils s'y mêlèrent à une population de Pélasges tyrrhéniens qui n'était pas sans relations avec les Grecs de l'Italie méridionale et de l'Ionie, la tinrent presque asservie et tirèrent d'elle une aide puissante pour l'exécution des grands travaux comme pour la pratique des arts, auxquels ils se livrèrent de bonne heure et restèrent constamment attachés.

Mais avant de parler de la carrière artistique des Étrusques, comme les arts et les produits de la culture intellectuelle d'un peuple reflètent souvent sa théogonie, il convient, ce me semble, de donner d'abord quelques notions de la leur.

II

Creuzer a remarqué avec beaucoup de justesse que, si le climat doux et riant de l'Ionie, si son ciel léger vit croître une race d'imagination vive et poétique, il n'en fut pas de même de la Toscane antique dont le climat accablant, l'air épais pesait sur ses habitants ; elle nourrit des hommes d'un caractère grave, d'un esprit méditatif[1]. Au milieu d'une contrée où les météores, les orages, les tremblements de terre, les déchirements subits du sol, les bruits souterrains et les phénomènes les plus effrayants venaient si fréquemment troubler le cours de la nature, le peuple

(1) Voir Creuzer, *la Symbolique*, traduction Guigniaut, et *les Religions de l'antiquité*. Cf. Michelet, *Hist. rom.*, Introd., ch. V.

étrusque, sombre et triste ne voyait que funestes présages, qu'indices frappants de la colère céleste. De là, l'art de la divination rendu nécessaire, selon lui, pour connaître les menaces du ciel et les moyens de s'y soustraire par des expiations ; de là le peu de confiance qu'il plaçait en la stabilité des choses de ce monde, ce sentiment de la mobilité universelle qu'il prêtait à ses dieux eux-mêmes et qui excluait de sa religion comme de ses monuments la jeune allégresse, pleine d'espérance, qu'on admire dans les mythes comme dans les œuvres de la Grèce.

Il y avait bien, dans la sphère la plus élevée de sa théogonie, une sorte de dieux qui, placés en dehors de toutes les lois de l'humanité, habitaient le fond mystérieux du firmament, et dont l'essence, au dire de Sénèque [1], était d'autant plus divine qu'elle ne pouvait être définie. C'étaient les dieux voilés, *dii involuti*.

Mais les autres dieux, même ceux qui étaient réputés les plus puissants, les *dii consentes* ou *complices*, et parmi ceux-là les trois plus grands de tous, dont le sanctuaire devait être consacré dans chaque ville, *Tinia*, *Cupra* et *Menerva*, se rapprochaient de l'humanité et, comme elle, étaient mortels. D'après l'enseignement des livres sacrés, il avait fallu six mille ans pour créer le monde et il en fallait autant pour compléter le cycle mystérieux, la grande année, après quoi, de même que les peuples et les races, les grands dieux devaient périr pour faire place à d'autres divinités appelées à produire une création nouvelle avec une nouvelle succession de races et d'empires. Leur nom même de *consentes* ou *complices* provenait de ce qu'ils étaient nés ensemble et devaient finir ensemble.

On a dit souvent qu'ils étaient au nombre de douze et on les a quelquefois confondus avec les douze dieux nommés dans les vers d'Ennius :

Juno, Vesta, Ceres, Deiana, Minerva, Venus, Mars,
Mercurius, Jovi, Neptunus, Volcanus, Apollo [2] ;

(1) *Quaest. nat.*, II. 41.
(2) Apul., *De Deo socr.*

mais ces vers émettent évidemment une série de dieux grecs et non une liste de dieux étrusques. Il est probable que les *consentes* de la religion toscane étaient plus nombreux. Les neuf dieux qui, d'après l'aruspicine, avaient le pouvoir de produire les éclairs [1] en faisaient naturellement partie, et nous savons que les livres sacrés en admettaient d'autres encore. Le ciel, d'ailleurs, comme le rappelle Cicéron [2], était divisé en seize sections, et il n'est pas impossible que les grandes divinités aient été aussi nombreuses que les sections du ciel.

En tête de tous était *Tinia* [3], le seul des *dii fulgurales* qui eût le pouvoir de manifester sa volonté par trois espèces d'éclairs et qui, pour ce motif, était représenté tenant en mains une foudre à trois pointes [4].

A côté de *Tinia* était *Cupra*, dont le rôle ne devait guère différer de celui de Junon, si l'on s'en rapporte à Strabon qui dit [5] «qu'au delà de Castellum Firmanorum, on trouvait un temple dédié par les Tyrrhéniens à Junon qu'ils honoraient sous le nom de Cupra», et *Menerva*, dont le nom et le culte furent transportés, à ce que prétend Ot. Müller [6], à l'une des trois divinités du Capitole dans toute la pureté de son origine toscane.

(1) « Tuscorum litteræ novem deos emittere fulmina existimant. » Plin., *Hist. Nat.*, II, 53. La partie du ciel d'où partait l'éclair, annonçait quel était le dieu qui l'envoyait.

(2) « Cœlum in XVI partes diviserunt Etrusci. » *De Divin.*, II, 18.

(3) C'était par le mot *Tinia* que les artistes traduisaient sur les monuments le nom de Jupiter.

(4) Nous voyons, en effet, la distinction de ces trois espèces d'éclairs dans un passage de Sénèque (*Quœst. Nat.*, II, 41). où il cite un auteur étrusque, Aulus Cœcina, qui avait fait connaître aux Romains, par un ouvrage en langue latine, la science fulgurale de sa patrie. Il y avait d'abord l'éclair que Tinia lançait à lui seul et qui n'était qu'un avertissement; puis celui dont l'effet était déjà bien plus violent et qu'il lançait de concert avec le conseil des dieux *consentes;* enfin celui qui embrasait et détruisait et dont il ne faisait usage qu'avec l'assentiment des dieux *involuti.*

(5) V. 4.

(6) *Die Etr.*, III, 3, 3.

Puis venaient *Summanus*, le dieu de la nuit, dont l'éclair se produisait au milieu des ténèbres nocturnes[1]; *Vejovis*, le soleil malfaisant, le dieu vengeur par excellence[2]; *Sethlans*, le grand forgeron, qui avait un temple à Pérouse[3]; *Voltumna*, qui était particulièrement honorée à Volsinies, où se tenaient les diètes nationales, et dont les attributions avaient beaucoup de rapports avec celles de *Vertumnus*, le dieu des fruits et des jardins, auquel Properce affirme une origine étrusque lorsqu'il lui fait dire[4] :

> « Tuscus ego, et Tuscis orior, nec pœnitet inter
> Prœlia Volsanos deseruisse focos ; »

Saturne, en faveur duquel, selon Varron, l'étrusque Tarquin l'Ancien avait ordonné la construction d'un temple dans le Forum[5]; un dieu de la guerre correspondant à *Mars*[6]; un dieu gardien des enceintes et des propriétés, portant le nom d'*Hercule* (de *hercere*, enclore[7]) et dont il ne faudrait pas confondre le rôle avec celui de l'Hercule grec; enfin la déesse du sort ou de la fortune, appelée *Nortia*, qui était une des principales divinités de l'Étrurie, puisqu'elle représentait mieux que les autres cette instabilité de toutes choses qui faisait le fondement de leur cosmogonie : c'était dans son temple qu'on enfonçait le clou sacré qui marquait le changement des années; et le *Janus* à quatre faces, qui était aussi un dieu du temps, et qui était très honoré à Falérie, d'où son culte, selon Servius[8], fut directement transporté à Rome.

Je ne cite ici, remarquez-le bien, que les grands dieux de l'Étrurie que nous connaissons le mieux. Et je n'aborde

---

(1) « Fulmina diurna Jovi, nocturna Summano. » Plin., *Hist. Nat.*, II, 53.

(2) Amm. Ma cel., XVII, 10.

(3) App., *Bell. civ.*, V, 49 ; Dion Cass., XLVIII, 14.

(4) IV, 2.

(5) Macrob., *Saturn.*, I, 8.

(6) Plin., *Hist. Nat.*, II, 53.

(7) Mommsen, *Die unteritalischen dialekte*, p. 262.

(8) Serv., *in Æn.*, VII, 608.

pas à ce sujet les problèmes qui intéressent les théogonies
des peuples voisins; la question de savoir, par exemple, si
cette Menerva essentiellement toscane d'après Ot. Müller
n'était pas plutôt sabine comme le disait Varron [1], et d'autres questions du même genre, sur lesquelles on peut
discuter indéfiniment, nous entraîneraient trop loin. Ce
serait une tâche singulièrement ardue de vouloir discerner,
au milieu des influences réciproques qu'ont exercées les
unes sur les autres les populations primitives de l'Italie, la
part exacte qui revient à chacune d'elles dans la formation de chaque divinité et de chaque culte. Je ne parle pas
non plus des dénominations qui furent employées par les
artistes à traduire les noms des divinités grecques représentées sur leurs monuments au milieu des diverses légendes helléniques. Lorsque les œuvres artistiques commen-
cèrent à montrer aux yeux ces légendes exotiques et que
les noms d'Apollon, de Vénus, de Bacchus, de Neptune
furent traduits pour la première fois par ceux d'*Aplu*, de
Turan, de *Phuphluns*, de *Nethuns*, etc., il est probable que
plusieurs de ces mots étrusques en remplacèrent d'autres
qui s'appliquaient primitivement à des divinités nationales
dont le rôle parut alors se rapprocher beaucoup de celui
des divinités grecques. Il nous serait difficile, par exemple,
de ne pas admettre qu'un peuple qui s'était adonné de
bonne heure à la marine et qui avait acquis sur mer une
si grande puissance, n'eût pas placé dans le conseil supérieur de ses dieux une divinité ayant de grands rapports
avec celle que les Grecs adorèrent sous le nom de Neptune.
Mais j'aime mieux n'entrer à ce propos dans aucune hypothèse qui prêterait à des digressions trop étendues.

Ce qu'on peut affirmer avec plus de certitude, c'est que,
quel qu'ait été le nombre de ces grands dieux, chargés de
l'ordre matériel de l'univers et qui parlaient aux hommes
d'une manière redoutable par l'éclair et le tonnerre, par
le vol et le cri des oiseaux, par les entrailles palpitantes

_____

(1) *De Ling. lat.*, V, 74.

des victimes, la religion étrusque avait d'autres dieux d'un caractère plus terrible encore et plus implacable. Si les *consentes* menaçaient les hommes pendant la vie, dès que le moment de la mort était venu, les dieux infernaux saisissaient leurs âmes pour les entraîner dans le sombre séjour. Tel était *Mantus*, qu'on représenta d'abord comme un dieu ailé, portant en sa qualité de roi des enfers une couronne sur la tête et tenant en main une torche ou des clous, mais que, plus tard, selon Ot. Müller, les artistes confondirent, sous le nom de *Charun*, avec le démon hideux, armé d'un maillet, et qu'on retrouve partout sur les monuments funéraires[1]. Telle était aussi *Mania*, la seconde des grandes divinités infernales, qui, entourée de furies et de démons femelles, présidait aux tourments des morts, et dont le culte, s'il faut en croire Macrobe[2], admit jusque sous le règne de Tarquin des sacrifices humains. Rien ne donne une idée plus sombre de la théogonie des Étrusques que la représentation continue sur leurs monuments de ces scènes funèbres dans lesquelles les âmes, aux prises avec les puissances de l'enfer, semblent les implorer toujours en vain et devenir fatalement la proie de leur insatiable cruauté.

Cependant il faut reconnaître que la doctrine des livres sacrés n'était pas aussi désespérante que semblent l'indiquer les peintures et les sculptures des nécropoles. Elle admettait entre les grands dieux et les hommes des êtres intermédiaires, des espèces de génies, qui tous n'étaient point mauvais. D'après une définition très nette, très précise d'un certain Aufustius, cité par Festus[3], « le génie était fils des dieux, créateur des hommes ». Tagès lui-même s'était donné pour le petit-fils de Tinia, c'est-à-dire pour le fils du génie de Tinia. Chaque grand dieu pouvait avoir aussi son génie et exercer, par cet intermédiaire, sa

(1) Cf. Gerhard, *Gottheiten der Etr.*
(2) *Saturn.*, 1, 7.
(3) Fest., v. *genius* : « Genius deorum filius et parens hominum. »

force créatrice dans le monde ; et de même que l'âme humaine, émanée du plus puissant des *consentes*, n'était unie au corps que par le souffle vivifiant du génie de Tinia, d'autres génies, émanés des autres *consentes*, donnaient naissance aux plantes et aux animaux, alimentaient les sources et les fleuves, etc. De là une foule de divinités secondaires qui, sous différents noms, pouvaient être non seulement spécialisées dans chaque élément, mais encore localisées dans chaque État, dans chaque cité, dans chaque famille. Bien plus, l'âme, qui avait été tout d'abord jointe au corps de l'homme par le génie de Tinia, devenait elle-même, au moment où la mort la séparait de ce corps un être d'un caractère distinct, impalpable et pourtant corporel encore, un de ces génies innombrables qui paraissaient peupler d'une seconde humanité l'univers invisible. C'est à l'instant redoutable où la mort venait d'opérer cette disjonction que les âmes étaient empoignées par les divinités infernales et soumises par elles à de terribles expiations. Les unes, confinées dans le séjour des ténèbres, n'en pouvaient sortir que trois jours par an : elles s'élevaient alors par une ouverture (*mundus*) que refermait pendant le reste de l'année la pierre des *mânes* (*lapis manalis*). D'autres, les *Larves*, qui avaient une influence malfaisante, erraient autour des maisons, sans refuge et sans espoir. D'autres enfin, après une expiation plus ou moins dure, après la purification des sacrifices, passaient au nombre des génies bienveillants dont la protection divine pouvait être utilement invoquée par leurs parents, leurs descendants, leurs compatriotes. Les livres sacrés enseignaient que les âmes humaines pouvaient, en vertu d'expiations, participer à l'essence des dieux et, sous le nom de *dii animales* ou âmes divines, prendre place parmi les génies protecteurs du foyer domestique et de la cité, parmi les *Pénates*, parmi les *Lares* ou les *Laræ*, sortes de lares féminins[1]. Quelques âmes d'élite, qui avaient été celles des grands hommes de

____

(1) Serv., *in Æn.*, III, 168 et 302.

leur pays pouvaient aussi s'élever, parmi les dieux de la patrie, jusqu'au rang où le génie de Tinia était placé lui-même. Nigidius, cité par Arnobe[1], affirme en effet que, dans la discipline étrusque, les Pénates nationaux étaient divisés en quatre classes selon qu'ils étaient émanés de Jupiter, de Neptune, des divinités chthoniennes ou de la race des hommes, ce qui veut dire, selon Ot. Müller[2], qu'ils pouvaient appartenir à l'air, à l'eau, à la terre et aux âmes des défunts.

Je sais bien qu'en admettant ces quelques génies bien-faisants à côté de tous leurs démons infernaux et méchants, les Étrusques, dans ce dualisme des principes du bien et du mal, donnaient au second de ces deux principes une prépondérance marquée sur le premier. Je sais bien aussi que la doctrine consolante qui permettait à certaines âmes de triompher des divinités infernales et de se rendre utiles à l'humanité, n'appartenait pas d'une manière spéciale à la religion toscane. Cette croyance, au contraire, était très répandue dans l'antiquité. Toute l'Égypte pensait qu'il existait une classe d'êtres qui n'étaient ni les vivants ni les morts et que les morts qui avaient été bons durant leur vie pouvaient, pour se rendre utiles, reprendre une nouvelle existence dans tous les lieux et sous toutes les formes qui leur convenaient[3]. Et c'est une pensée du même genre qu'Hésiode exprimait, dans *les Travaux et les Jours*, lorsqu'il disait[4] : « Les hommes de l'âge d'or devinrent, après leur mort, des génies terrestres, protecteurs et gar-diens tutélaires des mortels. Voilés d'un nuage épais, ils parcourent la terre en répandant l'abondance. » Je sais gré néanmoins aux législateurs sacerdotaux de l'Étrurie de n'avoir éliminé de leur religion, pleine de terreur et de

(1) *Adv. gent.*, III, 40.
(2) *Die Etr.*, III, 4, 4.
(3) Chabas, *Les maximes du scribe Ani*, dans *Mél. d'Égypt.*, p. 171.
(4) V. 120-125.

fatalisme, cette croyance salutaire, qui appartenait déjà, si j'ose m'exprimer ainsi, à un spiritualisme restreint, et selon laquelle l'âme humaine, après sa disjonction d'avec le corps, n'était pas forcément destinée à une condamnation irrémédiable pendant tout le cours de la *grande année* et pouvait commencer sous une forme invisible une vie nouvelle, d'une durée égale à celle des dieux *consentes*, dont elle était émanée.

III

Telle était, dans ses principes essentiels, la religion des Étrusques : la pratique en était formulée dans certains livres qui formaient une sorte de littérature sacrée, où les législateurs sacerdotaux du pays avaient pris soin de tout ordonnancer. « Un jour, dit Cicéron qui rapporte la légende des prêtres toscans sur l'origine de leurs livres sacrés [1], comme un laboureur [2] enfonçait la charrue dans un champ voisin de Tarquinies, tout à coup sortit du sillon le génie Tagès, qui lui adressa la parole. Sous la figure d'un enfant, Tagès avait la sagesse d'un vieillard... Il parla longtemps ; ses paroles furent recueillies et mises par écrit. Tout ce qu'il avait dit devint le fondement de la science

---

(1) Cic., *De Divin.*, II, 23, 38. — Cf. Festus, in *Tages;* Censorinus, 4 ; Amm. Marc.. XXI. 1.

(2) Ce laboureur n'était autre que Tarchon ou Tarquin, le fondateur même de Tarquinies et le premier législateur de l'Étrurie. Il avait voulu donner à ses lois le caractère religieux en faisant croire qu'elles lui avaient été dictées par un dieu ; car, comme le remarque Machiavel (I, Disc. II), les anciens n'avaient pas trouvé d'expédient meilleur pour adoucir les hommes et les façonner à toutes sortes d'institutions politiques et morales, et quelque moyen que l'on prît pour parvenir à persuader à la multitude qu'un art visiblement inventé par les hommes tirait son origine du ciel, cet art n'en devenait pas moins le fondement le plus solide de l'organisation civile et religieuse.

religieuse[1]... qui s'accrut avec le temps d'observations nouvelles[2]. »

La doctrine complète se composait des livres que les écrivains de Rome appelèrent *Libri etrusci. Chartæ etruscæ, Etruscæ disciplinæ volumina*[3]. Ces dénominations générales embrassaient plusieurs espèces de recueils dont nous ne connaissons que les titres et les sujets. On distinguait : les *libri tagetici*, sorte de code sacré, qui contenaient les révélations attribuées à Tagès et donnaient, probablement sous une forme rythmique, les éléments de toute la discipline religieuse[4] ; les *libri acheruntici*, qui n'étaient peut-être qu'une partie des précédents, et qui enseignaient, avec les doctrines de l'expiation et de l'apothéose, les rites propres à retarder l'accomplissement des destins ainsi que la nature et le mode des sacrifices capables d'assurer aux âmes une vie égale en durée à celle des dieux[5] ; les *libri rituales*, où se trouvaient, en même temps que les prescriptions ayant rapport aux circonstances de la vie privée telles que la naissance, le mariage et la mort, les prescriptions relatives à la vie publique, pour la fondation des villes, la consécration des édifices, le gouvernement des cités en paix et en guerre, la chronologie sacrée[6] ; les *libri fulgurales*, qui

(1) Cic., *De Arusp. r.*, 10 : « Veterem ab ipsis diis immortalibus, ut hominum fama est, Etruriæ datam disciplinam. » — Cf. Martian., Capell., II, 9, 6 ; Isidor., VIII, 9 ; Ovid., *Metam.*, XV, 553-558 :
  « Indigenæ dixere Tagen, qui primus etruscam
  Edocuit gentem casus aperire futuros. »

(2) Cic., *De divin.*, II, 23 : « Eam postea crevisse rebus novis cognoscendis, et ad eadem illa principia referendis. »

(3) Cic.. *De arusp. r.* 17, 37 ; *De divin.*, I, 12, 20 ; Plin., *Hist. Nat.*, II, 83, 199.

(4) Amm. Marc., XVII, 10 ; Macrob., *Sat.*, V, 19 ; O. Müller, *Etrus.*, II, p. 25.

(5) Arnob., *Adv. gent.*, II, 62 : « Etruria libris in acherunticis pollicetur certorum animalium sanguine numinibus certis dato divinas animas fieri et ab legibus mortalitatis educi. »

(6) Censor., *De die nat.*, 11, 6 ; 14, 6 ; 17, 5 ; Amm. Marc., XXIII, 5 ; Serv., *ad Æn.*, IV, 166.

exposaient la théorie de la foudre avec les méthodes d'observation et d'interprétation[1] ; les *libri fatales* et les *ostentaria*, recueil de phénomènes météorologiques et astronomiques, de faits prodigieux et de signes pouvant être considérés comme des manifestations de la volonté divine[2] ; les *libri haruspicini*, où était expliquée la science spéciale des aruspices[3].

Si toute cette science nous parait maintenant n'avoir reposé que sur des superstitions absurdes, rappelons-nous que nous n'en possédons que des notions bien imparfaites; à peine en connaissons-nous par les Romains certains rites extérieurs qu'ils lui avaient empruntés; songeons que ces rites avaient eu sans nul doute pour les premiers initiés un sens intime qui s'est perdu dans la suite des âges[4], et n'oublions pas non plus que la caste privilégiée, qui en avait reçu le dépôt primitif, eut souvent intérêt à en fausser elle-même l'esprit et à en abuser, comme le fit aussi l'aristocratie romaine, pour affermir ou retenir le plus longtemps possible son pouvoir. Quelques défauts originels d'ailleurs qu'elle ait pu avoir et quels qu'en aient été les abus, il faut avouer qu'elle n'en a pas moins rendu de grands services à la civilisation toscane. La divination qui accompagnait des prescriptions les plus minutieuses la fondation des villes et la délimitation des champs donna naissance chez les Étrusques au droit privé comme au droit public. Non seulement elle favorisa singulièrement

(1) La science de la foudre passait pour avoir été livrée par la nymphe étrusque Bégoé.

(2) Tit.-Liv., V, 14, 4; Cic., *De divin.*, I, 44, 100 ; Plin., *Hist. Nat.*, XXVIII, 2, 12.

(3) Plin., *Hist. Nat.*, X., 3; Den. d'Hal., III, 70 · Strab., XVII, 1, 43.

(4) Le sens s'en était si bien perdu que nous voyons les commentateurs romains s'ingénier vainement pour en faciliter l'intelligence ; Tarquitius s'efforçait de les expliquer (Amm. Marc., XXV, 2 ; Macrob., *Sat.*, II. 16 ; III, 7); Labéon, juriste distingué du siècle d'Auguste, n'écrivait pas moins de quinze volumes pour les commenter (Fulg. Pianc., 1).

chez eux la physique et l'astronomie par l'examen des phénomènes célestes [1], l'histoire naturelle [2], l'anatomie et la chirurgie [3] par l'étude de certains animaux et l'inspection approfondie des victimes sacrifiées, mais aussi elle donna des règles certaines à l'agriculture dont Tagès, sorti du sillon de la terre, était comme le génie personnifié. Il est à remarquer en outre que la doctrine de Tagès contenait des préceptes salutaires de morale et de philosophie sociale. Les auteurs anciens [4] ont quelquefois cité ces préceptes

(1) On a prétendu que les Étrusques avaient poussé l'étude des éclairs et du tonnerre au point d'avoir su mettre à profit les orages et d'avoir pu attirer et diriger la foudre. « Numa, dit J. J. Ampère (*Hist. rom. à Rome,* tom. I, p. 487), avait connu cet art; il avait en cela précédé Franklin, et la chose est si vraie que le commencement du vers de Turgot sur Franklin :
            Eripuit cælo fulmen sceptrumque tyrannis
            Ravit la foudre au ciel et le sceptre aux tyrans,
est exactment le commencement du vers de Manilius (I, 101), appliqué à Numa :
            Eripuitque Jovi fulmen viresque tonandi.
Mais cet art était plein de périls... il fallait surtout obéir docilement aux enseignements des prêtres. L'orgueil de Tullus Hostilius crut pouvoir se passer d'eux. Il se mit à feuilleter les livres de Numa et y trouva quelques sacrifices mystérieux prescrits pour le succès de l'opération. Il s'enferma seul dans le temple de Jupiter Élicius, d'autres disent dans sa maison, et voulut accomplir par lui-même ce que les livres enseignaient; mais il n'avait pas la science nécessaire... et il fut frappé de la foudre qu'il voulait attirer. » Voici du reste ce que dit Pline à ce sujet : « C'est une vieille tradition dans l'Étrurie que, par certains rites, on fait descendre la foudre et qu'on la dirigea ainsi sur un monstre appelé Volta, qui menaçait la ville de Vulsinies après en avoir ravagé le territoire. Elle a été aussi évoquée par Porsenna. Avant lui, Numa avait pratiqué cet art, ainsi que Pison, grave autorité, nous l'apprend dans le premier livre de ses *Annales*. Ce fut en imitant cette pratique d'une manière peu conforme aux rites, que Tullus Hostilius fut frappé de la foudre. » Plin., *Hist. Nat.*, II, 4; XXVIII, 4. — Cf. Boullet, *L'Électricité chez les Anciens.*
(2) Pline cite des livres étrusques concernant les études de la nature (*Hist. Nat.*, II, 83) et il assure ailleurs (*Hist. Nat.*, X, 15) que dans certains de ces livres on trouve la description d'oiseaux fort rares. — Cf. Cic., *De Divin.*, I, 41-42.
(3) On y ajoute aussi la médecine. Cf. Martian. Capell., VI : « Etruria regio... remediorum origine celebrata. »
(4) Placidus Lutatius, comment. de Stace, *ad Theb.*, IV, 516 ; Arnob., II.

(*Tagetica præcepta*) en concurrence avec les livres orphiques, trismégistiques et d'autres du même genre ; ils les ont même comparés à ceux de Pythagore[1] et de Platon, et nous lisons dans Cicéron qu'il y trouvait certains termes admirablement appropriés à la science de la politique et à celle des mœurs.

La valeur réelle des livres sacrés des Étrusques explique l'influence exercée sur les Romains par leur doctrine augurale et les rapports ininterrompus des annales religieuses des deux peuples depuis la naissance de Rome jusque dans les derniers temps de la République. Quand Romulus fonde la ville, c'est aux rites de l'Étrurie qu'il a recours[2] ; quand Tib. Gracchus, consul pour la seconde fois, commet une erreur en présidant à l'élection de ses successeurs, c'est, pour cette question toute romaine, à l'avis des aruspices toscans qu'il doit se soumettre[3] ; et quand, l'année de la première conjuration de Catilina, la louve de bronze du Capitole est frappée de la foudre, on fait encore venir les aruspices de toutes les contrées de l'Étrurie pour régler les expiations qui doivent détourner la colère des dieux[4]. L'interprétation de la colère divine

---

(1) « Il est certain, dit Micali (*L'Italie avant la domin. des Rom.*, 1ᵉ part., ch. XXVIII), que des maximes et une discipline analogues à celles du philosophe de Samos étaient connues en Étrurie de temps immémorial ; que le langage et l'enseignement symboliques y étaient si familiers que la portion la moins éclairée du peuple y réduisit en symbole d'action ce qui n'était qu'un symbole de préceptes. C'est sans doute d'après cette raison que Lucius, philosophe toscan, avance, dans Plutarque (Sympos., VIII, 7), que les Étrusques seuls observaient les symboles de Pythagore. » L'opinion même que Pythagore était originaire d'Étrurie a été soutenue par plusieurs écrivains de l'antiquité, tels que Théopompe, Aristoxène, Aristarque et Hippobotès, auteur d'une histoire des sectes philosophiques de la Grèce ; mais cette erreur vient de la fausse interprétation donnée au surnom de *tyrrhénique* que porta Pythagore comme ayant créé une école de philosophie en Italie, les mots *tyrrhénique* et *italique* étant synonyme alors chez plusieurs auteurs.

(2) Voir plus loin, l. II, ch. I, 1.

(3) Cic., *De nat. Deor.*, II, 4.

(4) Cic., *Catilin.*, III, 8.

est ainsi remise, dans les plus graves circonstances, à ceux chez qui cette science passe pour avoir pris sa source. Cicéron fait même de cette coutume un précepte dans son traité *Des Lois* [1]. Et nous lisons dans Valère-Maxime la mention d'un sénatus-consulte de la fin du VIe siècle de Rome aux termes duquel dix enfants [2] des premières familles romaines sont confiés à chacun des peuples de l'Étrurie pour être instruits dans la connaissance des livres sacrés.

Nous devons croire aussi que c'était surtout cette instruction spéciale qu'avaient en vue les Romains du Ve siècle dont parle Tite-Live, lorsqu'il affirme d'une manière précise qu'à cette époque on instruisait la jeunesse romaine dans les lettres étrusques comme on l'instruisit plus tard dans les lettres grecques [3]. Car, en dehors des livres sacrés, nous n'avons guère connaissance d'une littérature étrusque. Sans doute le pays a possédé des annales nationales qui ont disparu d'autant plus facilement que les Romains ont pu supposer la gloire de leur nom fort intéressée à cette disparition ; mais ces annales n'étaient probablement, comme celle des pontifes de Rome, qu'une sèche énumération des faits les plus importants. Il y eut aussi des jeux scéniques : la chose est certaine, puisque les historiens latins mentionnent une importation de ce genre lors de l'origine même du théâtre à Rome [4] ; mais il ne semble pas que ces jeux aient jamais produit de grande œuvre littéraire chez les Étrusques. Et quant à la poésie, à laquelle ne les portait pas leur caractère, il est vraisemblable qu'à l'exception d'espèces de sentences rythmées contenant certaines prescriptions de la discipline religieuse,

(1) « Etruriæ principes disciplinam decento. » *De Leg.*, II, 9.

(2) Cicéron dit six : « Apud majores nostros tum quum florebat imperium decrevit ut de principum filiis sex singulis Etruriæ populis in disciplinam traderentur. » *De Divin.*, I, 41.

(3) « Habeo auctores, vulgo tum romanos pueros, sicut nunc græcis, ita etruscis litteris erudiri solitos. » IX, 36.

(4) Tit.-Liv., V, 1 ; VII, 20.

elle ne leur a rien inspiré : on ne trouve d'eux nulle part aucune trace d'œuvres lyriques ou de chants épiques nationaux. Pour rechercher, ailleurs que dans le souvenir laissé par leurs livres sacrés, les preuves de leur culture intellectuelle, il faut interroger ce qui nous reste de leurs travaux et de leurs objets d'art.

IV

Rien n'égale la lutte qu'ils avaient entreprise contre la nature pour dessécher les marais, épuiser les lagunes, abaisser le niveau des lacs, endiguer les torrents, diriger l'écoulement des fleuves, assainir en un mot les pays dont ils s'étaient emparés. Ils étaient d'ailleurs d'excellents agriculteurs [1] et leurs leçons ne furent pas inutiles aux Latins. Non seulement ils savaient rehausser les terrains marécageux par des alluvions méthodiquement dirigées, mais les lignes de chemins de fer contruites de nos jours dans les maremmes et dans les campagnes romaines, en nécessitant d'immenses coupures qui ont mis à nu les couches inférieures du sol, ont fait constater le grand nombre de conduits souterrains dont ils avaient sillonné leurs champs par un véritable drainage qui devait réclamer des soins continus.

Les travaux opérés dans leurs villes n'étaient pas moins remarquables. Les murailles d'un grand nombre de cités sont encore debout et rendent témoignage de l'art avec lequel leurs énormes assises étaient taillées et ajustées sans ciment. L'hygiène des habitants, les services de voirie y étaient assurés par un système d'*émissaires*, c'est-à-dire de passages souterrains voûtés, d'une solidité à toute épreuve, qui traversaient les montagnes et conduisaient les eaux malsaines dans les fleuves et dans la mer. Rome

---

(1) Les céréales, le lin, le chanvre, l'olivier et la vigne abondaient en Étrurie, de même que les bœufs, les chevaux, les moutons, les porcs et les ruches d'abeilles.

en eut, sous le règne de Tarquin, un exemple étonnant
dans la *cloaca maxima*, le plus ancien de ses monuments
publics. Après vingt-quatre siècles, cet égout modèle, construit par les ouvriers étrusques, sert encore aujourd'hui
et conduit au Tibre les eaux d'une grande partie de la
ville [1].

Quant aux édifices publics et aux maisons particulières,
il n'en reste plus. Mais nous savons que le plus ancien
ordre d'architecture des Italiotes fut appelé par eux l'ordre toscan et nous voyons dans les ouvrages latins qui
ont traité de cet art qu'il y est question de la *ratio tuscanica*, du *cavum ædium tuscanicum* [2]. Du reste, on peut imaginer quelle était la décoration architecturale des temples
étrusques d'après les tombeaux qui subsistent à Norchia
et qui paraissent en reproduire la disposition intérieure.
Ces tombeaux sont surmontés de frontons accompagnés
d'*acrotères* [3] semblables à ceux que les Romains employèrent plus tard avec profusion ; car il n'est guère de médaille romaine, représentant des monuments, où le couron-
nement des édifices et le fronton des temples ne paraissent
chargés de la même manière de palmettes, de statues et
de groupes. L'examen des urnes cinéraires étrusques, dont
la forme imite celle des grandes constructions, montre
aussi combien l'usage des *antefixes*, imitées également par
les Romains, était répandu dans la décoration architecturale de l'Étrurie ; ces antéfixes, en terre cuite, figuraient
des feuillages, des vases, des têtes humaines, des têtes
d'animaux ; elles étaient presque toujours coloriées et
formaient le long des toits une riche bordure qui se dé-

(1) Voy. Ed. Guillaume, au mot *cloaca* du *Dictionnaire des antiq.
gr. et rom.* de Daremberg et Saglio ; Canina, *Archit. roman.*, II, ch. XI,
p. 203 ; Plin., *Hist. Nat.*, XXXVI, 24.

(2) Vitruv., VI, 3.

(3) Voir acrotères d'un tombeau étrusque dans les *Mon. ined. dell'Inst.
arch.*, I, pl. XLVIII. Cf. Dennis, *Cities and cemeteries of Etruria*,
I, p. 243.

coupait élégamment sur l'azur du ciel[1]. Le même examen
nous apprend encore que les Étrusques employèrent de
bonne heure ces piliers quadrangulaires qui décorent et
fortifient les extrémités d'un mur et qu'on appelle *antes*[2],
assez semblables aux colonnes en ce qu'ils ont des chapiteaux et, parfois, une base. Nous réussissons ainsi à retrouver dans les sépulcres et dans les villes des morts
l'image des demeures construites pour les vivants. Les nécropoles de Soana, de Bieda, de Bomazzo, les rochers taillés
en façades d'édifices que présente aux yeux étonnés la triste
vallée de Castel d'Asso[3], les murailles peintes, les pilastres,
les plafonds découpés, les portes encadrées de cryptes de
Cœré, de Chiusi, de Volterra, de Tarquinies nous four-
nissent sur l'art des architectes étrusques des renseignements nombreux et précis.

Mais ce n'est pas seulement sur l'architecture de ce
peuple que nous ont renseignés les découvertes contem-
poraines. Les fouilles opérées par les érudits ont mis au
jour l'intérieur de ses chambres sépulcrales. Là, avec une
foule de peintures et de sculptures qui retracent ses danses, ses banquets, ses cérémonies profanes ou religieuses,
nous trouvons des milliers d'objets de luxe et d'instruments de tous genres qui nous donnent les notions les plus
exactes sur sa manière de vivre, sur les arts qu'il a su
cultiver, sur le degré de civilisation auquel il lui fut donné
de parvenir ; et si l'examen scrupuleux de cet ensemble
nous fait avouer que les relations qu'il entretint avec les
Grecs, avec les Phéniciens, avec les peuples de l'Orient,
contribuèrent beaucoup à développer chez lui le goût du
beau, nous n'en tirons pas moins la certitude qu'il était

(1) Il y en a des spécimens dans les musées de Pérouse et de Naples ; le
British museum en possède une collection dont Taylor Combe a publié la
description.

(2) Micali, *Monum. per serv. alla stor. dei pop. ital.*, Flor. 1832,
pl. LXXII ; Canina, *Etruria marit.*, II, pl. CXX, p. 142 ; *Mon. ined.
dell'Inst. arch.*, I, XLII.

(3) Dennis, *Etruria*, I, p. 229-242 ; *Bulletin arch.*, 1863, p. 18-56.

heureusement doué par la nature, et que, dès les temps les plus anciens, il montra dans certains travaux une science, une habileté qu'il n'eut besoin d'emprunter à personne.

V

La sculpture, toutefois, fut celui de tous les arts qui fournit aux Étrusques la moins brillante carrière.

Il ne nous reste d'eux que très peu d'ouvrages en pierre : un certain nombre de lions et de sphinx, placés à l'entrée des tombeaux ; quelques images de divinités représentées les unes sur un fauteuil, les autres engagées jusqu'à la ceinture dans une sorte de gaine ; une dizaine de petits autels ou piédestaux décorés sur leurs quatre faces de scènes funéraires ; quelques stèles de Fiesole et de Pérouse avec un guerrier debout ; et, à Bologne, une série de stèles de forme ovale avec plusieurs zones horizontales de reliefs dont les sujets présentent une heureuse composition mais une exécution médiocre, voilà tout ce qu'on peut citer jusqu'au moment où commença l'industrie des urnes cinéraires.

Nous ne possédons pas non plus beaucoup de spécimens de leur sculpture en bronze, qui valut mieux que la précédente, si l'on en juge par l'*Enfant et l'Oiseau* du Vatican, l'*Orateur* du Musée de Florence, le *Mars* de Todi, la *Minerve* et la *Chimère* d'Arezzo.

La matière dont leurs sculpteurs ont fait le plus fréquent usage est l'argile. Nous n'avons, à la vérité, aucune des grandes statues en terre cuite qu'ils se plurent à placer sur les façades de leurs monuments et dont les Romains ornèrent, dès l'origine, le temple élevé à Jupiter sur le Capitole. Mais, si cette céramique monumentale a disparu, nous pouvons nous en faire une idée par les couvercles de sarcophages, retrouvés en grand nombre dans les nécropoles et qui représentent des personnages de grandeur naturelle à demi couchés sur un lit. Les têtes y sont modelées avec soin et ont une expression vivante ; l'ajus-

ment, la coiffure et la parure y sont aussi reproduits dans
les moindres accessoires avec une exactitude scrupuleuse.
Les artistes, voulant qu'on reconnût sûrement la personne
dont ils faisaient l'image, se sont efforcés de rendre les
détails de sa physionomie et de sa toilette. En revanche,
tout ce qui n'intéressait pas la ressemblance a été sacrifié :
les proportions du corps ne sont pas gardées ; le buste
semble presque toujours sortir du fond d'un coffre et se
joint, sans le moindre souci de la vérité anatomique, à
deux jambes qui, tant bien que mal, sont allongées ou
écourtées sur les coussins du lit funéraire. La vue des
sarcophages, en somme, nous autorise à supposer que,
dans leur céramique monumentale, les sculpteurs étrusques, tout en possédant certaines qualités d'exactitude,
n'ont pas eu un sentiment parfait de leur art.

Quant aux bas-reliefs qui ornent les flancs de ces sarcophages, ils ont une grande valeur archéologique en ce sens
qu'ils font souvent le bonheur des érudits en leur ouvrant
des aperçus nouveaux sur maintes questions intéres-
sant les mœurs et les croyances de l'Étrurie, mais, pas plus
que les statues qu'ils accompagnent, ils ne sont de nature
à satisfaire complètement le goût des véritables artistes.

Les Étrusques furent plus heureux dans la peinture.
Les fresques murales qui ont été découvertes dans leurs
chambres funéraires nous permettent de suivre les progrès
et les diverses phases de leur éducation dans cet art depuis
la rudesse naïve de leurs premiers essais jusqu'à l'aisance
et la sûreté de leurs œuvres les moins anciennes.

Les plus archaïques que nous possédions sont celles que
le marquis de Campana trouva, en 1842, dans une tombe
de Véies. Elles représentent l'homme qu'ont arraché de la
vie les démons funèbres et que transporte dans le monde
infernal un cheval conduit par Charon. La coloration est
pauvre ; les animaux et surtout le cheval ont des formes
fantastiques ; cependant les figures humaines dénotent déjà
un effort naïf pour imiter la nature.

Les briques peintes de Cœré témoignent d'un art moins incertain. Le dessin est plus ferme et la coloration est moins bizarre, bien qu'elle soit encore terne et réduit au noir, au blanc gris, au rouge et au jaune.

Viennent ensuite les peintures de la seconde période. La rudesse primitive se trahit par la persistance de certains détails, tels que les têtes dessinées de profil avec l'œil de face, les mains aux doigts démesurément effilés, la distinction du sexe des personnages par la nuance des chairs, blanches pour les femmes, rouges pour les hommes. Mais les formes massives ou raides et anguleuses ont disparu; les mouvements ont plus d'aisance, les gestes plus de naturel, les visages plus d'expression, la coloration, où paraissent le vert et le bleu, plus de variété de tons et de nuance. Les sujets sont purement étrusques et souvent les mêmes.

Enfin, dans les fresques de la dernière période, l'exécution matérielle a perdu toute trace d'archaïsme. Le peintre, qui sait rendre la vigueur d'un corps d'homme et la grâce délicate d'un corps de femme, n'a plus besoin de recourir à un artifice pour distinguer ses personnages par la couleur de leurs chairs; il sait dessiner les yeux en profil, les visages de face, les postures compliquées; dans un groupe il sait à chaque physionomie donner une impression particulière. Il a même recours à la perspective : ses figures sont réparties sur plusieurs plans; il fait des essais de raccourci; et de plus, comprenant le parti qu'il peut tirer du clair-obscur, il accentue cette perspective par les ombres et les demi-teintes. En même temps, il met plus de variété dans le caractère des sujets, il fait des emprunts nombreux aux légendes de la Grèce; mais, alors même qu'il a recours aux thèmes helléniques, il les transforme en y introduisant quelque chose de l'esprit national, il conserve son originalité. C'est bien l'empreinte du génie étrusque qui se fait sentir dans ces scènes de meurtre, ces sacrifices humains, où l'on voit sans cesse les bourreaux et les victimes aux prises dans une lutte suprême. Ce sont bien les produits de la sombre et fantastique imagination d'un peuple dont la cruauté native s'est trouvée développée par la tristesse de sa religion, par la crainte constante des divinités infernales, par des superstitions sans nombre, par l'habitude de contempler des cérémonies et des fêtes sanglantes.

Au nombre des peintures les plus remarquables de ce genre il faut mentionner tout particulièrement celles de la chambre sépulcrale de Vulci, découvertes en 1857 par les archéologues français des Vergers et François. Les deux principales représentent : l'une, un sujet grec, Achille sacrifiant les prisonniers grecs sur le tombeau de Patrocle; l'autre, un sujet national, le héros Mastarna, délivrant Cœles Vibenna et vengeant cruellement la défaite de son ami par le massacre de ceux qui l'avaient fait prisonnier. L'une et l'autre, par une corrélation évidente, montrent une image de dévouement fraternel envers un compagnon d'armes; il est facile d'y noter avec quelle prédilection l'artiste a choisi dans les récits homériques une scène exceptionnelle de meurtre, combien dans cette représentation d'une légende hellénique il a introduit d'éléments ayant trait aux croyances de l'Étrurie[1], et quel intérêt aussi s'attache au sujet national, puisque Mastarna n'est autre que l'étrusque qui devint roi de Rome sous le nom de Servius

(1) Achille, la tête nue, les cheveux tombant en boucles sur ses épaules, enfonce le glaive dans le cou d'un Troyen assis sur le sol. A ses côtés se tient le Charon étrusque, armé du marteau dont il frappe ses victimes. Dans la femme ailée qui est de l'autre côté d'Achille on reconnaît un génie qui inspire à Achille ses projets de vengeance, ou plutôt, conformément aux croyances étrusques, le génie même d'Achille. Les deux Ajax, couverts de leurs armures, ont la garde des prisonniers et Agamemnon, tenant sa lance, semble n'avoir d'autre rôle que celui de contempler ce drame sanglant. Mais la figure qui frappe le plus, c'est le personnage mélancolique, aux longs cheveux, dont la main gauche maintient à ses pieds un bouclier, et qui est désigné par l'inscription comme le spectre de Patrocle. L'ombre de Patrocle assiste au sacrifice qu'Achille offre à ses mânes, de même que, dans Homère, elle apparaît à Achille pour lui reprocher de laisser son corps sans sépulture.

Tullius[1]. La plupart des personnages y sont mis et dessinés avec une précision nerveuse; les gestes sont véhéments, les poses violentes, contractées et cependant étudiées avec liberté. En dehors même de ces deux fresques principales, si l'on considère les figures indépendantes disposées sur les côtés, on est étonné des qualités qu'on y remarque. Aucun tombeau de l'Étrurie n'a montré des œuvres d'un style plus pur et cette beauté des formes est si frappante qu'un critique a pu dire qu'en la voyant on songe involontairement à des peintures florentines du xve siècle, comme si des modèles de même race avaient guidé des artistes de même tempérament et, après tant de siècles, fait reparaître les mêmes tendances[2].

(1) Ces noms de Mastarna et de Cœles Vibenna se retrouvent dans le discours prononcé par l'empereur Claude au Sénat en faveur des habitants de Lugdunum, discours résumé par Tacite et dont le texte, découvert il y a trois siècles, est aujourd'hui au musée de Lyon. Voici ce que disait Claude : « A Tarquin l'Ancien succéda Servius Tullius : nos historiens veulent qu'il soit né d'une esclave nommée Ocrisia, tandis que les *Annales étrusques* en font le compagnon très fidèle de Cœles Vibenna, dont il partagea toutes les chances aventureuses. Chassés de l'Étrurie par les vicissitudes d'une existence hasardeuse, ces deux chefs vinrent occuper le mont Cœlius avec les débris de leur armée, et la colline doit son nom à Cœles Vibenna. Quant à Servius, qui portait, comme Étrusque, le nom de Mastarna, il le changea pour celui sous lequel nous le connaissons aujourd'hui. Par la suite, il parvint au trône, qu'il occupa d'une façon glorieuse et utile pour le bien de l'État. » La fresque de Vulci représente évidemment un épisode de cette existence agitée que Claude attribuait aux deux chefs étrusques avant leur arrivée sur le mont Cœlius : en confirmant ainsi d'une manière éclatante le témoignage jusque-là unique de Claude, elle ne laisse plus aucun doute sur l'origine toscane du roi Servius Tullius et contribue à nous prouver l'influence considérable que les Étrusques exercèrent, à une certaine époque, sur le peuple romain.

(2) Voir pour toutes les questions qui ont trait à la sculpture et à la la peinture des Étrusques : Dempster, *De Etruria regali*, 2 vol., 1723; Gori, *Mus. Etrusc.*, 3 vol., 1743; Inghirami, *Monum. etrusc.*, 7 vol., 1821-26; Visconti, *Antic. mon. Sepolcr.*, 1836; Canina, *Descriz. di Cere antic.*, 1838; Grifi, *Mon. di Cere antic.*, 1841; Micali, *Mon. ined.*, 1844; *Musée Grégorien du Vatican*, 1842; Conestabile, *Mon. di Perugia etrusc. e rom.*, 1870; id., *Pitture murali scoperte presso Orvieto*, 1865; *Mon. ined. dell'Instit. di corrisp. archeol. di Roma*;

VI

Mais, de quelque aptitude qu'ait fait preuve le peuple étrusque dans l'étude de la peinture, il nous semble bien en avoir témoigné plus encore pour les arts industriels.

Parmi ces arts celui de pétrir l'argile et de la durcir au feu fut l'un des premiers qu'il cultiva[1] et l'un de ceux où il se montra le plus original. Je ne veux pas parler de ces vases peints qu'il a imités des vases grecs[2] et dont les sujets sont ordinairement empruntés aux divers épisodes de l'Iliade, à la mythologie et aux traditions héroïques de la Grèce; ce n'est pas en général dans ces sortes d'œuvres, qui datent d'ailleurs d'une époque déjà avancée de son histoire, qu'on pourrait distinguer son originalité, bien que les sujets de quelques-unes d'entre elles présentent une combinaison bizarre d'éléments grecs et d'éléments étrusques, comme par exemple les adieux d'Alceste et d'Admète en présence des génies infernaux de l'Étrurie; mais les vases noirs de Véies et de Clusium, les poteries rouges[3] d'Arre-

Brunn, *Pitture etrusc.* (Annal. 1859 et 1866); Helbig, *Pitture cornotane*; id., *Pitture tarquiniesi* (Annal. 1863 et 1870); et principalement O. Müller, *Die Etrusker;* Noël des Vergers, *L'Étrurie et les Étrusques;* Dennis, *The cit. and cemet. of Etruria;* J. Martha, *Manuel d'archéol. étr. et rom.; Le Journal des Savants,* année 1865; et *La Revue des Deux-Mondes,* 1882, art. de M. Boissier sur les tombes étrusques de Cornéto.

(1) Pline affirme explicitement que l'art du modeleur vient surtout de l'Étrurie : « Elaborata hæc ars Italiæ et maxime Etruriæ. » *Hist. Nat.,* XXXV, 45.

(2) Les Grecs les appelaient panathénaïques parce qu'ils étaient offerts en prix dans les fêtes des Panathénées. Sur la question de l'importation et de l'imitation des vases grecs, consulter les ouvrages indiqués par O. Müller, *Handb.,* § 99, 2; O. Jahn, *Vasensamml. zu München,* p. XX, CCXXXVII; Lenormant et De Witte, *Élite céram.,* Introd.; Cf. De Witte, *Études sur les vases peints,* 1865.

(3) La poterie rouge d'Arretium, aux formes gracieuses et d'une pâte légère, mais d'une teinte unie, n'était pas recherchée à l'égal des vases peints : c'était la poterie usuelle,

« Sic Aretinæ violant crystallina testæ; »

dit Martial (1, 54), qui ajoute autre part (XIV, 98) :

« Aretina nimis ne spernas vasa monemus ;
Lautus erat tuscis Porsena fictilibus. »

tium furent probablement en usage dès les premiers temps de la civilisation toscane [1], et ces genres de produits étaient purement étrusques. Or, si les plus anciens, tels que les canopes, espèces de vases funéraires, coiffés d'une tête régulièrement dessinée [2], nous paraissent étranges à cause d'une forme que rappelle celle des canopes égyptiennes, il en est beaucup d'autres d'aspect vraiment élégant et dont les détails artistiques sont remarquables : les ornements en relief qui les décorent sont nombreux et parfois très bien travaillés.

L'industrie du bronze ne le cédait en rien à celle de la poterie et nous savons qu'elle devint si florissante que les produits en étaient recherchés jusque dans l'Attique au temps de Périclès. Les musées en possèdent actuellement un grand nombre de spécimens. A côté d'armes offensives et défensives [3], telles que lances, cuirasses et casques, on y voit des ustensiles d'usage domestique, tels que seaux, chaudrons, trépieds, aiguières, plats et coupes. Un type extrêmement original et qu'on rencontre assez fréquemment parmi ces ustensiles de bronze, c'est celui d'un récipient dont la forme est arrondie à la base et dont la large ouverture est décorée de têtes d'animaux fantastiques,

---

(1) Les savants s'accordent à considérer ces vases comme fort anciens et les auteurs latins ne les contredisent pas. Juvénal prétendait déjà que le bon roi Numa n'en avait pas d'autres (*Sat.* VI, 343), et Perse parlait également des vases de Numa, quand il disait, à propos du luxe de Rome, que l'or avait remplacé l'argile des Toscans (*Sat.* II, 60) :

« Aurum vasa Numæ, saturniaque impulit æra,
Vestalisque urnas et Tuscum fictile mutat. »

(2) La canope, qui était une jarre destinée à contenir les cendres d'un mort, présentant la conception primitive du buste, on a été tenté de se demander si le mot *bustum* (*ce qui a été brûlé*) ne désignait pas à l'origine quelque chose qui conservait l'image du défunt en même temps que ses cendres recueillies sur le bûcher.

(3) La fabrication des armes était telle en Étrurie que, lorsque Scipion prépara son expédition contre Carthage, la seule ville d'Arretium put lui fournir en quinze jours 30,000 boucliers, 50,000 javelots et tout l'attirail nécessaire pour armer en guerre une flotte de quarante navires.

tirant la langue et surgissant d'un long cou : tantôt ces
têtes se replient à l'intérieur et semblent vouloir humer le
liquide contenu dans le fond du vase; tantôt elles se dres-
sent à l'extérieur comme si elles voulaient en défendre les
approches. On y trouve aussi une grande collection de
candélabres, de cistes et de miroirs.

Les candélabres sortent tout à fait de la banalité. Les
tiges, de modèles divers et d'ornementations différentes,
sont soutenues par des sujets on ne peut plus variés : ici,
c'est un prêtre étrusque, de style archaïque et raide; une
femme immobile, les bras en l'air; là, au contraire, c'est
un adolescent, d'une grande souplesse d'attitude, ou bien
un de ces danseurs et de ces faiseurs de tours dont les
Étrusques avaient le goût et qu'ils avaient l'habitude d'introduire dans léurs banquets. Parfois ces figures d'hommes
et de femmes, toutes droites, sont elles-mêmes comme un
membre de la colonne et font office de cariatide; d'autres
fois, elles rompent capricieusement la ligne par un brusque
mouvement et séparent d'une façon hardie la tige de la
base. Quant à celle-ci, bien que le principe décoratif en
soit presque partout le même, puisqu'il consiste en trois
pieds d'animaux disposés en triangle, elle n'offre pas moins
de variété dans le choix des formes que les deux autres
parties du candélabre [1].

Les cistes, qu'on appelle souvent cistes de Préneste
parce qu'elles proviennent pour la plupart de ce pays, et
qu'on a aussi pendant un certain temps dénommées cistes
mystiques à cause de l'usage purement religieux qu'on leur
attribuait à tort, sont des boîtes cylindriques ou ovales [2] des-

---

(1) Voir, pour l'étude des candélabres, R. Ménard, *Vie privée des
Anciens*, tom. III, p. 246 et suiv.; Panofka, *Cabinet Pourtalès*, pl. XL;
Mus. Grég., — I, pl. XXVII ; LXXXII; Canina, *Etr. marit.*, pl. LXIII,
LXIV; Gerhard, *Auserlesene Vasenbild*, III, pl. CXIV; *Mon. de l'Inst.
arch.*, 1849, pl. XI.

(2) Emm. Fernique, *Étude sur Préneste* (Paris, 1880, 17ᵉ fascic. de la
Biblioth. des Écoles d'Athènes et de Rome), où se trouve la liste des
cistes publiées jusqu'alors (p. 168-170).

tinées à contenir tous les menus objets qui composaient l'attirail de la coquetterie féminine, ce que les Romains appelaient *mundus muliebris*. La première et la plus belle qui ait été découverte est la ciste Ficoroni, conservée au musée du collège romain (musée Kircher), et qui représente l'arrivée des Argonautes en Bithynie chez les Bébryces. Elle est remarquable entre toutes par la délicatesse de la gravure, l'harmonie de la composition et la pureté du style[1].

Parmi les miroirs on en distingue de deux genres : ceux qui ont une double boîte avec reliefs sur le couvercle, et ceux qui, ornés de dessins à la pointe ou *graffiti*, sont à disque simple avec un manche pour les tenir à la main. Au nombre des quelques centaines de spécimens qui ont été recueillis[2] on considère comme les trois plus beaux : celui de Gerhard, avec la réunion de Bacchus et de Sémélé; celui du Cabinet des Médailles, à Paris, avec la réconciliation d'Hélène et de Ménélas; et celui du musée Britannique, qui représente Ménélas, après la prise de Troie, rencontrant Hélène que Thétis s'efforce de sauver. Ces trois miroirs, à la vérité, de même que la ciste indiquée ci-dessus, ne représentent que des sujets purement helléniques ; mais il en est d'autres qui figurent des personnages, des costumes, des danses étrusques, d'autres qui mêlent aux légendes grecques des divinités nationales. Seulement il est à remarquer que, dans ce cas, les artistes ont eu le bon goût de ne plus recourir aux génies infernaux et aux scènes sanglantes, les contorsions horribles des blessés et les figures grimaçantes des Charons et des furies n'étant guère de mise dans des objets de luxe destinés à être maniés par une femme qui sourit à sa toilette.

(1) Cette ciste est reproduite dans presque tous les ouvrages qui ont trait à la matière. Elle a été l'objet de nombreuses dissertations dont la plus complète, qui fournit une bibliographie exacte, est celle d'Otto Jahn, *Die Ficoronische Cista*, Leipzig, 1852.

(2) Voir Vermiglioli, *Saggio di bronzi etruschi trovati nell' agro prengino*, 1813; Gerhard, *Etruskische Spiegel*, Berlin, 1839; J. De Witte, *Les Miroirs chez les Anciens*, Bruxelles, 1872.

L'industrie du bronze fut également cultivée par les
Étrusques dans la fabrication des bijoux. On a retrouvé à
Bologne un grand nombre de parures de ce métal qui sem-
blent remonter à une haute antiquité[1] et les fouilles de
Cervetri ont découvert des bracelets et des colliers com-
posés de bulles du même genre[2].

Mais ce fut surtout dans l'industrie de l'or[3] que se distin-
gua leur bijouterie. Les Grecs eux-mêmes recherchaient
ces colliers, ces boucles d'oreilles, ces bracelets, ces diadèmes, ces couronnes où souvent l'or, l'émail, les pierres
gemmes sont mis en œuvre avec la plus exquise élégance;
ils admiraient, comme nous les admirons encore aujour-
d'hui, ces feuillages qui tremblent, ces tresses gracieuses,
ces méandres de perles presque invisibles qui s'enroulent en
festons capricieux. Plusieurs de ces joyaux dont les femmes
étrusques aimaient à se parer de la tête aux pieds et dont
quelques-uns étaient portés aussi par les hommes, ne laissaient rien à désirer pour la richesse et le travail. Ils ne
devaient point leurs saillies au burin et à la ciselure; ils
étaient fabriqués de pièces rapportées et superposées. De
là une part plus grande faite à l'idée spontanée et à l'imagination au lieu de l'uniformité fatigante du poinçon et
du moulage. Mais la soudure de pièces de rapport, dont la
ténuité et la délicatesse étaient infinies, en rendaient l'exécution très difficile. On peut en juger par les vains efforts
qui ont été tentés depuis lors, pour retrouver les procédés
des Étrusques[4]. Déjà, à l'époque de la Renaissance, la vue

(1) *Revue arch.* de juin 1877.

(2) *Monum. de l'Inst.*, X, pl. XXIII; *Annal.*, 1875, p. 222. — Cf.
Ann. du Bullet. arch. de 1874, tome XLVI, p. 249 et suiv. et dans l'Atlas,
tome X, les pl. 10 et suiv.

(3) Les chambres funéraires renfermaient aussi des ustensiles et des
bijoux en argent, mais les objets de ce métal étaient beaucoup moins
nombreux que les autres.

(4) « Jamais, dit N. des Vergers, l'art du joaillier n'a été plus loin...
Les soudures sont si délicates qu'il n'en reste aucune trace perceptible à
l'œil et qu'on ne saurait découvrir quels étaient les agents chimiques assez

de quelques-unes de leurs œuvres avait fait le désespoir des plus grands artistes. Benvenuto Cellini raconte, dans ses mémoires, que le pape Clément VII le fit appeler un jour au Vatican pour lui montrer un collier d'or admirable, qui venait d'être découvert dans les maremmes pontificales, et qu'il répondit au pontife qui lui proposait ce chef-d'œuvre pour modèle : « Hélas ! mieux vaut pour nous chercher une voie nouvelle que de vouloir égaler les Étrusques dans le travail des métaux. Entreprendre de rivaliser avec eux serait le sûr moyen de nous montrer de maladroits copistes. » Dans notre siècle, de très grands orfèvres, aussi érudits qu'habiles, tels que les Castellani, ont abordé l'entreprise devant laquelle avait reculé Cellini. En s'adressant à des ouvriers qui possédaient encore, dans des villages cachés au fond des Apennins, certains secrets de manipulation traditionnellement conservés depuis l'antiquité, en confiant à des mains de femmes les plus fins et les plus délicats travaux, ils obtinrent quelques résultats satisfaisants, mais sans avoir retrouvé l'ensemble des procédés anciens qui, de leur aveu [1], demeurent supérieurs, puisqu'il est des œuvres dont ils n'ont pu reproduire la perfection.

Il ne faut pas croire toutefois que tous les bijoux retrouvés dans les nécropoles ressemblent aux quelques spécimens, d'un travail si exquis, qu'on s'est plu à représenter dans tous les recueils. En général les parures en or découvertes dans les chambres funéraires sont loin de valoir ces chefs-d'œuvre exceptionnels. Ce sont, pour la plupart, des

puissants pour assembler des pièces d'une semblable ténuité. Or, si quelques-unes de ces charmantes compositions se rapprochent, par le goût et l'élégance du dessin, des modèles empruntés à la Grèce, il en est d'autres qui ne rappellent que l'Asie et nous en avons rencontré nous-même dans des hypogées appartenant aux époques les plus primitives, entourées de vases dont le caractère archaïque excluait toute idée d'hellénisme. » *L'Étrurie et les Étrusques*, t. 1, p. 312.

(1) Voir le compte rendu du rapport par lequel Castellani fils exposa et expliqua devant l'*Académie des Inscriptions* des projets d'imitation de bijoux étrusques. Séance du 18 janvier 1861.

diadèmes et des pendants d'oreilles assez massifs, de larges ceintures à broche, des bracelets que les Étrusques portaient au-dessus du poignet et du coude, des anneaux qu'ils mettaient aux deux mains et presque à tous les doigts, et surtout des bulles et des chaînes, les deux genres d'ornements pour lesquels ils paraissent avoir eu le plus de goût.

La bulle [1] était une sorte de capsule, ronde ou ovale, composée de deux petites cuvettes soudées ensemble, et munie d'une bélière dans laquelle passait le fil qui la suspendait à la chaîne d'un collier ou au cercle d'un bracelet. Ils prêtaient à cet objet la vertu d'une amulette [2], et tous, hommes et femmes, en avaient [3].

Les chaînes n'entouraient pas seulement le cou comme les colliers ; elles ornaient les épaules, contournaient la poitrine, se relevaient sur les hanches, ceignaient la taille où elles étaient retenues par des fermoirs en forme de rosaces. C'était, comme le montrent certaines statues surmontant les sarcophages [4], un entrecroisement sans fin qui couvrait de métal tout le haut du corps et qui semblait dénoter chez les individus ainsi parés bien plus d'ostentation des richesses que de véritable goût pour les ornements artistiques.

Il arrivait même quelquefois que, non satisfait de cet

(1) Les Romains empruntèrent aux Étrusques l'usage de la bulle. Cf. Juven., V, 64 ; Plut., *Vie de Romulus*, 25 ; O. Müller, *Etrusk*, 1, p. 374. — Mais à Rome, excepté dans les cérémonies du triomphe, la bulle était réservée aux jeunes garçons, qui la déposaient avec la prétexte, quand ils parvenaient à l'âge viril, et l'offraient aux lares domestiques ou à Hercule. Cf. Perse, V, 31.

(2) C'était pour obéir à une superstition de ce genre que les triomphateurs romains mettaient une bulle à leur cou. Cf. Macrob., *Saturn.*, 1, 6, 9 ; Plin., *Hist. Nat.*, XXVIII, 4, 7.

(3) Ils en portaient ordinairement trois groupées et suspendues sur la poitrine. G. Micali, *Monum. di pop. ital.*, pl. XLIII et suiv.; *Mon. ined.*, pl. XXVI ; Gerhard, *Etrusc. Spiegel*, IV, pl. CCCLXV ; *Dict. des antiq. gr. et rom.*, de Daremberg et Saglio, fig. 892 et 893, p. 754.

(4) Clarac, *Mus.*, pl. CCXIV, ter ; Micali, *L'Italie avant les Rom.*, pl. XLIII de l'édition française.

amas de bijoux, on les disposait sur des vêtements tout tissus d'or. Grifi raconte, dans la description de ses monuments [1], la découverte d'un sépulcre où se trouvait une femme qui, couverte de vêtements de ce genre, avec sa coiffure d'or, son pectoral d'or, son collier, ses bracelets, ses chaînes, ses agrafes, ses amulettes d'or, pouvait offrir véritablement l'apparence d'une personne toute d'or de la tête aux pieds. Dans ces conditions, il est évident que la toilette funéraire du personnage n'est plus la représentation exacte de celle qu'il portait lorsqu'il était en vie, et l'on peut dès lors y voir la manifestation d'un pieux usage qui répondait sans doute à une croyance religieuse. De même que, dans le Zend-Avesta, l'Amschaspand Bahman réside au ciel revêtu d'habits d'or et que c'est ce génie qui donne des vêtements d'or aux justes admis dans le séjour céleste, il est à supposer que les Étrusques, avec leurs idées superstitieuses souvent conformes à celles de l'Orient, amassaient ce riche métal sur la personne du défunt et tout autour d'elle comme un symbole de l'apothéose qu'ils cherchaient à réaliser d'une manière matérielle et à rendre sensible par tous les moyens que leur opulence fournissait à leur piété.

Quels qu'aient été d'ailleurs les motifs qui ont engagé les Étrusques à enfouir dans leurs chambres funéraires tant de richesses, tant de parures, tant d'objets divers, leurs nécropoles, en nous dévoilant coup sur coup leurs œuvres d'art et les produits de leur industrie, témoignent aujourd'hui non seulement de la prospérité dont ils ont joui pendant un long temps, mais aussi de la puissance matérielle qu'ils avaient acquise au milieu des autres peuples et de l'influence civilisatrice qu'il leur fut donné d'exercer sur leurs voisins.

(5) *Mon. di Cere antica*, spiegati colle osservanze del culto di Mitra, dal cav. L. Grifi, Roma, 1841, in-fol.

VII

« Leur puissance, en effet, devint telle qu'à une certaine époque, au dire même de Caton et de Tite-Live [1], presque toute la péninsule, des Alpes au détroit de Messine, se trouva sous leur domination. Leur grande fédération du centre, composée de douze villes principales [2], ne correspondit plus seulement, au nord, avec une autre fédération, formée également de douze grandes villes, elle s'appuya aussi, dans le Latium [3] et la Campanie, sur de nombreuses colonies, et celles de ce dernier pays organisèrent à leur tour une troisième fédération semblable aux deux autres [4]. En même temps, leur marine prit des proportions considérables. Ils avaient su de bonne heure se créer des abris sur les côtes découvertes et les rades foraines, assembler les bois, les toiles, les métaux nécessaires à la construction et à l'armement de galères armées de redoutables grappins. Sur le promontoire escarpé de Sorrente, sur les rochers abrupts et inhospitaliers de Caprée, ils s'établirent dans de fortes positions d'où ils commandèrent facilement la mer entre les baies de Naples et de Salerne, et maîtres désormais de ces côtes occidentales comme ils l'étaient, au nord, des rivages de l'Adriatique, ils portèrent au loin la terreur de leur nom tout en assurant à leur commerce une extension inconnue jusque-là. Détenteurs des plus riches produits d'exploitation de l'Italie, tels que le fer d'Æthalia,

(1) Cat., ap. *Serv.*, in *Æn.*, XI, 567 ; Tit.-Liv., I, 2 ; V, 33.

(2) Niebuhr croit que les douze villes de la confédération du centre étaient Cœre, Tarquinii, Rusellæ, Vetulonium, Volaterræ, Arretium, Cortona, Perusia, Clusium, Volsinii, Véies, Capena ou Cossa. D'autres parlent aussi de Pise, Fiesulæ, Falerii, Aurinia ou Caletra, Salpinium ou Saturnia.

(3) Ils colonisèrent Fidènes, Crustumeria, Tusculum, s'assujettirent les Volsques et les Rutules. — « Gens Vulscorum quæ etiam ipsa Etruscorum potestate gerebatur ». Servius ad *Æn.*, XI, 567, d'après Caton.

(4) Lanzi indique les villes de Volturnum, qui prit plus tard le nom de Capoue, Nola, Acerræ, Herculanum, Pompeii, Nocera, Calatia, Teanum, Cales, Suessa, Æsernia et Atella.

le cuivre de Volaterræ, l'argent de Populonia, ils lièrent
des relations suivies, jusque dans les contrées les plus
lointaines, avec les peuples les plus commerçants et les
plus industriels de leur temps, les Grecs de l'Asie-Mineure,
les Égyptiens, les Phéniciens, les Carthaginois[1]. Cette réputation de grands navigateurs, qu'ils acquirent en tous
lieux, ne leur est refusée par aucun écrivain ancien,
preuve incontestable, qui vient corroborer toutes les précédentes, pour les placer, à côté des Grecs Cuméens leurs
ennemis, en première ligne dans l'histoire des premiers
temps de la civilisation italique.

VIII

Malheureusement toute cette puissance des Étrusques
portait en elle-même les germes d'une dissolution rapide.

Il n'y avait pas entre les trois fédérations, ni même entre
les villes principales de chacune d'elles, de liens tellement
serrés qu'elles fussent absolument liées les unes aux autres
dans les événements qui pouvaient en dernière conséquence devenir fâcheux pour la nation tout entière. Dans
les premiers temps sans doute, à l'époque où il s'agissait
encore de poser les assises de leur domination, l'union
avait été intime : l'intérêt de chaque cité se confondait
alors d'une façon évidente avec l'intérêt commun, toutes
les villes, sans distinction, sans hésitation, prenaient part
aux entreprises générales, et les chefs des douze cités principales, les lucumons, comme on les appelait, rangeaient
leurs troupes sous les ordres du chef suprême qu'ils s'étaient
choisi : les faisceaux surmontés de haches, portés par
douze licteurs, étaient l'emblème du pouvoir suprême de
ce généralissime. Mais lorsque la période des conquêtes
fut terminée et qu'il survint, tantôt d'un côté, tantôt de

_____

(1) Ils allaient chercher en Gaule l'étain des îles Cassitérides nécessaire
pour la fabrication du bronze et jusque sur les bords de la Baltique l'ambre jaune qui servait à la parure des femmes. — Aristote dit que les
Carthaginois et les Étrusques avaient entre eux une foule de traités sur les
alliances et les droits réciproques. (Pol., III, 9 ; Op., II, 261.)

l'autre, des incidents qui semblaient ne devoir plus affecter d'une manière plus ou moins sensible qu'une ville en particulier, les autres, qui ne se trouvaient pas immédiatement et personnellement en cause et qui ne prévoyaient pas d'ailleurs toutes les suites de leur indifférence, marchandèrent leur aide ou la refusèrent. Véies, par exemple, ne succomba, après dix années de siège, sous les coups des Romains que parce que les peuples de la confédération réunis en assemblée générale avaient déclaré que l'Étrurie ne pouvait courir les risques d'une querelle particulière et que chaque cité devait être laissée responsable de ses actes individuels [1].

Cette indifférence des peuples étrusques les uns à l'égard des autres s'accentua principalement à partir du moment où le même mode de gouvernement ne fut plus en vigueur chez tous indistinctement. Dans toutes les villes à la vérité il y avait une aristocratie sacerdotale et guerrière, composée des lucumons, qui seule avait la garde des rites religieux, des lois et de la propriété ; mais, tandis que, dans les unes, cette aristocratie jouissait d'une pleine indépendance en ne confiant à ses chefs qu'un pouvoir renouvelable chaque année, dans les autres, les fonctions suprêmes étaient remplies par des rois dont le pouvoir, bien que limité par les privilèges d'une caste puissante, était d'une nature bien différente. De là des causes d'animosité, d'hostilité même entre certaines lucumonies ; de là ces tiraillements incessants qui faisaient que l'aristocratie républicaine d'une ville ne se sentait plus disposée à venir en aide à celle d'une autre cité qui supportait patiemment le gouvernement d'un roi.

A ces premières divisions vinrent s'en ajouter d'autres

____

(2) ... Concilia Etruriæ ad fanum Voltumnæ habita, postulantibusque Capenatibus ac Faliscis, ut Veios communi animo consilioque omnes Etruriæ populi ex obsidione eriperent, responsum est : « Antea se id Veientibus negasse, quia, unde consilium non petissent super tanta re, auxilium petere non deberent : nunc jam pro se fortunam suam illis negare, etc. » Tit.-Liv., V, 17.

non moins périlleuses. Après que les liens de la fédération
se furent de plus en plus desserrés entre les diverses lucumonies, des discordes intestines s'élevèrent au sein même
des cités isolées. Le relâchement de l'union fédérale ne put
s'accomplir sans amoindrir peu à peu la force de la classe
dirigeante. Le peuple, durant des siècles, était resté courbé,
sans protestation, sous l'autorité des lucumons qui seuls
lui parlaient au nom des dieux, qui seuls savaient par la
la science mystérieuse et terrible des aruspices étudier
l'éclair, observer la foudre, interpréter le vol et le chant
des oiseaux, ouvrir le sein des victimes et lire la vie dans
la mort. Durant des siècles, il les avait laissés déterminer
comme ils l'entendaient les conseils de la cité. A la fin, il
fut tenté de prendre part lui aussi à la direction des affaires
qui l'intéressaient; il leva la tête devant ses maîtres affaiblis; il osa, en plus d'un endroit[1], se révolter contre un
pouvoir qu'il voyait chanceler en présence de l'ennemi.

Ajoutez à cela que la religion des Étrusques, qui avait
tout formulé, tout prévu, avait eu le malheur de fixer
elle-même un terme fatal à leur destinée. Au rebours de
ces religions pleines d'espérances qui montraient à d'autres
peuples, avec l'immortalité de leurs dieux, la continuité
indéfinie d'une protection divine, celle de l'Étrurie jetait
dans l'âme de ses adeptes la crainte et le désespoir. Elle
n'avait pas su, en affirmant l'instabilité des empires, proclamer cette vérité sans porter à l'esprit de la nation un
coup qui devait lui devenir funeste. Non seulement elle
avait fixé, dans son enseignement, la durée totale de l'humanité, mais elle avait prétendu en dévoiler les diverses
périodes, et à la destinée de l'Étrurie particulièrement elle
avait donné des limites non douteuses, en lui réservant
une des périodes du monde, de dix siècles. Or, si une vie
de mille ans peut, dans l'origine, paraître assez longue

---

(1) Tite-Live parle d'une famille de Lucumons, les Cilnii, engageant avec
le peuple, à Arezzo, une lutte qui ne fut apaisée que par l'intervention
étrangère (X, 3-5). Il parle aussi d'une dissension du même genre qui se
produisit à Véies. (IV, 58.)

pour permettre à un peuple les grandes pensées et les vastes desseins, le cours inéluctable des années doit nécessairement, dans de telles conditions, amener un moment critique où les esprits n'entrevoient plus qu'avec terreur un avenir des plus amoindris, un horizon des plus bornés et des plus sombres.

Et, en effet, lorsque, au milieu des dissensions privées, surviendront les désastres publics et les invasions étrangères; lorsque les Grecs de Cumes, réunis aux forces de Hiéron, tyran de Syracuse, auront fait subir à la marine toscane, dans les eaux du cap de Misène[1], la défaite mémorable célébrée par les vers immortels de Pindare[2]; lorsque les lucumonies du nord, malgré l'avantage de leurs

[1] Les relations qu'entretenaient les Tyriens avec Xerxès avaient entraîné aussi la ville de Carthage dans les vues de la politique persane, et les Étrusques, qui, peu auparavant, s'étaient vu fermer les détroits de la Sicile par la flotte d'Anaxilas, chef de Rhegium et de Zanclé, avaient trouvé leur intérêt maritime à faire cause commune avec les Carthaginois. La plus vaste des combinaisons politiques avait ainsi jeté du même coup les hordes asiatiques sur la Grèce proprement dite, les Phéniciens de Carthage sur les Grecs de Sicile, les Étrusques sur les Grecs cuméens. Les Hellènes l'emportèrent sur toute la ligne. Le jour même (s'il faut en croire la tradition) où la bataille de Salamine sauvait la Grèce proprement dite, Gélon et Hiéron, despotes de Syracuse et d'Acragas (Agrigente remportèrent sur l'armée carthaginoise, commandée par Amilcar, fils de Magon, la glorieuse victoire d'Himéra, célébrée dans les chants de Simonide. Cette grande défaite eut pour effet presque immédiat celle des Étrusques, leurs alliés. Hiéron, libre de ses mouvements, porta ses forces au secours des Cuméens, et les Étrusques, auxquels Carthage essaya en vain de venir en aide, essuyèrent un échec qui entraîna la chute de leur suprématie maritime. — Cf. Diodore, XI, 51.

[2] La note qui précède, en montrant l'importance de la bataille de Cumes, explique les vers que Pindare a consacrés à cet événement dans la première de ses Odes Pythiques : « O fils de Saturne, je t'en supplie, ordonne aux Phéniciens et aux Toscans impétueux de rester paisibles dans leurs demeures. Qu'ils se souviennent du désastre que leur flotte essuya devant Cumes et de tous les maux qu'ils ont soufferts, lorsque le roi de Syracuse triomphant précipitait les jeunes guerriers dans les flots, du haut de leurs vaisseaux rapides, et arrachait ainsi la Grèce à la pesante servitude. C'est à Salamine que j'élèverai le glorieux trophée de la gloire athénienne; à Sparte je vanterai la bataille livrée au pied du Cithéron, où

armes et de leur tactique, auront été obligées de céder
devant l'impétuosité de cette race belliqueuse des Gaulois[1] qui, descendant tout à coup sur l'Italie, courait
au combat comme à un jeu et, pleine de mépris pour les
traits à longue portée, ne se servait que d'épées et de lances
pour attaquer l'ennemi corps à corps ; lorsque la fédération du centre, après la prise de Véies, se trouvera mise en
échec par les Romains ; lorsque celle du midi, séparée de
la métropole par suite du désastre de Cumes, ne se verra
plus en état de résister à l'attaque des montagnards sabelliens[2] et laissera tomber entre leurs mains Volturnum
(Capoue), la plus forte de ses villes ; alors les Étrusques
jugeront que l'heure fatale de leur décadence est arrivée.
Ils continueront encore à lutter contre leurs nombreux
ennemis, parce qu'un peuple guerrier se souvient toujours
de la valeur de ses ancêtres et des annales glorieuses de
son passé ; mais ils lutteront sans foi, sans espoir, sans illu-
sion. Ils ne penseront pas à chercher dans leurs fautes personnelles, dans leurs divisions intestines, les causes de leur
abaissement. Cet abaissement, ils l'imputeront nécessaire-

furent vaincus les Mèdes à l'arc recourbé ; et, sur les bords de l'Himère
aux belles eaux, je chante, en l'honneur des fils de Dinomène (Dinomène,
père d'Hiéron), l'hymne qu'ils ont mérité par leur courage, en repoussant
les guerriers ennemis. » V. 136 et suiv.

(1) « Fusis acie Tuscis haud procul Ticino flumine ». Tit.-Liv., V, 34.
Après qu'une première horde de Gaulois se fut établie entre le Tessin, le
Pô et l'Adda en y formant les commencements de la ville de Mediolanum,
une seconde suivit qui forma le canton des Cénomans avec les villes de
Brixia et Verona. Puis des flots incessants se précipitèrent par les Alpes.
Les Étrusques perdirent toute la rive gauche du Pô et, après la chute de
Melpun, se virent menacés jusque dans leurs demeures originaires. Les
Boïes occupèrent la Romagne actuelle où ils firent de la ville étrusque de
Felsina leur capitale sous le nom de Bononia. Enfin, les Sénons s'établirent
le long de la côte de l'Adriatique entre Rimini et Ancône.

(2) Fatigués par les excursions continuelles des Samnites, les Étrusques
avaient cru assurer la paix en partageant avec eux leurs champs et leurs
villes ; mais, une nuit, ils furent surpris et égorgés. Volturnum prit alors
le nom de Capoue et les maîtres du pays celui de Campaniens :
« Τὸ ἔθνος τῶν Καμπανῶν συνέστη. » Diod., XII, 31.

ment à leurs dieux [1] qui l'ont annoncé depuis longtemps.
Les yeux désormais fixés sur le terme connu de leur destinée, ils attendront, au milieu des sombres pensées d'un
fatalisme énervant, l'accomplissement des volontés divines
exprimées dès l'origine par leurs livres sacrés et l'enseignement de leurs prêtres. Ou s'ils s'avisent par hasard de
vouloir trouver quelque consolation à leur malheur, ce
sera dans les jeux, dans les banquets, dans une vie de plaisir et de luxe, qui elle-même deviendra pour eux une dernière cause de dissolution et de ruine.

(1) Le sujet de Capanée insultant le ciel est commun dans les peintures
de leurs vases.

CHAPITRE III

Les Gaulois et les Colonies grecques

I. Invasions des Gaulois ; leur influence nulle sur le peuple romain. — II. — Nombreuses colonies grecques : villes chalcidiques ; ligue des cités achéennes ; groupe dorien. Leur puissance et les monuments qui nous en restent. — III. Leur civilisation. Vive impression qu'en reçurent les Romains dans la période qui a suivi l'occupation par eux d'une ville grecque. — IV. Relations antérieures. Influence exercée sur Rome par les Grecs dans les premiers temps de la république et même pendant la période des rois. Introduction de l'alphabet grec à Rome.

I

S'il s'agissait ici de faire une étude complète de tous les peuples sans exception qui ont joué un grand rôle historique en Italie tant avant la fondation de Rome que dans les premiers temps du peuple romain, il faudrait nous arrêter maintenant assez longuement sur les Gaulois comme sur les colonies grecques qui vinrent, quatre siècles environ après les Cuméens, fonder des établissements importants dans la partie méridionale de la péninsule.

Les Gaulois, en effet, après avoir réussi, au VIe siècle, dans une première invasion dirigée par Bellovèse, à prendre pied dans le pays où se trouve aujourd'hui la ville de Milan, se ruèrent en nombre considérable sur les riches contrées environnantes avec cette impétuosité toute sauvage qui fit d'eux pendant longtemps la terreur des nations civilisées de l'antiquité. Ils s'établirent, au détriment des Étrusques et des Ombriens, sur les bords du Pô et sur les côtes de l'Adriatique jusqu'au fleuve Esino (Æsis). Ils s'avancèrent peu après jusqu'à Clusium au cœur de l'Étrurie, et personne n'ignore comment les Romains, en secourant les Clusins sans aucune déclaration de guerre préalable, attirèrent sur eux toute leur colère. La bataille de l'Allia[1], où l'armée romaine fut dispersée au premier choc, mit Rome à la merci des vainqueurs, et peu s'en fallut que dans cette circonstance la puissance naissante du peuple qui commanda plus tard au monde ne s'abîmât pour toujours. La résistance opiniâtre de la petite garnison qui tenait le rocher du Capitole ne l'eût sans doute pas sauvée sans l'envahissement tout à fait opportun des Vénètes qui, inquiétant les barbares pour la possession des territoires nouvellement acquis sur le Pô, les décidèrent[2] à accepter la rançon des Romains et à vendre à prix d'or le résultat de leur victoire[3]. On les revit encore néanmoins dans le Latium quelques années plus tard et à plusieurs reprises;

(1) L'Allia est un des petits cours d'eau qui se jettent dans le Tibre vers le douzième mille au-dessus de Rome. J. J. Ampère n'hésite pas à le reconnaitre avec M. Rosa, dans le cours d'eau appelé Scannabecchi, lequel descend des collines crustuminiennes, comme on le dit de l'Allia. (Voy. Ampère, *Hist. rom. à Rome,* IIe part., ch. VI ; *Bulletin de la Société des antiquaires de France,* 1860, p. 88-89.) Le théâtre du combat aurait été la plaine qui s'étend entre le Tibre et les collines, sur une largeur d'environ deux milles et de la Marcigliana à Santa Colomba. Il est vrai que Nibby (*Dint.,* 1, p. 125) le place aux environs de Terre San Giovanni; mais c'est pour retrouver l'Allia dans le Fosso della Conca qui passe à Mal Passo, et alors la bataille n'aurait pas eu lieu au bord du Tibre comme l'indiquent les auteurs anciens.

(2) En même temps la malaria avait envahi l'armée gauloise et lui faisait désirer la fin d'un siège qui devait lui paraître d'autant plus long que le manque de vivres la mettait dans l'obligation d'entrer en hostilité avec tous les pays voisins.

(3) Les Romains s'engagèrent à laisser désormais une des portes de leur ville constamment ouverte, à fournir aux Gaulois les vivres et les moyens de transport dont ils avaient besoin pour retourner chez eux, et de plus à leur payer une rançon de mille livres pesant d'or. (Polyœn., Strat., VIII, 25 ; Front., II, 6, 1 ; Polyb., *Hist.* II, 18.) Ce fut pendant que l'on pesait cet or, que le brenn jeta ses armes dans la balance en prononçant le mot fameux et toujours vrai de *Væ victis! Malheur aux vaincus!* Quant au récit de Tite-Live, d'après lequel Camille, nommé dictateur, se serait immédiatement mis à la poursuite des Gaulois et leur aurait repris tout leur butin, il est permis de n'y voir qu'un roman patriotique qui a dénaturé les faits ou les a tout au moins considérablement exagérés. Obligés d'avouer la prise et l'incendie de leur ville, les Romains se dédommagèrent

mais la fortune ne les favorisa plus de la même manière. Camille, le vieux héros qui avait été cinq fois dictateur, leur fit éprouver à Albe, en 367, une première défaite. Le dictateur Quintus Servilius Ahala lutta victorieusement, en 360, devant la porte Colline, contre de nouvelles hordes qui revenaient d'une excursion aventureuse en Campanie. En 358, un troisième dictateur, Caïus Sulpicius Poticus les battit complètement. Et en 349, Lucius Furius Camillus, fils de l'ancien triomphateur, après l'acte héroïque de M. Valérius Corvus, vint à bout de leurs bandes qui avaient campé tout un hiver sur les monts Albains.

L'histoire de toutes ces entreprises des Gaulois sur le centre de l'Italie et particulièrement sur le Latium comporte assurément à certain point de vue un intérêt saisissant. Mais ce que nous cherchons à étudier ici, dans la succession des différents peuples qui passent sous nos yeux, ce n'est point le tableau de leurs entreprises guerrières alors même que ces entreprises se sont portées sur le pays latin ; nous ne nous attachons qu'à ceux qui ont laissé dans ce pays une couche spéciale de population ou qui ont eu avec lui des rapports constants de voisinage et de commerce, à ceux qui lui ont donné des habitants ou l'ont pénétré de leurs institutions, de leurs industries, de leur langue, de leur civilisation.

Or les Gaulois n'ont rien fait de tout cela. Comme conquérants ils ne dépassèrent pas les limites où s'était arrêtée l'invasion des Sénons, et encore toute la région qui resta soumise à leur domination sembla-t-elle retourner bientôt

---

de cet aveu en transformant en une victoire complète quelques petits succés que Camille obtint peut-être sur certaines bandes de traînards. La plupart des historiens d'ailleurs affirment tout le contraire de ce que raconte Tite-Live. Polybe dit positivement que les Gaulois remportèrent dans leur pays, sans être inquiétés, la rançon des Romains (II, 22) ; Suétone, après avoir parlé de l'or donné aux Gaulois, ajoute qu'il ne leur fut pas arraché par Camille (Suet., *Tib.*, 3) ; Pline (*Hist. nat.*, XXXIII, 5, 1), Justin (XXVIII, 4), Diodore de Sicile (XIV, 116) et Tacite (*Hist.*, III, 72), s'expriment avec la même netteté.

à la barbarie d'où les Étrusques l'avaient tirée : les campagnes de la Cisalpine perdirent leur magnificence ; les bois et les marécages s'étendirent ; leurs tribus barbares, qui se nourrissaient de la chair des porcs dont elles faisaient l'élevage, pleines de mépris pour les habitations des villes[1] comme pour l'agriculture, ne voyaient rien de plus beau que les vastes forêts de chênes et s'adonnaient de préférence à la vie pastorale, nomade et guerrière. Les marques distinctives de cette race, au dire de son historien Amédée Thierry, étaient « le courage personnel[2] dans lequel ils surpassaient toutes les nations ; un tempérament ouvert et impétueux, accessible à toutes les impressions ; beaucoup d'intelligence jointe à une extrême versatilité ; le manque de persévérance, l'aversion pour la discipline et l'ordre, l'ostentation et une discorde perpétuelle, fruit d'une vanité sans borne. » Un tel caractère, qui peut faire des soldats pleins de bravoure et de mauvais citoyens, explique ce fait historique que les Gaulois n'ont exercé d'action définitive dans aucun des nombreux pays parcourus par eux, et que, s'ils ont réussi à renverser des États, ils n'en ont fondé nulle part. Leur peu d'attachement pour la terre, leur disposition à se mettre en campagne à toute occasion, leur préférence pour les biens faciles à emmener, leur amour de l'or, un désir toujours inassouvi, un besoin perpétuel de guerres lucratives, voilà les causes qui les ont condamnés à jouer dans l'histoire de la civilisation italique le rôle de sauvages et de destructeurs. Leurs expéditions nombreuses sur le Latium et les pays voisins furent avant tout des expéditions de pillage ; elles ne laissèrent après elles aucun autre effet que des ruines momentanées

---

(1). Polybe, II, 17 ; Strabon, V.

(2). L'antiquité tout entière a rendu cette justice aux Gaulois que leur qualité la plus éminente a été le courage. « Les Gaulois, dit Caton l'Ancien, ont deux vertus principales : combattre avec bravoure, parler avec esprit. — « Pleraque Gallia duas res industriosissime persequitur : rem militarem et argute loqui.. » (Cat., *Orig.*, frag.; L. II). Salluste les appelle « gens bellicosa et nomini romano infestissima. » (Sall., *Catil.*, c. 40.)

qu'on s'empressait de réparer aussitôt qu'ils avaient disparu. Leur grande victoire de l'Allia elle-même, malgré l'impression profonde qu'elle produisit sur les Romains et le retentissement qu'elle eut au loin parmi les peuples civilisés, n'eut aucune conséquence politique : il suffit d'un discours véhément de Camille[1] pour empêcher l'émigration des citoyens romains à Véies; et des débris presque fumants encore de la ville incendiée sortit à la hâte[2] une ville nouvelle, qui reprit au même point sa situation et continua, comme sans interruption, ses anciens rapports extérieurs. « Le conflit entre les Gaulois et les Romains, dit Mommsen, ne fut pas comme celui entre Rome et l'Étrurie ou celui entre Rome et le Samnium, une collision de deux pouvoirs politiques, qui se pénètrent et se modifient l'un l'autre; on peut le comparer à ces catastrophes de la nature après lesquelles l'organisme, s'il n'est pas détruit, reprend immédiatement son équilibre[3]. » Nous pouvons donc affirmer que les entreprises des hordes

(1). Ce discours, il faut l'avouer, n'aurait peut-être pas suffi sans une rencontre fortuite dans laquelle la multitude vit une manifestation certaine de la volonté des dieux. Comme des soldats traversaient le Forum, le centurion qui les commandait, dit au porte-étendard : « Arrête-toi, *nous serons très bien ici.* » Les sénateurs crièrent aussitôt au peuple assemblé : « Nous en acceptons l'augure ». Et la *plebs*, que la voix de Camille n'aurait peut-être pas décidée aussi facilement, le fut subitement par une parole qu'un centurion venait de prononcer par hasard. (Tit.-Liv., V, 55).

(2). Le Sénat, pour faciliter la réédification rapide de la ville, permit à chacun, à condition qu'il aurait reconstruit sa maison dans un an, de prendre la pierre et le bois où il voudrait et fournit les tuiles. Chacun pouvant bâtir où il lui plut, il n'y eut aucun ordre dans les constructions : « promiscue urbs ædificari cœpta... Festinatio curam exemit vicos dirigendi » (Tit.-Liv., V, 55); et les rues tracées à la hâte furent étroites, tortueuses et irrégulières tandis que de grands espaces demeurèrent vides : « Urbs passim erecta..., arctis itineribus hucque et illuc flexis, atque enormibus vicis. » (Tac., *Ann.*, XV, 43 et 38.) C'est à cette précipitation qu'il faut attribuer la physionomie que Rome conserva jusqu'à ce qu'elle eût été bâtie de nouveau sous Néron, qu'elle ne perdit même pas entièrement après lui (Juvén., *Sat.* III, 236) et qu'elle garde encore aujourd'hui.

(3) Mommsen, *Röm. Gesch.*, l. II, c. 4.

gauloises sur le Latium n'ont eu aucune espèce d'influence sur le peuple romain.

II

Il n'en fut pas de même des colonies grecques.

Nous avons vu précédemment [1] comment la plus ancienne de toutes, celle de Cumes, fondée par les Chalcidiens au XII° siècle avant notre ère [2], était devenue un centre de civilisation, et, après avoir étendu sa puissance commerciale, s'était élevée plus tard au rang de métropole en fondant des cités telles que Dicœarchia ou Puteoli (Pouzzoles) et Parthénope ou Neapolis (Naples). Vers l'époque où ces dernières villes prirent à leur tour une certaine importance, d'autres établissements grecs appartenant également au groupe ionien primitif et compris par les historiens sous le nom général de villes chalcidiques, se formèrent dans le voisinage du Vésuve, à l'extrémité méridionale de l'Italie et dans la Sicile : ce furent, par exemple, Rhegium; Zancle qui devint Messana (Messine); Naxos,

(1). Chap. I, 6.

(2). On s'est quelquefois demandé si les peuples civilisés de l'Orient, plus anciens que les Grecs n'avaient pas avant les Grecs eux-mêmes fondé quelques établissements sur l'Italie continentale. En ce qui concerne les Egyptiens, qui n'étaient pas un peuple navigateur, la réponse négative peut être considérée comme non douteuse. Mais pour les Phéniciens, dont les stations maritimes précédèrent celles des Grecs sur tous les autres rivages de la Méditerrannée, et qui eurent, d'après ce que dit Thucydide, non pas il est vrai des colonies, mais des comptoirs sur un grand nombre de points de la Sicile, on peut trouver étonnant qu'ils n'aient point cherché à s'établir solidement sur la péninsule pour y exercer à leur aise leur trafic commercial. Il est pourtant très probable qu'aucune fondation importante n'y a jamais été faite par eux; on trouverait de leur passage des traces profondes qui ne se voient nulle part. Sur un seul point de la côte occidentale, dans les environs de Cœré, le souvenir d'une factorerie phénicienne s'est conservé dans le nom de Punicum que portait une petite localité; mais il est avéré que les Cœrites eurent avec les Carthaginois des relations de commerce très suivies, et ces relations expliquent tout naturellement la fondation de cette factorerie sans la faire remonter à la période anti-hellénique.

que Strabon considérait comme la plus ancienne colonie
grecque de Sicile ; Catane, qui, malgré les destructions
causées par l'Etna et par les guerres, a conservé jusqu'à
nos jours d'importantes antiquités; Leontini; Himéra, que
devait rendre célèbre la victoire de Hiéron sur les Carthaginois. Ces villes chalcidiques, en général, adoptèrent avec
la législation de Charondas de Catane, une constitution
républicaine, dont le principe démocratique était sensiblement atténué par l'établissement d'un cens assez élevé,
et qui les mit à l'abri tout à la fois de la tyrannie des usur-
pateurs et de celle de la populace.

Dans le même temps, les Achéens, les Locriens, les Rho-
diens, les Corinthiens, les Mégariens, les Messéniens, les
Spartiates avaient envoyé des expéditions du même genre
dans les mêmes contrées occidentales et s'étaient pressés
à l'envi d'y établir leurs colonies. Il serait superflu de les
énumérer toutes ; mais en passant sous silence celles qui
occupèrent une position isolée[1], il faut citer, à côté du
groupe ionien primitif dont nous venons de parler, deux
autres groupes essentiels ; celui qui donna naissance à la
ligue des cités achéennes et le groupe dorien.

Les cités achéennes se distinguaient des autres établissements grecs par une constitution fédérale qui assurait
entre elles des rapports faciles par la conformité des lois,
la similitude des magistratures, l'usage de poids, de mesures et de monnaies identiques. C'étaient Seris ; Temesa[2];

---

(1). Les Locriens, par exemple, avaient fondé sur la côte est du Brutium,
au sud de l'embouchure de la Sagra, une cité qui donna naissance au légis'a-
lateur Zéleucus et au philosophe Timée, et qui eut pour succursales Hippo-
nium et Medama. (Aristot. *ap.* Polybe, XII, 5, 8; Dionys., *Perieg.*, 365-366;
Strabon, VI; Scymnius Ch. V., 307). Les Phocéens créèrent plus tard, en
Lucanie, à l'embouchure de l'Hélès, dans la mer Tyrrhénienne, la ville d'Elée
(Velia-Elea) qui devint la patrie de Parménide et de Zénon. (Hérodot., I, 163-
167; Antioch., *ap.* Strabon, VI.)

(2) Temesa ou Tempsa, aujourd'hui *Terre di Nocera*, sur la côte ouest
du Brutium, près de l'embouchure du Sébéthus, était célèbre par ses mines
de cuivre.

Pyxus[1]; Metabus ou Métaponte[2]; Caulon ou Caulonia, aujourd'hui Castel-Vetere[3]; Crotone[4] avec ses succursales de Pandosie[5] et de Térine[6]; Sybaris[7] avec ses dépendances de Laus et de Posidonia[8], dont la ville aujourd'hui déserte de Pœstum conserve encore les ruines grandioses. Les lois des Achéens qui, s'élevant au-dessus des sentiments jaloux des peuples de l'antiquité, permettaient d'admettre sans distinction d'origine ni de langage les étrangers à la participation de leurs droits civils[9], eurent la plus grande influence sur les progrès rapides et le développement extraordinaire de leurs colonies. Sybaris et Crotone, en particulier, atteignirent en peu de temps un chiffre de population et un degré de prospérité qu'on ne peut expliquer que par cette cause puissante[10].

(1) En Lucanie, aujourd'hui *Policastro*.

(2) Les Métapontins furent avec les Sybarites les premiers qui cultivèrent le grain pour l'exportation. Leur ville, dont le port est aujourd'hui transformé en lagune (*Lago di Santa Pelagina*), fut détruite de bonne heure; mais on voit encore sur une éminence qui était probablement son Acropole, quinze colonnes de son ancien temple. Nous possédons aussi des spécimens de ses monnaies, dont l'emblème caractéristique est un épi d'orge.

(3) Scymnus, Ch. V., 317-319; Strab., IV; Pausan., VI, 3.

(4) Antioch., *ap.* Strab. VI; Hérodot. VIII, 47; Scymnus, Ch., v. 324-325; Eustath., *ad Perieg.*, 369-373; Schol. Aristoph. *in nubibus*. La fondation de Crotone remonte, selon les uns, à l'an 758 av. J.-C., selon les autres, à l'an 710. (Den. d'Halic., II, 59; Eusèbe, *in Chronic.*)

(5) Scymnus, Ch. v. 325-328.

(6) Scymnus, v. 304-306; Plin., *H. N.*, III, 5 « Crotonensium Terina ».

(7) La fondation de Sybaris date de l'an 720 av. J.-C. — Scymnus Ch. v. 336 et suiv.; Aristot., *De Rep.*, V, 3.

(8) L'antique Posidonia, qui devint la colonie de Pœstum, était une ville consacrée à Neptune; située dans une contrée aujourd'hui malsaine, elle est célèbre par la magnificence de ses ruines. Les temples de Pœstum comptent en effet parmi les restes les plus intéressants que nous ait laissés l'antiquité. Il y en a trois; mais le plus important et le plus beau est celui du milieu, qu'on désigne ordinairement sous le nom de temple de Neptune. Il est d'ordre dorique et offre un des types les plus anciens et les mieux caractérisés de l'architecture grecque primitive. (R. Ménard, *La vie privée des Anciens*, tom. I, p. 520.)

(9) Polybe, II, 38.

(10) Diodore, XII, 9.

Située près de la mer où elle avait une bonne rade et arrosée par deux cours d'eau, le Sybaris qui descend des montagnes de Lucanie et le Cratis, rivière navigable, la ville de Sybaris avait bientôt recueilli de cette heureuse position tous les avantages que peuvent procurer la fertilité d'un sol bien cultivé[1], le commerce intérieur et le trafic maritime. Ses habitants, dans cette première période d'émulation et d'activité qui avait suivi son établissement, n'avaient rien négligé de ce qui pouvait accroître ses ressources, et leurs relations avaient embrassé non seulement le continent de la Grèce et les îles de la mer Égée, mais aussi les côtes lointaines de l'Ionie. Elle ne datait pas de beaucoup plus d'un siècle qu'elle était arrivée déjà à l'apogée de sa fortune. « Elle commandait alors, rapporte Diodore[2], à quatre peuples voisins et comptait dans sa dépendance immédiate jusqu'à vingt-cinq villes ; elle pouvait lever pour la guerre trois cent mille hommes[3] d'un seul coup », et dans cette armée, ajoute un commentateur[4], figuraient cinq mille cavaliers, superbement équipés, chiffre énorme pour une cavalerie de ce temps. On prétend même que l'oracle de Delphes, consulté sur la durée que les dieux réservaient à cet heureux état de choses, aurait répondu qu'il devait être éternel[5]. Mais la conservation de si grands biens exigeait une pureté de mœurs que les sybarites ne surent point montrer. Ils puisèrent dans leurs richesses mêmes et dans leurs rapports avec les voluptueux habitants de Milet[6],

----

(1) Ses terres avaient la réputation de rapporter cent pour un. (Varr., *De Re rust.*, I, 44 ; Diodor., XII, 9 ; Athén., XII, 3.)

(2) Diodor., XII, 9.

(3) D'après Scymnus de Chios (*Perieg.*, v. 340), le cens de la ville comprenait cent mille citoyens ; il est probable que Diodore, en indiquant le chiffre de trois cent mille, entendait parler du territoire tout entier.

(4) Athén., XII, 17 et 18.

(5) Athén., XII, 4.

(6) La prédilection des Sybarites pour les mœurs déréglées des Ioniens a été remarqué par Diodore (*Fragm.*, VIII) et par Athénée (XII, 3). Leurs rapports d'amitié avec les habitants de Milet sont d'ailleurs confirmés par le

ce luxe et cette mollesse qui hâtèrent leur ruine en attachant à leur nom une flétrissure ineffaçable. Après deux siècles à peine d'existence, leurs dissensions intestines, jointes à leur dépravation, amenèrent subitement une crise finale; cinq cents des plus opulents d'entre eux, ayant été forcés de s'exiler, implorèrent le secours des Crotoniates, qui envoyèrent cent mille hommes commandés par l'athlète Milon et remportèrent une victoire décisive. « Par la faute de ses habitants, affirme Diodore, par un effet de leur vie désordonnée, toute la prospérité de Sybaris fut anéantie par les Crotoniates, et cela dans l'espace de soixante-dix jours. Les Crotoniates, maîtres de la ville, détournèrent le cours du Cratis et la noyèrent sous les eaux du fleuve[1]. »

Crotone, on le voit, eut, comme Sybaris, de puissantes armées et un développement tout aussi rapide. Strabon nous apprend dans quelles circonstances elle avait été élevée en même temps que Syracuse. D'après certaines traditions, le corinthien Archias et l'achéen Myscellus s'étaient rencontrés à Delphes pour consulter l'oracle sur le choix d'un emplacement pour de nouvelles colonies. Le dieu, avant de répondre, avait voulu savoir ce que chacun d'eux préférait, de la richesse ou de la santé; et comme Archias avait choisi la richesse et Myscellus la santé, il avait désigné au premier l'emplacement de Syracuse et celui de Crotone au second. « Or, dit Strabon, les Crotoniates se trouvèrent en effet avoir bâti leur ville dans des conditions de salubrité merveilleuses. » Admirablement située à l'embouchure de l'Æsarus, elle avait vu sa population s'accroître

---

récit d'Hérodote (VI, 21), selon lequel ceux-ci se coupèrent les cheveux et prirent des habits de deuil à la nouvelle de la destruction de Sybaris.

(1) Cette destruction eut lieu en 510. Une colonie thessalienne la releva en 452, mais pour cinq ou six ans seulement. Des colons athéniens construisirent alors dans le voisinage une nouvelle ville sous le nom de Thurium. Ces rapports de succession qui liaient le nouvel établisssement de Thurium à l'ancienne colonie de Sybaris sont rappelés par les monnaies : l'emblème, en effet, qu'on voit sur les plus anciennes monnaies de Sybaris est un taureau qui tourne la tête, et le taureau, avec un mouvement différent, reparaît également dans celles de Thurium.

en peu de temps, et déjà elle se laissait aller, comme la cité des Sybarites, à la vie déréglée qu'engendre souvent une trop grande prospérité [1], lorsqu'elle eut le bonheur de trouver un habile réformateur de ses mœurs dans le grand philosophe de Samos, Pythagore, qui, attiré chez elle, soit par la salubrité du climat, soit par l'esprit vif et malléable de ses habitants, y vint établir le siège de son enseignement et réussit pour un temps à y enflammer les cœurs d'un courageux enthousiasme pour la vertu. Au lieu de s'adonner à la mollesse et aux plaisirs énervants, les Crotoniates se livrèrent aux exercices gymnastiques si prisés dans la Grèce par les plus grands législateurs des peuples ; l'adresse et la vigueur athlétiques [2] qu'ils acquirent ainsi rendirent leur nom fameux dans les jeux solennels d'Olympie [3] ; ils eurent la gloire unique de compter jusqu'à sept de leurs combattants vainqueurs dans les exercices du stade en une seule olympiade. Mais, non content de répandre parmi ses adeptes des vérités fortes et fécondes avec une éducation virile, Pythagore, à l'instar des sages de la Grèce qui avaient joint à leur science de philosophes les qualités d'hommes d'État, désira former une classe spéciale de citoyens appliqués à gouverner leurs semblables, et profitant du contrat fédéral qui unissait les cités achéennes, il s'efforça de faire triompher ses doctrines dans la confédération entière. Il eût voulu y établir le gouvernement des meilleurs et, pour cela, former dans les familles puissantes des diverses communautés une société « d'Amis » solidairement engagés les les uns envers les autres à maintenir partout, dans un intérêt moral, leur domination politique. Malheureusement,

(1) Sur la prospérité et le luxe de Crotone, voir Scymnus de Chios, v. 322 ; Polybe, VII, 1 ; X, 1 ; Schol. de Théocrite, *Idyl*, IV, 32. Denys d'Alexandrie (*Perieg.*, 369), l'appelait ἱμερτὸν πτολίεθρον.

(2) « Etenim quodam tempore Crotoniatæ multum omnibus corporum viribus et dignitatibus antesterunt. » Pseud. Cicer., *De Invent.* II, 1.

(3) Strabon rapporte (VI) que l'on répétait communément que le dernier des Crotoniates était le premier des Grecs, et une autre expression proverbiale disait que « les Crotoniates aimaient l'olivier du mont Olympe ». Maxim. Tyr., *Diss.* XIX, *init.*

pour atteindre ce but, on ne craignit point de recourir aux moyens coercitifs les plus durs, et si la classe supérieure des gouvernants fut représentée comme digne d'un respect égal à celui des dieux, la classe des gouvernés ne sembla mériter aucune espèce d'égards ni de ménagements. Nous venons de voir comment, à la suite d'un dissentiment politique qui avait fait bannir cinq cents citoyens de Sybaris, l'athlète Milon, qui était un des plus fervents disciples de Pythagore, détruisit en peu de jours, pour venger ces exilés, leur magnifique et malheureuse cité. Les Crotoniates, qui avaient accompli cette terrible exécution, ne tardèrent pas à recevoir la juste punition de leur cruauté. Dans l'orgueil de leur triomphe, ils entreprirent des guerres injustes, ils marchèrent comme à une proie facile sur le petit État des Locriens; mais celui-ci, malgré l'infériorité numérique de ses combattants[1], remporta sur eux, près du fleuve Sagra, une victoire telle que les écrivains de l'antiquité l'ont généralement considérée comme un événement prodigieux[2] et qu'elle porta à leur puissance un coup dont ils ne se relevèrent jamais[3]. Quant à la société pythagoricienne des Amis, elle finit par soulever contre elle une réaction formidable qui entraîna sa ruine : elle disparut, lais-

---

(1) Les Crotoniates, d'après les historiens anciens, étaient au nombre de cent vingt mille, tandis que les Locriens n'étaient que quinze mille.

(2) On avait vu deux cavaliers d'une taille plus qu'humaine combattre dans les rangs des Locriens et la nouvelle de cette victoire miraculeuse s'était répandue d'une façon non moins prodigieuse dans la même journée à Corinthe, à Sparte et à Athènes. Aussi les Locriens se plurent-ils dans la suite à rappeler cet événement sur leurs monnaies en y représentant les Dioscures par allusion au secours qu'ils croyaient avoir reçu de ces divinités. (Strabon, VI; Just., XX, 3-4; Cic., *De nat. deorum*, II, 2; III, 15.)

(3) Crotone était bien déchue lorsque Pyrrhus vint en Italie, et, à l'époque de la bataille de Cannes, elle était presque déserte. Il n'en reste pas aujourd'hui d'autres traces que les monnaies trouvées dans son sol. Sur la plupart de ces monnaies figure un trépied, soit parce que les Crotoniates avaient pour Apollon une dévotion particulière, soit parce que le prix décerné aux athlètes victorieux était habituellement un trépied. On y voit souvent, à côté du trépied, figurer un personnage portant les attributs d'Hercule par allusion à la force des athlètes qu'on honorait particulièrement à Crotone.

sant après elle, dans la plupart des cités achéennes comme
à Crotone même, des haines irréconciliables, des partis en
insurrection continuelle, des abus sociaux de toute espèce,
qui les laissèrent presque sans défense contre les entreprises
des tyrans ambitieux de Syracuse et de tous leurs ennemis.

Les colonies doriennes n'eurent pas une histoire moins
importante ni moins mouvementée que les villes achéennes.
Elles ne présentèrent pas à la vérité un groupe aussi compact
que ces dernières, puisqu'il n'exista pour les attacher les
unes aux autres aucune espèce de fédération réelle; cependant, malgré ce manque de contrat d'union, il y eut presque
toujours entre elles une certaine communauté d'action,
qui tenait à leur origine même, à l'identité de leur caractère, de leurs aptitudes et de leur langue. Il est à remarquer en effet que, bien qu'elles ne méprisassent en aucune
façon l'agriculture et les acquisitions territoriales, leurs
villes, beaucoup mieux que la plupart des cités achéennes,
furent, dès le début, établies tout spécialement en vue d'un
commerce international auprès des meilleurs ports et des
meilleurs abordages. Les Doriens ne se confondirent pas
non plus aussi facilement que les Achéens avec les populations anciennes; sachant se réserver à eux-mêmes leur
travail personnel, ils ne se laissèrent pas aller, dans la
grande prospérité, au dérèglement de mœurs des Sybarites
et ne perdirent jamais dans une vie indolente l'activité
naturelle de leur esprit. Aussi comptèrent-ils parmi eux
un bien plus grand nombre d'artistes et de littérateurs
illustres; leur langage, avec ses particularités nationales,
se répandit de bonne heure dans les villes chalcidiques
qui avaient originairement parlé le dialecte ionien[1]; et

____

(1) Mommsen (*Röm. Gesch.*, l. I, c. 10), indique encore un autre point
de différence bien marquée entre les Achéens et les Doriens. Il fait remarquer que les premiers restaient attachés à l'ancienne manière hellénique
d'écrire, tandis que les autres avaient adopté l'alphabet récent. Mais pour
comprendre cette distinction, il faut se rappeler comment s'est produite la
seconde phase de l'histoire de l'écriture grecque, lorsque la plupart des popu-

leur civilisation, comme celle de la Grèce proprement dite, finit par étendre plus tard jusque sur les Romains ses fructueux effets, tant ils surent, en dépit de toutes les misères politiques qui ne les travaillèrent pas moins que les Achéens, conserver le caractère grec dans sa vitalité.

A l'opposé des Achéens qui s'établirent de préférence dans la partie méridionale de l'Italie, ce fut en Sicile que les Doriens portèrent le plus grand nombre de leurs colo-

lations helléniques trouvant insuffisant le premier alphabet usité par leurs ancêtres, en tirèrent de nouveaux caractères et le modifièrent suivant les instincts et les nécessités de leurs dialectes. On trouve cette question spéciale approfondie dans les savantes études de Franz, de Mommsen, de Kirchoff et de F. Lenormand. — Franz distingue trois alphabets grecs de la combinaison desquels est sorti celui qui fut définitivement adopté par tous les Hellènes : 1° l'alphabet *éolo-dorien*, composé de vingt-cinq lettres ; 2° l'alphabet *attique*, composé de vingt et une ; 3° l'alphabet *ionique*, composé de vingt-quatre. — Mommsen n'admet en Grèce que deux alphabets successifs : 1° un alphabet primitif de vingt-trois lettres, représenté par les inscriptions de Théra et dont les alphabets *ionique* et *attique* de Franz ne seraient, selon lui, que des variétés ; 2° un alphabet postérieur de vingt-six lettres, qu'il subdivise en deux variétés principales : l'alphabet *corcyréen*, l'alphabet *dorico-chalcidien;* en y joignant encore deux autres variétés qu'il considère comme le produit de la combinaison du deuxième mode d'écriture avec le premier : l'alphabet *argien*, l'alphabet *éléo-arcadien*. — Le système de Kirchoff, qui ne diffère pas essentiellement de celui de Mommsen, n'admet aussi que deux alphabets grecs archaïques : l'alphabet *oriental*, susceptible de compter vingt-six lettres lorsqu'il est au complet, et l'alphabet *occidental*, qui n'en a que vingt-cinq dans son plus large développement. Du premier, Kirchoff compte dix-neuf variétés, et du second, onze, qu'il classe géographiquement. — Quant à F. Lenormant, il s'en tient à la division de Franz, en y ajoutant cependant une section à part pour l'alphabet en usage dans les îles de l'archipel. Il compte donc quatre alphabets grecs archaïques de la seconde époque: 1° l'alphabet *éolo-dorien*, auquel se rattachent deux sous-variétés secondaires et distinctes : l'alphabet *corinthien*, l'alphabet *argien;* 2° l'alphabet *attique;* 3° l'alphabet des îles; 4° l'alphabet *ionien*. (Franz, *Elementa epigraphices græcæ*, Berlin, 1840 ; Th. Mommsen, *Die unteritalischen Dialekten*, prolégomènes, Leipzig, 1850; Kirchoff, *Studien zur Geschichte des griechisches Alphabets*, Berlin, 1864; F. Lenormant, dissertation au mot *Alphabet* dans le *Dictionnaire des antiquités grecques et rom.* de Daremberg et Saglio, et *Études sur l'origine et la formation de l'alphabet grec*, dans la *Revue archéologique* de 1867 et 1868).

nies. Une des plus anciennes et la plus riche de toutes sans
contredit fut celle de Syracuse, que fondèrent, vers 735
av. J.-C., des Corinthiens sous la conduite d'Archias, et
qui devint la métropole d'Acres [1], d'Enna [2], de Camarina [3],
de Casmène [4], d'Héloros [5], de Nétum [6], etc. Limitée dans
l'origine à l'île d'Ortygie, elle s'accrut tellement qu'elle
finit par comprendre cinq villes distinctes : *Ortygia*, souvent appelée simplement l'île, où se trouvait la fontaine
Aréthuse ; *Achradina*, sur le bord de la mer, jointe à la précédente par un pont ; *Tyché*, la plus peuplée des cinq ;
Néapolis, qu'il ne faut pas confondre avec la ville du même
nom sur le continent ; et *Epipolæ* où fut construite la citadelle. Après qu'Epipolæ lui eut été adjointe, son enceinte
s'étendit sur une ligne de trente-cinq kilomètres et le
chiffre de ses habitants s'éleva, dit-on, au delà de cinq
cent mille. Elle possédait deux excellents ports : l'un,
qu'on appelle encore aujourd'hui *Porto Maggiore*, formé
par l'île d'Ortygie et le cap Plemmyrium, d'une circonfé-
rence d'au moins huit kilomètres ; l'autre, nommé Laccius,
situé entre l'île et Achradina, moins spacieux que le premier, mais capable néanmoins de recevoir une nombreuse
flotte de vaisseaux de guerre. Malgré la longue série de

(1) Acres, Acræ (Palazzuolo), sur l'Anapus. (Thucyd. VI, 5).

(2) Enna, aujourd'hui Castro-Giovanni, près de la rivière Himéra, sur la
route de Catane à Agrigente, réputée pour la fertilité des plaines qui l'envi-
ronnaient. Le culte de Déméter (Cérès) y était en grand honneur ; c'était dans
une prairie voisine d'Enna que Pluton, suivant la fable, avait enlevé Proser-
pine. (Mela, II, 7 ; Cic., *Verr*. III, 49 ; IV, 104 ; Ovid., *Fast*. IV, 422).

(3) Camarina, fondée à l'embouchure de l'Hipparis en 599 av. J.-C. (Hérod.
VII, 54). Il ne reste rien de cette ville que des monnaies dont l'emblème ordinaire est un cygne souvent accompagné d'une femme qu'il porte en croupe.
Une de ses monnaies, d'une marque toute différente, mais d'un style tout à
fait archaïque, porte d'un côté soit une tête de Méduse, soit un masque de
théâtre, et de l'autre six globules, marque du semis.

(4) Casmène, fondée vers l'an 643 av. J.-C. (Hérod., VII, 155).

(5) Héloros, aujourd'hui Muri-Ucci, au nord du cap Pachynum, dans une
situation si agréable qu'on donna à ses environs le nom de *Helorina
Tempe*.

(6) Nétum, au sud-ouest de Syracuse.

révolutions intérieures qui la firent passer et repasser à plusieurs reprises par toutes les formes de gouvernements[1], elle se maintint durant plusieurs siècles à un degré de prospérité tellement inouïe que les Grecs, dans une expression proverbiale, semblèrent supposer qu'il ne pouvait y avoir rien de plus riche que sa magnificence[2]. Elle cultivait d'ailleurs avec beaucoup de goût les lettres, les sciences et les arts : elle savait appeler à elle les plus grands écrivains de la Grèce, comme le témoigne la présence de Bacchylide, Simonide, Epicharme, Eschyle et Pindare à la cour d'un de ses rois; Cicéron vante la beauté des temples qu'elle avait élevés à ses dieux[3]; et nous

(1) Soumise d'abord à une riche aristocratie, elle eut ensuite un gouvernement démocratique jusqu'au jour où Gélon usurpa la royauté. (Gélon 484-478) et Hiéron Ier (478-467) eurent tous deux un règne très glorieux, mais leur frère, Thrasybule, par sa cruauté et sa rapacité, souleva contre lui la colère de ses sujets qui le renversèrent (466) et rétablirent le gouvernement démocratique (466-405). L'événement le plus important de ce long interrègne fut le siège de Syracuse par les Athéniens, lequel se termina par la destruction des grands armements d'Athènes (413). Ce fut aussi à cette époque que commença la longue lutte des Syracusains contre les Carthaginois. En 405, Denys l'Ancien s'empara de la tyrannie. Après un règne long et glorieux, il eut pour successeurs Denys le Jeune, Dion, Callippe, Hipparinus, Denys le Jeune, revenu de l'exil, mais qui fut chassé par Timoléon (343). La république, rétablie, fut encore détruite par Sosistrate (320); mais, après la mort d'Agathocle, qui l'avait remplacé et qui régna de 317 à 289, la démocratie, de nouveau victorieuse, se maintint pendant vingt ans. Déchirée par les factions, Syracuse conféra volontairement le souverain pouvoir à Hiéron II, dont le règne dura plus d'un demi-siècle (269-215) et fut suivi de près de la domination romaine.

(2) « Les Syracusains, dit Strabon (VI), s'élevèrent à l'apogée de la richesse et de l'opulence, témoin cet ancien proverbe : « Ils n'auraient pas assez de la dîme de Syracuse », lequel se dit des gens prodigues et magnifiques. »

(3) La cathédrale actuelle renferme quelques colonnes d'un ancien temple de Minerve qui avait été dépouillé par Verrès et dont Cicéron raconte la richesse. Près de ce temple, dans l'île d'Ortygie, il y en avait un autre, dédié à Diane, et dont on voit encore aujourd'hui quelques restes. Sur un coteau voisin de la ville, on voit aussi deux colonnes, provenant d'un fameux temple de Jupiter Olympien, où était une grande statue du dieu, couverte par Gélon d'un manteau d'or, que Denys lui enleva sous prétexte qu'il était trop chaud pour l'été et trop froid pour l'hiver. — Outre ces débris des

pouvons juger nous-mêmes par les nombreuses médailles qu'on a retrouvées combien était grande l'habileté de ses artistes.

Au nombre des plus anciennes colonies doriennes de la Sicile, il faut citer aussi celle de Géla [1], fondée vers 690 av. J.-C., à qui la richesse et la puissance ne manquèrent pas, mais dont la prospérité fut beaucoup moins longue que celle de Syracuse. Il n'est resté d'elle aucune trace, mais nous lui devons une mention spéciale pour avoir été la métropole d'Agrigente, « la plus belle ville des mortels » selon Pindare. Agrigente fut, en effet, une des principales cités de la Sicile [2]; sa population dépassa deux cent mille habitants ; elle lutta plus d'une fois victorieusement contre les Carthaginois; et si, dans la série de ses révolutions, elle eut le malheur de tomber dans les mains de tyrans tels que le cruel Phalaris [3], qui faisait brûler ses victimes toutes vivantes dans l'intérieur d'un taureau d'airain, elle eut aussi de beaux jours de gloire sous le règne de Théron, qui avait épousé la sœur de Gélon et de Hiéron Ier, et dont les

anciens temples, il nous reste de la vieille ville de Syracuse des ruines remarquables de fortifications et de monuments. Au milieu de ces ruines on trouve les Lacomies, ces carrières qui servaient de prison, et dont l'une très sonore, est appelée l'*Oreille de Denys*, parce qu'à une certaine hauteur il y a une chambre étroite dont l'acoustique, habilement ménagée, permettait, dit-on, à ce tyran d'y venir épier secrètement les moindres discours de ses prisonniers.

(1) Géla, mot qui a le sens d'eau froide, était le nom du torrent (aujourd'hui *Fiume di Terranova*) qui coulait sous les murs de la ville. La monnaie représentait le dieu de ce torrent sous la forme d'un taureau à figure humaine.

(2) Phalaris régna de 566 à 534. Il fut lapidé par ses sujets. L'instrument de torture dont il se servait avait été inventé par un artisan du nom de Pérille, qui d'ailleurs y avait été jeté le premier pour en faire l'essai.

(3) L'emblème ordinaire des monnaies d'Agrigente, Acragas, était un crabe ; mais ce crabe est souvent accompagné d'autres emblèmes comme le poisson, le serpent ou le lièvre qu'un aigle tient dans ses serres. Sur quelques-unes d'entre elles le culte de Jupiter est caractérisé par l'aigle tenant le foudre, et celui d'Apollon par la tête du dieu, le trépied sacré ou le quadrige.

victoires sur les champs de bataille et dans les jeux olympiques furent célébrées, au même titre que celles des deux puissants rois de Syracuse, par les chants du grand poëte lyrique de la Grèce. Son goût pour les arts lui valut aussi une réputation universelle : ses temples d'Esculape [1], de Junon [2], d'Hercule [3], de Castor et Pollux [4], de la Concorde [5], étaient des édifices de toute beauté; celui de Jupiter Olympien surtout avait des proportions colossales : « C'est, rapporte Diodore, le plus grand de tous les temples de la Sicile, et on peut à cet égard le comparer avec les plus beaux qui existent ; car, bien qu'il n'ait jamais été achevé, il paraît parfait dans son ensemble... Sur la façade orientale on a représenté le combat des Géants, ouvrage de sculpture admirable par la grandeur et l'élégance des personnages ; la prise de Troie est figurée sur la façade occidentale et on y distingue les héros par la différence de leurs habillements et de leurs armes. » Les œuvres d'art qui ornaient l'intérieur de tous ces monuments ne le cédaient en rien à leur magnificence architecturale. C'était pour le temple de

(1) Le temple d'Esculape, situé sur une colline voisine de l'enceinte, du côté de la mer, n'a conservé que quelques pans de mur et deux colonnes tronquées et engagées dans les constructions d'une métairie. Il possédait un chef-d'œuvre de Myron : c'était une statue d'Apollon, qui portait le nom de l'artiste sur la cuisse du dieu. Cette statue fut enlevée par les Carthaginois, puis rendue par Scipion aux Agrigentins après la prise de Carthage, et volée par Verrès. (Cic., *In Verr.*, Act. II, L. III, 43.)

(2) Il reste encore seize colonnes debout du temple de Junon.

(3) Du temple d'Hercule il ne reste debout aujourd'hui qu'une seule colonne autour de laquelle sont amoncelés pêle-mêle les corniches, les frises, les chapiteaux.

(4) Voir dans l'*Histoire des Romains* de M. V. Duruy (tome I, p. 611), une figure représentant les restes du temple de Castor et Pollux.

(5) De tous ces édifices, le temple de la Concorde est le seul qui s'élève encore presque intact, admirable par la noblesse et la simplicité de ses proportions, par l'effet qu'il produit, par la couleur brillante et dorée des matériaux dont il a été construit. Consacré au culte catholique pendant le moyen âge, il dut peut-être à cette destination l'état de conservation extraordinaire dans lequel il se trouve après tant de siècles. Son nom lui a été donné sans raison suffisante par suite de la découverte d'une inscription romaine, trouvée fort loin de là, et qui probablement ne le concernait pas.

Junon que Zeuxis avait peint la fameuse image de la déesse[1] d'après le modèle des cinq plus belles jeunes filles de la ville, et c'était pour celui d'Hercule que Myron avait fait la statue dont Cicéron parle comme de la plus belle chose qu'il ait vue[2]. Les ruines et les restes qu'on trouve aujourd'hui sur l'ancien emplacement d'Agrigente[3], bien qu'ils soient des plus importants, ne peuvent plus donner qu'une idée insuffisante des richesses artistiques que présentait cette ville au temps de sa splendeur.

Si les Doriens semblèrent avoir une préférence pour la Sicile et se portèrent avec moins d'empressement que les Achéens sur la péninsule italique, cette dernière ne fut pas pour cela négligée par eux. Un corps considérable de Parthéniens de Lacédémone, sous la conduite de Phalante, vinrent dans les dernières années du v111e siècle av. J.-C., s'emparer[4] de la vieille ville de Taras[5] primitivement occupée par les lapygiens. Située au milieu d'une belle et

(1) D'autres prétendent que cette peinture de Zeuxis appartenait à un autre temple de Junon Lacinienne qui était situé près de Crotone ; mais ce qui nous confirme dans la pensée qu'elle était bien à Agrigente, c'est que Zeuxis avait destiné à la même ville, pour son temple d'Hercule, un tableau qui représentait ce dieu enfant, étouffant deux serpents sous les yeux de sa mère Alcmène.

(2) On sait comment le préteur Verrès, abusant de son autorité, voulut faire enlever cette statue par un de ses affidés, nommé Timarchides, qui en fut empêché par les prêtres du sanctuaire et le peuple accouru à leur appel.

(3) Agrigente était à 2 kilomètres au sud-est de la moderne *Girgenti*, entre les fleuves Hypsas (aujourd'hui *Fiume Drago*) et Acragas (*F. di san Biagio*).

(4) Strabon, VI ; Dyonis., *Epitom.* XVII ; Pausan., X ; 10 ; Justin, III, 4, 11 : « Expugnatis veteribus incolis, sedes ibi constituunt ». — Vers l'an 707.

(5) Suivant la tradition, cette ville devait son nom au personnage mythique, Taras, fils de Neptune. Horace appelait Tarente « Neptuno sacrum » (Od. 1, 28). Et les monnaies de Tarente, dont on possède un très grand nombre, représentaient souvent Taras monté sur un dauphin ou sur un cheval, deux animaux consacrés également à Neptune. Toutefois certaines monnaies qui portent un cavalier font simplement allusion aux jeux équestres qui plaisaient particulièrement aux Tarentins.

fertile[1] contrée, au sud du mont Aulon et à l'ouest de l'embouchure du Galæsus, sur une baie qui formait le seul bon port de toute la côte méridionale, Tarente ne tarda pas à devenir, entre leurs mains, une des cités les plus puissantes et les plus florissantes de toute la Grande-Grèce. Grâce à ses riches poissonneries, à ses excellentes laines, à ses entrepôts de vin, d'huile et d'autres denrées, elle étendit en tous sens ses relations commerciales[2]. La possession de la ville d'Hydrus (Otrante), qui commandait du côté de l'Italie la mer Adriatique, lui permit de bonne heure de partager avec Corinthe et Corcyre le trafic maritime des deux cités très commerçantes que les Corinthiens et les Corcyréens avaient créées sur la côte illyrienne : Apollonia près de l'embouchure de l'Aoüs et Epidamnus (plus tard Dyrrachium, aujourd'hui Durazzo). En même temps elle entretint par voie de terre des rapports incessants avec les peuples de l'Apulie et réussit à répandre peu à peu parmi eux les premiers germes de la civilisation grecque dont elle fut un des centres les plus actifs.

III

Quelque bref examen qu'on fasse de toutes ces colonies grecques, doriennes, achéennes et autres, on ne peut s'empêcher d'être émerveillé de la rapidité de leur développement, de leur force d'expansion, et de la renommée que la plupart d'entre elles se sont acquise non seulement

---

(1) « Saturum Tarentum ». Virg., *Georg.*, II, 197.

(2) La prospérité de Tarente dura longtemps. Ce ne fut que dans la dernière partie du IVe siècle que, se voyant pressée par ses ennemis, elle appela à son aide la mère-patrie qui lui envoya Archidamus, fils d'Agésilas. Elle eut recours ensuite au roi d'Épire, Alexandre, oncle d'Alexandre le Grand, qui fut défait et tué par les Bruttiens près de Pandosie. Lorsqu'elle se trouva enfin en lutte avec la république romaine, les Épirotes vinrent encore lui prêter secours ; mais, après la défaite de Pyrrhus et son expulsion d'Italie, elle fut définitivement vaincue et prise par les Romains. Elle essaya bien pendant la seconde guerre punique de recouvrer son indépendance en prenant parti pour Annibal, mais elle succomba de nouveau et fut traitée très durement. Elle ne fut plus dès lors comparable à ce qu'elle avait été.

par leur opulence commerciale, mais aussi par leur culture intellectuelle, par une pratique on ne peut plus glorieuse des lettres, des sciences et des arts. Tout en y professant leurs doctrines métaphysiques et morales[1], des philosophes à jamais célèbres y répandirent les notions acquises par la science de leur temps et embrassèrent dans les recherches de leur enseignement toutes les branches des connaissances humaines depuis l'agriculture[2] et la médecine théorique et pratique[3] jusqu'aux problèmes les plus ardus de la géométrie, de la mécanique et de l'astronomie[4].

(1) Sur Pythagore et ses disciples de la Grande-Grèce comme sur l'école d'Élée et les philosophes de cette dernière ville, Parménide et Zénon, voyez : Brandis, *Manuel de la Philosophie grecque et romaine*, Berlin, 1835, in-8 ; Chaignet, *Pythagore et la Philosophie pythagoricienne*, Paris, 1873, 2 vol. in-8 ; Riaux, *Dissertation sur Parménide d'Élée*, Paris, 1840, in-8 ; Crell, *de Zenone*, Leipzig, in-4 ; Batteux, *Mém. de l'Acad. des Inscript.*, XXIX ; Cousin, *Fragments philosophiques*.

(2) Varron et Columelle (*De re rust.*, 1) citent Archytas de Tarente comme un des maîtres de la science agricole.

(3) Pythagore lui-même pratiqua la médecine (Corn. Celsus, *De re medica*, I, præf.), et selon Apollonius (*Ap.* Jambl. 164) une des principales causes de la vogue des Pythagoriciens dans la Grande-Grèce fut le grand nombre de guérisons opérées par eux. Les plus illustres dans cet art furent Alcméon de Crotone (Arist., *Metaph.*, I, 5 ; Diog. Laert., VIII, 83), Philistion de Locres, maître d'Eudoxe (Plat., *sympos.*, VII, 1 ; Diog. Laert., VIII, 86), et Iscon de Tarente (Plat., *Protag.*; Élien, *Hist. var.*, XI, 3). On sait d'ailleurs qu'Empédocle, philosophe d'Agrigente, y fut regardé par ses concitoyens presque comme un dieu après avoir rappelé à la vie une femme considérée comme morte (Scina, *Memorie sulla vita et phil. di Empedocle*, Palerme, 1813, 2 vol. in-8 ; Bonamy, *Mémoires de l'Acad. des Inscrip.*, t. X).

(4) Montucla, *Histoire des Mathém.*, III, 5 ; La Place, *Système du monde*, V, 1 ; Meiners, traduction Laveaux, *Histoire des sciences dans la Grèce ;* Chasles, *Aperçu historique sur l'origine et le dévelop. des méthodes en géométrie*, note 12, Bruxelles, 1837.—Au nombre des disciples de Pythagore qui cultivèrent toutes les sciences avec le plus de succès, il faut particulièrement citer Archytas de Tarente qui ne fut pas seulement moraliste, législateur, écrivain agronome et bon général, mais aussi mécanicien, géomètre et astronome. Il eut Platon pour élève pendant quelque temps, et c'est à lui qu'Horace a consacré l'ode (I, 28) qui commence par ces vers :

La musique, dont les législateurs grecs voulaient user comme d'un moyen souverainement efficace pour adoucir et régler les mœurs [1], fut élevée à la hauteur d'une science [2] : Pythagore qui eut la gloire de découvrir, par son invention du monocorde, le principe et la raison des accords et qui ne dédaigna pas, dit-on, de travailler lui-même au perfectionnement de la lyre, considérait l'usage de cette science musicale comme un supplément nécessaire à la philosophie morale [3] ; par l'effet de ses préceptes il en inspira le goût à ses disciples et plusieurs d'entre eux la pratiquèrent avec succès [4].

> Te maris et terræ numeroque carentis arenæ
>   Mensorem cohibent, Archyta,
> Pulveris exigui prope litus parva Matinum
>   Munera ; nec quidquam tibi prodest
> Aerias tentasse domos, animoque rotundum
>   Percurrisse polum, morituro.

Cf. Navarra, *Tentamen de Archytæ Tarentini vita atque operibus*, Hannæ, 1819 ; Egger, *De Archytæ Tarentini vita, operibus et philosophia*, 1833, in-8.

(1) Plat., *De Rep.*, III ; Arist., *De Rep.*, VIII, 5-7 ; Polyb., IV, 20.

(2) Les astres, d'après la doctrine pythagoricienne, formaient entre eux un concert céleste, insaisissable à nos sens imparfaits (Plat., *De Rep.*, X ; Arist., *De cœlo*, II, 9 ; Cicer., *De nat. deor.*, III, 11 ; *Somnium Scip.*, 5 ; Plat., *De musica*, II) ; et l'univers étant ainsi coordonné d'après les plus exactes proportions musicales, il y avait entre l'astronomie et la musique une telle affinité qu'on les considérait comme deux sciences sœurs (Plat., *De Rep.*, VII).

(3) Plutar., *De virt. moral.*, II ; Strabon, X. — Aristoxène de Tarente, philosophe, historien et musicien, disciple d'Aristote, disait que les pythagoriciens avaient coutume de purger le corps par la médecine et l'âme par la musique : « τοῦ μὲν σώματος, διὰ τῆς ἰατρικῆς. τῆς δὲ ψυχῆς, διὰ μουσικῆς ». Des 453 livres qu'Aristoxène, au rapport de Suidas, avait composés sur différents sujets, il ne nous reste que son *Traité élémentaire du rythme*, publié par Morelli (Venise, 1785), et ses *Éléments harmoniques* en trois livres (dans le *Recueil des musiciens grecs* de Meibonius, Amsterdam, 1652). Cet ouvrage du philosophe Tarentin est le plus ancien traité de musique qui soit parvenu jusqu'à nous.

(4) Tarente produisit un grand nombre de chanteurs et de joueurs de cithare renommés ; trois d'entre eux, Scymnus, Héraclite et Alexis se distinguèrent au banquet royal donné par Alexandre pour ses noces à Suse (Char. *ap.* Athen., XII, 9).

La littérature surtout brilla d'un éclat incomparable. Les colonies de la Sicile, en effet, ne furent-elles pas le berceau de la poésie pastorale[1] ? N'eurent-elles pas un théâtre comme Athènes et qui eut sur celui d'Athènes une heureuse influence[2] ? Ne virent-elles pas se former la première école de l'art oratoire ? Ne donnèrent-elles pas naissance à des historiens de premier ordre ? Et même si, abstraction faite de la Sicile, nous nous en tenions aux seules colonies grecques de l'Italie, que de noms connus dans les lettres ne pourrions-nous pas encore relever en tous lieux ? Parmi les historiens : Théagène de Rhégium, Hippis, Lycus ou Butéras, Glaucus qui composa un ouvrage célèbre sur l'histoire de la poésie et de la musique dans l'antiquité ; parmi les poètes dramatiques : Alexis de Thurium, auteur de plus de deux cent quarante pièces et l'un des maîtres

(1) Il suffit de citer dans le genre bucolique et pastoral Théocrite et Moschus, nés tous deux à Syracuse. Théocrite est resté le modèle de ce genre ; outre ses idylles, il avait composé des épigrammes dont nous possédons quelques-unes, ainsi que des hymnes, des élégies et des ïambes qui sont perdus. (Hæke, *de Theocrito, inventore poesis bucolicæ*, Bonn, 1828, in-4 ; E. Roux, *de Theocriti idyllis*, Paris, 1846, in-8 ; Soullié, *De idyllio Theocriteo utpote poetica privatæ vitæ pictura*, Nancy, 1860, in-8.) — Les idylles de Moschus n'égalèrent pas celles de Théocrite ; plusieurs néanmoins sont charmantes, et l'une d'elles, qu'il a consacrée à son maître et ami, Bion, est on ne peut plus touchante. — Ce Bion, qui écrivit aussi dans le même genre, vécut également en Sicile, mais il était originaire de Smyrne. Ce qui nous reste de ses poésies est ordinairement réuni aux œuvres de Théocrite et de Moschus.

(2) La comédie sicilienne fut un genre de comédie grecque tout particulier que créèrent Épicharme et Phormis. Épicharme était né à Cos, mais il avait été conduit tout jeune en Sicile ; il avait étudié la doctrine de Pythagore et écrivit, en dehors du théâtre, des traités aujourd'hui perdus sur la *nature des choses*, sur la *morale* et sur la *médecine*. Ce fut à Syracuse qu'il composa toutes ses œuvres dramatiques dont il ne reste malheureusement que des fragments (Harless, *De Epicharmo*, Essen, 1822, in-8 ; Artaud, *Fragments pour servir à l'histoire de la comédie antique*, Paris, 1863, in-8). « Son exemple et celui de Phormis, autre poète sicilien, ont peut-être influé, dit M. Deltour, sur les progrès de la comédie athénienne. » Les fragments que nous avons de ses ouvrages nous font voir qu'il sut renoncer aux abus de la vieille comédie qui avait transformé le théâtre d'Athènes en tribune politique et qu'il composa, tantôt des comédies mytho-

de la *Comédie moyenne*[1] ; Stéphane, fils du précédent et qui peut-être fut l'oncle maternel de Ménandre[2] ; Patrocle de Thurium ; Charilaüs de Locres ; Hégésippe et Scira de Tarente ; Rhinton, inventeur à Tarente d'une espèce de drame qui fut appelé par les Grecs hilaro-tragédie et qui se conserva longtemps en Italie sous le nom de *tragœdia rhintonica*[3] ; puis, dans les autres genres de poésie : Xénocrite de Locres et Cléomène de Rhégium, auteurs de péans et de dithyrambes en l'honneur d'Apollon et de Bacchus[4] ; Philon de Métaponte ; Straton de Tarente, qui se fit admirer par ses parodies des dithyrambes[5] ; Léonidas, de la même ville, dont plusieurs épigrammes nous sont restées ; Théacée et Nosside de Locres[6], deux femmes qui, pour la grâce de leur style, eurent l'honneur d'être comparées aux

logiques où il mettait en scène les divinités populaires en les mêlant aux incidents de la vie commune, tantôt des comédies de mœurs et de caractères d'après la société de son temps. Le parasite, par exemple, un des principaux personnages de la moyenne puis de la nouvelle comédie, fut une création d'Épicharme. Ce poète était d'ailleurs doué d'une verve remarquable, si l'on en juge d'après Horace qui se plaît à lui comparer la verve de Plaute : (Ep. I, 1, v. 58.)

« Plautus ad exemplar Siculi properare Epicharmi. »

(1) Les anciens lui attribuaient 245 comédies dont l'érudit allemand Meursius a recueilli cent treize titres. Nous n'en avons que des fragments qui ont été insérés par Meincke dans le tome 1er des *Fragmenta comicorum græcorum*. — Cf. Fabricius, *Bibliotheca græca*, t. II ; A. Pierron, *Histoire de la littérature grecque*.

(2) C'est l'opinion de Kuster, dans son édition critique de Suidas, Cambridge, 1705, in-fol.

(3) Rhinton était originaire de Syracuse (V. Napoli Signorelli, *Vicende della coltura nelle due Sicilie*, t. I, 9); mais ses pièces eurent un grand succès à Tarente. Le dénoûment de ces sortes de tragédies était toujours heureux et le héros sur lequel les spectateurs avaient pu s'attendrir sortait toujours inopinément de la situation critique où il se trouvait engagé. Amphitryon, Hercule, Iphigénie en Aulide, Iphigénie en Tauride, Oreste, Télèphe, voilà les seuls titres qui nous restent des œuvres dramatiques de Rhinton. — Cf. Fabricius, *Bibliotheca græca*, tom. II.

(4) Aristoxène *ap.* Apollon. Dyscol., *Hist. Mirab.*, 40 ; Athen., IX, 14.

(5) Fabricius, *Bibliotheca græca*, tom. I.

(6) Quelques épigrammes de Léonidas de Tarente et de Nosside de Locres se trouvent dans l'Anthologie.

muses ; par-dessus tous, Ibycus de Rhégium [1], émule de Stésichore, qui sut traiter en vers lyriques les sujets de l'épopée, et qui, comme Alcée et Sapho, peignit avec ardeur les transports de l'amour.

À ces philosophes, à ces savants, à ces littérateurs joignons tous les artistes architectes, sculpteurs, peintres, graveurs, qui, non contents de décorer la Sicile et la Grande-Grèce de monuments grandioses et d'y répandre comme à l'envi des œuvres dignes d'admiration, portèrent jusque dans la Grèce proprement dite les produits de leurs magnifiques talents et la célébrité de leurs noms [2]. Nous aurons alors un aperçu de la civilisation des Grecs dans la péninsule italique et nous comprendrons l'impression profonde que durent éprouver à la vue de tant de merveilles les généraux Romains, lorsque, par suite de leurs conquêtes dans les contrées méridionales, ils furent mis pour la première fois en communication directe et permanente avec ce monde de poètes et d'artistes qu'ils n'avaient connu jusque-là que par des rapports lointains et intermittents.

(1) Il ne nous reste d'Ibycus que des fragments publiés séparément par Schneidewin (Gœttingue, 1833, in-8) et insérés par Bergk dans ses *Fragments de lyriques grecs* . « Il semble dit M. Pierron, avoir été d'abord un émule, sinon un imitateur de Stésichore; même système de composition, même prédilection pour les sujets épiques, même mode de versification, même dialecte, ionien au fond avec une teinture dorienne. Il a traité les mêmes sujets que Stésichore, Argonautiques, épisodes de la guerre de Troie, vies des héros, et avec le même amour du merveilleux mythologique. » Mais les anciens ont encore plus vanté ses poésies érotiques que ses grands ouvrages ; il y exprimait, à ce que dit Cicéron, ses passions personnelles avec une véhémence incomparable : « Maxime vero omnium flagrasse amore Rheginum Ibycum, apparet ex scriptis. » (Cic., *Tuscul.*, IV, 33.)

(2) Nous avons donné plus haut une idée des monuments et des œuvres d'art qui faisaient l'ornement des colonies grecques de l'Italie et de la Sicile ; mais il n'est pas indifférent de remarquer que la Grèce aussi dut à ces mêmes colonies une partie de sa gloire et s'enrichit souvent des chefs-d'œuvre de leurs artistes. La plus ancienne statue de bronze connue, composée d'une série de lames fortement clouées les unes sur les autres, et qui représentait Jupiter, fut livrée aux Spartiates par un certain Léarque de

Il ne faut pas l'oublier, en effet, l'influence considérable, que les Grecs furent appelés à exercer sur la vie morale et intellectuelle des Romains, ne se produisit véritablement qu'après que ceux-ci les eurent vaincus par les armes. Ce ne fut en réalité qu'après sa défaite complète sur les champs de bataille que, selon la belle et énergique expression d'Horace, « la Grèce subjuguée subjugua son farouche vainqueur et transporta les arts dans le sauvage Latium » :

> Græcia capta ferum victorem cepit, et artes
> Intulit agresti Latio. [1]

La date où le triomphe de la Grèce s'affirma d'une manière définitive fut l'an 240 avant notre ère. Cette année-là, Livius Andronicus, de Tarente, fit représenter sur le théâtre de Rome une tragédie traduite du grec, et dans la même année naquit le poète Ennius qui contribua plus que personne à introduire chez les Romains la littérature hellénique. Le contact quotidien et continu des deux peuples n'avait commencé qu'en 325, lors de la prise de la ville de Palepolis (Neapolis, Naples); il s'était accentué bientôt par suite des expéditions dirigées vers la ville de Thurium,

Rhégium. (Pausan., III, 17 ; Quatremère de Quincy, *le Jupiter Olympien*, 1814, in-fol. Lib. III.) Damée de Crotone donna à l'Élide une célèbre statue de Milon. (Pausan., VI, 14.) Les Locriens ornèrent le temple d'Olympie d'un Apollon de buis, à tête dorée, qui était l'œuvre d'un sculpteur crotoniate nommé Patrocle. (Pausan., VI, 19.) On montrait aussi à Olympie la statue du coureur Astylus et celle d'un jeune Libyen tenant des tablettes, dues toutes deux au célèbre sculpteur Pythagore de Rhégium. Pline parle de ce dernier comme d'un maître supérieur même à Myron et venant immédiatement pour le mérite après Phidias et Polyclète. (Plin., XXXIV, 19, 10). Delphes possédait son principal chef-d'œuvre, un athlète pancratiaste ; et Thèbes avait reçu une autre de ses œuvres, qui représentait un joueur de lyre. Un peintre du nom de Silare, également de Rhégium, exerça son talent dans le Péloponnèse, et ce fut très vraisemblablement la ville d'Héraclée, colonie de Tarente, qui donna naissance au fameux Zeuxis dont la Grèce admira la science profonde du dessin, la grandeur des compositions, la beauté pleine de noblesse des personnages. (Voy. Winckelmann, *Histoire de l'art dans l'antiquité*, trad. Janson, Paris, 1790-1791).

(1) Hor., Ep., II, 1, v. 156-157.

cette colonie athénienne qui s'était établie sur les ruines de l'ancienne Sybaris et qui avait appelé les Romains à son secours contre ses ennemis les Lucaniens; il s'était ensuite affirmé de plus en plus par la prise de Crotone, par celle de Locres, par l'envoi d'une colonie romaine à Posidonie (Pæstum), par la guerre contre Tarente, et enfin par la prise de cette dernière ville, qui avait complété la conquête de l'Italie méridionale et permis aux Romains de porter plus facilement leur action sur les villes de la Sicile.

Pendant toute cette période d'environ quatre-vingts ans qui s'étend depuis l'année de l'occupation par les Romains de la première ville grecque dont ils se soient emparés jusqu'à la représentation sur leur propre théâtre d'une tragédie traduite du grec, la civilisation hellénique n'avait pas cessé de faire à Rome des progrès rapides. La preuve en est dans le désir de plus en plus développé chez les Romains de posséder des œuvres d'art semblables à celles des villes de la Grèce et dans le prix qu'y attachaient les plus illustres citoyens, dont la principale récompense était de s'y voir représenter. Les habitants de Thurium, par exemple, veulent-ils remercier le tribun du peuple, C. Ælius, d'avoir fait décider l'envoi d'un secours en leur faveur, ils ne trouvent rien de mieux à lui offrir que l'érection de sa statue à Rome[1]. Et leur don est reçu avec le plus vif plaisir; car, quelques années plus tard, lorsque Fabricius les délivre d'un siège, ils le remercient lui aussi de la même manière[2]. Les peintures ne sont pas moins recherchées que la sculpture, et, chose étonnante, il y a des Romains qui s'exercent eux-mêmes et acquièrent de la gloire dans cet art. Fabius Pictor, le chef de l'illustre famille qui perpétua son surnom, décore lui-même, vers l'an 300, le temple de la déesse Salus d'une peinture qui ne devait disparaître qu'avec le monument, lorsqu'il fut brûlé

---

(1) En l'an 289. — « Ob id Ælium Thurini statua et corona aurea donaverunt. » Plin., *H. n.*, XXXIV, 15, 1.

(2) En l'an 281. — « Iidem postea Fabricium donavere statua, liberati obsidione. » Plin., *id.*

sous le règne de l'empereur Claude [1]. Dans l'année 261, M. Valerius Maximus Messala fait exposer, le premier, dans la curie Hostilia, un tableau qui représentait la bataille gagnée par lui sur Hiéron et les Carthaginois [2]. A la même époque aussi, Rome frappe pour la première fois des monnaies d'argent et se montre curieuse d'inventions scientifiques telles que le cadran solaire de Catane, qu'elle transporte sur le Forum, à côté des rostres [3]. Enfin, et c'est là le signe le plus évident des progrès de l'influence hellénique, quelques Romains étudient la langue grecque, et s'ils n'arrivent pas encore à la parler parfaitement, comme le

(1) « Apud Romanos quoque honos mature huic arti contigit. Siquidem cognomina ex ea Pictorum traxerunt Fabii clarissimæ gentis, princepsque ejus cognominis ipse ædem Salutis pinxit anno Urbis conditæ CCCCL, quæ pictura duravit ad nostram memoriam, æde ea Claudii principatu exusta. » Plin., *H. n.*, XXXV, 7, 1. Après cet exemple de Fabius Pictor, Pline cite celui du poète Pacuvius qui décora de peinture un temple d'Hercule, de sorte, dit-il, que « la gloire de cet art s'accrut à Rome de la réputation scénique du poète ». Mais, en même temps, Pline ajoute que plus tard ce même art ne se trouva plus dans des mains honorables : « postea non est spectata honestis manibus ». Les Romains ne le pratiquèrent plus ; ils firent faire par d'autres les œuvres qu'ils désiraient avoir.

(2) L'exemple de Messala fut suivi par L. Scipion qui exposa dans le Capitole un tableau représentant la victoire qu'il avait remportée en Asie. Pline cite aussi, comme imitateur de Messala, Lucius Hostilius Mancinus, qui était entré le premier dans Carthage lors de l'assaut, et qui se plut à exposer un tableau représentant le plan de cette ville et les attaques des Romains ; « il se tenait auprès, dit Pline, pour en expliquer le détail au peuple, complaisance qui lui valut le consulat à l'élection suivante. » Plin., *H. n.*, XXXV, 7, 1.

(3) Fabius Vestalis, au dire de Pline, attribuait l'introduction à Rome du premier cadran solaire à L. Papirius Cursor, onze ans avant la guerre de Pyrrhus, mais il n'indiquait ni la disposition, ni l'origine de ce cadran et il ne disait pas non plus où il avait puisé ce renseignement. Pline semble donc préférer l'opinion de M. Varron qui rapportait que le premier cadran établi en public l'avait été auprès des rostres, lors de la première guerre punique, par M. Valérius Messala, consul, après la prise de Catane en Sicile. « Remarquez, ajoute-t-il, que les lignes qui y étaient tracées ne concordaient pas avec les heures romaines. Cependant on s'en servit quatre-vingt-dix-neuf ans, jusqu'à ce que L. Marcius Philippus, qui fut consul avec L. Paulus, en fit poser à côté de celui-là un autre mieux approprié. » Plin., *H. n.*, VII, 60, 3.

prouve l'incident qui se produit à Tarente, où les ambassadeurs sont hués par la populace à cause de leur mauvaise prononciation [1], ils la savent assez du moins pour se faire comprendre et remplir une mission de ce genre sans avoir besoin d'interprètes. Tous ces faits et d'autres analogues montrent par leur ensemble comment s'était préparée et combien était proche la grande révolution, toute pacifique, qui allait placer enfin le peuple romain sous l'influence prépondérante de la Grèce.

Mais ce n'est pas cette révolution qu'il s'agit d'examiner en ce moment. Plus tard, dans l'histoire de la littérature romaine, il me sera permis d'en montrer l'importance et les effets, lorsque j'étudierai les premiers écrivains latins dont il nous reste de simples fragments ou des œuvres entières, comme Livius Andronicus, Nævius, Ennius, Cæcilius, Pacuvius, Plaute, Térence, Attius, etc. Ici, la question qui se présente est de savoir si, même avant d'être mise en contact permanent avec les Grecs, Rome, par des rapports plus ou moins intermittents, a pu déjà recevoir d'eux une certaine impulsion dans la voie qu'ils devaient lui ouvrir ensuite si largement.

IV

Il n'est pas possible, ce me semble, de répondre à cette question dans le sens négatif. Car, bien avant la prise et l'occupation de Palépolis, nous voyons les Romains en communication directe avec les Grecs, et, d'après les témoignages irrécusables des écrivains anciens, les faits de l'histoire des arts se confondent alors plus d'une fois avec ceux de l'histoire politique des deux peuples. C'est ainsi qu'en 342, lors d'une guerre contre les Samnites, on érige des statues en l'honneur de Pythagore et d'Alcibiade dans les angles de la place des Comices, parce qu'Apollon Pythien, consulté, a ordonné de dresser dans un lieu fréquenté

(1) Denys d'Halic., XVII, 7.

un monument au plus brave des Grecs, et un autre au plus sage[1]. Pline s'étonne à la vérité que, dans cette circonstance, les sénateurs aient préféré pour la sagesse Pythagore à Socrate, et, pour le courage, Alcibiade à Thémistocle[2]. Mais cette préférence même nous est une preuve des rapports particuliers des Romains de cette époque avec les villes de la Grande-Grèce, Pythagore y étant alors beaucoup plus célèbre que Socrate[3], et le nom d'Alcibiade y étant aussi très répandu à cause de la fameuse expédition de Sicile qu'il avait dirigée. Un demi-siècle auparavant, en 394, d'après un récit très vraisemblable de Tite-Live[4], Camille, au moment de tenter un dernier effort contre la ville de Véies, fait le vœu de consacrer, s'il réussit, la dîme du butin à Apollon Pythien; la ville est prise et, au moyen de cette dîme, le Sénat fait fondre un magnifique cratère en or qu'il envoie au temple de Delphes[5]. En 450, Hermodore d'Éphèse explique les législations helléniques aux magistrats chargés d'établir les lois des XII tables et, en récompense de ce service, un décret public lui fait élever une statue sur la place des Comices[6]. Des années 483 et 485 datent les deux premières statues de bronze qui

(1) « Invenio et Pythagoræ, et Alcibiadi, in cornibus comitii positas, quum bello Samniti Apollo Pythius fortissimo graiæ gentis jussisset, et alteri sapientissimo, simulacra celebri loco dicari. » Plin., *H. n.*, XXXIV, 12, 1.

(2) « Mirumque est, illos patres Socrati cunctis ab eodem deo sapientia prælato Pythagoram prætulisse, aut tot aliis virtute Alcibiadem, aut quemquam utroque Themistocli. » Plin., *id.*

(3) On a remarqué d'ailleurs que la mort de Socrate ne datait alors que d'un demi-siècle et que sa réputation n'avait pas encore eu le temps de s'étendre en Italie. Ad. Berger. *Hist. de l'Éloquence latine.*

(4) Tit.-Liv., V, 21 et 23.

(5) Tite-Live raconte comment les députés chargés de porter ce cratère à Delphes, après avoir été pris, non loin du détroit de Sicile, par des pirates Liparotes, furent d'abord transportés à Lipare où le premier magistrat du pays les fit délivrer et escorter ensuite par ses propres vaisseaux jusqu'au lieu de leur destination. (Id., V, 28.)

(6) « Fuit et Hermodori Ephesii in comitio, legum, quas decemviri scribebant, interpretis, publice dicata ». Plin., *H. n.*, XXXIV, 11, 2.

soient érigées à Rome à l'imitation de celles des villes grecques[1]. Enfin, en l'an 493, le consul Spurius Cassius dédie un temple à Cérès; les ouvrages de plastique et de peinture qui ornent cet édifice, sont dus à deux Grecs, nommés Damophile et Gorgase; des vers grecs y sont même inscrits pour rappeler que le travail de Damophyle est à droite, et celui de Gorgase à gauche[2]. Et l'érection de ce monument coïncide avec un événement qui ne manque pas d'importance. Tandis qu'un temple décoré par des artistes grecs est ainsi dédié à la déesse Cérès, Rome, qui souffre de la famine, envoie coup sur coup des députations aux colonies grecques pour obtenir d'elles, à prix d'argent, les quantités de blé qui lui sont nécessaires : en Sicile, le roi Gélon ne repousse pas son ambassade; mais, à Cumes, à peine le blé est-il acheté, que le tyran Aristodème retient les vaisseaux pour s'indemniser des biens des Tarquins dont il prétend être l'héritier, et qui ont été confisqués par la République[3]. Ces faits d'ordres différents, qui intéressent à la fois l'histoire des arts et l'histoire politique, mais presque simultanés, parce qu'ils se rattachent sans doute

(1) Pline cite d'abord comme la première statue de bronze faite à Rome une certaine statue de Cérès dont les frais, dit-il, furent pris sur le pécule de Sp. Cassius, qui, aspirant à la royauté, avait été mis à mort par son père : « Romæ simulacrum ex ære factum Cereri primum reperio ex peculio Sp. Casii, quem regnum affectantem pater ipsius interemerat. » (*H. n.*, XXXIV, 9, 1). Mais, un peu plus loin (id., XXXIV, 14, 1), il dit que les censeurs P. Cornelius Scipion et M. Popilius, prenant avec sagesse des mesures contre l'ambition, firent fondre la statue que Sp. Cassius s'était élevée à lui-même auprès du temple de la Terre : « Eam vero quam apud ædem Telluris statuisset sibi Sp. Cassius, qui regnum affectaverat, etiam conflatum a censoribus. » Cette statue de Sp. Cassius avait donc précédé celle de Cérès qui ne fut faite qu'après sa mort.

(2) « Plastæ laudatissimi fuere Damophilus et Gorgasus, iidemque pictores : qui Cereris ædem Romæ ad Circum maximum utroque genere artis suæ excoluerunt, versibus inscriptis græce, quibus significarent a dextro opera Damophili esse, ab læva Gorgasi. » Plin., *H. n.*, XXXV, 45, 1.

(3) « Frumentum Cumis quum coemptum esset, naves pro bonis Tarquiniorum ab Aristodemo tyranno, qui heres erat, retentæ sunt. » Tit.-Liv., II, 34. — Cf. Denys d'Hal., V, 2.

à la même cause, c'est-à-dire à la famine de Rome [1], sont les plus anciens de ceux qui nous prouvent d'une manière authentique et incontestable, les rapports de tous genres des Romains avec les Grecs.

Est-ce à dire pour cela que, dans les temps qui ont précédé, pendant la période royale, il n'y ait eu entre les deux peuples aucune espèce de communications ? On ne saurait, je pense, sans jugement téméraire, exprimer une pareille opinion.

Sans doute il est impossible d'admettre à ce sujet certains témoignages de Plutarque et de Tite-Live qui n'ont évidemment aucune valeur réelle. Lorsque Plutarque, par exemple, transportant par inadvertance à l'origine de Rome les mœurs et les habitudes de son époque, raconte que Romulus et Rémus furent conduits à Gabies pour y apprendre les lettres et y recevoir l'éducation qui convient aux jeunes gens de nobles familles [2]; lorsque le même historien oublie que Pythagore a vécu au temps de Tarquin le Superbe et semble faire de Numa un disciple du philosophe grec, en relations directes avec lui [3]; lorsque Tite-Live tout en rejetant cette dernière opinion [4], accepte sans critique le récit invraisemblable de Valérius d'Antium, d'après lequel on aurait découvert à Rome, en 182 av. J.-C., le tombeau de Numa et, dans un coffre voisin de ce tombeau, les livres laissés par ce prince, les uns écrits en

---

(1) L'ambassade à Cumes date de 493, l'autre de 492, et la dédicace du temple de 493.

(2) « Faustulus, porcher d'Amulius, éleva les deux enfants chez lui à l'insu de tout le monde. Quelques-uns néanmoins prétendent, et avec plus de vraisemblance, que Numitor le savait et qu'il fournissait secrètement à leur nourriture. Dans la suite, ajoute-t-on, ils furent menés à Gabies pour y apprendre la grammaire et tout ce que doivent savoir les gens bien nés. » Plut., trad. Pierron, *Vie de Romulus*, 6.

(3) Plut., *Vie de Numa*, 8.

(4) « Auctorem doctrinæ ejus, quia non exstat alius, falso samium Pythagoran edunt, quem... centum amplius post annos, in ultima Italiæ ora, circa Metapontum Heracleamque et Crotona, juvenum æmulantium studia cœtus habuisse constat. » Tit.-Liv., I, 18.

latin sur le droit pontifical et les autres écrits en grec sur
des matières philosophiques [1]; nous ne sommes pas obligés
de recueillir avec respect de semblables allégations et d'y
voir des preuves indiscutables des rapports établis dès
l'origine de Rome entre les Romains et les Grecs.

Sans doute aussi nous devons nous montrer pleins de
défiance à l'égard de renseignements spéciaux que nous
donne légèrement plus d'un écrivain de l'antiquité sur la
nature des œuvres d'art qui auraient décoré les divers
quartiers de la Rome primitive. Ne lisons-nous pas dans
Denys d'Halicarnasse que Romulus, après une victoire,
aurait consacré à Vulcain un quadrige d'airain et se serait
érigé une statue de ce métal, portant une inscription
grecque [2]? Properce n'attribue-t-il pas à Véturius Mamu-
rius, celui-là même qui aurait fabriqué les boucliers
anciles, la statue d'airain du dieu Vertumnus, qu'on voyait
de son temps dans le quartier des Toscans [3]? Tite-Live,
en contemplant [4] la statue de Coclès sur la place des
comices et la représentation équestre de la valeureuse
Clélie au haut de la voie sacrée, ne parle-t-il pas de ces
œuvres d'airain comme de témoignages de reconnaissance
élevés à ces héros par leurs contemporains [5]? Et Pline enfin
ne fait-il pas remonter à l'époque de leurs modèles plu-

---

(1) « Septem latini de jure pontificio erant; septem græci de disciplina
sapientiæ... » Tit.-Liv., XL, 29.

(2) Den. D'Halic., II, 54.

(3) Prop., IV, 2. Vers cités p. 39.

(4) Tite-Live pouvait voir ces deux statues, car celle de Clélie existait
encore au temps de Sénèque (*Consol.*, 16), et Pline parle de celle de Coclès
comme d'une chose qui existe encore : « Alia causa, alia auctoritas,
M. Horatii Coclitis statuæ, quæ durat hodieque, quum hostes a ponte
Sublicio solus arcuisset. » Plin., *H. n.*, XXXIV, 11, 2.

(5) Voici comment s'exprime Tite-Live au sujet de la statue de Coclès :
« Grata erga tantam virtutem civitas fuit; statua in comitio posita, agri
quantum uno die circumaravit, datum; » (II, 10); et ce qu'il dit de la statue équestre de Clélie : « Romani novam in femina virtutem novo genere
honoris, statua equestri, donavere. In summa Sacra via fuit posita virgo
insidens equo. » (II, 13.)

sieurs des statues qui représentaient des personnages de
la période royale et dont il parle de visu[1]? Or nous nous
rappelons que, de l'aveu même de Pline, les premières statues de bronze ne furent érigées à Rome qu'à partir de
l'année 485[2]. Il nous est donc bien permis d'exprimer un
doute sur l'exactitude de quelques-uns des détails énoncés
par les auteurs que nous venons de citer. D'autant plus
que, pour les mettre d'accord avec eux-mêmes, il nous
suffit d'émettre une opinion absolument vraisemblable.
Nous admettons, d'après leurs témoignages unanimes, que
Rome, pour honorer ses rois et ses héros, les a représentés
de bonne heure dans ses carrefours et sur ses places publiques; seulement, les œuvres de cette époque, qu'elle
devait non pas aux Grecs, mais aux Étrusques dont l'influence alors était toute puissante chez elle, n'étaient certainement que des statues d'argile telles que les artistes de
l'Étrurie avaient coutume d'en répandre en tous lieux[3];
elles n'étaient point de nature à résister au temps ni surtout à la rage des Gaulois qui saccagèrent sans pitié tous
les quartiers indistinctement; elles furent détruites; puis,
à mesure que la ville devint grande et prospère, les habitants, soucieux de perpétuer les traditions primitives,
représentèrent de nouveau les anciens personnages, et ces
nouvelles statues, qui cette fois furent d'airain, héritèrent
tout naturellement, chez les écrivains comme dans le
peuple, de la réputation d'antiquité dont auraient joui les
statues d'argile qu'elles remplaçaient[4].

(1) Plin., *H. n.*, XXXIV, 11, 2 et 3.

(2) Note 1 de la page 103.

(3) « Signa Tuscanica per terras dispersa, quæ in Etruria factitata non
est dubium. » Plin., *H. n.*, XXXIV, 16, 2.

(4) On trouve dans le recueil de l'Académie des Inscriptions un certain
nombre de mémoires, datant du siècle dernier, et qui ont rapport aux
œuvres d'art des anciens Romains : *La Galerie de Verrès*, par Fraguier,
1718, A. I. VI (M) 565 ; *Mémoire sur la manière dont Pline a traité
de la peinture*, par de la Nauze, 1753, A. I, XXV (M) 215 ; *Éclaircissements sur quelques passages de Pline qui concernent les arts dépendant du dessin*, par de Caylus, 1745, A. I, XIX, (M), 250 ; *De la sculp-*

Mais de ce que l'influence des artistes grecs ne commença à se faire sentir à Rome qu'après la période royale, il ne s'en suit pas qu'aucune relation n'ait existé entre les Grecs et les Romains pendant toute cette période. Il serait très étonnant, au contraire, que le peuple romain, qui concluait des traités de paix avec les Carthaginois et qui s'y réservait le droit d'aborder et de commercer en Sicile et même en Afrique, n'eût pas eu de communications dès cette époque avec les villes grecques dont il était beaucoup moins éloigné que de Carthage. Nous ne devons pas oublier, en effet, qu'il n'avait pas fallu beaucoup d'années à la ville de Romulus pour acquérir une grande importance commerciale ; elle n'était pas seulement le marché principal de Latium ; sa position [1], qui commandait les deux rives du Tibre jusqu'à la mer, lui permettait de recevoir jusque dans ses murs les petits bâtiments qu'employait le cabotage de la Méditerranée et de

ture et des sculpteurs anciens selon Pline, par le même, 1753, A. 1, XXV (M), 302 ; *Réflexions sur les chapitres du XXXIV livre de Pline, dans lesquels il fait mention des ouvrages de bronze,* par le même, 1753, A. 1, XXV (M), 335 ; *Observations générales sur les statues des anciens, particulièrement des Grecs et des Romains,* par Blanchard, 1740, A. 1, XIV (II), 21.

(2) Mommsen fait observer que, tandis que le territoire des Romains était borné de tous côtés, vers l'intérieur, par celui de puissances rivales, il s'étendait sans obstacles sur les deux rives du Tibre jusqu'à son embouchure. « Le Janicule, dit-il, formait une partie de la cité, et Ostie en était comme le faubourg. Or ce fait n'est pas un simple accident. Le Tibre était la voie naturelle du commerce du Latium, et son embouchure sur une côte privée de baies, devint nécessairement l'abri du commerce maritime. De plus, le Tibre, depuis très longtemps, formait la barrière de la race latine contre ses voisins du nord. Il ne pouvait donc y avoir de place mieux choisie que Rome pour se servir à la fois d'*emporium* au commerce extérieur et de défense à la frontière du Latium... De là les anciennes relations de Rome avec Caeré... De là la grande importance donnée à la construction des ponts jetés sur le Tibre. De là aussi la proue de vaisseau qui servit d'armes à la cité et figure sur ses plus anciennes monnaies. De là enfin les anciens droits de douane sur les importations et exportations qui se faisaient à Ostie, droits constituant une véritable taxe commerciale. » Mommsen, *Römische Geschichte,* 1, ch. IV.

leur offrir un abri plus sûr contre les pirates que si elle eût été située sur la côte; elle put ainsi, dès les premiers temps, négocier activement avec la ville de Cæré qui était pour l'Étrurie ce qu'elle-même était pour le Latium, et les Cærites, qui restèrent toujours dans l'alliance la plus étroite avec elle, mettaient à sa disposition [1] une marine expérimentée qui ne devait certainement pas la laisser étrangère à la connaissance de quelques colonies grecques. La chose est d'autant moins douteuse que Cæré n'était autre que l'ancienne colonie pélasgique d'Argylla; personnellement elle avait conservé des rapports fréquents avec les Grecs [2]; elle continuait même à entretenir dans le temple de Delphes, comme la plupart des cités helléniques, un trésor particulier connu sous le nom de trésor des Argylléens [3].

Ainsi donc, quand même nous ne posséderions aucune preuve qui nous permît de l'affirmer d'une manière absolue, il y aurait déjà de fortes présomptions qui nous porteraient à croire que, dès la période royale, il exista entre les Romains et les colonies grecques de l'Italie et de la

---

(1) Noël des Vergers croit volontiers que jusqu'à l'époque de la dernière guerre punique les Romains n'eurent pas d'autre marine que celle de Cæré. D'après lui, ce fait peut seul expliquer l'apparente contradiction où tombent les anciens historiens, quand, d'une part, ils nous parlent du commerce ou des guerres maritimes des Romains antérieurement à leurs expéditions contre les Carthaginois, et qu'ils prétendent, d'autre part, qu'à cette dernière époque seulement ils construisirent leurs premiers vaisseaux. — Cf. *L'Étrurie et les Étrusques*, tom. II, p. 23.

(2) « Les Cærites, dit Strabon, avaient une grande réputation parmi les Grecs pour leur courage et leur honnêteté, et parce que, quoique puissants, ils ne se livraient pas au brigandage. » Ce fut sans doute à ce caractère particulier qui faisait d'elle une sorte de port franc pour les Phéniciens comme pour les Grecs, que la ville de Cæré, qui ne possédait qu'une mauvaise rade et qui n'avait aucune mine dans son voisinage, put acquérir rapidement une haute prospérité. — Voir ce que dit à ce sujet Mommsen, *Römische Geschichte*, I, ch. X.

(3) S'il était prouvé que les fils de Tarquin le Superbe allèrent avec Brutus consulter l'oracle de Delphes, on pourrait sans doute attribuer ce premier voyage et cette entrée en relations directes des Romains avec la Grèce aux renseignements puisés par eux dans la ville de Cæré.

Sicile un certain commerce intermittent, qui ne s'opérait
à la vérité que par l'intermédiaire des Cærites et de la
marine étrusque, mais qui n'en préparait pas moins pour
l'avenir ces relations directes des deux peuples, dont l'influence, au point de vue artistique et littéraire, devait
produire, quelques siècles plus tard, des résultats si remarquables. Mais nous pouvons donner plus de certitude
à notre opinion en l'appuyant sur autre chose que sur de
simples présomptions. Si nous considérons avec attention
les innovations qui se sont introduites à Rome dès le temps
des rois, il nous semble que l'action d'un commerce hellénique, venue soit de Cumes soit des cités Siciliennes, s'est
manifestée par des preuves évidentes. Le système des
poids et mesures, par exemple, que l'on comprend généralement au nombre des institutions mises sous le nom de
Servius Tullius, n'était-il pas en grande partie[1] d'origine
grecque, et, s'il y subsista des vestiges d'un système
indigène antérieur, ne reconnaît-on pas que le tout y avait
été réglé de manière à concorder le mieux possible avec

[1] « Lorsque le commerçant grec se fut ouvert un chemin vers la côte
occidentale de l'Italie, les mesures de surface restèrent inaltérées, tandis
que celles de longueur, de poids et surtout de capacité, c'est-à-dire les
systèmes sans lesquels le commerce et l'échange sont impossibles, éprou-
vèrent les effets des nouvelles relations internationales. Le pied romain,
qui fut plus tard un peu moins grand que le pied grec, mais qui à cette
époque était de la même grandeur ou passait pour tel, fut, outre la division romaine en douze douzièmes, divisé suivant le mot grec en quatre largeurs de mains (*palmus*) et seize largeurs de doigt (*digitus*). D'un autre
côté, les poids romains furent établis dans un système de relation proportionnelle avec le système attique, qui dominait dans la Sicile... Quatre
livres romaines étaient comptées comme équivalant à trois mines attiques,
ou plutôt la livre romaine était comptée comme une litra et demie de Sicile
ou demi-mine. Enfin rien de plus curieux que les noms et les proportions
des mesures de capacité par rapport aux mesures grecques. Les noms
étaient venus des termes grecs par corruption (*amphora*, *modius* de
μέδιμνος, *congius* de Χοεύς, *hemina*, *cyathus*) ou par traduction (ace-
tabulum de ὀξύβαφον) ; tandis qu'en retour ξέστης était une corruption
de *sextarius*. Au point de vue de la capacité toutes les mesures ne furent
pas identiques : les plus usitées le furent, comme le congius ou *chus*, le
sextarius et le *cyathus*; l'*amphora* fut assimilée comme mesure liquide

les poids et les mesures des Hellènes? N'en fut-il pas de
même du système monétaire dès que Rome eut une monnaie? Et quelle preuve plus convaincante pourrait-on
rechercher que celle qui nous est fournie par l'alphabet
primitif des Romains? Malgré les relations intimes qu'ils
entretenaient en ce temps-là avec les Étrusques, ce n'est
pas dans l'alphabet de l'Étrurie qu'ils sont allés puiser le
leur à l'imitation des Ombriens et des Osques, c'est dans
celui des Grecs et spécialement dans l'espèce particulière
qu'employaient précisément les colonies chalcidiennes du
midi de l'Italie et de la Sicile.

Cette origine de l'alphabet primitif des Romains, après
avoir été longtemps discutée par les savants, a été définitivement mise en lumière dans ces derniers temps et ne
présente plus de point obscur aujourd'hui. Ottfried Müller
et M. Mommsen, l'un dans son *Étrurie*, l'autre dans son
livre sur *Les dialectes de l'Italie inférieure*, démontrent parfaitement que l'alphabet grec s'est introduit dans la péninsule italique de deux côtés différents, par la partie
méridionale et par l'Étrurie[1] ; qu'en subissant de chaque
côté les modifications exigées par les besoins de prononciation de peuples divers, il a formé des variétés bien dis-

au talent attique et fut à la mesure grecque métrète comme 3 : 2 et au
médimne grec comme 2 : 1. Si l'on peut découvrir la signification de ces
souvenirs, ces noms et ces proportions numériques révèlent l'activité et
l'importance des relations entre la Sicile et le Latium. » Mommsen. *Römische Geschichte*. I, ch. XIV.

(1) Une autre opinion au sujet de l'origine de l'écriture étrusque a été
émise aussi par des écrivains qui supposent que les habitants de l'Étrurie
auraient reçu directement des Phéniciens tout leur système graphique.
Mais cet avis ne parait plus soutenable après les savantes dissertations
d'Ottf. Müller et de Mommsen. Comme le fait remarquer le premier de ces
deux érudits, l'écriture étrusque ne contient que fort peu de caractères qui
ne se retrouvent pas également dans les inscriptions de la Grèce ; on voit
de plus que des caractères essentiellement helléniques, et qui avaient été
ajoutés par les Grecs à l'alphabet de la Phénicie, ont été usités chez les
Toscans. Enfin, il semble que la comparaison des lettres phéniciennes avec
les lettres de l'alphabet archaïque, grec ou étrusque, suffit à elle seule
pour nous convaincre que la plus ancienne écriture de l'Étrurie a des rap-

tinctes ; et que les Romains n'ont pas adopté celle de ces variétés qui dérivait de la prononciation étrusque. Ils appuient cette dernière affirmation sur la présence dans l'alphabet latin des lettres douces *b* et *d*, ainsi que du *q*, manquant à l'étrusque, sur l'usage de la seule sifflante *s* alors que les Toscans en avaient une seconde M [1], et surtout sur ce fait que, pour exprimer l'articulation *f*, exclusivement propre aux langues de l'Italie, les Romains n'ont jamais employé la lettre 8 inventée dans l'Étrurie et conservée par les Ombriens comme par les Osques, mais ont affecté à cet usage le digamma grec *F* qui en étrusque avait pris la valeur de *v* [2]. La même question est serrée de plus près encore et se trouve résolue avec plus de précision par l'importante découverte de Kirchoff. En reconnaissant le premier la variété particulière du grec éolo-dorien qu'employaient les colonies chalcidiennes du midi de l'Italie et de la Sicile, le savant épigraphiste, chargé par l'Académie de Berlin de continuer et d'achever le *Corpus* de Böeckh, signale [3] dans l'alphabet dévoilé par lui la source précise d'où l'alphabet latin est directement sorti. Il suffit en effet de jeter un coup d'œil sur le tableau comparatif des caractères chalcidiens et des caractères latins primitifs pour voir que les Romains à l'origine n'ont fait qu'adopter

ports beaucoup plus frappants avec l'écriture primitive usitée en Grèce qu'avec les anciens vestiges de l'écriture orientale, et que, par conséquent, les caractères n'ont pas pénétré directement d'Orient en Italie. — Cf. Otf. Müller, *Die Etrusker*, l. I, ch. VI § 1 ; t. II, p. 290.

(1) Lanzi, dans son *Saggio di lingua etrusca*, a établi le premier la valeur de sifflante du signe M que ceux qui avaient étudié les inscriptions étrusques avaient jusqu'alors considéré comme un *m*.

(2) La différence des deux écritures est aussi une preuve qui peut servir à confirmer les autres. La plus ancienne écriture étrusque ne connaissait pas les lignes et se déroulait comme un serpent ; la plus récente employait des lignes parallèles brisées de droite à gauche. Les Latins, au contraire, autant que nous pouvons en juger par les monuments, ne connaissaient que l'écriture en lignes parallèles, qui peut-être originairement pouvait à volonté courir de gauche à droite ou de droite a gauche, mais qui prit chez les Romains la première direction, chez les Falisques la dernière.

(3) *Mémoire de l'Académie de Berlin*, 1863, p. 228.

sans aucune modification cette variété de l'alphabet hellénique; ils se sont contentés d'y supprimer, comme tout à
fait inutiles pour eux, les signes des trois articulations aspi-
rées qui étaient contraires à leur organe[1]. Et quant à l'époque de cette précieuse importation, il est certain qu'elle n'a
pas été postérieure à la période royale, puisque des monuments écrits appartenant incontestablement à l'ère des rois
subsistaient encore au temps des auteurs classiques[2].

Il n'est donc pas douteux que l'influence hellénique ait
commencé à faire sentir son action sur le peuple romain
dès les premiers siècles de son histoire. Que cette influence,
avant de prendre les proportions que nous connaissons, ait
été faible à l'origine, nous n'en disconvenons pas; on voit
néanmoins qu'elle a eu occasion de s'exercer tout d'abord
sur des points de la plus haute importance, et que c'eût
été pour nous une négligence impardonnable, dans l'étude
que nous avions entreprise, de ne pas nous y arrêter
comme nous venons de le faire. Il était nécessaire de bien
établir la part, quelquefois contestée, qui revient aux colonies grecques de l'Italie et de la Sicile dans la civilisation
primitive de Rome.

Cela fait, j'essayerai maintenant de préciser autant que
possible l'action de l'influence étrusque; car si, dans le
chapitre II, je me suis attaché avec une certaine insistance
à tout ce qui concernait la civilisation de l'Étrurie, j'es-
pérais par là pouvoir montrer ensuite avec plus de facilité
les nombreux emprunts dont les premiers Romains lui ont
été redevables. Je ne le montrerai d'ailleurs qu'en expo-
sant en même temps ce que fut pour la formation et les
premiers développements du peuple de Rome la race aus-
tère et vigoureuse des Sabins.

(1) Lorsque ces trois articulations pénétrèrent plus tard dans la langue
latine avec certains mots tirés du grec, chacune d'elles y fut exprimée par
la consonne dure correspondante suivie d'un *h* : *th, ph, ch.*

(2) Denys d'Hal. IV, 26 et 58. — Je m'abstiens de citer ici ces monuments
dont j'aurai à parler dans les premiers chapitres de l'*Histoire de la littérature romaine.*

LIVRE DEUXIÈME

ÉLÉMENTS CONSTITUTIFS DE LA NATIONALITÉ
ROMAINE : LATINS, SABINS, ÉTRUSQUES

CHAPITRE PREMIER

RÔLE PRÉPONDÉRANT DES SABINS DANS LA PREMIÈRE PÉRIODE DES ROIS

I. Immigrations très anciennes des Sabins et des Étrusques sur les collines romaines. — II. Rôle des Étrusques dans la fondation de la ville latine de Romulus. — III. Ascendant presque immédiat des Sabins sur les Latins de Rome. Règne de Romulus et de Tatius. — IV. Règne de Numa. Prépondérance de l'élément sabin. — V. Règne de Tullus Hostilius. Destruction d'Albe et relèvement de l'élément latin à l'intérieur de Rome. — VI. Règne d'Ancus, dernier roi sabin.

I

A l'époque que la tradition assigne à la fondation de Rome par Romulus, toutes les collines que cette ville devait embrasser plus tard dans son enceinte étaient loin d'être inhabitées. Divers établissements s'y étaient formés de longue date et déjà sur chacune d'elles les populations primitives, en s'y succédant, avaient construit, sinon des villes, du moins des bourgades fortifiées.

Un savant ingénieux, prenant pour guide l'examen attentif des lieux et des monuments[1], a osé s'avancer au milieu des ténèbres de cette antiquité et faire l'histoire du sol romain avant Rome. Non seulement il a cherché sur les collines qui devaient composer la Rome de l'histoire

---

(1) « L'état des lieux, surtout leur état ancien, explique souvent les faits dont ils ont été le théâtre. Quand il est conforme aux traditions qui s'y rattachent, il établit sinon la vérité, l'antiquité de ces traditions, il prouve du moins qu'elles sont indigènes et n'ont pas été imaginées après coup... Les monuments aussi, soit encore présents par leurs ruines, soit dont l'emplacement seul est connu, offrent à l'histoire des éclaircissements que rien ne saurait remplacer ; ils parlent aux yeux ou à l'imagination, ils disent ce qui n'est aussi bien dit nulle part... » Ampère, *Introd.*, p. V et VI.

les traces des établissements antérieurs à celui de Romulus,
mais il a voulu y reconnaître l'étendue, déterminer la
place, faire pour ainsi dire la carte topographique de ces
établissements fondés tour à tour par les Sicules, par les
Ligures, par les Pélasges primitifs comme par les premiers
Latins, les premiers Sabins et les tribus étrusques. Il a
démontré ainsi que chacun des monts voisins du Tibre
avait son histoire avant que l'histoire romaine eût commencé, et par cette résurrection de la Rome ou plutôt,
comme il le dit lui-même, des Romes primitives, rattachée
à l'étude des localités et à l'origine des monuments, il a
réussi à donner aux souvenirs de la ville éternelle un âge
de plus [1].

(1) Becker avait remarqué que souvent, lorsque les auteurs nous parlent
d'un édifice construit en l'honneur d'un dieu, cet édifice était en réalité
rebâti sur l'emplacement d'un ancien temple déjà consacré à la même divinité. J.-J. Ampère s'empare de cette remarque féconde en conséquences et,
parmi les monuments dont il reste aujourd'hui des ruines, il en trouve
qui, par leur première origine, bien éloignée de leur construction dernière,
se rapportent au passé anté-romain. Il ne craint pas alors de s'aventurer
dans cette voie aussi loin que le lui permet la tradition et il va jusqu'à
démontrer qu'il existe à Rome un monument qui, par son origine, remonte
au temps reculé où la tradition plaçait l'âge d'or : les huit colonnes du
temple de Saturne marquent à ses yeux la place où s'éleva l'autel de Saturne
à l'époque du règne de ce dieu, c'est-à-dire à l'époque où la vie sédentaire
du cultivateur remplaça dans le Latium la vie errante du chasseur.

Le nom que porte le Capitole ne date en effet que des Tarquins : jusque-
là le Capitole s'était appelé *mont de Saturne* (Varr., *De l. lat.*, V. 42)
et on disait que sur ce mont et au pied de ce mont avait déjà existé une
ville nommée *Saturnia* (Festus, p. 322, éd. Müller). On se la figurait
comme bien antique, puisque, dans Virgile, Évandre en montre les ruines à
Énée. Ampère ne s'étonne donc pas de n'en plus trouver aucun vestige.
Mais là où était cette ville, dit-il, était le sanctuaire du dieu : « Saturnii
quoque dicebantur qui castrum in imo Clivo Capitolino incolebant ubi ara
dicata ci deo... » (Festus p. 322) ; et ce sanctuaire, en se perpétuant pour
ainsi dire dans des éditions successives qui le corrigèrent ou l'altérèrent,
nous montre encore, par ces huit colonnes aujourd'hui debout entre le
Forum et le Capitole, les restes de la dernière de ces éditions qui a été
remaniée à une époque de décadence.

C'est ainsi que, par l'étude des monuments, le spirituel auteur de l'*Histoire romaine à Rome* remonte d'âge en âge jusqu'aux premiers occupants

Malgré l'attrait des découvertes que présentent ces régions lointaines du passé, sur lesquelles la tradition poétique a jeté son charme, les limites de notre travail ne nous permettent pas de suivre M. J.-J. Ampère dans ses savantes pérégrinations. Mais nous profiterons des résultats de ses recherches, et de ses conclusions nous retiendrons ici celles qui nous intéressent pour le moment, à savoir que, déjà avant l'arrivée de Romulus, les Sabins et les Étrusques avaient envahi certaines parties du Latium et avaient laissé sur les collines destinées à devenir romaines des tribus avec lesquelles il fallut compter le jour où il s'agit de créer au milieu d'elles un nouvel État.

Il est vraisemblable, en effet, que l'Étrurie, qui formait une nation puissante et civilisée lorsque fut fondé l'établissement de Romulus, avait dirigé, bien avant cette époque, plusieurs de ses chefs jusque sur la rive gauche du Tibre. Fidènes, placée sur cette rive en face de Véies, dont elle se montra toujours l'alliée fidèle, était presque étrusque[1]. Crustumerium passait pour être d'origine tos-

---

du sol romain. Il se garde bien de nous donner toutes ses conclusions pour des vérités absolues : il sait que la plupart ne reposent que sur des hypothèses ; mais ce sont des hypothèses vraisemblables qu'appuient toujours des preuves nombreuses et un raisonnement solide. On aime à suivre le travail qu'il opère savamment sous toutes ces couches de souvenirs accumulées l'une sur l'autre par la suite des siècles, et lorsqu'il trouve, en les fouillant, quelques parcelles d'histoire, quelques empreintes à demi effacées des peuples disparus, soit que, comme je viens de le résumer en dix lignes, il rattache à l'époque personnifiée dans le dieu Saturne un monument qui subsiste actuellement (p. 85 et suiv.), soit qu'il dessine avec une certaine netteté la ville anté-romaine des Sicules et des Ligures connue sous le nom de *Septimontium* (p. 91 et suiv.), ou qu'il mesure avec plus de précision encore l'étendue de la première Rome, de la Rome carrée des Pélasges, *Roma quadrata*, qu'il a soin de distinguer de celle de Romulus (p. 118 et suiv.), le lecteur éprouve à le suivre un plaisir semblable à celui que doit ressentir le géologue qui, en remuant les profondeurs de la terre, y découvre, avec les couches de terrain les plus anciennes, quelques morceaux d'espèces d'êtres antédiluviennes. La curiosité de l'homme ne s'attache avec passion qu'à ce qu'elle ne peut découvrir complètement.

(1) « Fidenates... Etrusci fuerunt. » Tit.-Liv., I, 15.

cane [1]. Le nom de Tusculum indiquait par lui seul la présence des anciens Toscans. Ardée, par ses tombes, par son
agger, par ses peintures très anciennes, dénotait aussi
qu'elle leur avait appartenu [2]. Et, au delà même du territoire des Rutules, nous savons que les Volsques leur avaient
été soumis [3]. Il est tout naturel que les Étrusques, qui s'em-
parèrent de la Campanie pour y former une de leurs
grandes confédérations, aient cherché de bonne heure à
établir quelques postes sur certains points importants du
territoire qui devait séparer les parties de leur empire. Le
Latium, rien que par sa position dans cet espace intermédiaire, ne pouvait leur être indifférent. C'est ce que semblent d'ailleurs prouver plusieurs histoires légendaires,
telles que celle du tyran Mézence, qui aurait exigé des
Latins tout le vin du pays, et celle de Tarcho, roi de Cæré,
qui serait venu dans le Latium au secours d'Énée. Vraies
ou fausses, ces légendes trahissent évidemment un souvenir
confus de la présence des Étrusques sur la rive gauche du
Tibre à une époque antérieure à Romulus. Le Tibre lui-
même passait, dans une tradition latine, pour avoir pris
le nom d'un roi de Véies nommé Thébris [4].

D'après tout cela, du moment qu'il ne nous est pas démontré que les Étrusques se soient abstenus d'occuper très
anciennement quelques-unes des collines du Latium, nous
devons supposer qu'ils n'ont pas négligé de le faire. Et
plusieurs indices significatifs nous portent à croire que le
mont appelé d'abord Saturnien, puis Tarpéien, et qui reçut
plus tard le nom définitif de Capitole, était déjà resté pen-

---

(1) « Crustumina tribus a Tuscorum urbe Crustumena dicta est. »
P. Diac., p. 55.

(2) Pline attribue aux peintures d'Ardée une origine antérieure à celle de
Rome. (*Hist. nat.*, XXXV, 6.) — Une tradition faisait venir d'Ardée un
chef étrusque au secours de Romulus dans sa lutte contre les Sabins.
(P. Diac., p. 119.)

(3) Servius (*Æn.*, XI, 567) dit d'après Caton : « Gente Vulscorum quæ
etiam ipsa Etruscorum potestate regebatur. »

(4) Varr., *De l. l.* V, 30.

dant un certain temps en leur possession. Le choix même
que les Tarquins firent de cette colline, qui était la plus
petite de toutes, pour y bâtir le plus important de leurs
temples, provenait sans doute de ce qu'ils savaient qu'elle
avait été occupée autrefois et consacrée déjà par un chef
et par des prêtres de leur nation. La tête humaine parfaitement conservée que découvrirent alors les ouvriers
chargés de creuser les fondements du temple, et qui fut
considérée comme un présage de grandeur [1] pour la ville
nouvelle, était, à ce qu'on croit, celle d'un ancien chef
ou d'un ancien devin étrusque, du nom d'Olus [2]. Et de
même on a pu voir, non sans raison, un mot étrusque dans
ce nom de Tarpéien que porta le mont Saturnien avant
d'être appelé Capitole ; car, dans la prononciation sabine,
le son de la lettre *p* remplaçait souvent celui qu'expriment
ordinairement les lettres *c*, *k*, *q*, et le mot *Tarpéius* ne
serait que le vocable étrusque *Tarqueius* qui appartien-
drait évidemment à la même famille que les mots *Tarchon*,
Tarquinii et *Tarquins* [3].

Je n'attache pas plus d'importance qu'elle n'en mérite à
cette première prise de possession de la colline Saturnienne
ou Tarpéienne par les anciens Toscans. L'occupation par
eux de ce point particulier n'eut pas une très longue durée.
Ils l'abandonnèrent pour passer sur une des collines voisines, alors appelée le *mont des Chênes*, Querquetulanus, et
qui, plus tard, du nom de l'Étrusque Cœles Vibenna, devait
devenir le mont Cœlius. Pour quelle cause, dans quelles
circonstances et à quelle époque précise eut lieu cet évé-

(1) Tite-Live indique ce présage au nombre de ceux que les dieux avaient
fait paraître pour annoncer la puissance future de Rome : « ... Caput
humanum integra facie aperientibus fundamenta templi dicitur adparuisse.
Quæ visa species, haud per ambages, arcem eam imperii caputque rerum
fore portendebat. » (1, 55).

(2) Tête d'Olus, *Caput Oli*, d'où *Capitolium*. Cf. Den. d'Hal., III, 69 ;
Varr., *De ling. lat.*, V, 41 ; Plin., *Hist. nat.*, XXVIII, 2, 4 ; Arnob.,
VI, 7 ; Servius, *Æn.*, VIII, 345 ; Isidor., XV, 2.

(3) C'est ainsi que le poète et grammairien Tzetzès désigne *Tarquin* sous
le nom de *Tarpinios*. (*Schol.* sur Lycophron, v. 1446.)

nement, on l'ignore; mais ce qui paraît presque certain, c'ést qu'au moment de l'arrivée de Romulus sur le Palatin, si le Cœlius, alors mont des Chênes, avait des Étrusques pour habitants, le Capitole, alors mont Saturnien ou Tarpéien, ainsi que plusieurs des collines des environs, se trouvait aux mains des Sabins.

Ceux-ci étaient le plus ancien des peuples de la forte race des Sabelliens, dont j'ai parlé dans un chapitre précédent[1], race congénère de la race latine, mais plus puissante qu'elle, et qui, après avoir séjourné primitivement dans le haut pays des environs d'Amiternum, s'avança depuis l'Ombrie jusqu'à l'extrémité méridionale de la péninsule et, en s'avançant ainsi du nord au sud, le long des Apennins, se répandit en même temps vers l'est et l'ouest sur les divers rameaux de cette longue chaîne de montagnes.

Les Sabins, lorsqu'ils avaient pénétré de quelques lieues dans le Latium pour occuper quelques collines sur les bords du Tibre, n'avaient fait en somme que ce que faisaient constamment les peuples montagnards de leur race.

Il est vrai que, si l'on s'en tenait strictement à ce que disent les historiens des Romains, il faudrait considérer l'Anio comme l'extrême limite du pays des Sabins du côté de Rome; mais n'oublions pas que je parle ici d'une époque antérieure à la Rome de Romulus alors qu'il ne pouvait pas encore être question d'une frontière sabine par rapport au peuple particulier des Romains. On s'accorde généralement à reconnaître que, dans ce temps-là, par suite des incursions réciproques des divers peuples sur des territoires contigus et mal définis, il s'est produit des modifications fréquentes dans l'extension du Latium, comme dans celle de la Sabine, qui lui était limitrophe, et rien ne prouve mieux ces mutations incessantes, que les contradictions étranges dans lesquelles sont tombés la plupart des auteurs

(1) Chap. II, 4 et 7.

anciens[1] lorsqu'il leur est arrivé de vouloir attribuer telle ou telle ville, soit à la Sabine, soit à la confédération des Latins. Ampère compare volontiers l'espace entre l'Anio et Rome au Border, contrée contestée, *debatable land*, qui se trouvait entre l'Angleterre et l'Écosse. « La plupart des villes de ce pays, dit-il, furent tour à tour latines et sabines, après avoir appartenu quelquefois aux Étrusques; leur histoire ressemble aux collines de Rome, qui ont subi les mêmes vicissitudes[2]. »

II.

Ces immigrations très anciennes des Sabins et des Étrusques sur la région qui devait recevoir l'établissement de Romulus expliquent tout naturellement l'influence considérable que ces deux races ennemies prirent à l'envi sur le petit État nouveau dès les premières années de son histoire. Car, si bien des faits d'une époque si reculée sont douteux et discutables, cette double influence ne l'est

(1) Pline est un de ceux qui désignent l'Anio comme frontière du Latium du côté de la Sabine, et, malgré cela, lorsqu'il parle des anciennes villes latines qui n'existaient plus de son temps, il cite Corniculum qui est au nord de l'Anio (*Hist. nat.*, III, 9, 16). Tite-Live se laisse aller à une contradiction du même genre, lui qui considère d'abord (I, 38) Crustumerium comme une ville latine et qui ensuite (XLII, 34) attribue une origine sabine à la tribu Crustuminia.

(2) *L'Hist. rom. à Rome*, ch. IX. Voici du reste comment Ampère conclut la dissertation de plusieurs centaines de pages consacrée par lui à l'histoire des établissements successifs qui ont, selon lui, précédé celui de Romulus sur les collines romaines : « A l'époque de Romulus, dit-il, les Sicules et les Ligures ont disparu de ce sol d'où ils ont été chassés par les Sabins et les Pélasges, et que, dans leur humeur vagabonde, les Pélasges ont abandonné. Il ne reste plus d'Étrusques ailleurs que sur le Cœlius. Ceux du Capitole ont fait place aux Sabins, sur lesquels les Étrusques de la rive droite ont repris le Janicule. Les Sabins sont exclusivement en possession des collines de Rome, sauf deux d'entre elles que toutefois quelques Sabins Aborigènes peuvent encore habiter ; mais ces deux collines, le Palatin et l'Aventin, appartiennent maintenant aux rois d'Albe, qui y font garder leurs troupeaux par des pâtres albains, dont l'un sera Romulus. » *Fin du ch. IX.*

pas, et il suffit, pour en être absolument convaincu, de parcourir avec attention les annales des premiers Romains.

La fondation même de la ville nouvelle nous fournit une première preuve de l'influence immédiate des Étrusques.

Je laisse de côté tout ce qui concerne le nom et l'origine du fondateur. Que celui-ci se soit réellement appelé de naissance Romulus, ou qu'il doive ce nom, qui ne serait plus qu'un surnom, à l'ancienne forteresse pélasgique de Roma qui existait bien avant sa Rome à lui[1] ; qu'il ait été un simple pâtre, hardi et heureux dans son entreprise, ou que, petit-fils d'un roi d'Albe détrôné, il ait été exposé par l'usurpateur sur les bords du Tibre[2], puis sauvé[3], nourri

(1) « Romam et Romulus fecisse dicitur, quam ante Evander condidit. » (Servius, *Æn.*, VI, 773.) « Roma ante Romulum fuit et ab ea sibi Romulum nomen adquisivisse Marianus, Lupercaliorum poeta, ostendit. » (Philargyr., *ad* Virg., *Ecl.*, 1, 20.) — Le nom de Romulus, équivalent de Romus, (car la terminaison *ulus* n'indique pas nécessairement un diminutif,) signifierait simplement l'homme de Roma.

(2) D'après la légende, douze rois de la race d'Énée se succédèrent à Albe-la-Longue. Le roi Procas, en mourant, laissa deux fils : Numitor et Amulius. Numitor qui était l'aîné, avait droit à la royauté ; mais Amulius s'en empara, tua le fils de son frère et mit au nombre des Vestales sa fille Sylvia. Celle-ci devint mère de deux jumeaux dont elle attribua la naissance mystérieuse au dieu Mars. « Vi compressa Vestalis, quum geminum partum edidisset, seu ita rata, seu quia deus auctor culpæ honestior erat, Martem incertæ stirpis patrem, nuncupat. » (Tit. Liv., I, 4.) Elle n'en subit pas moins le dernier supplice pour avoir violé la loi du culte de Vesta, et, par l'ordre d'Amulius, les deux enfants furent exposés sur le Tibre. — Remarquons ici que, sur la Sabine, la fondation de la grande ville de Cures était attribuée à Medius Fidius ou Sancus, qui était devenu le dieu national des Sabins après être né, lui aussi, d'une vierge surprise par Mars Enyalius dans un temple de Réate.

(3) Mars ne pouvait abandonner sa progéniture : le berceau, qui l'avait reçue, fut porté par les eaux jusqu'au mont Palatin au pied d'un figuier sauvage, le *Ficus Ruminalis*, que les Romains conservèrent pieusement durant des siècles. — Varron (*De re rust.*, II, 1, 20) fait venir ce mot *ruminalis* de *ruma*, mamelle, parce que c'est sous ce figuier que les enfants exposés avaient sucé pour la première fois la mamelle de leur nourrice. Tite-Live (I, 4) dit qu'on l'appela aussi *Ficus romularis*, le figuier de Romulus. On le trouve figuré sur le revers d'une médaille d'ar-

par une louve [1] (fig. 1), recueilli par Faustulus et sa femme Acca Larentia [2], et qu'après avoir appris d'eux son origine royale, il ait réussi à replacer sur le trône d'Albe son aïeul Numitor, qui lui fournit alors les moyens d'aller fonder sa ville sur le Palatin ; qu'il ait eu un frère du nom de Rémus, que ce frère, après avoir subi les mêmes vicissitudes que lui, ait voulu lui disputer l'honneur de créer et de gouver-

gent de la famille Pompeia qui porte comme inscription SEX. POM. FOSTLVS ROMA et qui représente la louve allaitant les jumeaux devant Faustulus.

(3) Cette légende d'un enfant divin ou royal, d'abord condamné, puis sauvé par quelque animal, se retrouve un peu dans l'histoire de tous les peuples de race aryenne. Cyrus est exposé dans une forêt et allaité par une chienne. Sémiramis, fille d'une déesse, est abandonnée dans le désert, nourrie par des colombes et recueillie par un berger du roi. Une ourse allaite Paris sur le mont Ida. Télèphe, héros arcadien et fils d'Hercule, est le nourrisson d'une biche. Dans le Latium même, le fondateur de Préneste, Cæculus, fils de Vulcain, est abandonné comme Romulus après sa naissance et ne doit la vie qu'à des bêtes fauves. Plusieurs de ces histoires, comme on le voit, se rapportent à des contrées ou à des personnages pélasgiques de sorte que l'allaitement des enfants de Sylvia par une louve n'est peut-être que la répétition d'un vieux récit des Pélasges. — La louve de bronze, qui rappelle la légende romaine et qu'on voit encore au Capitole, date très vraisemblablement des premiers temps de Rome : c'est un travail étrusque. Les enfants qui se trouvent sous les mamelles, y furent placés plus tard par les édiles Q. et Cn. Ogulnius. (Tit.-Liv., X, 23).

(1) Tite-Live, après avoir rapporté la légende de la louve, ajoute que, selon d'autres récits, Larentia aurait mérité par ses mauvaises mœurs le nom de *lupa* qu'on donnait aux courtisanes : de cette épithète infamante serait ensuite venue la tradition miraculeuse. « Sunt qui Larentiam, vulgato corpore, lupam inter pastores vocatam putent ; inde locum fabulæ ac miraculo datum. » (I, 4). Acca Larentia n'en fut pas moins considérée par les Romains comme une divinité très importante. On voyait en elle la *mère des Lares ;* (c'est le sens de son nom ; Akkâ signifie *mère* en sanscrit. Voy. Bopp, *Gloss. Sansc.*, 1816, p. 6). Déesse féconde, régnant dans les demeures souterraines où sont déposés, avec les morts, les semences et les germes de la vie, elle avait sa fête annuelle au moment où les jours, ayant achevé de décroître, reprennent leur cours ascendant. Aussi cette fête, dite des *Larentinalia*, avait-elle le double caractère d'un culte funèbre et d'une réjouissance. (Cf. O. Müller, *Etrüsker*, III, 4, 12 ; Hertzberg, *De diis rom. patriis*, Halæ, 1840, p. 37 ; Schwegler, *Röm. Geschichte*, I, p. 375, 395, 431 ; Preller, *Röm. Myth.*, p. 422). — Nous

ner la nouvelle ville [1], se soit révolté dès le principe contre son autorité et en ait été puni de mort; ou bien que Rémus ait été un chef de peuple au même titre que Romulus, et qu'établi en face de lui sur l'Aventin [2], il soit venu attaquer à main armée l'établissement du Palatin et y ait trouvé la mort à la tête des siens : ce sont là toutes questions que j'abandonne aux discussions savantes des historiens présents et futurs qui voudront en rechercher la solution.

Je m'attache à la manière même dont la ville fut fondée et sur ce point du moins les auteurs anciens ne nous ont

aurons occasion de reparler plus tard d'Acca Larentia au sujet des Arvales.

(1) Il est d'usage de dire que les deux frères consultèrent les auspices pour savoir lequel des deux aurait l'honneur de donner son nom à la ville nouvelle; la question était plutôt de savoir lequel la gouvernerait :

Omnibu'cura viris uter esset enduperator.

Ennius.

Car le nom de Roma existait. Et les deux frères d'ailleurs avaient un nom tellement identique que Denys d'Halicarnasse appelle toujours Rémus *Romos*, tandis que, d'un autre côté, nous voyons le nom de *Romus* appliqué par Festus à Romulus. Celui-ci est même désigné très souvent sous l'appellation de Rémus par le poète Properce qui se piquait, comme l'on sait, d'une profonde érudition sur tout ce qui concernait les origines romaines : « Regnave prima Remi (*Eleg.*, II, 1, 23); Domus alta Remi (*Eleg.*, IV, 1, 9); etc. »

(2) Tite-Live dans sa narration dit bien que chacun des frères, l'un sur le Palatin, l'autre sur l'Aventin, avait ses partisans, et que, dans le premier moment qui suivit les auspices, chacun fut proclamé roi par ses compagnons : « utrumque regem sua multitudo consalutaverat. » (I, 7.) De là à penser qu'il y eut pendant quelque temps des établissements de même origine, mais rivaux, sur les deux collines voisines, il n'y a pas loin, et M. Maury trouve en effet dans cette légende l'opposition de deux *oppida*. Ampère, lui aussi, croit à la tradition qui disait qu'une forteresse latine du nom de *Remuria* ou *Romuria* avait existé sur l'Aventin et voit dans la communauté d'origine et la ressemblance du nom des deux forteresses Romuria et Roma la cause de cette confusion entre Rémus (Romus) et Romulus que je signalais tout à l'heure. Il rappelle même que Denys d'Halicarnasse semble avoir connu cette forme de la tradition puisqu'il parle (I, 87) d'un combat meurtrier entre les deux chefs. Dans tous les cas, la victoire de l'homme de Roma fut incontestable et fit passer sous ses ordres les compagnons de son rival, quel qu'il fût.

pas épargné les renseignements précis. Ce n'est pas seulement dans Denys d'Halicarnasse et dans Plutarque que nous en trouvons; c'est dans Caton, l'Ancien, qui, pour écrire son livre des *Origines*, avait compulsé les plus vieilles annales, dans le savant Varron, dans le véridique Verrius Flaccus, que Festus nous a en partie conservé, dans les *Fastes* d'Ovide, dans Tacite. Tous nous ont transmis exactement le souvenir de la cérémonie religieuse qui avait marqué cette fondation, cérémonie d'ailleurs qui restait présente à l'esprit de·tous, puisqu'elle n'avait[1] jamais cessé d'être rappelée publiquement dans une fête anniversaire, intitulée le Jour natal, *natalis dies urbis Romæ*.

Voici donc comment s'accomplit l'acte du fondateur. Il prend soin tout d'abord de s'entourer d'hommes capables de lui enseigner les choses saintes et les formules sacrées, et comme il n'y a point d'hommes de cette sorte dans les bandes de pâtres et d'aventuriers qui l'entourent, il en cherche, dans le voisinage, parmi les Étrusques[2] réputés pour cette science profonde qui avait réglé la construction des formidables enceintes de leur pays. Il sait que les livres liturgiques où est consigné le rituel complet de ces cérémonies est entre les mains des aruspices[3]; c'est par conséquent à eux qu'il a recours : il en fait venir de la rive

(1) « Les Romains célèbrent ce jour qu'ils appellent le jour natal de la patrie. » Plut., *Rom.*, 12. — Les peuples, malgré toutes les révolutions et les transformations auxquelles ils sont soumis dans une longue série de siècles, restent tellement fidèles aux vieux usages que le *jour natal* de Rome, dont la fête ne fut jamais négligée dans l'antiquité, se trouve célébrée maintenant encore par le peuple romain à la même date qu'autrefois, le 21 avril.

(2) « Il avait fait venir d'Étrurie des hommes qui lui apprirent et lui expliquèrent certaines cérémonies et formules qu'il fallait observer, comme pour la célébration des mystères. » Plut., *Vie de Rom.*, 11.

(3) « Rituales nominantur Etruscorum libri in quibus præscriptum est quo ritu condantur urbes, aræ, ædes sacrentur, qua sanctitate muri. » Festus, *Rituales*.

droite du Tibre, soit même de plus près, s'il est vrai que le
mont Querquetulanus (plus tard mont Cœlius) était alors
occupé par les Étrusques. Et, après que les dieux, régulièrement consultés [1], lui ont révélé leur volonté par le vol
des oiseaux [2] et lui ont désigné l'emplacement du Palatin,
il offre un sacrifice et se purifie lui et les siens en sautant
à travers la flamme légère d'un feu de broussailles [3]. Ces
préliminaires terminés, il creuse, selon les rites, une petite
fosse circulaire, dans laquelle il jette une poignée de terre
apportée d'Albe-la-Longue, sa patrie, et chacun de ses
compagnons, à son exemple, y jette aussi un morceau de
terre provenant du pays d'où il vient; puis on mêle le
tout, et l'on donne à la fosse le nom de monde, *mundus*.
Non pas que ces poignées de terre tirées de tous pays représentent à leurs yeux la grandeur future d'une ville qui
doit en effet absorber dans son sein toutes les nationalités,
toutes les puissances, toutes les civilisations de l'ancien
monde. Ce *mundus* [4] est pour eux le sol sacré auquel sont
attachés les mânes de leurs ancêtres, c'est la terre de leurs
aïeux et leurs aïeux eux-mêmes qu'ils ont amenés avec eux,

(1) Cicéron parle du bâton augural dont s'était servi Romulus lors de la
fondation de la ville. « Nempe lituo Romulus regiones direxit tum quum
urbem condidit. » (De Divin, I, 17.) Il ajoute que ce lituus était conservé
dans le sanctuaire des Saliens et qu'il fut retrouvé intact après un incendie
qui détruisit l'édifice. Valère Maxime rapporte le même fait (I, 8, 11.)

(2) Leur volonté se manifesta en cette occasion par l'apparition de douze
oiseaux prophétiques. Ce nombre 12, qui est le nombre étrusque par
excellence, tandis que le nombre favori des peuples sabelliques et latins
est 10, suffirait à lui seul pour permettre d'affirmer qu'il est question ici
d'une vaticination étrusque.

(3) Den. d'Hal. I, 88.

(4) Par ce mot l'ancienne langue religieuse désignait spécialement la région des mânes : « Aras Inferorum vocant mundos ». (Serv., ad. Æn., III,
134.); et le *mundus* était fermé par une pierre qu'on appelait pierre des
mânes, *lapis manalis;* mais on soulevait cette pierre trois jours par an
afin que les âmes des morts désireuses de revoir la lumière pussent s'en
échapper ces trois jours-là : « Mundum ter in anno patere putabant ».
(Festus, éd. Müller, p. 156.) Voir ce que nous avons dit dans la théogonie
des Étrusques, chap. II, 2.

c'est la patrie (*terra patrum, patria*) avec les âmes des morts qui continueront à recevoir le culte perpétuel auquel elles ont droit et qui en retour continueront à protéger leurs descendants. Aussi est-ce sur le *mundus* rempli que le fondateur pose l'autel et allume le foyer de la cité :

> Fossa repletur humo plenæque imponitur ara
> Et novus accenso fungitur igne focus [1].

Alors, en observant toujours les prescriptions minutieuses du rituel étrusque, il procède religieusement au tracé de l'enceinte. Il attelle un taureau blanc et une vache blanche à une charrue dont le soc est d'airain [2]; la tête couverte du voile sacerdotal, il tient lui-même le manche de la charrue et, tout en prononçant les prières d'usage, il la dirige lentement, en tête de ses compagnons. Ceux-ci, à mesure que le soc fend le sol, rejettent à l'intérieur de la ville toute la terre remuée, afin qu'il ne reste au dehors rien de cette terre sacrée [3]. Et comme ce sera désormais un acte sacrilège de passer par dessus l'enceinte que la religion rend inviolable, le fondateur prend soin de réserver un certain intervalle dans les endroits qu'il destine aux portes de la ville et qui doivent être au nombre de trois [4] :

(1) Ovide, *Fast.*, IV, 823-824.

(2) « Oppida condebant in Latio, Etrusco ritu; junctis bobus, tauro et vacca interiore, aratro circumagebant sulcum... » Varr., *De ling. lat.*, T, 143. — Cf. Preller, *Rom. myth.*, p. 456; Den. d'Hal., I, 88; Plut., *Rom.*, 11; et Ovide, Fast. IV, 825-826 :

> Inde premens stivam designat mœnia sulco;
> Alba jugum niveo cum bove vacca tulit.

(3) « Ceux qui le suivent ont la charge de rejeter en dedans de l'enceinte les mottes de terre que la charrue fait lever, et de n'en laisser aucune en dehors. » Plut. *Vie de Rom.*, 11.

(4) Les villes étrusques avaient toujours trois portes. (Serv., *ad Æn.*, I, 422). Cf. Ot. Müller, *Die Etr.*, II, 147. — Pline dit en effet que Rome avait trois portes à la mort de Romulus : « Urbem tres portas habentem Romulus reliquit »; il ajoute à la vérité que quelques-uns lui en attribuaient quatre, mais c'est le nombre trois qui est le vrai. Plin., *Hist. nat.*, III, 9, 13.

à ces endroits-là, il soulève la charrue et interrompt un peu le sillon [1].

Grâce à Tacite, qui sans doute avait sous les yeux les livres des pontifes et qui entre à ce sujet dans des détails qu'on ne trouve nulle part ailleurs, nous pouvons, encore aujourd'hui, suivre assez exactement le sillon ainsi tracé. Nous savons que, parti du lieu consacré par l'antique autel d'Hercule [2], le cortège religieux se dirigea vers le sud-est le long de la base du Palatin, s'avança jusqu'à l'extrémité de la vallée qui sépare le Palatin de l'Aventin, prit alors à gauche, contourna la colline, suivit la direction de la voie qui devait être un jour celle des triomphes et revint ensuite vers son point de départ.

Mais ce n'était pas tout que d'avoir marqué l'enceinte de la ville. Il fallait élever les murs qui devaient la défendre. Et, suivant les rites étrusques, on attachait dans ce temps-là à ces murs un caractère si religieux [3], que non seulement il était interdit d'y toucher après leur construction, même pour les réparer, sans l'autorisation des pontifes, mais qu'il était prescrit de laisser en deçà comme au delà, sur tout leur parcours, une bande de terrain consacré, pur de toute habitation et de toute culture humaine [4].

---

(1) Coutume rapportée par Caton dans ses *Origines* d'après Servius, *ad Æn.*, V, 755 : « Conditores... togæ parte caput velati, parte succincti, tenebant stivam incurvam ut glebæ omnes intrinsecus caderent ; et ita sulco ducto loca murorum designabant, aratrum suspendentes circa loca portarum. » — Ce dernier point est aussi noté expressément par Plutarque : « A l'endroit où l'on veut marquer une porte, on retire le soc de terre, on porte la charrue, en interrompant le sillon. » *Vie de Rom.*, 11.

(2) Tacite désigne comme point de départ, près du grand autel d'Hercule, l'endroit du marché aux bœufs où l'on voyait de son temps un taureau d'airain qui rappelait la charrue sacrée et le point initial de l'enceinte primitive : «... a foro Boario, ubi æreum tauri simulacrum adspicimus, quia id genus animalium aratro subditur, sulcus designandi oppidi cœptus, ut magnum Herculis aram amplecteretur. Inde certis spatiis... » (Ann., XII, 24.)

(3) « Muri urbis quos vos, pontifices, Sanctos esse dicitis... » Cic., *De nat. deor.*, III, 40.

(4) C'était ce que l'on appelait le *Pomœrium*. Tite-Live l'explique ainsi :

Pour procéder à un travail aussi important, Romulus n'avait point parmi les siens d'ouvriers assez habiles, et comme il avait eu recours aux aruspices de l'Étrurie pour l'inauguration de l'enceinte, il confia aussi la construction des murs aux ingénieurs et aux maçons étrusques. Le doute à ce sujet n'est guère permis. Car la muraille de la *Roma quadrata* de Romulus subsiste encore en partie : on l'a retrouvée dans les fouilles entreprises sur l'emplacement du Palais des Césars: elle suit le contour du Palatin et répond exactement par sa situation aux données des auteurs anciens. Or c'est un mur évidemment construit sous l'influence des idées architectoniques de l'Étrurie; les pierres qu'on y voit s'élèvent par assises et présentent bien l'appareil de la construction toscane. On y reconnaît aussi le système de défense propre aux villes étrusques dans le chemin incliné qui conduisait aux portes et qui permettait aux défenseurs des remparts de menacer le flanc des ennemis à leur arrivée.

Enfin, si nous poussons notre examen jusqu'au bout, nous sommes tenté de croire que les Étrusques ne contribuèrent pas seulement à la création de la ville de Romulus en lui prêtant la science de leurs prêtres et celle de leurs constructeurs, mais qu'ils travaillèrent encore à la conso-

« Est circa murum locus, quem in condendis urbibus quondam Etrusci, qua murum ducturi erant, certis circa terminis inaugurato consecrabant : ut neque interiore parte ædificia mænibus continuerentur,... et extrinsecus puri aliquid ab humano cultu pateret soli. Hoc spatium, quod neque habitari, neque arari jus erat, non magis quod post murum esset, quam quod murus post id, *Pomœrium* Romani adpellarunt. » (I, 44.) Il est probable que, sous un motif religieux qui donnait à cette prescription une force plus respectable, le législateur étrusque n'avait pris en réalité qu'une mesure stratégique. C'est ainsi que, pour nos places fortes modernes, il est réservé, au dehors des murs, une zone sur laquelle il est interdit de bâtir, et au dedans, un chemin de ronde ou voie militaire spécialement affectée aux mouvements des troupes en temps de siège. Les Romains avaient si bien compris l'importance stratégique de cette prescription qu'ils l'appliquèrent constamment à leur castramétation. Le camp, comme la ville, avait tout le long du *vallum* un *pomœrium*.

9

lidation de cette entreprise en lui fournissant dans les premières circonstances difficiles le secours de leurs armes. Denys d'Halicarnasse, du moins, donne formellement à Romulus un lucumon pour allié dans sa guerre contre les Sabins [1], et Properce indique le nom latinisé de Lycomédius [2] pour celui de ce chef. Cette tradition ne serait nullement en contradiction avec celle qui veut que Romulus ait remporté plus tard des succès éclatants sur les Fidénates et les Étrusques de Véies [3]. Il était naturel que le petit peuple de race toscane qui habitait sans doute le mont Querquetulanus fît cause commune dès le principe avec ses voisins du Palatin pour éloigner de lui le peuple alors bien plus redoutable des Sabins. Mais je reconnais que, malgré l'autorité de Denys d'Halicarnasse et de Properce, le fait d'une armée étrusque venue au secours du fondateur de Rome n'est pas absolument démontré. Je crois qu'il vaut mieux ne pas s'en prévaloir et s'en tenir à l'intervention toute pacifique des aruspices et des ouvriers toscans [4]. Cette intervention par elle seule témoigne suffisamment de l'influence exercée dès l'origine par les Étrusques sur le peuple de Romulus.

(1) Den. d'Hal. (II, 37) fait venir ce lucumon ἐκ Σολωνίου πόλεωσ ; mais Otf. Müller (*Die Etr.*, II, 15, n. 124) conseille de lire Οὐολσινίου , *Vulsinies.*

(2) Prop., *Eleg.*, IV, 2, 51 :

Tempore quo sociis venit Lycomedius armis
Atque sabina feri contudit arma Tati.

(3) Tite-Live (I, 14 et 15) et Plutarque (*Vie de Rom.*, 23 et 25) parlent de ces guerres contre Fidènes et Véies. Les Véiens battus auraient demandé un traité de paix de cent ans moyennant la cession de sept bourgs dans les environs du Tibre (*Septempagi*). Romulus aurait célébré son triomphe en traînant à sa suite le général des Véiens, et ce serait en souvenir de cette cérémonie que, plus tard, dans les sacrifices de victoire, les Romains conduisaient au Capitole un vieillard portant au cou la bulle des enfants, accompagné d'un héros qui criait : « Sardiens à vendre ! » — Voir sur cette coutume chap. II, 1.

(4) Ces ingénieurs et ces maçons avaient été peut-être accompagnés de quelques modeleurs et sculpteurs comme l'Étrurie en comptait alors beaucoup, et il n'est pas absolument imposssible que Rome ait possédé dès

III

L'influence immédiate des Sabins ne parait ni moins sensible ni moins certaine.

D'après la tradition, à peine Romulus eut-il fondé sa ville et créé près d'elle un asile[1] qui devait augmenter rapidement la population soumise à son commandement, que, le manque de femmes se faisant sentir, il chercha l'occasion de s'en procurer. La célébration de certains jeux en l'honneur du dieu Consus[2], dont il avait, dit-il,

l'origine quelques œuvres d'art. C'est ce que semblèrent croire plus tard les Romains, lorsqu'ils prétendirent avoir le portrait authentique de Romulus et qu'ils regardèrent les sept statues de rois consacrées dans le Capitole comme des ouvrages exécutés sous leurs règnes : « Reges sibi ipsos posuisse statuas verisimile est. » (Plin., *Hist. nat.* XXXIV, 13.) Quoi qu'il en soit de cette prétention et à quelque date qu'ait appartenu la statue de Romulus placée dans le Capitole, il est vraisemblable qu'elle a dû servir de prototype aux têtes de ce roi, que nous voyons figurer sur certaines monnaies romaines frappées vers le siècle d'Auguste. Voyez Visconti, *Iconographie romaine*, I, p. 7 et pl. 1 ; Morellius, *Thesaurus familiarum, familia Memmia*, n. 1.

(1) Cet asile était un appendice ajouté à la ville, mais n'en faisait pas partie, et Romulus, en le créant, avait suivi l'exemple que beaucoup de fondateurs de villes lui avaient donné. « Deinde, ne vana Urbis magnitudo esset, adliciendæ multitudinis caussa, *vetere consilio condentium urbes*, qui obscuram atque humilem conciendo ad se multitudinem, natam e terra sibi prolem ementiebantur ; locum, qui nunc septus descendentibus inter duos lucos est, asylum aperit. » Tit-Liv., I, 8.

(2) *Consus* était un dieu souterrain, et en cette qualité un dieu caché (absconsus, consus), fort en honneur parmi les Sabins qui adoraient particulièrement les divinités infernales. (Hartung, *die rel. der Röm.* II, 87.) L'autel de ce dieu était ordinairement recouvert de terre et ne paraissait que pendant la célébration des jeux appelés de son nom *Consualia*. Il est évident que les fêtes données par les compagnons de Romulus ne pouvaient avoir un grand éclat : elles se composaient nécessairement de jeux rustiques. Le divertissement des Consualia consistait en effet à sauter sur des peaux de bœuf huilées et les chutes de ceux qui s'y livraient provoquaient facilement la gaieté des spectateurs. C'est ce qu'indique un vieux vers saturnien cité par Nonius Marcellus :

Sibi pastores ludos faciunt coriis consualia.

découvert sous terre un ancien autel, attira du voisinage une foule de familles sabines, et pendant la fête, à un signal donné, les jeunes filles qui accompagnaient leurs parents sans défiance furent tout-à-coup enlevées de vive force. Un tel guet-apens ne pouvait rester impuni. Cependant les tribus sabines offensées ne surent point s'entendre. Les Cæniniens accourus les premiers furent battus et virent leur chef Acron tué de la main même de Romulus, qui put ainsi offrir à Jupiter les premières dépouilles opimes[1]. Les Crustuminiens et les Antemnates[2], venus ensuite, ne furent pas plus heureux. Mais, lorsque l'armée de la puissante ville de Cures, sous la conduite du roi Tatius, parut sur le mont Tarpéien et le Quirinal, la fortune du peuple nouveau chancela.

Les historiens en effet ont eu beau enguirlander de récits poétiques ce grand événement pour en dissimuler le véritable caractère; ils ont eu beau insister sur la légende de la prêtresse Tarpéia, dont la trahison aurait livré la citadelle aux ennemis[3]; sur la valeur indomptable du roi

(1) Les dépouilles opimes ne furent remportées que deux autres fois, par Cornelius Cossius sur Tolumnius, roi des Véiens, et par Marcellus sur Viridomar, chef des Gésates. Quand au triomphe que Romulus se serait décerné à cette occasion, il dut avoir lieu avec moins de pompe que ne le dit Denys d'Halicarnasse (II, 34); Plutarque (*Vie de Rom.*, 16) et même Tite-Live (I. 10) semblent s'être mieux rendu compte de la simplicité primitive de cette cérémonie.

(2) Antemnæ n'était qu'à 4 kil. au nord-est de Rome, au confluent du Tibre et de l'Anio; Crustumerium, dans la même direction, près de l'Allia; mais la position de Cænina est moins connue.

(3) J'ai indiqué plus haut l'origine probable de la dénomination du mont Tarpéien avant qu'il devint le Capitole, et l'on a vu que la prêtresse Tarpéia n'y était pour rien. La légende la plus accréditée disait que cette Tarpéia, très désireuse de bracelets d'or, avait demandé aux Sabins, comme récompense d'une trahison, ce qu'ils portaient au bras gauche, et que ceux-ci, une fois le crime accompli, lui avaient jeté, au lieu de leurs bracelets, les boucliers qu'ils portaient aussi du bras gauche et dont le poids l'avait écrasée. Une autre version, au contraire, représentait Tarpéia comme victime de son dévouement aux Romains. Denys d'Halicarnasse (II, 38) et Tite-Live (I, 11) font mention de ces deux traditions contradictoires. Enfin d'autres récits parlaient non pas d'une prêtresse, mais d'un chef nommé

latin, qui serait parvenu à arrêter la fuite des siens en vouant un temple à Jupiter Stator[1]; sur l'intervention spontanée des Sabines qui, en s'élançant tout échevelées sur le champ de bataille entre leurs pères et leurs maris, auraient mis fin au combat encore indécis et amené instantanément l'union des deux peuples; on n'en reste pas moins convaincu, après les avoir lus, qu'il a dû se produire en cette circonstance un fait moins glorieux qu'ils ne le disent pour les compagnons de Romulus. Il semble que ceux-ci, après les péripéties d'une lutte plus ou moins acharnée[2], aient été contraints de reconnaître l'état d'infériorité dans lequel ils se trouvaient vis-à-vis de leurs adversaires. Si les Sabines intervinrent, ne fut-ce pas uni-

Tarpéien. Certes il n'est pas impossible qu'il se soit produit au début des hostilités un acte de trahison préjudiciable aux compagnons de Romulus ; mais cet acte n'a pas dû consister à livrer aux Sabins la colline tarpéienne, puisque cette colline, ainsi que le Quirinal, leur appartenait déjà. Il faudrait donc supposer, avec quelques auteurs, ou bien qu'une seule des deux cimes ait été alors en leur possession, ou bien que la légende, tout en rappelant un fait réel, en ait dénaturé quelque peu la scène à une époque où il était devenu difficile de se figurer que le Capitole n'avait pas appartenu de tout temps au peuple de Rome.

(1) À Jupiter *Stator*, c'est-à-dire à Jupiter *qui arrête*. Sénèque, sans oublier le sens qu'avait ainsi le mot *Stator* dans le vœu de Romulus, voudrait lui en appliquer un autre plus philosophique : « Vous pouvez, dit-il, donner à Jupiter le nom de Stator, non, comme le veulent les historiens, pour avoir, à la prière de Romulus, arrêté la fuite des légions romaines, mais parce que sa bienfaisance maintient l'ordre et la stabilité dans la nature... Sed quod stant beneficio ejus omnia, stator, stabilitorque est. » (Sen., *De benef.*, IV, 7.) — Ce temple, d'abord très modeste, fut plusieurs fois reconstruit. Ovide en parle à plusieurs reprises (*Trist.*, El., III, 1, 31 ; *Fast.*, VI, 795). Il était situé dans la partie la plus élevée de la voie sacrée, au bas du Palatin, là où est l'arc de Titus. C'est donc à tort qu'on montre quelquefois à Rome comme un reste de cet édifice les trois colonnes qui se trouvent vers l'extrémité du Forum.

(2) Tite-Live ne raconte qu'une bataille et fait tout décider en une seule journée; son récit y gagne en rapidité et en intérêt (1, 12). Mais, d'après Plutarque (*Vie de Rom.*, 18, 19), cette bataille avait été précédée de plusieurs combats. Denys d'Halicarnasse (II, 52) parle même d'une guerre de trois années.

quèment par amour pour leurs maris[1], auxquels elles avaient eu le temps déjà de s'attacher et qu'elles voyaient, après une lutte terrible, acculés contre leurs remparts, affaiblis, sur le point de succomber? Et si le fondateur de la ville nouvelle consentit à traiter avec Tatius au point de lui reconnaître une autorité, paraît-il, au moins égale à la sienne, ne fut-ce pas aussi parce qu'il avait le sentiment de sa faiblesse relative et qu'il ne pouvait espérer d'une résistance plus longue un succès définitif? Le nom de *Quirites*, qui veut dire Sabins[2], transféré par le traité de Tatius aux Latins de Rome et accepté par eux, n'est-il pas à lui seul une preuve évidente de la supériorité reconnue des Sabins?

D'ailleurs l'inégalité des deux peuples n'avait pas besoin d'être constatée officiellement : elle ne pouvait manquer de se manifester rapidement et de mille manières dans la pratique de la vie quotidienne. En admettant même, comme le prétendent certains auteurs, que tous les deux aient joui d'abord d'une pleine indépendance politique,

(1) Pour perpétuer le souvenir du service rendu en cette occasion par les femmes à leurs maris, chaque année, aux calendes de mars (1ᵉʳ mars), on célébra à Rome la fête des *Matronalia ;* il était d'usage, à la fin de cette fête, d'offrir des présents aux dames.

(2) Ce mot de *Quirites* devint même l'application par excellence des citoyens Romains jouissant de tous leurs droits, et la formule officielle la plus usitée pour désigner le peuple de Rome fut celle-ci : *populus romanus Quiritium.* Tite-Live, qui ne pouvait méconnaître la gravité d'un tel fait, mais qui aime à passer légèrement sur tout ce qui est de nature à blesser la dignité nationale, se donne l'air de n'y ajouter aucune importance et dit simplement, comme s'il s'agissait d'une chose ordinaire et toute naturelle : « Pour accorder quelque chose aux Sabins, les citoyens prirent de la ville de Cures le nom de Quirites... Ut Sabinis aliquid daretur, Quirites a Curibus adpellati. » (1, 13). Tacite, qui est plus sincère en ce qui concerne les origines romaines, ne dissimule pas l'action alors prépondérante de Tatius. Car, après avoir indiqué les limites données à Rome par son fondateur, il ajoute que, dans l'opinion générale, ce n'est pas Romulus, mais Tatius qui ajouta le Capitole à la ville : « Capitolium non a Romulo, sed a T. Tatio additum Urbi credidere. » (*Ann.*, XII, 24.) Attribuer cette annexion au roi Sabin plutôt qu'au roi Latin, n'est-ce pas reconnaître nettement la suprématie du premier?

l'un[1] sur la colline Tarpéienne et le Quirinal sous l'autorité de Tatius[2], l'autre uniquement sur le Palatin sous le
commandement de Romulus, il n'eût pas été possible aux
habitants de la petite *ville carrée* d'échapper à l'influence
prépondérante de leurs puissants voisins. Les Sabins, aux
mœurs austères[3], aux familles anciennes, aux noms connus, qui depuis longtemps jouissaient à Cures[4] d'une forte
organisation, et qui depuis longtemps aussi se trouvaient
en contact avec les Étrusques[5] à la civilisation desquels
ils avaient pu faire déjà de nombreux emprunts, formaient
une société bien plus solide, plus homogène, plus pure et
plus apte au gouvernement que cette réunion d'hommes
de tous pays, la plupart sans famille et sans nom, réunis
au hasard par le fondateur de Rome autour de la petite
bande de citoyens qu'il avait amenés d'Albe-la-Longue. De
ces deux groupes, le plus civilisé, qui était en même temps
le plus riche en vertus et le plus nombreux, devait nécessairement l'emporter sur l'autre.

(1) Suivant cette tradition, les deux rois, lorsqu'ils avaient à s'entendre
sur les intérêts communs aux deux peuples juxtaposés, se réunissaient au
pied du Capitole, près du Comitium, dans un endroit qu'on appelait le Vul-
canal parce qu'il s'y trouvait un autel de Vulcain et qui posséda plus tard
un temple de la Concorde.

(2) Plusieurs médailles romaines nous donnent la tête du roi Sabin. Voir
Visconti, *Iconographie romaine*, 1ʳᵉ part., ch, I, § 2, et Morellius, *Thes.
fam.* Tituria B et Vettia n. 1.

(3) « Quo genere nullum quondam incorruptius fuit. » Tit-Liv. I, 18. —
Cf. Virg., *Georg.*, II, 532 ; Hor., *Ep.*, II, 1, 25.

(4) Festus l'appelle *urbs opulentissima*, et Strabon dit aussi :
« Κύρης δὲ νῦν μὲν κώμιόν ἐστιν ἣν δὲ πόλις ἐπίσημος. » (V, 3.)

(5) Il y avait sur la pente du Soracte, dans le bois sacré de Féronia, un
marché de grande renommée où les Sabins pouvaient se trouver en rapports fréquents avec les Étrusques. C'est là sans doute qu'ils échangeaient
les produits de leurs terres et de leurs troupeaux contre les parures et les
bracelets d'or dont ils étaient amateurs. Mais ces échanges pacifiques auxquels les conviait le voisinage d'une race industrielle et commerçante
n'avaient pas seulement contribué à leur permettre l'usage d'objets de luxe
qu'ils n'auraient su fabriquer eux-mêmes ; grace à ces relations continues,
beaucoup des idées, des pratiques et des institutions de l'Étrurie avaient
pénétré parmi eux.

De là une foule d'emprunts de détail dans la vie publique comme dans la vie domestique et l'adoption rapide par les habitants de Rome d'un grand nombre de coutumes, de croyances, de cérémonies sabines.[1] La lance sabine (*quis, quiris*) devient comme le symbole de l'autorité, le signe de la possession légitime (*signum justi domini*); c'est sous la lance qu'on vend les choses et les esclaves; c'est le droit de la lance, le droit *quiritaire*, qui régit les citoyens entre eux et qui devient le droit par excellence (*optimum jus*)[2]. Les institutions, la langue, la religion, tout se ressent de l'action puissante des Sabins. La place qu'ils prennent dans la constitution et dans l'histoire de Rome devient considérable[3]. Leur rôle prend une importance sur laquelle on ne saurait trop insister lorsqu'on étudie les origines de la civilisation romaine.

Cette influence sans doute ne s'exerça pas tout d'abord sans rencontrer de résistance. Le fondateur de la ville devait regretter son ancienne liberté d'action, ressentir un désir ardent de se soustraire aux conséquences du traité qu'il avait subi. Aussi, lorsqu'on voit, cinq années après ce traité, Tatius assassiné par les Laurentins, dans les environs de Lavinium en pays latin, au milieu d'un sacrifice auquel participe Romulus lui-même, on ne peut s'empêcher de soupçonner ce dernier de quelque complicité dans un assassinat qui le délivre d'un collègue trop gênant. Plutarque, qui raconte le fait tout au long, parle nette-

(1) Caton, d'après Servius, reconnaissait ce caractère sabin de Rome : « Sabinorum etiam morem populum romanum secutum esse Cato dicit et quorum disciplinam... Romani in multis secuti sunt. » (Serv., *in Æn.*, VIII, 638.)

(2) Quod domini quiritarii re usucapta vacui essent a litibus, et unde *jure optimo* possidere dicebantur. (Heineccius, *Ant. juris rom.* p. 30.)

(3) Cf. Michelet, *Hist. rom.*, liv. 1er, ch. 2. Voir aussi l'*Hist des Rom.* de M. Duruy. « De quelque manière, dit M. Duruy, que cette alliance se soit produite, l'histoire doit accorder aux Sabins une part considérable et probablement prépondérante dans la formation du peuple romain. » (1re pér. ch. II, 52.)

ment des soupçons qui s'élevèrent à cette occasion, et
Tite-Live, tout en affirmant que les deux chefs régnèrent
jusqu'à la fin sans que rien eût jamais troublé leur union[2],
se trouve contraint de ne point passer tout à fait sous silence
une réprobation que, dans son évidente partialité, il attribue simplement à l'indifférence témoignée par le roi de
Rome à la suite d'un pareil forfait. « On raconte, dit-il,
que Romulus ne montra pas, en cette circonstance, toute
la douleur convenable, soit qu'il n'eût partagé le trône
qu'à regret, soit que ce meurtre lui parût juste; aussi ne
prit-il pas même les armes pour le venger[3]. »

Mais il arriva un jour où Romulus à son tour fut assassiné. Au milieu d'une cérémonie qui l'avait fait sortir de
la ville, pendant un violent orage qui avait répandu l'épouvante parmi ses compagnons et les avait dispersés, il
disparut tout à coup et, à leur retour, les siens ne le
revirent plus. Les patriciens, en le déchirant de leurs
propres mains[4], l'avaient immolé, dit-on, à leur ambi-

(1) Voici ce que dit Plutarque : « Il y avait cinq ans que Tatius régnait,
lorsque quelques-uns de ses parents et de ses amis, ayant rencontré une
députation qui venait de Laurente à Rome, essayèrent de faire main basse
sur l'argent des voyageurs. Ceux-ci résistèrent et se mirent en état de défense ; mais ils furent massacrés. Romulus voulait que les auteurs de ce
forfait atroce fussent livrés à l'instant au supplice ; mais Tatius rejetait ce
parti et cherchait à traîner l'affaire en longueur... Les parents des victimes,
désespérant d'obtenir justice à cause de Tatius, se jetèrent sur lui un jour
qu'il faisait avec Romulus un sacrifice à Lavinium et le tuèrent. Pour Romulus, ils rendirent hommage à son équité en le reconduisant avec des
acclamations... On raconte que les Laurentins effrayés lui livrèrent les
meurtriers de Tatius, et qu'il les laissa aller, disant que le meurtre avait
été payé par le meurtre. Cette conduite fit soupçonner et dire qu'il était bien
aise d'être délivré d'un collègue. » *Vie de Rom.*, 23.— Cf. Den. D'Hal., II, 51-52.

(2) « Non modo commune, sed concors etiam, regnum duobus regibus
fuit. » Tit-Liv., I, 13.

(3) « Eam rem minus ægre, quam dignum erat, tulisse Romulum ferunt.
Seu ob infidam societatem regni, seu quia haud injuria cæsum credebat.
Itaque bello quidem abstinuit. » Tit-Liv., I, 14.

(4) « On pensa, dit Plutarque, que les sénateurs s'étaient jetés sur lui et
l'avaient mis à mort; qu'ils avaient partagé le corps en morceaux et que
chacun en avait emporté sous sa robe une partie. » *Vie de Rom.*, 27.

tion[1]; mais dans cet acte de cruauté sauvage ne faut-il pas
voir aussi les représailles du meurtre de Tatius ? Je suis tenté
de le croire, lorsque je remarque que le marais de la Chèvre,
où se passa l'événement[2], était situé sur le territoire sabin,
et lorsque je pense à la soif de vengeance que devaient
éprouver les grandes familles sabines depuis l'assassinat
de leur ancien roi. Toujours est-il que ce crime, en servant les intérêts des patriciens, servait singulièrement et
tout particulièrement ceux des nobles sabins. On prit tout
d'abord le moyen le plus efficace de calmer l'exaspération
naissante du peuple de Romulus : on lui certifia que son
chef bien-aimé, loin d'être tombé victime d'un complot des
hommes, avait été enlevé dans les airs par la puissance des
dieux, qu'il était lui-même devenu un dieu; on eut recours
au témoignage d'un riche Albain qui, par son origine
latine, devait inspirer plus de confiance que les autres et
qui affirma par serment non seulement avoir vu Romulus
dans tout l'éclat de sa divinité, mais avoir reçu de lui les
conseils suprêmes qu'il adressait aux siens[3]; on poussa

(1) Romulus, comme la plupart des chefs autoritaires qui ont eu à lutter
contre des familles puissantes, avait cherché un appui dans la classe inférieure, dans la plèbe, et les patriciens avaient pu craindre qu'il n'essayât
de s'affranchir de leur autorité : « Multitudini gratior quam Patribus », dit
Tite-Live (I, 15). — Cf. Fustel de Coulanges, *La Cité antique*, L. IV,
ch. 3, § 4.

(2) Voir le récit poétique qu'en fait Ovide dans les *Fastes* (II, 491 et
suiv.) :

    Est locus ; antiqui Capream dixere paludem... etc.

(3) Tite-Live, Plutarque, Ovide peignent tous, à peu près dans les mêmes
termes, l'inquiétude et le ressentiment des Latins après le meurtre de leur
roi et donnent la même importance au faux témoignage de cet Albain, Julius
Proculus. « Rome inquiète, dit Tite-Live, pleurait son roi et laissait percer
son ressentiment contre le sénat, quand Julius Proculus dont l'autorité,
même dans une si importante question, était respectable, se présenta dans
l'assemblée... On ne saurait s'imaginer quelle confiance inspira son récit...
mirum, quantum illi viro, nuncianti hæc, fidei fuerit. » (I, 16.) — « Il y
en avait, dit Plutarque, qu'animaient le ressentiment et la vengeance... la
ville était dans l'agitation, quand un homme dont tous estimaient la vertu,
vint dans la place publique, et là... Les Romains crurent à son récit sur la
foi de son caractère et du serment qu'il avait fait... Ταῦτα πιστὰ μὲν

même l'habileté de cette apothéose jusqu'à confisquer au profit du peuple sabin la gloire du nouveau dieu qu'on donnait au peuple latin : le fondateur de Rome ne fut pas adoré sous son nom de Romulus, on le transforma en dieu de la lance, en *Quirinus*. Puis, après un interrègne d'un an, lorsqu'on fut parvenu à se mettre d'accord sur l'élection d'un roi[1], ce ne fut pas un Latin, mais un Sabin qui fut choisi. On alla chercher à Cures, le gendre même de Tatius[2], Numa Pompilius, qui réunit entre ses mains le gouvernement des deux peuples, et pour lors le triomphe de l'ascendant des Sabins ne paraît plus contestable.

εἶναι τοῖς Ῥωμαίοις ἐδόκει, διὰ τὸν τρόπον τοῦ λέγοντος καὶ τὸν ὅρκον. » (*Vie de Rom.*, 28.) — Ovide, qui raconte l'origine du culte national de Quirinus, ne peut, dans un pareil sujet, mettre en doute la divinité dont il célèbre la fête, et, malgré cela, il ne dissimule pas l'utilité de la déposition de Proculus. « On pleurait, dit-il, la mort de Romulus ; la douleur faisait peser sur le sénat le soupçon d'un meurtre, et peut-être cette fausse opinion se fût-elle affermie ; mais un jour Proculus revenait d'Albe-la-Longue... (Ici le récit de l'apparition)... Proculus alors réunit le peuple ; il s'acquitte de sa mission. Et aussitôt on élève un temple à Quirinus. »

> Luctus erat, falsæque patres in crimine cædis,
>   Hæsissetque animis forsitan illa fides :
> Sed Proculus longa veniebat Julius Alba...
>   Convocat hic populos, jussaque verba refert.
> Templa Deo fiunt. (*Fast.*, II, 498-512.)

(1) Les dissensions entre Sabins et Latins ne furent pas la cause principale de ce long interrègne : les Sabins étaient assez puissants pour y mettre fin rapidement, si un autre motif n'avait existé pour le prolonger. L'aristocratie en effet voulut profiter de la mort de Romulus pour abolir la royauté, et les patriciens tentèrent un système de gouvernement qui leur aurait permis d'exercer à tour de rôle les fonctions de roi. (*Tit.-Liv.*, 1, 17). Cf. Vopiscus, *Vie de Tacite*, 1. Cette tentative échoua devant l'agitation continue des classes inférieures qui trouvaient un appui dans la royauté. « Senatus tentavit ut ipse gereret sine rege rempublicam ; populus id non tulit et regem flagitare non destitit. » (Cic., *De rep.*, II, 12.) Les patriciens s'en consolèrent alors en donnant habilement à l'élection du roi la forme qui leur était la plus avantageuse.

(2) Au dire de Plutarque, Tatius, frappé des vertus et des grandes qualités de Numa, lui avait donné en mariage Tatia, sa fille unique ; ce qui n'avait pas empêché Numa de rester à Cures. (*Vie de Numa*, 3.)

IV

Ce n'est pas que, sous le règne de Numa, l'influence des Étrusques à Rome, telle que nous l'avons constatée dès l'arrivée de Romulus, ait cessé d'exister. Le roi sabin ne chercha nullement à s'y soustraire et nous retrouvons dans le cérémonial même de son intronisation le rituel de la discipline toscane.

Un augure[1] le conduit sur la cime du mont capitolin ; là il le fait asseoir sur une pierre, le visage tourné vers le midi ; puis, se plaçant à sa gauche, et le chef voilé, il prend en main le bâton recourbé et sans nœuds qu'on appelle *lituus*. Il arrête sa contemplation sur la ville et la campagne et invoque les dieux ; il délimite les régions célestes de l'orient au couchant, déclare droite la partie du ciel qui est au midi et gauche celle qui est au nord, et dans sa pensée détermine le point extrême de l'espace où le regard peut atteindre. Il fait alors passer le lituus dans sa main gauche, et posant sa droite sur la tête de Numa, il prie ainsi : « O Jupiter ! ô père ! si c'est le droit que ce Numa Pompilius règne à Rome, montre-nous des signes certains dans l'espace que j'ai défini.» Puis il expose les auspices qu'il demande. Et dès que ces auspices se sont manifestés, Numa, déclaré roi, descend du *templum*[2].

Dans cette cérémonie, que je raconte textuellement telle que je la trouve chez les auteurs anciens[3], ne reconnaît-on pas tout de suite le caractère étrusque ? Et n'y voit-on pas, avec tout l'appareil de l'aruspicine, cette division du

---

(1) Numa régla plus tard les fonctions des augures et Tite-Live dit que l'augure qui avait présidé à la cérémonie de son inauguration fut chargé par lui de ces fonctions publiques. « Cui deinde, honoris ergo, publicum id perpetuumque sacerdotium fuit. »

(2) *Templum*, l'endroit même où vient de s'accomplir l'inauguration religieuse.

(3) Tit.-Liv., I, 18. — Cf. Plut., *Vie de Numa*, 7.

ciel par le lituus, qui appartenait essentiellement à la science toscane ?

D'ailleurs les croyances comme toutes les idées en général de l'Étrurie avaient pénétré depuis quelque temps déjà parmi les Sabins [1], et Numa, dont l'esprit était à la recherche des moyens les plus propres à pacifier et à diriger le peuple de Rome, ne pouvait ignorer, lui, qui passait pour avoir beaucoup étudié les hommes et les choses de son temps [2], combien pouvaient lui venir en aide les pratiques religieuses et les institutions toscanes. Aussi ne manqua-t-il point de les mettre plus d'une fois à contribution. Lorsque, par exemple, il éleva sur l'Aventin un temple à Jupiter Élicius [3], il ne fit qu'emprunter à la religion des Étrusques un culte fort en honneur chez ce peuple, dont les prêtres pratiquaient avant tout l'art fulgural et avaient la prétention de savoir attirer et diriger la foudre [4]. Lorsque, pour assurer à chacun la possession de son héritage, il fit au peuple un partage régulier des terres conquises par Romulus, dévoua aux dieux infernaux ceux qui déplaceraient les bornes des champs et établit d'une façon définitive le culte du dieu Terme [5], il ne procéda vraisemblablement à la délimitation générale du territoire qu'en se conformant aux rituels de la doctrine étrusque qui consacrait la propriété et faisait de ce dieu Terme le gardien immobile de la frontière de tout domaine [6].

(1) Je l'ai expliqué dans la note 5 de la page 135.

(2) « Consultissimus vir, ut in illa quisquam aetate esse poterat, omni divini atque humani juris. » Tit.-Liv., I, 18.

(3) « Jovi Elicio aram in Aventino dicavit ». Tit.-Liv., I, 20.

(4) Voir les notes de la page 47.

(5) Plut., *Vie de Numa*, 16 ; et *Quest. Rom.*, 15.

(6) Les Étrusques voyaient une grande connexité entre la science qui délimitait le sol et l'art fulgural qui partageait le ciel en régions déterminées. Leurs prêtres enseignaient que Jupiter avait formellement ordonné de mesurer et de limiter les champs : « constituit jussitque metiri campos, signarique agros » ; et ils traçaient les divisions de la terre d'après les mêmes prescriptions que les espaces du ciel. Peut-être était-ce à cause de cette idée

Mais, en faisant tourner au profit de son gouvernement la connaissance qu'il avait des institutions toscanes, il ne chercha pas, comme on le pense bien, à donner une action prépondérante à l'élément étrusque que pouvait comporter son peuple. Il s'attacha bien plutôt à tout ce qui, dans sa pensée, devait faciliter l'introduction à Rome des vertus et des croyances essentiellement sabines. C'est ainsi qu'il communiqua aux anciens compagnons de Romulus le culte de la Bonne Foi [1] qui appartenait en propre à la religion de sa race [2]. Son but d'ailleurs était de calmer les esprits, d'inspirer à tous l'amour de la paix [3] Le collège des Féciaux qu'il institua avait pour mission de prévenir les guerres injustes [4], et le temple de Janus qu'il construisit et qui ne devait ouvrir ses portes que pendant la guerre, resta constamment fermé jusqu'à la fin de son règne [5]. Au sein de cette paix profonde, ses efforts ten-

tout étrusque que le temple du dieu Terme était, comme l'on sait, ouvert par en haut.

(1) « Soli Fidei sollemne instituit : ... » Tit.-Liv., I, 21.

(2) *Sancus*, père de la race sabine, s'appelait *Fidius* et était le dieu de la bonne foi comme *Fides* en était la déesse. L'institution des *Féciaux*, chargés de prévenir les guerres injustes, était également une institution sabine.

(3) « Omnium tamen maximum ejus operum fuit tutela, per omne regni tempus, haud minor pacis, quam regni. » Tit.-Liv., I, 21.

(4) J'aurai occasion, dans les premiers chapitres de l'*Histoire de la Littérature romaine*, de parler de ce collège des *Féciaux* ainsi que de plusieurs institutions de Numa et de sa législation.

(5) Au culte de Janus se rattachait la notion d'un dieu suprême. Dans tous les sacrifices, dans toutes les prières, c'était lui qu'on invoquait le premier comme le dieu du commencement et de l'origine des choses. Les anciens chants saliens le mettaient au premier rang et l'appelaient le dieu des dieux : Divum deum ou Pater Janus. — D'après Preller (*Myth. rom.*, trad. Dietz, p. 124 et suiv.), Janus serait la même chose que Dianus, le masculin de Jana ou Diana, la lune. Dieu du soleil, il aurait été considéré comme le portier du ciel et de la lumière céleste, en ouvrant le matin la porte pour la fermer le soir. De là sa représentation avec deux têtes et la position qu'on lui donnait, tournant une de ses têtes vers le levant et l'autre vers le couchant. — Quant au sens qu'avaient les portes du fameux temple fondé par Numa, les poètes latins l'expliquent différemment : Virgile (*Æn.*, I, 293 ; VII, 607)

dirent à faire un tout homogène des tribus de races ennemies qu'il avait sous son autorité. Au lieu de les laisser vivre chacune avec ses divinités, ses fêtes, ses coutumes particulières, qui auraient maintenu indéfiniment l'état d'hostilité réciproque dans lequel il les avait trouvées, il fondit dans un ordre de choses nouveau tout ce qu'elles pouvaient avoir de commun l'une avec l'autre, et par une habile organisation, qui répondait dans le présent aux besoins de chacune d'elles sans blesser ouvertement pour aucune les souvenirs et les aspirations du passé, il les força à se rapprocher, à se mêler dans toutes les circonstances ordinaires de leur vie. Soit qu'il réglât en effet les cérémonies religieuses et les prières publiques; soit qu'il fixât leurs fonctions spéciales aux pontifes[1], gardiens du culte, aux flamines[2], ministres des grands dieux, aux augures[3], interprètes des volontés divines; ou qu'il

suppose le démon des combats enfermé dans l'édifice sous la garde du dieu qui lui ouvre les portes en temps de guerre pour le déchaîner contre les ennemis; Ovide (*Fast.*, 1, 281) et Horace (Ep., II, 1, 255), au contraire, y renferment la paix que Janus retient à Rome en fermant ses portes. L'interprétation la plus simple est celle qui fait sortir le dieu lui-même de son temple pour protéger les soldats de Rome en temps de guerre, tandis que la paix, qui rend son assistance inutile, lui permet de rester enfermé. Dans tous les cas, l'ouverture ou la fermeture de ces portes ne s'effectuaient qu'au milieu de cérémonies qui acquirent d'autant plus d'importance qu'elles se renouvelèrent plus rarement. Tite-Live (1, 19) dit que, depuis la mort de Numa jusqu'au règne d'Auguste, le temple de Janus ne fut fermé qu'une seule fois, sous le consulat de T. Manlius, après la première guerre punique.

(1) Les pontifes primitivement n'étaient qu'au nombre de quatre. Ils devaient veiller au maintien des lois et des institutions religieuses, fixaient le calendrier, annonçaient, le jour des nones, les fêtes à célébrer dans le mois, et tenaient le recueil des actes d'où sont sorties les grandes Annales.

(2) Numa créa trois flamines ou *allumeurs* des autels de Jupiter, de Mars et de Quirinus : on les appela plus tard flamines *majores* en opposition aux flamines *minores* qui eurent des charges moins importantes. Le flamine dial était le principal des trois. Aulu-Gelle (*Noct. Att.*, X, 15) nous a conservé un passage du vieil historien Fabius Pictor qui indique tout au long le formalisme minutieux auquel il était soumis.

(3) D'abord au nombre de trois. Il ne faut pas les confondre avec les

organisât quelques collèges particuliers, tels que les féciaux, défenseurs du droit international, les prêtres
saliens, qui gardaient le bouclier tombé du ciel, et les
Vestales, chargées de conserver le feu perpétuel avec le
Palladium et les dieux pénates ; les règlements qui, à la
manière des rituels toscans, prévoyaient et formulaient
tous les détails pour ne rien laisser au hasard des inter-
prétations divergentes, s'adressaient d'une manière égale
et s'imposaient avec la même autorité aux Latins et aux
Sabins. On lui attribue même une division du bas peuple
en corps de métiers qui aurait, d'après Plutarque, puissamment contribué au mélange des deux races. « Quand
on veut, dit l'historien grec [1], unir des matières dures et
qui naturellement ne se mêleraient point ensemble, on les
brise, on les réduit en parcelles, et l'union devient facile.
Numa suivit cet exemple. Pour faire disparaître cette
grande cause de division, et la disséminer, en quelque
sorte, en plusieurs petites parties, il distribua le peuple
en plusieurs corps, qui reportaient leurs passions sur
d'autres intérêts. C'étaient des corps de métiers... Chaque
métier eut ses confréries, ses jours d'assemblée... C'est
alors que commença à s'effacer cette distinction de Sabins
et de Romains, de concitoyens de Tatius et de Romulus, à
laquelle on avait si fort tenu des deux côtés ; de sorte que
la division opéra le mélange, et, pour ainsi dire, l'amal-
game des deux races ensemble. »

Je ne sais s'il faut croire absolument à cette distribution
du peuple en corps de métiers faite par Numa et si l'on ne
doit pas, en la reportant plus tard, en faire honneur à
quelqu'un de ses successeurs. Je ne sais pas, dans le cas
même où elle aurait été vraiment imaginée par lui, si elle
aurait pu produire tout de suite ce merveilleux effet dont
parle Plutarque. Il est certain du moins que, si une créa-

____

aruspices, qu'on aimait à consulter mais qui ne furent jamais organisés en
collège officiel.

(1) Plut., *Vie de Numa*, 17.

tion de ce genre n'a pu par elle seule amener immédiatement un si grand résultat, l'ensemble des lois et des institutions d'un règne pacifique de quarante-trois ans [1] a dû puissamment le préparer. Personne, ce me semble, n'aurait su y travailler avec plus de succès qu'un tel prince. Après avoir fait de la royauté un véritable sacerdoce et réuni dans sa personne, avec le pouvoir incontesté d'un magistrat suprême, la dignité d'un grand prêtre [2], il avait donné à tous ses sujets une si haute idée de son autorité et de sa prudence qu'on le croyait en communication directe et constante avec les dieux. On le considéra comme le plus juste et le plus sage des hommes. Et certes, celui dont les conseils passèrent ainsi aux yeux de ses contemporains pour des avis divins que lui dictait la nymphe Égérie dans le bois sacré des Camènes [3], celui dont le nom devait devenir pour les érudits de deux mille ans plus tard comme une allégorie de la loi personnifiée [4], ne fut point un chef

----

(1) « Romulus septem et triginta regnavit annos : Numa tres et quadraginta. » Tit.-Liv., 1, 21.

(2) Ce fut le caractère primordial de la constitution romaine de ne pas donner à la religion d'autres intérêts que ceux de l'État. « Nos aïeux, dit Cicéron, n'ont jamais été plus sages ni mieux inspirés des dieux que lorsqu'ils ont établi que les mêmes personnes présideraient à la religion et au gouvernement de la république. Par ce moyen magistrats et pontifes s'entendent pour sauver l'État. » *Pro domo*, 1.

(3) On montre encore aujourd'hui, à deux milles de Rome, dans un gracieux vallon, dominé par un bouquet d'arbres qu'on prend volontiers pour le reste d'un bois sacré, une source qu'on indique comme étant celle près de laquelle la légende plaçait les entretiens mystérieux de la nymphe et du roi. « Lucus erat, quem medium ex opaco specu fons perenni rigabat aqua... » *Tit.-Liv.*, 1, 21. Mais c'est là une erreur des guides. Les Vestales, qui devaient aller puiser à la fontaine d'Égérie l'eau nécessaire aux usages sacrés, de même que Numa, qui habitait comme les Vestales au bout du Forum, auraient eu un trop long chemin à parcourir pour s'y rendre. Le bois des Camènes, avec la fontaine légendaire dont parle Tite-Live, se trouvait près de la porte de Capène, au pied du Cœlius.

(4) Les analogies du nom de Numa n'ont pas échappé aux critiques qui ont voulu faire de ce prince un personnage allégorique et ne voir dans ce nom, tiré du grec νόμος, que la dénomination de la loi même personnifiée. Ils n'ont pas fait attention que Numa était un prénom d'un usage fréquent

de peuples ordinaire : le roi sabin Numa [1] a certainement exercé sur la population de Rome qu'il gouverna si long-temps une action des plus salutaires et des plus décisives.

Mais la paix qu'il avait eu le bonheur de maintenir jus-qu'à sa mort prit fin avec lui. Celui qu'on appela à lui suc-céder était d'un caractère tout différent. Petit-fils [2] d'un homme qui s'était signalé par son courage dans les guerres de Romulus, Tullus Hostilius prétendait à la gloire mili-taire et fut un roi belliqueux.

V

On ne sait pas au juste à quelle race il appartenait. Les historiens anciens, qui se sont plu à faire de lui un Latin, ont prétendu que le pouvoir lui avait été conféré confor-mément à un accord qui aurait lié les deux peuples à l'époque même de la mort de Romulus et d'après lequel chacun des deux, à tour de rôle, aurait eu le droit de nom-mer le roi en le choisissant chez l'autre. De sorte que, d'après eux, il faudrait n'attribuer le choix de Numa puis-qu'il était Sabin, qu'à la population latine, et ne considérer

dans les temps les plus anciens de l'histoire romaine, qui nous présentent un Numitor, un Numa Marcius, contemporain du roi, et aussi des Numius, des Numisius, des Numitorius, etc. Voy. Visconti, *Iconographie romaine*, 1re part., ch. I, § 3.

(1) Numa se voit sur un denarius frappé par un Caïus Ca'purnius Piso, proquesteur sous l'un des proconsulats de Pompée. Le style raide et sévère de cette tête semble annoncer une copie de quelque ouvrage très ancien, peut-être de la statue antique que Pline avait vue au Capitole. — Le même profil, mais tracé avec plus de liberté, se voit aussi sur une monnaie de bronze frappée sous la magistrature d'un Marcius Censorinus ; il y est accouplé à celui d'Ancus Marcius, descendant de Numa. Voy. Visconti, *Icon. rom.*, loc. cit.; Morellius, *Thesaurus famil. Calpurnia*, pl. II, n° 5; id. *Fam. Marcia*, pl. II, n° 7.

(2) Ampère consacre plusieurs pages de l'*Histoire romaine à Rome* (ch. XIV) à prouver que Tullus Hostilius appartenait au peuple sabin par son origine paternelle et maternelle, par le berceau de sa famille (Medullia, au delà de l'Anio), par le lieu de sa sépulture et enfin par son nom même.

ensuite Tullus Hostilius comme choisi par les Sabins qu'à
la condition d'en faire un Latin. Mais cette sorte de traité
parait si étrange, si anormale; elle se fût trouvée si défec-
tueuse dans la pratique entre deux peuples dont l'importance numérique et politique était on ne peut plus inégale,
et les Sabins avaient en leur pouvoir des arguments si
puissants pour ne jamais être obligés de s'y soumettre,
qu'on est bien tenté, lorsqu'on y réfléchit, de n'y voir de
la part des écrivains en question qu'une manière de ménager la susceptibilité latine des lecteurs romains.

Il faut avouer, en tout cas, que, si Tullus Hostilius était
vraiment Latin, les Sabins n'auraient pu en choisir un
autre qui se fût montré plus acharné que lui à la destruction des peuples de sa race.

A peine, en effet, eut-il reçu la royauté qu'il sembla
viser, comme but de tous ses coups, le chef-lieu même de la
confédération latine, cette fameuse ville d'Albe-la-Longue,
à laquelle se rattachaient les origines de la Rome du Palatin, et dont les habitants se trouvaient unis aux descendants immédiats des compagnons de Romulus par des
liens si étroits qu'on pouvait, dit Tite-Live[1], regarder cette
guerre comme une guerre civile puisqu'elle armait, pour
ainsi dire, les enfants contre leurs pères.

Tout d'abord pourtant l'événement fut moins affreux qu'on
devait le craindre. L'armée albaine, qui s'était avancée jusqu'à cinq milles du Palatin, ayant perdu par accident son
roi Clusius, avait été placée sous les ordres d'un dictateur
du nom de Mettus Fuffétius. Ce changement de direction
ne s'était pas effectué sans causer quelque trouble parmi
les Albains, et Tullus en avait profité pour tourner leur
armée, se jeter sur leurs derrières et de là menacer leur
propre territoire. Mettus, perdant alors une partie de son
audace première, avait proposé de remettre le sort des
deux peuples entre les mains de trois guerriers d'élite pris
dans chaque camp; sa proposition, qui devait épargner

______

[1] « ... Civili simillimum bello, prope inter parentes natosque... » 1, 23.

des ravages et des pertes sensibles aux deux villes, avait été agréée; et le fameux combat des Horaces et des Curiaces[1] avait mis fin presque aussitôt aux hostilités en plaçant les habitants d'Albe sous la dépendance du peuple de Rome. Aux termes de la convention réglée avant le combat[2], les vaincus, traités d'ailleurs avec dignité, res-

(1) Je n'ai pas à raconter ici ces scènes magnifiques dont Tite-Live a fait un récit si pathétique et qui devaient inspirer à Corneille une de ses plus belles œuvres. L'arrivée des six combattants, les péripéties de leur lutte en présence des deux armées, le triomphe d'Horace, sa colère à la vue d'une sœur qui ne sait point en un instant sacrifier à la patrie la mémoire de son fiancé tombé sur le champ de bataille, le crime du vainqueur, sa condamnation à la peine capitale, l'appel au peuple par son père, tout cela forme un ensemble si beau, si grand et en même temps si vraisemblable qu'il est difficile de le mettre en doute. Que toutes les parties d'un tel récit soient absolument exactes, personne ne l'affirme. Tite-Live lui-même avoue que, bien que cet événement soit l'un des plus célèbres de l'antiquité, on ne sait pas bien si c'étaient les Horaces ou les Curiaces qui tenaient en mains la cause des Romains. « Il y a, dit-il, des autorités pour et contre; je trouve cependant plus d'auteurs qui donnent le nom d'Horaces aux Romains et je suis porté à suivre leur sentiment... plures tamen invenio, qui Romanos Horatios vocent : hos ut sequar, inclinat animus. » (I, 24.) Mais de ce que toutes les circonstances de la narration épique que nous connaissons ne comportent pas un même degré de certitude, il ne s'en suit pas que cette narration dans son ensemble ne présente point quelque grand fait historique sous un aspect de sincérité et de vérité indéniable. Les Romains de tous les temps y ont cru et Rome en a conservé pendant longtemps des témoignages matériels. On y a montré, pendant des siècles, à cinq milles de la ville, sous le nom de *fossé de Cluilius*, le retranchement qu'avait élevé le roi d'Albe en avant de son armée. (*Tit.-Liv.*, I, 23.) *Le poteau de la sœur* (tigillum sororium), sous lequel Horace dut passer pour être purifié de son fratricide, était refait chaque fois qu'il vieillissait, et il existait encore au ıv⁰ siècle après J.-C., époque à laquelle il est mentionné par les régionaires : il était placé, au-dessus de la tête des passants, en travers d'une rue étroite à laquelle correspond à peu près la rue actuelle de Saint-François-de-Pola. Enfin on montre encore aujourd'hui, non loin de l'endroit où devait être le fossé de Cluilius, des *tumuli* qui rappellent par leur forme les constructions sépulcrales de l'Étrurie, comme étaient toutes les constructions de ce genre à cette époque, et qui ont servi, assure-t-on, de tombeaux aux cinq guerriers à la place même où chacun d'eux était tombé : les deux Romains ensemble et plus près d'Albe, les trois Albains à quelque distance les uns des autres et du côté de Rome.

(2) « Priusquam dimicarent, fœdus ictum inter Romanos et Albanos est

taient obligés de fournir désormais aux vainqueurs l'appoint de leurs armes en toutes circonstances. Leur sort, on le voit, n'était pas aussi dur à beaucoup près que celui qu'on infligeait aux villes dont les armées avaient été défaites en batailles rangées.

Mais cet état ne dura pas longtemps. Vainqueurs et vaincus sans doute voyaient avec regret, les uns la modération de leur victoire, les autres l'infériorité dans laquelle les avait jetés l'échec subi par un si petit nombre de combattants. Tullus Hostilius ne pouvait regarder sans envie les résultats qu'aurait pour son royaume la disparition d'une ville qui avait tenu pendant longtemps la première place dans le Latium, et celle-ci ne pouvait se résigner à la perte d'une si grande situation dans de pareilles conditions. Le premier événement qui viendrait à se produire devait fournir aux uns comme aux autres l'occasion de rompre l'accord qu'on avait juré des deux parts.

Le dictateur albain, dit-on, et la chose est vraisemblable, pousse secrètement quelques peuples voisins à une déclaration de guerre, leur promettant, une fois l'affaire engagée, de passer dans leurs rangs avec son armée. Les Fidénates, soutenus comme toujours par les Véiens, se laissent persuader et marchent en avant. Tullus Hostilius vient à leur rencontre au confluent du Tibre et de l'Anio. Lui-même se place avec les siens en face des Véiens qui forment l'aile droite de l'ennemi, et oppose à l'aile gauche, que composent les Fidénates, les légions auxiliaires de Mettus Fuffétius. Celui-ci tergiverse : il n'ose pas effectuer immédiatement sa défection ; mais il se garde bien d'attaquer les Fidénates. Il déploie lentement ses troupes et gagne les hauteurs voisines, d'où il pourra tomber à son aise sur les Romains pour peu que la fortune leur devienne contraire. Tullus, qui devine ce dessein, comprend le péril de sa situation; il le dissimule toutefois, et tout en vouant mentale-

his legibus, ut, cujusque populi cives eo certamine vicissent, is alteri populo cum bona pace imperitaret. » *Tit.-Liv.*, 1, 24.

·ment des temples nouveaux à des divinités singulières[1], il dit à haute voix à ses soldats, de façon à se faire entendre des Fidénates, que les Albains par son ordre tournent la colline pour prendre l'ennemi à revers et lui couper la retraite. Ses paroles remplissent les siens d'enthousiasme, il s'élance à leur tête, rompt l'une après l'autre les deux ·ailes de l'armée qui lui est opposée, en fait un carnage tel que jamais combat n'ava‘t été plus sanglant[2], et rentre ·triomphant dans son camp où Mettus se voit obligé de venir avec ses Albains lui offrir ses hypocrites felicitations. Il cache sa colère, feint de n'avoir rien soupçonné et les reçoit avec tous les dehors de la bienveillance ; mais sa ·vengeance est prête et il les convoque pour le jour suivant à un sacrifice qui doit, dit-il, resserrer davantage les liens d'amitié et de parenté qui unissent les deux peuples. La nuit se passe alors en ordres de tous genres, et le lendemain, lorsque les deux armées se trouvent au rendez-vous, il se fait que celle des Albains est entourée de tous côtés ·par l'autre et qu'il ne lui reste plus qu'à se soumettre à la terrible sentence qui fixe le sort de son général et le sien. Mettus est le grand coupable, c'est lui qui complotait au dehors la défection des siens ; « comme son cœur s'est partagé entre Rome et Fidénes, ainsi sera divisé son corps[3] » ; on l'attache à deux chars attelés de quatre che-

. (1) Tullus avait promis à Mars douze prêtres saliens nouveaux, mais en même temps il avait voué un temple à la *Pâleur* et un autre à l'*Effroi*. « Hostilius dedicavit Pallorem atque Pavorem, dit saint Augustin, teterrimos hominis affectus quorum alter mentis territæ motus est, alter corporis ne morbus quidem, sed color. » Cette consécration d'un culte rendu à de malignes influences était bien conforme au génie de la religion sabine qui, comme celle des Étrusques, inclinait souvent vers les mauvaises puissances, élevait par exemple des autels à la Fièvre (Febris) et adorait e Jupiter funeste. — Comme confirmation de la tradition de ce vœu, on peut voir les deniers de la famille Hostilia, qui prétendait descendre du troisième roi de Rome et qui, pour ce motif, faisait frapper sur les médailles de ses magistrats l'empreinte des deux têtes représentant la Paleur et l'Effroi.

(2) «... Non alia ante romana pugna atrocior fuit. » *Tit.-Liv.*,1, 27.

(3) « Ut igitur paullo ante animum inter fidenatem romanamque rem ancipitem gessisti, ita jam corpus passim distrahendum dabis.» *Tit.-Liv.*,1,28.

vaux, qui le tirent en sens contraires et le déchirent tout
vivant. Quant aux soldats et aux habitants d'Albe, ils ne
feront plus désormais qu'un seul et même peuple avec
leurs frères latins du Palatin, ils jouiront à Rome des
mêmes droits que les autres, mais leur ville sera détruite;
déjà la cavalerie romaine a pris les devants, et au moment
où cette décision leur est transmise, l'exécution est commencée.

Il faut lire dans Tite-Live la destruction d'Albe-la-
Longue, la disparition en une heure d'une ville qui datait
de quatre siècles[1], le départ lamentable de tout ce qui
l'habitait. Le tableau est décrit de main de maître; il ne
saurait être refait. Nous n'avons pas d'ailleurs à le traduire ici. Ce qui doit nous frapper surtout, c'est le double
résultat de ce grand événement.

Albe, en disparaissant, laisse vacante au milieu de la
confédération latine la place la plus considérable. Ses
droits de métropole sur un certain nombre de cités voisines passent naturellement au vainqueur[2], et si Rome
n'exerce pas tout de suite l'hégémonie sur le Latium, elle
y tient désormais un rang qui lui permet de traiter puissamment avec la confédération tout entière.

Mais, en même temps qu'il étend à l'extérieur la répu-

(1) «... Unaque hora quadringentorum annorum opus, quibus Alba stete-
rat, excidio ac ruinis dedit. » Id., 1, 29.

(2) Mommsen explique longuement l'importance de la prise d'Albe au
point de vue de l'hégémonie de Rome dans le Latium : « On peut regarder,
dit-il, les conquêtes de Rome dans le Latium comme des extensions de son
territoire et de sa population qui présentent des caractères uniformes ;
mais la prise d'Albe eut une signification plus spéciale. Albe était considérée comme la métropole de la Confédération latine, et conformément au
caractère privé de la loi de la guerre chez les Latins, Rome éleva des prétentions, comme héritière d'Albe, à la présidence de cette ligue... On ne saurait dire d'ailleurs si l'accroissement matériel que Rome acquit par cette
conquête fut plus grand que celui qu'elle dut à la prise d'Antemnæ et de
Collatia ; mais elle s'acquit par cet événement le droit de présider le festi-
val latin et fonda ainsi l'hégémonie future de la cité romaine sur toute la
confédération latine. » *Hist. Rom.*, L. 1, ch. 7.

tation et la puissance du nom romain, le fait même de la translation des Albains sur le territoire de Rome y produit en faveur de la race latine un effet auquel ne devaient pas s'attendre tous les nobles sabins qui dans les ruines d'Albe applaudissaient peut-être à l'anéantissement du berceau des compagnons de Romulus. Tullus transporte toute cette population albaine sur le Querquetulanus (mont Cœlius) qui n'était occupé jusque-là que par quelques Étrusques établis à Rome, et ces nouveaux habitants sont si nombreux, dit Tite-Live, que la ville en est doublée [1]. Pour les attacher à leur patrie nouvelle, il leur donne des temples et des fêtes latines; il les incorpore dans les légions et dans la cavalerie; il introduit les principaux d'entre eux dans le sénat. Lui-même s'établit au milieu d'eux et élève sur le Querquetulanus sa demeure royale. Bien plus, il y construit un édifice, qui de son nom s'appellera longtemps la *Curia Hostilia* [2], et qu'il fixe aux sénateurs, après l'avoir auguré comme un temple, pour le lieu ordinaire de leurs assemblées. C'est dans ce temple que siégeront désormais, à côté des représentants de la noblesse sabine, avec non moins d'autorité qu'eux, les chefs de ces vieilles familles latines qui, depuis des siècles, faisaient l'honneur de la métropole du Latium [3].

Ainsi s'opère, à l'intérieur de Rome, une sorte de révolution pacifique causée par les conséquences imprévues d'une bataille. La défaite extérieure de la race latine personnifiée dans le vieux peuple albain, se transforme tout à coup, pour les Latins du Palatin, en un relèvement sen-

---

(1) « Roma interim crescit Albæ ruinis : duplicatur civium numerus. » *Tit.-Liv.*, I, 30.

(2) La *Curia Hostilia*, sur l'emplacement de laquelle on a beaucoup discuté, était située du côté nord-est du Forum. Voy. Dyer, dans le *Dictionnaire d'Hist. et de Myth.* de Smith. t. III, *art. Roma*; et Ampère, l'*Hist. rom. à Rome*, t. I, ch. 14, note 2 de la page 477.

(3) Parmi ces familles était celle des Jules d'où sortit César. Tite-Live énumère celles des Tullius, des Servilius, des Quinctius, des Géganius, des Curiaces, des Clélius.

sible. La race sabine perd de l'omnipotence qu'elle avait sous Tatius et sous Numa : elle trouve maintenant à côté d'elle une population latine, égale en nombre, presque égale en aïeux ; et il s'établit entre les deux parties de ce même peuple une pondération qui contribuera peut-être à en faciliter le mélange. Car, s'il est vrai que l'union fait la force, il n'en est pas moins vrai, je pense, que c'est l'égalité des forces qui produit ordinairement l'union la plus solide.

Il est bien possible toutefois que, dans le premier moment, les patriciens sabins, jaloux de leur prépondérance, n'aient pas accepté sans regret cette diminution d'influence personnelle dans le gouvernement de la cité commune. On rapporte que Tullus Hostilius, après avoir obtenu quelques succès dans de nouvelles guerres [1], voyant son peuple en proie à toutes sortes de fléaux [2], se crut sous le coup de la colère des dieux, délaissa les pratiques guerrières pour s'occuper de la religion qu'il avait trop longtemps négligée, et qu'ayant voulu, sans les connaître, accomplir les cérémonies secrètes qu'exigeait le culte de Jupiter Elicius, il fut foudroyé par lui et réduit en cendres avec son palais [3]. Cette mort violente [4] ressemble trop à celle de Romulus pour ne pas inspirer les mêmes soupçons. Peut-être Tullus paya-t-il de sa vie, non pas son impiété, mais les résultats inattendus de la destruction d'Albe [5].

(1) Tite-Live (I, 30) parle d'une grande bataille livrée contre des peuples sabins, aidés de quelques bandes véiennes, près de la forêt *Malitiosa* et attribue la victoire de Tullus à l'augmentation de la cavalerie romaine par suite de l'adjonction des Albains.

(2) On avait vu tomber une pluie de pierres sur le mont Albain ; la peste avait éclaté dans la ville ; et le roi lui-même était atteint d'une maladie de langueur. Voy. *Tit.-Liv.*, I, 31.

(3) Voir la note de la page 47.

(4) Denys d'Halicarnasse rapporte même (III, 35) une version moins extraordinaire d'après laquelle Tullus aurait été tué de la main d'Ancus pendant un sacrifice, au milieu d'une tempête qui aurait fait fuir ceux qui l'accompagnaient.

(5) Il ne faut pas oublier non plus que les rois, qui étaient gênés dans

Ce qui nous porterait à le croire, c'est le choix même du roi qu'on lui donna pour successeur. Ancus était le petit-fils de Numa. Il jouissait de la réputation d'un homme courageux, mais vertueux et ami de la paix. L'aristocratie sabine crut trouver en lui, avec les vertus de son aïeul, un roi qui respecterait les traditions de sa race et toutes les institutions établies dans l'ancien ordre des choses.

VI

Et, en effet, le premier soin d'Ancus fut de protester contre les idées profanes d'Hostilius et de proclamer publiquement le retour du gouvernement aux usages de Numa. Il dit aux pontifes de graver sur des tables de bois toutes les instructions laissées par ce prince et il ordonna qu'elles restassent exposées sous les yeux du peuple[1].

Mais les événements qui se précipitèrent ne lui laissèrent pas le temps de témoigner autrement son zèle pour la religion. Il ne lui fut pas permis de fermer le temple de Janus. Les peuples latins, désireux de venger la ruine d'Albe et de mettre à profit la disparition du roi guerrier qu'avaient perdu les Romains, inquiets aussi sans doute de voir un Sabin à la tête de ce peuple de Rome qui prétendait hériter au milieu d'eux des droits de l'ancienne métropole du Latium, prirent aussitôt les armes et vinrent l'insulter sur son territoire. Ancus tint à ne leur faire la guerre qu'après leur avoir demandé réparation suivant les rites réguliers des féciaux[2] ; mais, dès qu'ils eurent répondu avec dédain à ses réclamations, il marcha hardiment

---

l'exercice de leur pouvoir par une aristocratie puissante, aimaient à chercher dans les classes inférieures un appui naturel contre le patriciat. Tullus, en transportant une population considérable sur le Querquetulanus, n'avait pas négligé ce moyen, et c'était aussi sans doute ce dont on le châtiait.

(1) « Omnia ea ex commentariis regis pontificem in album relata, proponere in publico jubet. » *Tit.-Liv.*, 1, 32.

(2) Tite-Live indique tout au long ces rites que les féciaux de son temps suivaient encore comme au temps d'Ancus.

contre eux et leur montra qu'il avait pour les combats une aptitude égale à celle de Tullus. Il leur enleva successivement les villes de Politorium, de Tellènes, de Ficane [1], leur fit essuyer une sanglante défaite sous les murs de Médullie, et, continuant le système de son prédécesseur, transféra sur les collines romaines les habitants des villes prises et saccagées. Cette fois ce fut l'Aventin qui leur fut assigné [2]. Puis, comme les Véiens et les Fidénates avaient voulu profiter des difficultés du moment pour franchir aussi leurs frontières, il tourna sur eux ses efforts, s'empara de Fidènes, poursuivit les Véiens sur les bords de l'Allia, passa sur la rive droite du Tibre, occupa le Janicule sur lequel il établit une forteresse, qu'il eut soin de relier à la ville par un pont de bois [3], et maître des deux bords du fleuve dans sa partie inférieure, il étendit le territoire de son royaume jusqu'à la mer, où il trouva des salines qu'il mit de suite en exploitation [4], puis assura pour toujours à son peuple, en fondant la ville d'Ostie [5], le commerce du port qui devait prendre dans la vie future de Rome une si grande importance [6].

(1) On ne sait pas bien exactement où se trouvaient les deux premières de ces trois villes : on suppose que Politorium était située à la Giostra, à droite de la voie Appienne où l'on voit des traces d'une ancienne ville latine, et que Tellènes pourrait être cherchée entre Lariccia et Porto-d'Anzo. L'emplacement de Ficane est mieux connu : elle était à onze milles de Rome, sur la via Ostiensis, près de Dragoncello.

(2) Tite-Live parle de l'Aventin et aussi de la vallée qui le séparait du Palatin. I, 33. — Cf. Denys d'Hal. III, 28 ; Cic., *De rep.*, II, 18.

(3) Le pont *Sublicius*, le premier qui ait existé à Rome. Une prescription religieuse ordonna de ne jamais le reconstruire qu'en bois. (Plin., *Hist. nat.*, XXXVI, 23, 2.) Il fallait, en effet, qu'on pût le détruire rapidement en cas d'attaque.

(4) On les exploite encore aujourd'hui.

(5) Ce nom féminin était à l'origine un nom neutre pluriel, *ostia*, *bouches* (du fleuve), τὰ ὄστια, dit Strabon. (V. 3, 5.) La ville fut bâtie à l'embouchure même du Tibre, « in ipso maris fluviique confinio. » (Florus, I, 4.)

(6) C'est par le port d'Ostie que Rome recevra plus tard de la Sicile et de l'Égypte les énormes provisions de blé nécessaires à sa subsistance. Les

Un bonheur si constant dans la guerre et de si belles conquêtes suffisaient à la gloire d'un règne. Ancus ne semble pas pourtant en avoir tiré toute la satisfaction qu'il pouvait en attendre. Placé entre l'aristocratie sabine qui ne lui avait conféré le pouvoir que pour trouver en lui son principal représentant et une population latine de plus en plus nombreuse, avec laquelle il fallait compter chaque jour davantage, il eut, parait-il, une situation des plus difficiles à ménager. D'un côté, il ne pouvait, sans abdiquer, se mettre entièrement à la discrétion du patriciat : il était obligé de chercher dans la faveur populaire un point d'appui et de résistance. Et d'autre part, cette grande foule d'habitants nouveaux qui couvraient maintenant le Querquetulanus et l'Aventin n'était plus d'un maniement aussi commode qu'avaient pu l'être les hommes du Palatin sous l'administration de Numa : il avait beau les occuper à de grands travaux [1], les entourer de prévenances et les flatter par des largesses [2], il sentait qu'il fallait en même temps leur inspirer le respect et les maintenir par la crainte. De là cette contradiction apparente des écrivains latins, qui nous dépeignent souvent le *bon* [3] Ancus comme trop enclin à la recherche de la popularité [4],

---

empereurs Claude et Trajan le modifieront et l'augmenteront considérablement. — Les ensablements continuels ont rejeté maintenant cet ancien port à 1,500 mètres environ dans l'intérieur des terres.

(1) Ancus entreprit un mur autour de l'Aventin et sur le côté oriental du Cœlius un grand retranchement dit *fossé des Sabins* (fossa Quiritium), que continua ou remplaça plus tard *l'agger* de Servius Tullius. « Quiritium quoque fossa, haud parvum munimentum a planioribus aditu locis, Anci regis opus est. » *Tit.-Liv.*, I, 33.

(2) On attribuait à Ancus un *congiarium ;* il passait pour avoir fait distribuer aux plébéiens six mille boisseaux de sel. (Plin., *Hist. nat.* XXXI, 41, 5.) La possession récente des salines d'Ostie peut expliquer cette libéralité.

(3) La tradition attachait l'épithète de *bon* au nom d'Ancus. Ennius l'appelle ainsi dans ses *Annales*, et Lucrèce aussi (III, 1023).

(4) On se rappelle le portrait d'Ancus tracé par Virgile (Æn., VII, 816-817) :

...... Quem juxta sequitur jactantior Ancus
Nunc quoque jam nimium gaudens popularibus auris.

et nous le montrent néanmoins en train de creuser, sous
les rochers du Capitole, en vue du marché public[1], pour
jeter la terreur dans les esprits, cette fameuse prison mamertine à laquelle on arrivait par l'escalier des *Gémonies*,
c'est-à-dire des Gémissements, et dont les sombres murailles virent pendant dix siècles les tortures de tous les
suppliciés.

Cette alternative continue d'intimidation et de ménagements, à laquelle ont recours la plupart des gouvernements dont la chute est proche, était le signe précurseur
de la fin de la prépondérance du patriciat sabin. Avec
Ancus la liste des rois sabins s'arrête subitement et après
lui paraît tout à coup à la tête du peuple de Rome un lucumon, qui commence une série de rois étrusques.

La noblesse sabine, en tant que noblesse d'une race particulière et maîtresse, n'aura plus de grand rôle spécial à
remplir. A peu près confondue dans l'ensemble d'un sénat
qui comptera bientôt un nombre égal de Toscans, de Latins et de Sabins, elle se contentera de soutenir avec les
autres la défense des droits de l'aristocratie contre les prétentions envahissantes des plébéiens. Elle avait fourni
d'ailleurs à la ville naissante son contingent de civilisation, qu'elle tenait en grande partie de ses relations antérieures avec l'Étrurie; les Étrusques à leur tour vont
apporter le leur, faire sentir leur action directement et
annoncer en même temps aux Romains la civilisation du
peuple grec.

La physionomie d'Ancus nous est donnée par les belles médailles d'argent qu'un magistrat issu de la famille Marcia fit frapper vraisemblablement sous le règne d'Auguste. Voyez *Iconographie romaine* de Visconti.
La tête penchée un peu en arrière et l'air satisfait et assuré du visage ré-
pondent assez bien au portrait de Virgile.

(1) «... Carcer ad terrorem increscentis audaciæ media Urbe, imminens
Foro ædificatur. » *Tit.-Liv.*, I, 33,

CHAPITRE II

RÔLE PRÉPONDÉRANT DES ÉTRUSQUES DANS LA SECONDE PÉRIODE DE L'ÉPOQUE DES ROIS ET DANS LES PREMIÈRES ANNÉES DE LA RÉPUBLIQUE.

I. Opinions extrêmes et excès contraires dans lesquels est tombée l'érudition au sujet de la suprématie politique des Étrusques à Rome. — II. Règne de Tarquin l'Ancien. Affaiblissement du patriciat sabin. — III. Règne de Servius Tullius. Ses réformes et sa constitution où perce l'influence hellénique. — IV. Règne de Tarquin le Superbe ; sa puissance et sa tyrannie. Ambassade à Delphes. Révolution. Expulsion de la famille tarquinienne. — V. Établissement du gouvernement consulaire. — VI. Commencements difficiles de la République. Domination momentanée de Porsenna. Entreprises réitérées de Tarquin. Sa défaite définitive qui met fin au rôle politique des Étrusques à Rome. Continuation de l'influence de leur civilisation.

1

La tradition qui expliquait l'avènement à Rome du premier des rois étrusques, disait qu'un Corinthien, du nom de Démarate, riche négociant de la famille des Bacchiades, chassé de son pays par la tyrannie de Cypsélus, était venu se réfugier dans la ville de Tarquinies avec laquelle il se trouvait depuis longtemps en relations commerciales ; qu'il s'y était marié ; et qu'un de ses fils avait été le père de Tarquin [1]. Celui-ci poussé par l'ambition et par les prédic-

(1) De Lucumon, dit Tite-Live (I, 34), qui confond ici un titre étrusque avec un nom propre. Il ajoute quelques lignes plus loin que Lucumon, en arrivant à Rome, y achète une maison et prend aussitôt le nom de Lucius Tarquinius Priscus. Le nom latin *Lucius* rappelait le titre de lucumon (Val. Max., de *Præn.*,) et le nom de Tarquinius la ville d'où venait le riche étranger. Mais le mot *Priscus*, s'il fallait y voir, comme Tite-Live, un nom pris par Tarquin à son arrivée à Rome, ne devrait plus être traduit en

tions de sa femme Tanaquil[1], s'était transporté à Rome avec toutes ses richesses et de nombreux clients, espérant occuper dans cette ville encore nouvelle un rang auquel il ne pouvait prétendre dans la puissante Tarquinies. Jeune, riche, intelligent et brave, il avait offert à Ancus le secours de sa fortune et les armes de sa clientèle, avait gagné facilement l'amitié du roi, était devenu son conseiller le plus intime dans la paix comme son principal lieutenant dans la guerre et avait fini par être choisi par lui pour le tuteur de ses enfants[2]. D'un caractère insinuant, d'un abord gra-

français par l'*Ancien*, par comparaison à Tarquin le Superbe ; car il est évident que Lucius Tarquinius ne pouvait savoir qu'il serait un jour plus ancien qu'un autre Tarquinius. On devrait voir alors dans ce mot *Priscus* un nom très usité, paraît-i', chez les anciennes familles sabines, qui aurait à peu près le sens *d'homme de vieille race*, et que Tarquin se serait octroyé pour affirmer sa noblesse dans la langue du pays et être mieux vu de l'aristocratie de Rome. — Cf. Cicer., *De Rep.*, II, 19.

(1) Tanaquil appartenait à une famille étrusque, d'origine illustre, « summo loco nata », et était versée dans la connaissance des prodiges célestes. « Tanaquil perita, ut vulgo Etrusci, caelestium prodigiorum mulier. » (Tit.-Liv., I, 34.) Il lui arrivait d'ailleurs certains événements prodigieux qui ne devaient pas mettre sa science à de trop rudes épreuves. On connaît la légende de l'aigle qui enlève la coiffure de Tarquin et la replace sur sa tête au moment où il paraît sur le Janicule en vue de la ville qu'il est appelé par ce signe à gouverner un jour. — Tanaquil passait pour avoir adopté, comme son mari, un nom sabin, et ce fut sous ce nom de Caia Cæcilia qu'elle fut honorée plus tard dans le temple de Sancus. Elle avait laissé d'elle la réputation d'une magicienne bienfaisante dont on conservait avec respect, dit Festus, la ceinture ornée de talismans, et aussi celle d'une matrone aux mœurs pures qu'on offrait comme exemple aux jeunes fil es qui se mariaient. « Varron assure comme témoin oculaire, dit Pline, qu'on voyait de son temps, dans le temple de Sancus, la laine qui s'était conservée à la quenouille et au fuseau de Tanaquil, autrement nommée Caia Cæcilia. Il ajoute que la toge royale ondée dont Servius Tullius a fait usage, et qui se trouve dans le temple de la Fortune, a été faite par cette princesse ; que de là est venue la coutume de porter, à la suite des jeunes filles qui se marient, une quenouille garnie et un fuseau chargé. » (*Hist. nat.*, VIII, 74.)

(2) «... Ut publicis pariter ac privatis consiliis bello domique interesset : et per omnia expertus, postremo tector etiam liberis regis testamento institueretur. » Tit.-Liv., I, 24. — Cf. Cicer., *De Rep.*, II, 20.

cieux, il s'était attaché par des bienfaits tous ceux qu'il pouvait obliger, de sorte qu'à la mort d'Ancus, il lui avait suffi de briguer le pouvoir pour écarter du trône les enfants dont il avait reçu la tutelle[1].

Cette tradition qui présente, comme on le voit, un caractère grec très accentué, devait par cela même paraître suspecte à plus d'un critique. On n'a pas manqué de vouloir la considérer comme une simple allégorie. Un exilé de Corinthe, a-t-on dit, qui devient lucumon chez les Étrusques et dont le fils à son tour devient roi chez les Romains, qu'est-ce autre chose que la personnification du génie de la Grèce pénétrant d'abord l'Étrurie, asservissant ensuite Rome, et dominant, par la communication des arts et des modèles grecs, les deux civilisations qui dans l'antiquité ont pu rivaliser avec la civilisation hellénique ? L'observation assurément est judicieuse. Mais parce que la tradition répond exactement au développement historique de la civilisation des trois peuples, s'en suit-il qu'elle ait été nécessairement inventée pour le représenter et qu'on ne doive lui attacher d'autre sens vrai que celui que comporte une fable bien imaginée ? J'hésiterais pour ma part à tirer une pareille conséquence, et si aucun des faits de la vie de Tarquin, telle qu'elle nous est racontée par les écrivains anciens, n'offrait pas plus d'invraisemblance que le fait même de son origine ou celui de son avènement, je me sentirais, je l'avoue, tout disposé à l'adopter d'un bout à l'autre avec confiance.

Mais certains écrivains de l'antiquité semblent avoir pris à tâche d'exciter la défiance de l'érudition des âges futurs en attribuant à Tarquin un rôle de beaucoup supérieur à celui qu'il a jamais pu jouer. Ce n'était pas assez pour lui, paraît-il, d'avoir embelli Rome et accru son territoire, d'avoir travaillé et réussi dans une certaine mesure à faire des trois populations distinctes de la ville, des Sa-

______

(1) Tite-Live rapporte ce trait naïf que, le jour des comices, Tarquin, pour avoir les coudées franches, envoya les fils d'Ancus à la chasse. (I, 35.)

bins, Latins et Étrusques, qui s'appelaient *Tities*, *Ramnes* et *Luceres*[1], un peuple presque homogène qu'allait renfermer une seule et même enceinte et qu'allait réunir dans un seul et même culte le magnifique temple du Capitole fondé sur l'ancien mont Tarpéien. Ne se sont-ils pas avisés de transformer ce roi en un conquérant fantastique qui, avec les seules ressources de son petit État, n'aurait pas craint d'entrer en guerre contre la confédération tout entière des Étrusques, serait sorti victorieux de cette lutte impossible, aurait fait de Rome la capitale de l'Étrurie et reçu de toutes les provinces toscanes, en témoignage de leur soumission générale, les insignes du souverain pouvoir : la couronne d'or, la chaise d'ivoire, le sceptre surmonté de l'aigle, la robe de pourpre brodée d'or et les douze faisceaux des licteurs[2] ! On ne peut vraiment s'empêcher de sourire à de pareils récits lorsqu'on songe à ce qu'était Rome à cette époque à côté de l'immense confédération qui se trouvait alors à l'apogée de sa puissance et de sa gloire.

Aussi s'est-il produit dans l'érudition moderne une sorte de révolte contre des affirmations si saugrenues. Et comme la science malheureusement, en sa qualité de science humaine, se ressent souvent de la nature même de l'homme qui ne sait échapper à un excès que pour tomber dans l'excès contraire, on s'est plu à émettre des opinions diamétralement opposées à celles des anciens, on s'est attaché à soutenir en sens inverse des thèses qui ne sont peut-être

(1) D'après Varron qui rapporte l'affirmation de Volnius, auteur de tragédies en langue toscane, ces trois noms étaient étrusques. (Varr., *De ling.*, *lat.*, V, 55.) Cette affirmation est vraie à la condition qu'on ne l'applique qu'à la forme grammaticale des mots. Car les *Tities* ou *Titienses* étaient les descendants sabins des compagnons de Tatius qui avait le prénom de Titius, et les *Ramnes* ou *Ramnenses* étaient les descendants latins des compagnons de Romulus. Le nom seul de *Luceres* a une étymologie étrusque ; la racine est la même que celle du mot *Lucumo*.

(1) Voy. Denys d'Halic., III, 61 ; Florus, I, 5, 5 ; Orose, II, 43. — Il faut reconnaître que Tite-Live n'est pas tombé dans ces exagérations : il ne dit pas un mot de cette grande guerre contre l'Étrurie.

pas moins exagérées que celles qu'on voulait combattre.
— Oui, a-t-on répliqué[1], Rome, comme vous le prétendez,
lutte contre l'Étrurie, mais puisqu'il est matériellement
impossible qu'elle soit victorieuse, c'est elle qui est vaincue.
Ce Tarquin que vous introduisez dans ses murs avec un
groupe de clients qu'il met humblement à la disposition
d'Ancus, n'y vient pas de cette façon modeste ; ce n'est
point par la ruse et la persuasion qu'il s'y empare du pouvoir. Il y règne par le droit du plus fort, par le droit de
conquête. Représentant guerrier de la puissance étrusque,
il veut faire de cette ville une sorte de boulevard de l'Étrurie du côté du sud, et ces vastes constructions, ces fortifications, cette enceinte nouvelle qu'il y élève, n'ont pas
d'autre but que celui-là. Ses successeurs sont, comme
lui, des podestats étrusques, établis et renouvelés par la
puissante Tarquinies qui préside alors la confédération.
Lorsque même Tarquin le Superbe est chassé, son expulsion ne dénote pas la cessation de la suprématie politique des Étrusques. Elle marque seulement une révolution qui correspond à un mouvement général des esprits
dans toute l'Italie. La Rome étrusque, comme beaucoup
d'autres cités des Toscans, des Latins, des Sabelliens et des
Grecs, renonce au système de la royauté pour adopter une
autre forme de gouvernement ; mais rien ne prouve qu'elle
ne reste pas longtemps encore sous la dépendance militaire
du peuple qui la tient en tutelle.

Entre ces deux extrêmes il y a place pour une opinion

---

(1) Voir la thèse de ce genre que pose avec netteté et défend avec énergie
Otf. Müller, *Dis Etrusker*, Einleitung, II, § 16, t. I, p. 118-123. On peut lire
aussi dans le *Journal des Savants*, années 1864 et 1865, trois dissertations
de Beulé qui, tout en rendant compte de l'ouvrage de Noël des Vergers sur
l'Étrurie et les Étrusques, reproche à cet auteur d'avoir exposé avec trop
de mesure et de réserve la question de la suprématie politique et militaire
de l'Étrurie sur la ville de Rome. Il en arrive à cette conclusion que le premier des Tarquins, Servius Tullius et Tarquin le Superbe ont été des
maîtres imposés et que Rome, à peine fondée, est devenue une ville
étrusque, non seulement par la religion et par les arts, mais aussi par la
conquête.

modérée qui a grande chance, je crois, d'arriver aussi près
que possible de la vérité.

II

Admettons donc, puisqu'elle n'a rien d'invraisemblable,
la tradition du Corinthien Démarate, et après avoir vu
dans Tarquin l'homme insinuant qui a commencé par
gagner les bonnes grâces d'Ancus et qui a réussi à lui
succéder, considérons le dans l'exercice du pouvoir, usant
de sa force et de son habileté pour accroître le territoire
de Rome, transformer cette ville, l'unifier, en modifier
les mœurs et la constitution. Si nous n'énumérons, dans
l'examen rapide de ce règne, que les points sur lesquels
on est généralement d'accord[1], nous en aurons l'idée la
plus nette qu'on puisse s'en faire.

Il est certain d'abord que le premier des rois étrusques
n'a pas manqué de gloire militaire. Car, sans parler d'une
guerre heureuse qu'au dire de Strabon et de Cicéron[2] il
fit à la formidable nation des Èques, il remporta des succès
sur un grand nombre de villes latines qu'énumère Tite-
Live[3], et gagna sur les peuples de la Sabine deux batailles
importantes qui entraînèrent l'annexion du pays de
Collatie[4]. Ce fut à cette occasion[5] qu'il rentra à Rome en

(1) Je remarque ici que ceux mêmes qui mettent en doute l'existence des
Tarquins et ne veulent considérer les rois étrusques de Rome que comme
des personnages purement symboliques, admettent, comme tout le monde,
la série des faits qui marquent l'influence prépondérante de l'Étrurie sur le
peuple romain. Je me demande alors, puisque ces faits et les conséquences
qu'ils ont eues pour la civilisation des Romains sont maintenus intégrale-
ment, quel intérêt il y aurait à remplacer par des x des noms connus de
tout temps et acceptés jusqu'ici par tous les historiens.

(2) Strab., V, 3, 4; Cicér., *De Rep.*, II, 20.

(3) Tit.-Liv., I, 38.

(4) Tit.-Liv., I, 36, 37 et 38.

(5) On dit que ce fut aussi à l'occasion de cette guerre que Tarquin intro-
duisit à Rome l'usage étrusque de la bulle d'or. Du moins Aurelius Victor
(*De vir. ill.*, 6,) et Macrobe (*Sat.*, I, 6,) racontent que, son fils âgé de treize
ans ayant tué un ennemi sur le champ de bataille, il le décora après le

triomphe et que les Romains virent pour la première fois
la pompe étrusque d'une cérémonie de ce genre[1]. Le butin
considérable, rapporté de ces guerres, permit aussi de
célébrer des fêtes avec un éclat inaccoutumé : la plaine
qui s'étendait entre l'Aventin et le Palatin fut dégagée[2] et
posséda dès lors un cirque dans lequel eurent lieu des
courses et des combats à la mode toscane au moyen de
chevaux de race et d'athlètes fournis par l'Étrurie. Ainsi
furent établis les *Grands Jeux* dont la solennité se renou-
vela chaque année[3].

Mais la gloire militaire de Tarquin ne contribua pas
seule aux importations étrusques de ce prince. Les travaux de la paix, dans lesquels il montra plus d'activité
encore qu'il n'en avait déployé dans la guerre, lui fourni-

combat de la prétexte et de la bulle, insignes qui devinrent ensuite ceux de
tous les fils de famille. Mais ce fait, dont ne parlent ni Tite-Live ni Denys
d'Halicarnasse, n'est peut-être pas vrai. Dans tous les cas la bulle d'or était
un des ornements les plus usités en Étrurie et il est certain qu'elle fut
importée à Rome de bonne heure par les Étrusques. — Voir ce qui en a été
dit dans le Livre I, c. II, 6.

(1) « Inde fasces, trabeæ, curules, annuli, phaleræ, paludamenta, præ-
texta : inde quod aureo curru, quatuor equis triumphatur ; togæ pictæ,
tunicæque palmatæ ; omnia denique decora et insignia quibus imperii di-
gnitas eminet. » Florus, I, 5.

(2) Une partie de cette plaine était restée jusque-là couverte de marécages.

(3) Denys d'Halicarnasse a voulu à tort attribuer une origine hellénique
à la marche triomphale des Romains ainsi qu'à toutes les cérémonies qui
contribuaient à la pompe de leurs fêtes. Il ne serait pas impossible, il est
vrai, que les Étrusques, qui étaient en contact avec la Grèce, lui eussent
fait de nombreux emprunts sous ce rapport ; mais il est hors de doute que
l'influence hellénique n'a pas agi directement sur l'institution première des
triomphes et des jeux publics à Rome. Appius dit formellement (*De Rebus
punicis*, VIII, 66), que la marche des triomphateurs romains étaient cal-
quée sur les pompes du cirque chez les Toscans, et en effet, quadriges,
chœurs de danses, thuriféraires, joueurs de flûte aux longues robes de
pourpre et à la tête ornée de bandelettes dorées, tout s'y montrait de même.
Si le cirque romain a pris directement modèle sur l'hippodrome grec (O.
Müller, *Mun. d'Arch.*, § 172, 1), ce fut plus tard, lorsqu'à partir du
sixième siècle de Rome, les athlètes grecs y eurent fait leur première apparition. (Tit.-Liv., XXXIX, 22).

rent les moyens de mettre à profit, à l'intérieur de Rome, tous les arts dont se servaient alors les ingénieurs et les architectes étrusques pour assainir et embellir leurs cités. Non seulement il travailla avec ardeur au projet, que devait achever son successeur, d'entourer la ville entière d'une vaste enceinte en pierres de taille[1] ; il eut encore l'initiative de ces grandes entreprises de desséchement et d'assainissement auxquels s'entendaient si bien les ouvriers toscans et qui devenaient si nécessaires dans les marais dont était encore noyée la partie basse des sept collines. Il commença tout un système d'égoûts[2], que Tarquin le Superbe développa plus tard et porta même au plus haut point de perfection. Il se rendit particulièrement agréable à la population commerçante de la ville en embellissant le marché public, qu'il entoura de portiques[3] d'après une disposition que les constructeurs étrusques avaient sans doute imitée de l'*agora* des villes grecques[4]. Enfin il prépara l'emplacement du temple qu'il voulait élever, à l'usage de tout son peuple, sur le mont Tarpéien, et par le soin qu'il mit aux fondations, on put deviner déjà l'importance du futur édifice[5].

C'était une grande pensée politique que celle de l'érection de ce temple qui devait être consacré aux grands dieux des trois races. Jupiter, à qui les peuples de la confédération latine étaient accoutumés de rendre un culte solennel sur le mont Albain, allait y tenir la place principale et y recevoir des Latins l'hommage qu'ils lui portaient autrefois dans son ancienne résidence : les anciens habitants des villes prises et saccagées, qui avaient été successivement

(1) « Muro lapideo urbem... cingere parat. » Tit-Liv., I, 38.

(2) « Infima urbis loca circa Forum aliasque interjectas collibus convalles, quia ex planis locis haud facile evehebant aquas, cloacis e fastigio in Tiberim ductis siccat. » Id.

(3) Circa Forum... porticus tabernæque factæ. » Id., 35.

(4) Vitruv., V, 1.

(5) « Aream ad ædem in Capitolio Jovis... occupat fundamentis. » Liv., I, 38. — Cf. Cic., *De Rep.*, II, 20.

transplantés à Rome, et principalement ceux d'Albe-la-Longue allaient avoir un motif puissant pour s'attacher davantage à leur nouvelle ville, qui devenait ainsi le siège du culte national du Latium; et les *Rammenses*, les descendants des compagnons de Romulus, ne devaient pas voir sans orgueil s'opérer chez eux cette concentration des traditions religieuses de la race latine. En même temps, ce Jupiter, qui était tout particulièrement le dieu national des Latins, n'en était pas moins un des grands dieux de la religion des Sabins et de celle des Étrusques, et en joignant à ce culte[1] celui de deux autres divinités, Minerve et Junon, pour lesquelles Sabins et Étrusques également avaient la plus profonde vénération, on allait permettre aux trois peuples de Rome de venir dans le même temple unir leurs prières en s'unissant eux-mêmes.

Faire disparaître insensiblement l'ancienne influence des Sabins, tout en ménageant leur susceptibilié, donner à la population latine une importance qu'elle n'avait pas auparavant, et s'appuyer sur cette dernière pour fortifier de plus en plus l'élément étrusque, tel était le but de Tarquin. Et sous tous les rapports, le grand temple fondé sur le mont Tarpéien répondait bien à son intention. Il rejetait en effet au second plan toutes les créations antérieures des rois sabins; mais la religion sabine était respectée et ne voyait supprimer de force aucune de ses divinités[2]. De

---

(1) Cette triade de divinités se retrouvait dans certains temples de la Grèce (Paus., X, 5, 2) : elle était toute pélasgique et répondait aux croyances des Sabins et des Latins. Quant aux Étrusques, dont nous avons examiné la religion, nous avons vu que Jupiter, Junon et Minerve figuraient au milieu de leurs dieux principaux, Jupiter sous le nom de *Tinia*, Junon sous celui de *Cupra*, et Minerve sous celui de *Menerfa* ou *Menfa*. Cette dernière, dont ils avaient fait la déesse de toutes les inventions, de la flûte par exemple, était évidemment la divinité de l'intelligence et de la pensée, comme l'indiquait son nom qui se rattachait à la racine *men*, en sanscrit *manas*, de laquelle dérivent aussi les mots *mens*, *memini*, etc. — Cf. Preller, *Myth. rom.*, art. Minerve.

(2) Lorsqu'il y avait résistance et commencement de litige religieux, on était trop habile pour ne pas y couper court par une transaction immé-

quoi donc les Sabins eussent-ils été en droit de se plaindre? Pouvaient-ils en vérité reprocher au roi étrusque d'attribuer dans son édifice la place principale au dieu national de la confédération latine? Ce dieu n'était il pas un des leurs? Et la place qu'on lui accordait ne s'expliquait-elle pas suffisamment par la raison d'État? N'était il pas de l'intérêt du royaume de donner ainsi à la ville le rang religieux auquel elle prétendait dans le Latium depuis la disparition de la cité d'Albe? D'un autre côté, on le comprend, la population latine de Rome ne songeait point à récriminer. Son amour-propre, singulièrement flatté, la portait à accepter avec enthousiasme une innovation qui semblait n'avoir été imaginée qu'en son honneur et pour son avantage. Mais l'honneur et l'avantage réel, en somme, étaient tout entiers pour les Étrusques. Eux qui, jusque-là, n'avaient été considérés au milieu des autres que comme un groupe insignifiant, devenaient en quelque sorte les maitres de la situation. Le plus grandiose et le plus solennel des monuments religieux de la ville était leur œuvre : inauguré par le roi de leur race, construit et orné par eux, il était dédié à trois puissantes divinités qui toutes faisaient partie de leur propre religion, et bien que cette triade divine fût reconnue par les Sabins et par les Latins comme par eux mêmes, il était évident pour tous que, si elle n'avait pas appartenu tout d'abord au culte toscan, elle n'aurait pas été appelée de la sorte à recevoir les vœux du peuple de Rome. Avec leur édifice[1] semblait s'élever la plus haute affirmation de leur prépondérance.

diate. C'est ainsi que, d'après la légende, les statues du dieu Terme et de la Jeunesse, ayant résisté aux efforts qu'on faisait pour les enlever, avaient été maintenues dans le temple ; les augures avaient même interprété ce présage en disant que la jeunesse de Rome serait éternelle et que ses frontières ne reculeraient jamais.

(1) Il est curieux qu'on ne puisse pas indiquer aujourd'hui l'emplacement précis qu'occupait le temple du Capitole, qui pourtant était encore debout au septième siècle après J.-C. On sait bien qu'il se trouvait sur une des cimes du mont Capitolin, mais on hésite entre la cime du sud-ouest, connue sous le nom de roche Tarpéienne, et celle du nord-est, sur laquelle était

Mais Tarquin, qui poursuivait sa politique sur tous les points à la fois, ne pouvait se contenter d'un commencement de révolution religieuse dont l'utilité pratique eût été complètement perdu, si elle n'avait été accompagnée de réformes civiles tendant au même but. Il avait essayé, dès le début de son règne, de créer trois nouvelles centuries de chevaliers qui auraient porté son nom [1] et se seraient recrutées parmi ses clients. Cette première tentative avait échoué devant la résistance de l'aristocratie sabine qu'avait inquiétée un envahissement si rapide de l'élément étrusque et qui avait trouvé à sa dévotion un augure du nom d'Attus Navius pour s'y opposer. Celui-ci n'avait eu qu'à prétexter des auspices contraires [2] et les centuries projetées n'avaient pu être formées. C'était même en vain que Tarquin avait voulu discréditer l'augure et mettre publiquement sa science en défaut : Navius était sorti avec succès de l'épreuve à laquelle il avait été soumis [3]. Le roi,

la citadelle et qui porte maintenant l'église d'Aracœli. Ampère qui a apporté la plus grande attention à l'étude topographique de tous les monuments romains, s'est décidé pour la cime nord-est et a indiqué dans une note détaillée de son ouvrage les motifs qui lui ont fait croire que le temple se trouvait où est l'église actuelle. (L'*Hist. rom. à Rome*, t. II, p. 58 et suiv.)

(1) « Tarquinius ad Ramnes, Titienses, Luceres, quas centurias Romulus scripserat, addere alias constituit, suoque insignes relinquere nomine. » Tit.-Liv., 1, 36.

(2) « Id quia inaugurato Romulus fecerat, negare Attius Navius, inclitus ea tempestate augur, neque mutari neque novum constitui, nisi aves addixissent, posse. » Id.

(3) Le roi, du haut de son tribunal, l'apostrophe ainsi : « Voyons donc, interprète des dieux, demande à tes augures si ce que je pense est possible. » Navius consulte les auspices et se prononce pour l'affirmative. « J'ai pensé, dit alors le roi, que tu couperais cette pierre en deux avec un rasoir ; prends-la et exécute ce que tes oiseaux ont déclaré possible. » L'augure sans se déconcerter, prend la pierre et la coupe. Telle est la légende de Navius dans sa simplicité primitive. Dès lors, ajoute Tite-Live, l'art et les fonctions des augures prirent tant d'importance qu'il ne se fit plus rien à Rome ou dans les camps sans qu'on les consultât. Navius devint un personnage célèbre auquel on décerna de grands honneurs : la pierre qu'il avait coupée fut conservée religieusement à l'endroit où s'était opéré le miracle, et dans

recourant alors à son habileté ordinaire, tourna la difficulté. Il eut l'air de renoncer à son projet; mais, peu de temps après, il doubla le nombre des chevaliers dans les trois anciennes centuries et atteignit à peu près par cette combinaison le résultat qu'il avait en vue. Il tint aussi à augmenter le nombre des vestales de quatre à six afin que la tribu des *Luceres* fût représentée dans ce collège au même titre que les deux autres. Enfin il vint à bout de l'opposition de l'aristocratie en apportant au patriciat lui-même une modification considérable : il forma cent nouvelles familles patriciennes dont les chefs entrèrent au Sénat, et cette promotion, qui porta le nombre des sénateurs à trois cents, lui assura dans cette assemblée transformée un parti des plus puissants pour y soutenir sa politique [1].

Quelque habile toutefois qu'eût été sa conduite et quelques précautions qu'il eût prises pour faire accepter sans révolte les changements apportés par lui à la constitution du royaume, il ne parvint pas, comme on le pense bien, à

---

ce même endroit, sur la place des comices, à gauche des degrés qui conduisaient au Sénat, on lui éleva une statue, qu'on voyait encore au temps d'Auguste, et qui le représentait la tête voilée, c'est-à-dire dans l'accomplissement de son ministère. On comprend que le collège des augures n'eut garde de laisser perdre un pareil souvenir, et bien des siècles plus tard, le miracle de Navius se trouvait encore rappelé sur les médailles romaines.

(1) Les historiens ne sont pas d'accord sur la manière précise dont s'opéra cette modification. Les uns, s'appuyant sur l'opinion de Cicéron (*De Rep.*, II, 20), pensent que Tarquin doubla le nombre des sénateurs et fit entrer dans le patriciat ceux des plébéiens que leur fortune et leur réputation avaient mis le plus en vue. Les autres disent que la tribu des *Luceres* n'avait pas été représentée jusque-là dans la noble assemblée et que la réforme du roi étrusque fut faite en faveur de cette tribu. Dans les deux cas d'ailleurs, il est certain que la promotion des nouveaux sénateurs ne fut imaginée que pour diminuer dans une certaine mesure la puissance des anciens, qu'elle fut par conséquent dirigée contre la vieille aristocratie sabine et qu'elle fut utile au prince qui la fit. « Soucieux d'affermir son autorité personnelle, dit Tite-Live, il nomma cent nouveaux sénateurs, ceux qu'on appela plus tard *patres minorum gentium* : c'était un appui certain pour le prince dont la faveur leur avait ouvert le Sénat : *factio haud dubia regis, cujus beneficio in curiam venerant.* » (Tit-Liv., I, 35).

rendre ses réformes agréables à ceux contre lesquels il les avait dirigées. En se faisant bien venir des plébéiens en général et en s'attachant tout particulièrement les deux tribus des *Ramnes* et des *Luceres*, il avait mis à la vérité la noblesse sabine, l'aristocratie des *Titienses*, autrefois si puissante, dans l'impossibilité de résister ouvertement à son autorité ; mais ces grandes familles, qui se voyaient enlever chaque jour quelque part de leur ancienne influence, supportaient avec impatience le pouvoir d'un roi qui leur était étranger, et le mécontentement qu'elles ne pouvaient manifester par des actes, n'en existait pas moins au fond de leurs cœurs. Elles n'attendaient qu'une occasion propice pour mettre fin à un règne si funeste à leurs intérêts. Les fils de l'ancien roi surtout, qui n'avaient point oublié la façon dont un tuteur infidèle les avait écartés du trône à la mort de leur père, et qu'on pouvait considérer comme les représentants légitimes de la race sabine déshéritée, étaient tout disposés à hâter par un crime le moment où il leur serait enfin permis de faire valoir leurs droits à la succession dont ils prétendaient avoir été frustrés[1]. S'ils avaient différé pendant longtemps leur vengeance, c'est que Tarquin, qui n'avait que des petits-fils en bas âge et une fille non mariée, pouvait d'un moment à l'autre par une mort naturelle laisser la carrière libre à leur ambition. Mais, lorsque le chef étrusque Cœles Vibenna, à la suite d'entreprises aventureuses sur différents points de l'Italie, fut venu, avec son fidèle compagnon Mastarna, s'établir à Rome sur l'ancien mont des Chênes, qui prit de lui le

----

(1) « Anci filii duo... semper pro indignissimo habuerant, se patrio regno tutoris fraude pulsos regnare Romæ advenam, non modo civicæ, sed ne italicæ quidem stirpis... » Tit.-Liv., I, 40. — La royauté à Rome n'était pas héréditaire, mais on a vu que, malgré cela, lorsque la noblesse sabine disposait du pouvoir suprême, elle le conférait de préférence à quelque membre de la famille royale de Tatius. Numa, par exemple, était le gendre de Tatius, et Ancus Marcius était le petit-fils de Numa. Les fils d'Ancus avaient donc tout à espérer d'un meurtre qui, dans leur pensée, pouvait détruire la royauté étrusque dans son premier représentant et fournir aux Sabins quelque facilité de donner à Tarquin un successeur de leur choix.

nom de Cœlius et que Mastarna, sous l'appellation romaine de Servius Tullius [1], après avoir gagné les bonnes grâces de Tarquin, eut réussi à devenir son principal lieutenant et son gendre, il ne resta plus d'espoir de succès pour les mécontents que dans une exécution rapide de leur dessein homicide. Un jour donc ils apostent dans le vestibule du palais deux bergers déterminés, armés de leurs cognées. Ceux-ci feignent de se disputer, attirent par leurs cris les serviteurs du roi et demandent à être jugés par lui. Tarquin paraît, consent à les entendre, et pendant que l'un des deux attire son attention par l'explication de leur querelle, l'autre le frappe violemment de son arme.

III

La présence d'esprit de Tanaquil arrêta tous les effets de ce crime et mit à néant les espérances qu'en avaient conçues les fils d'Ancus. Pendant que les deux assassins cherchent à se dérober et sont arrêtés au milieu de la foule, elle fait transporter le corps de Tarquin dans l'intérieur du palais, dont elle ferme les portes, et interdit l'accès à

(1) L'origine de Servius Tullius avait donné lieu à diverses traditions. Un récit fabuleux lui donnait pour père le Lare du foyer royal ou Vulcain lui-même (*Den. d'Hal.*, 1, v. 2; Ov., *Fast.*, VI, 629); le dieu était apparu dans la flamme du foyer à une servante de la reine Tanaquil et aussitôt elle avait conçu; après cette naissance miraculeuse, l'enfant avait grandi dans le palais du roi au milieu des signes manifestes de la protection divine; on avait vu un jour une flamme briller tout autour de sa tête pendant qu'il dormait, et Tanaquil, avec sa science de prophétesse, n'avait pas manqué de prédire l'avenir brillant qui lui était réservé. Une tradition moins fabuleuse faisait de Servius le fils d'un roi de Corniculum tué dans une guerre contre les Romains : la veuve de ce prince, encore enceinte, avait été recueillie par Tanaquil, et l'enfant élevé, dès sa naissance, dans le palais n'y avait trouvé que tendresses et distinctions. La situation de sa mère, après la ruine de sa patrie, expliquait suffisamment, dit Tite-Live (1, 40), comment il passait pour un fils d'esclave. Mais j'ai eu occasion de montrer (Livre I, ch. II, 5), com-

tout le monde. Elle annonce que le roi, dangereusement blessé, ne peut provisoirement remplir ses fonctions, mais qu'il ordonne qu'en attendant sa guérison on obéisse à son gendre Servius. Celui-ci prend donc le pouvoir en mains, l'exerce pendant plusieurs jours à titre de suppléant, met ce temps à profit pour montrer aux plébéiens surexcités l'horreur du complot dont se sont rendus coupables les fils du dernier roi sabin, force ces derniers à s'exiler[1], inspire une crainte salutaire à ceux des patriciens qui se sentent compromis, s'entoure des sénateurs que Tarquin s'était personnellement attachés, et se trouve être le roi effectif lorsque Tanaquil annonce enfin officiellement la mort de son mari.

Une fois roi, Servius n'hésita pas à reprendre la politique de son prédécesseur, et comme les circonstances qui l'avaient rendu plus fort, ne le mettaient plus dans l'obligation d'observer les mêmes ménagements à l'égard des mécontents, il procéda à ses réformes avec beaucoup plus de netteté.

Je ne dirai qu'un mot du culte particulier qu'il voua à la Fortune en lui élevant deux temples, l'un au *Forum boarium*[2], l'autre[3] à quelques milles de Rome sur les bords du Tibre. La Fortune, que les Romains adorèrent de tant

---

ment l'histoire et l'archéologie se trouvent d'accord pour ne voir qu'un seul et même personnage dans le chef étrusque Mastarna, compagnon de Cæles Vibenna, et dans le roi de Rome Servius Tullius. Il est donc probable que les traditions mensongères qui faisaient de Servius un fils d'esclave avaient une origine sabine et provenaient de la haine vouée par les vieilles familles patriciennes à ce roi étrusque qui s'était fait l'ardent protecteur des classes inférieures de la population romaine.

(1) « Anci liberi, jam tum comprehensis sceleris ministris, ut vivere regem, et tantas esse opes Servii nunciatum est, Suessam Pometiam exsulatum ierant. » Tit.-Liv, 1, 41.

(2) Den. d'Hal., IV, 27. — Ce premier temple était dédié à la Fortune vierge, *Virgo Fortuna.*

(3) La déesse était honorée sous le nom singulier de *Fors Fortuna.* Varr., *De Ling. lat.*, VI. 17.

de façons [1], était, sous le nom de Nortia [2], une des divinités principales de la théogonie des Étrusques, et il était naturel que l'heureux aventurier, qu'elle avait comblé de ses faveurs [3], lui témoignât sa reconnaissance par un pieux hommage, qui d'ailleurs pouvait servir en même temps à constater publiquement son triomphe personnel. J'aime mieux parler d'une autre fondation religieuse qui eut plus d'importance que celle-là. Il obtint des trente villes latines avec lesquelles il avait contracté alliance et passé un traité resté célèbre [4], qu'elles élevassent à frais communs de concert avec Rome, sur le mont Aventin, un temple en l'honneur de Diane pour y envoyer à certains jours leurs députés et y accomplir ensemble les sacrifices qui devaient resserrer les liens de leur union fédérale. Par cette création commune toutes ces villes reconnaissaient implicitement la supériorité de Rome, et celle-ci devenait la ville latine par excellence [5]. La partie latine de la population romaine, que Tarquin, dans son propre intérêt, avait puis-

(1) Il y avait une foule de Fortunes que les Romains invoquaient dans toutes les circonstances et tous les actes de leur vie. Outre la Bonne et la Mauvaise Fortune, la Douteuse, la Complaisante, la Protectrice, celle du moment présent, celle qui dure, celle qui revient, il y avait la Fortune Virile, la Fortune *Muliebris*, la Fortune *Virginalis*, à laquelle les jeunes femmes offraient la ceinture qu'elles déposaient en se mariant, la Fortune *Barbata*, à laquelle les jeunes hommes offraient leur première barbe ; il y avait aussi la Fortune des semailles, celle des moissons, celle des greniers, etc., etc. Rome posséda jusqu'à vingt-six temples dédiés à cette divinité. Plutarque attribuait la première introduction de ce culte chez les Romains à Ancus Marcius (Plut., *Fort. Rom.*, 5, 10), et Varron l'attribuait à Tatius. (*De Ling. lat.* V, 74.)

(2) Voy. Liv. 1, ch. II, 2.

(3) Une tradition racontait que la Fortune s'était si bien donnée à lui qu'elle avait pris l'habitude de venir le visiter la nuit en passant par la fenêtre. Ov., *Fast.*, VI, 571 ; Plut., *Quæst. rom.*, 36.

(4) Ce traité est resté célèbre parce que le texte en avait été conservé religieusement dans le temple bâti sur l'Aventin par les villes latines. Denys d'Halicarnasse (IV, 26) prétend l'y avoir vu. C'était par conséquent un des monuments les plus anciens de la langue écrite des Latins et dont il sera parlé dans l'*Histoire de la Littérature romaine*. (Livre I, ch. V, 2).

(5) « Perpulit tandem ut Romæ fanum Dianæ populi latini cum populo

samment protégée, se trouvait de la sorte encore plus
relevée par Servius. Et si l'on en croit une légende rapportée par plusieurs auteurs[1], les Sabins ne manquèrent
pas de s'en montrer jaloux.

La légende du moins nous montre un Sabin s'effor-
çant de détourner au profit des siens la protection de la
divinité à laquelle venait d'être voué le temple latin.
Les devins ayant prophétisé que la suprématie appar-
tiendrait au peuple qui sacrifierait dans le temple de Diane
une génisse d'une grosseur prodigieuse que possédait un
campagnard de la Sabine, celui-ci résolut d'accomplir lui-
même le sacrifice dont l'importance était, croyait-il, ignorée
du prêtre latin qui officiait sur l'Aventin. Mais le prêtre,
qu'on avait mis au courant de la prédiction, usa de ruse.
— « Que vas-tu faire? lui dit-il. Commettre un sacrilège en
sacrifiant à Diane sans t'être purifié! Va d'abord faire les
ablutions dans l'eau courante du Tibre au pied de la colline. » Frappé de scrupule et craignant que l'omission des
formalités rituelles n'empêchât l'accomplissement de la
prophétie, le Sabin descendit vers le fleuve. Pendant ce
temps, le prêtre immola à Diane la génisse merveilleuse et
assura par sa pieuse supercherie la puissance future de la
race latine. Le roi et le peuple, ajoute naïvement Tite-Live,
lui en surent beaucoup de gré, et les cornes magnifiques
de la victime, suspendues dans le vestibule du temple, y
attestèrent durant plusieurs siècles la véracité du fait.

Je me plais à répéter ici ce petit récit légendaire parce
qu'il est une preuve évidente de l'antagonisme qui existait
encore au temps de Servius entre les Sabins et les Latins
de la ville de Rome.

C'était précisément cet antagonisme des diverses races
de la population romaine que le nouveau roi par ses
réformes désirait détruire d'une façon définitive. Les

romano facerent. Ea erat confessio, caput rerum Romam esse, de quo toties
armis certatum fuerat. » Tit.-Liv., I, 45.

(1) Tit.-Liv., I, 45 ; Plut., *Quæst. rom.*, 4; Val. Max. VII, 3, 1.

Étrusques, moins nombreux que les autres, mais à qui l'industrie et le commerce assuraient généralement un état de fortune satisfaisant, ne pouvaient rien perdre à une fusion complète des trois tribus, et le roi lui-même, qui devait passer à beaucoup d'yeux pour un roi étranger, avait un intérêt personnel à faire disparaître cette distinction des origines qui marquait son caractère exotique.

Il ne se contenta donc pas d'achever le grand travail de fortification qu'avaient entrepris Ancus Marcius et Tarquin [1]. L'exécution complète de cette vaste muraille d'enceinte, qu'il prit la précaution de soutenir, sur une étendue considérable, par une puissante levée de terre précédée d'un fossé large de cent pieds et profond de trente, eût suffi à la gloire de son règne. Mais ce n'était là qu'une œuvre de défense, et si cette œuvre, par son plan d'ensemble, constituait définitivement l'unité topographique de la ville, l'unification ainsi créée n'était que matérielle. L'enceinte unique, dont se trouvaient désormais entourées les trois tribus, n'aurait pas en somme empêché chacune d'elles de rester confinée dans l'emplacement qu'elle s'était affecté primitivement et d'y vivre aussi indépendamment que possible des deux autres.

Puisque la division en trois tribus, qui reposait tout entière sur la distinction des trois races, était le plus grand obstacle à la fusion générale que Servius voulait opérer, ce

_____

(2) C'est à tort que Pline (III, 9, 15) attribue l'agger et le fossé à Tarquin le Superbe qui ne fit que les agrandir (Den. d'Hal., IV, 54). Aujourd'hui encore cet agger de Servius, dont Cicéron parlait avec le plus grand éloge (*De Rep.*, I, 6), subsiste en partie et les découvertes modernes, confirmant ce que rapportent les auteurs anciens, en ont fait reconnaître des restes très importants depuis la porte Esquiline jusqu'à la porte Colline, c'est-à-dire depuis l'arc de Gallien jusqu'aux jardins de Salluste. Voir pour les détails sur ces intéressantes découvertes : Becker, *de Romæ vet. muris*, p. 63 ; Nibby, *Prom. ant.* I, p. 96 ; *Annal. et Mon. d. Inst. arch.*, 1855, p. 87, tav. 21, 25 ; 1857, p. 62 ; 1862, p. 126 ; 1871, p. 40, tav. 27 ; Ampère, *Hist. rom. à Rome*, II. p. 112 ; Daremberg et Saglio, *Dict. des ant. gr. et rom.* art. *agger*.

fut sur ce point que portèrent ses efforts. Il fit de la population romaine une distribution nouvelle.

Sous prétexte, d'abord, qu'il avait annexé à la Ville le Viminal, l'Esquilin et le Quirinal[1], il décida qu'il y avait lieu de la partager dorénavant en quatre régions et par conséquent en quatre tribus qui, du nom même des régions, s'appelèrent Colline, Esquiline, Palatine et Suburrane. Ainsi disparut tout à coup l'ancienne appellation des *Ramnes*, des *Titienses* et des *Luceres* qui, en se perpétuant, aurait perpétué la distinction des races. Et à côté des quatre tribus urbaines, il en créa vingt-six qui comprirent toute la population de la campagne. Ces agglomérations d'habitants eurent chacune leurs districts, leurs centres de réunion, leurs fêtes avec des autels, des lares tutélaires et des sacrifices particuliers[2], leurs juges spéciaux pour les affaires civiles, leurs administrateurs (*curatores*) pour la répartition de l'impôt et le règlement des services. Plus tard même elles donnèrent lieu aux comices par tribus qui, vu leur composition essentiellement

----

(1) « Addit duos colles, Quirinalem Viminalemque. Inde deinceps auget Esquilias... » Tit.-Liv., I, 44.

(2) Les tribus urbaines et rustiques étaient divisées en un certain nombre de *vici* et de *pagi*. Les *compita*, qui leur servaient de centres, étaient des lieux de rassemblements populaires, placés sous la protection des *Lares compitales*, dont les fêtes, célébrées vers l'époque des saturnales, s'appelaient *compitalia*. Ces fêtes, d'où n'étaient point exclus les esclaves et pour lesquels chaque maison du quartier devait payer la contribution d'un gâteau, étaient très gaies et se trouvaient toujours accompagnées de jeux et de réjouissances. Plus tard, les ambitieux usèrent de ces réjouissances populaires pour se faire aimer du menu peuple et formèrent même des collèges spéciaux, qu'on appela *compitalicia*, qui, sous prétexte d'organiser les jeux, donnèrent à ces rassemblements de carrefours une direction politique, les transformant en espèces de clubs et en sujets d'épouvante pour le Sénat et le parti des nobles. Aussi Auguste ne manqua-t-il pas d'organiser sévèrement la police des *compita* et prit-il soin de réformer à son profit le culte des *Lares compitales* : aux dieux Lares adorés dans chaque carrefour il ajouta son propre esprit personnifié, le génie d'Auguste dont on fit un dieu après sa mort, de sorte qu'alors les habitants non seulement de Rome, mais de l'Italie entière, à côté des anciennes divinités qui

plébéienne[1], restèrent toujours les comices les plus chers à la plèbe et contribuèrent à rendre à jamais populaire le nom de Servius. Cependant Servius n'avait nullement songé à de telles conséquences; il n'était pas entré dans sa pensée que les tribus pourraient un jour se réunir en comices généraux pour réclamer et obtenir des droits politiques. Mais il y avait déjà, il faut le reconnaître, une grande révolution faite par lui au profit des plébéiens dans

protégeaient leurs quartiers, se mirent à invoquer le prince divinisé et à en faire un de leurs génies tutélaires. Voir Mazois, *Ruines de Pomp.* III, p. 7; Daremberg et Saglio, *Dict. des ant. gr. et rom.* art. *compitum.* — Cf. Nardi. *Dei compiti, feste e ginochi compitali degli antichi, e del antico compito savignanese in Romagna, Pesaro, 1827;* Hertzberg, *De diis Roman. patriis,* c. 11 et 17; Preller, *Myth. rom.,* trad. Dietz, p. 339 et 340.

(1) Lorsqu'en effet, après l'expulsion des rois, les plébéiens entrèrent en lutte avec les patriciens pour conquérir l'égalité politique, ce fut dans leurs assemblées locales qu'ils trouvèrent un principe d'organisation régulière. Dans ces premiers *concilia plebis,* tenus sous la présidence des chefs ou *curatores* des tribus, les patriciens ne furent certainement pas admis. Il en fut de même encore dans les *concilia plebis* où, à la suite des *lois sacrées* qui avaient institué les tribuns du peuple, ceux-ci poursuivirent les réclamations de la plèbe jusqu'à ce qu'ils eussent obtenu des lois qui reconnaissaient l'existence légale des assemblées par tribus et qui donnaient à ces assemblées une compétence déterminée. (Lois Publilia Valeronis et Valeria Horatia, 283 et 305 de Rome, 471-449 avant J.-C.). Les *comitia tributa* purent alors, sur la convocation et la proposition des tribuns nommés par eux, délibérer sur des objets d'intérêt commun, prendre des résolutions, *plebis scita,* et faire des motions tendant à demander au Sénat de présenter aux curies des sénatus-consultes devant être transformés en lois, *leges* ou *populi scita.* On n'est pas bien d'accord sur les droits qu'eurent à cette époque les patriciens de prendre part à ces sortes d'assemblées. Mais il est certain qu'ils y furent admis après que la loi Hortensia (467 de Rome, 287 av. J.-C.) eut donné aux *plebis scita* la même force qu'aux *leges.* — Voy. sur les *concilia plebis* et les *comitia tributa :* Rein. art. *Comitia,* in Paulys *Realencyclopadie,* Stuttgardt, 1842, t. II, p. 529 et suiv.; Mommsen, *Römische Tribus;* Berns, *De comit. tribut. et concil. plebis discrimine,* Wetzlar, 1875; Laboulaye, *Essai sur les lois criminelles des Romains;* Ortolan, *Hist. de la législ. rom.,* en tête de son *Explication historique des Instituts de Justinien,* 11e édit., I, p. 94, 143 et 161; Demangeat, *Cours élém. de droit romain,* 3e édit., t. I, p. 55 et suiv.

12

cette organisation purement municipale qui, dans chaque région, dans chaque district, confondait pour la première fois tous les habitants sans plus tenir aucun compte ni de la race, ni du rang, ni de la fortune de chacun d'eux.

Ce fut même parce qu'il entendait que les tribus n'auraient jamais ni assemblées plénières ni pouvoir législatif, qu'après avoir procédé à cette première distribution du peuple romain par régions, il voulut en faire une seconde, celle-ci plus importante assurément, politique et militaire tout à la fois, uniquement basée sur la richesse. A cet effet, il fit prescrire par une loi un démembrement général des personnes et des fortunes et exécuta un premier recensement (*census*), qui dut être renouvelé tous les cinq ans (*lustrum*) [1]. Chaque citoyen fut contraint de venir déclarer, par serment et sous peine des châtiments les plus sévères [2], sa demeure, son âge, son nom, celui de ses enfants et de sa femme, le nombre, le sexe et l'âge de ses esclaves ainsi que ses biens et leur estimation [3]. Cette déclaration faite et la fortune de chacun une fois connue, il établit, d'après ce cens, cinq classes bien distinctes. La première, suivant

---

(1) Suivant Valère-Maxime (IV, 10), Servius aurait accompli cinq fois la cérémonie religieuse du *lustrum* et par conséquent le *census*.

(2) Tite-Live (I, 44) parle de la prison et de la peine de mort : « Metu legis de incensis cum vinculorum minis mortisque. » — Cf. Zonaras, VII, 19 ; Cic., *Pro Cæcin.*, 34.

(3) Les érudits ne sont pas d'accord au sujet de la déclaration (*formula censendi*) qui concernait les biens et leur estimation. Les uns pensent que les seules choses *mancipi* devaient être portées au cens, savoir : les immeubles, les servitudes rurales s'y rattachant, les esclaves et les animaux *quæ collo dorsove domantur*, c'est-à-dire les chevaux, les ânes, les bœufs et les mulets. Les autres croient au contraire que les choses *nec mancipi* telles que les métaux, les armes, les bijoux, les meubles meublants, les denrées de toute nature, les vêtements, les moutons, les chèvres, etc., étant susceptibles de propriété romaine (*dominium ex jure Quiritium*), devaient être comprises dans la *formula censendi* et déclarées avec estimation. Il me semble toutefois que la déclaration primitive dut être aussi simple que possible, et je suis tenté de croire avec Lange, Mommsen et Marquardt, que si, plus tard, on comprit dans le cens l'argent, les créances, et autres *res nec mancipi*, il n'en fut pas de même à l'origine

Denys d'Halicarnasse et suivant Tite-Live[1], comprit ceux dont le bien fut estimé 100,000 as ; la seconde eut pour tarif 75,000 as au moins ; la troisième, 50,000 ; la quatrième 25,000 et la cinquième 12,500[2]. Mais il faut remarquer que Tite-Live et Denys ont supputé les tarifs primitifs d'après la valeur de l'as monnayé après le vi[e] siècle de Rome, tandis que l'as à l'origine, l'*æs grave* indiquait le poids effectif d'une livre d'airain. Les chiffres du cens de Servius ont été de la sorte quintuplés[3], et pour les exprimer exactement d'après la valeur première de l'*æs grave*, il y aurait à les réduire des quatre cinquièmes, soit à 20,000 livres pour la première classe, à 15,000 pour la seconde, 10,000 pour la troisième, 5,000 pour la quatrième et 2,500 pour la cinquième. Ainsi réduits d'ailleurs, ils sont encore suffisamment élevés pour une époque où nous savons qu'un bœuf valait cent livres et un mouton dix livres seulement.

En établissant le cens des classes, Servius procéda à leur

et qu'alors les seules *res mancipi* y figurèrent. — Voy. Lange, *Röm., Alterth.*, I, p. 426 ; Mommsen, *Röm., Staatsrecht*, I, p. 261, et suiv. Marquardt, *Röm. Staatsverwaltung*, II, p. 160 et suiv.

(1) Den. d'Hal., VI, 16 ; Tit-Liv., I, 43.

(2) Il y a entre Denys et Tite-Live une légère divergence au sujet du tarif de la cinquième classe. Denys dit 12,500 et Tite-Live 11,000. Peut-être même faut-il admettre 10,000 d'après une conjecture ingénieuse de Böckh (*Metrologische Untersuchungen*, XXIX). Denys parle aussi de six classes au lieu de cinq ; mais cela tient à ce qu'il considère comme une sixième classe l'ensemble des citoyens qui, faute d'un patrimoine suffisant, étaient en dehors des *locupletes* et ne pouvaient être appelés à faire partie des cinq classes véritables. Ces différences qu'on relève dans les explications données par les historiens anciens sur la constitution de Servius ont, comme on le voit, peu d'importance et ne méritent guère les longues dissertations auxquelles elles ont quelquefois donné lieu.

(3) C'est du moins la proportion que font ressortir les calculs qui ont été établis à ce sujet par Böckh (*Op. cit.*, éd. 1838, p. 427), et admis par Humbert dans son savant article sur le cens romain (*Dict. des ant. gr. et rom.* de MM. Daremberg et Saglio, p. 1,003).

(4) Mommsen n'admet pas que, dans un état agricole comme l'état romain et dans un pays où la monnaie avait un cours si lent et si difficile, l'organisation civile ait été basée sur un système purement monétaire. Il en

subdivision. Chacune d'elles fut partagée en deux catégories, celle des plus jeunes, *juniores*, qui servaient dans l'armée active depuis l'âge de dix-sept ans jusqu'à quarante-six, et celle des plus âgés, *seniores*, qui, jusqu'à l'âge de soixante ans[1], formaient une sorte d'armée de réserve et restaient plus spécialement chargés de la défense des remparts. La première classe comprit, outre dix-huit centuries de chevaliers[2], quatre-vingt centuries[3] de citoyens servant dans l'infanterie, dont quarante de *juniores* et quarante de *seniores;* la seconde, la troisième, la quatrième,

conclut que le cens a été déterminé originairement par la quantité de terre que possédait chaque citoyen, puis qu'il a été converti en argent à une époque où la propriété foncière avait acquis une haute valeur pécuniaire. (Voir la note qu'il a ajoutée à sa 3ᵉ édition dans la traduction anglaise de son *Hist. rom.*, t. I, ch. 6, p. 95-96.) La base du cens aurait été, dans cette hypothèse, le *jugerum* (25 ares, 29 centiares), c'est-à-dire la mesure de terre qu'une paire de bœufs mis sous le joug pouvait labourer en un jour, et comme cette mesure fut estimée plus tard 5,000 as, il faudrait supposer que les cinq classes auraient eu pour tarifs vingt, quinze, dix, cinq, et deux et demi ou deux *jugera*.

(1) A soixante ans, en devenant incapable de service dans l'armée, on perdait le droit de voter dans l'assemblée ; de là l'expression *Sexagenarius de ponte*, à cause des ponts sur lesquels on passait pour aller voter.

(2) Les six centuries équestres de Tarquin, qui conservèrent jusqu'à la fin de la République la dénomination spéciale de *sex centuriæ* ou *sex suffragia* (*Fest., s. v.*), et douze nouvelles formées par Servius des plébéiens les plus riches et les plus considérés. Plus tard on établit un cens plus élevé pour les chevaliers (Lange, I, p. 419-431), mais ce *census equester* n'empêchait pas les *equites* de faire partie de la première classe.

(3) Il n'est pas besoin de dire que le mot centurie perdit alors sa signification primitive. Le chiffre des membres de chaque centurie, dépendant de l'état mobile de la population et de la richesse, devint nécessairement variable et très inégal. (Voy. à ce sujet la discussion de Walter, *Röm. Rechts Geschichte*.) Il est probable aussi que, dans les recrutements, on n'exigeait de chaque centurie qu'un contingent proportionnel à la quotité de *juniores* qu'elle pouvait contenir; car si, comme l'avance Denys d'Halicarnasse (IV, 19), chaque centurie avait été astreinte à fournir le même nombre d'hommes, il en serait résulté que la première classe qui, dans un but tout politique, se composait de quatre-vingts centuries, eût été complètement épuisée en très peu de temps.

comptèrent chacune vingt centuries, et la cinquième trente, partagées comme les autres en autant de *seniores* que de *juniores*.

L'équipement militaire, qui variait suivant les classes, imposait aux citoyens une dépense proportionnée à leurs richesses[1]. Quant à ceux qui par leur état de fortune se trouvaient placés au-dessous de la cinquième classe, selon qu'ils possédaient 1500 as (300 en langage primitif), ou 375 (75 en langage primitif), ou moins de 375, ils furent rangés ou parmi les *accensi velati*, qui servirent de soldats supplémentaires accompagnant les légions pour prendre la place et les armes des légionnaires tombant sur le champ de bataille, ou parmi les *proletarii*, qui purent en cas de nécessité être appelés à la guerre sans fournir eux-mêmes leur armement[2], ou parmi les *capite censi* qui, comme l'indique cette dénomination[3], ne comptèrent au cens que pour leur tête et furent exempts de tout service[4]. Enfin, indépendamment du cens, à côté des classes, et bien que les artisans en général ne fissent point partie de l'armée[5], il y eut deux centuries d'ouvriers en fer et en bois, armuriers et charpentiers, (*fabri*[6]), et aussi deux centuries de musiciens, trompettes et joueurs de trompe (*tubicines* et *cornicines*), destinés à rendre en temps de guerre les services que comportaient leurs professions.

Si l'on fait le compte de toutes ces centuries, on voit

---

(1) Tit.-Liv., I, 43, *passim*; Den. d'Hal., IV, 16-17.

(2) Proletarius publicitus scutisque feroque
  Ornatur ferro. (Ennius, ap. Aul.Gel., XVI, 10.

(3) Il ne faut pas confondre les pauvres, *capite censi*, avec les *proletarii* qui possédaient au moins 375 as. Voy. Festus, *s. v. proletarium*; Cic., *De Rep.*, II, 22.

(4) « Marius, dit M. Duruy, fut le premier qui appela les *capite censi* sous les enseignes, et de ce jour l'armée perdit son caractère national. » (*Hist. des Rom.*, t. I, p. 116.)

(5) Tite-Live, VIII, 20.

(6) Cicéron, dans le passage tant controversé du II⁺ livre de *la République*, ne parle que d'une seule centurie d'ouvriers.

qu'elles étaient au nombre de cent quatre-vingt-treize[1], et qu'elles étaient organisées au point de vue militaire de façon à tenir le peuple romain constamment en éveil contre ses ennemis et toujours prêt à soutenir une guerre de quelque part qu'elle vînt. Aussi l'ensemble des classes et des centuries s'appelait-il l'armée, *exercitus*, et les convoquer en assemblée se disait *convocare exercitum urbanum*. Elles étaient alors appelées aux comices comme au service militaire, et se réunissaient en ordre dans le Champ de Mars, situé hors du *pomœrium*[2] de la cité, c'est-à-dire, chose étonnante pour une assemblée de citoyens remplissant un mandat de législateurs ou d'électeurs, dans un endroit où elles étaient soumises à l'*imperium*, droit de vie et de mort du général sur ses soldats.

Cependant, bien que l'institution des centuries paraisse tout d'abord, jusque dans ses moindres détails n'avoir été établie que dans un but d'organisation militaire, l'importance de la révolution politique qu'elle entraîna, devient évidente dès que l'on considère la composition des assemblées auxquelles elle donna lieu et leur système de votation. Lorsqu'en effet, après tous les préliminaires et les cérémonies d'usage[3], on y procédait au vote, le héraut,

---

(1) Tite-Live, qui compte une centurie de *capite censi* comme une autre d'*accensi*, donne un chiffre total de 194. Denys d'Halicarnasse n'en compte que 193, et Cicéron aussi ; mais Cicéron, tout en arrivant au même total que Denys, présente avec lui des divergences très sensibles au sujet du nombre partiel de centuries afférent à chaque classe. Le texte de Cicéron est d'ailleurs mutilé et ne peut servir à contrôler les chiffres donnés par Tite-Live. Du reste, ces différences, relevées chez les écrivains anciens à propos de détails de peu d'importance, ne peuvent modifier en rien l'appréciation générale que nous avons à donner ici de la constitution de Servius.

(2) Voir la note 4 de la page 128.

(3) Voici en résumé quelles étaient toutes ces formalités. D'abord celui qui devait présider l'assemblée recueillait à minuit les auspices (Aul. Gell., III, 2 ; Macrob., *Sat.*, I, 3, 7), et si l'*Augur publicus* les déclarait défavorables, les comices ne pouvaient avoir lieu (*obnuntiatio alio die*). Lorsqu'au contraire, ces auspices étaient jugés satisfaisants, la convocation se faisait régulièrement. Une ordonnance du président appelait le

præco, qui était chargé d'appeler les classes d'après leur rang, commençait par appeler la première. Chacun des centurions de cette classe, l'un après l'autre, recueillait alors les suffrages des hommes de sa centurie et les rapportait au héraut qui, sur l'interrogation du président, lui annonçait l'avis de la centurie tout entière. Chaque centurie, quel que fût le nombre d'individus dont elle se composait, n'avait ainsi qu'une seule voix. Or, comme nous venons de le voir, il y avait en tout cent quatre-vingt-treize centuries, et la première classe en comptait quatre-vingt-dix-huit, dont dix-huit de chevaliers qui votaient les premières et quatre-vingts autres. Elle pouvait en conséquence fournir à elle seule le chiffre légal de la majorité (*legitima suffragia*) et mettre fin au scrutin; car, dès que ce chiffre était atteint, on n'allait pas plus loin. Ce n'était que dans le cas où la première classe n'était pas unanime qu'on passait au vote de la seconde. Il arrivait rarement qu'on eût recours à la troisième. La quatrième et la cinquième n'étaient presque jamais appelées. Et quant aux

peuple *ex templo*; l'ordre était répété du haut de la citadelle et des remparts, et la *buccina* donnait le signal militaire connu sous le nom de *classicum*, (Prop., IV, 1, 13); ce premier acte s'appelait *in licium vocare* (Varr., *Ling. lat.*, VI, 94). Alors le héros du peuple, *præco*, se faisait entendre, *vocabat ad conventionem*, et dans la *concio*, qui précédait les comices, le président, après avoir offert le sacrifice accompagné des prières solennelles, *solemne precationis carmen* (Cic., *Pro Muren.*, 1), exposait ordinairement les motifs de la réunion et la cause sur laquelle on aurait à voter; il donnait ensuite la parole aux citoyens qui l'avaient démandée et aux magistrats. Après ce second acte, le président ouvrait les comices en prononçant la formule *impero quæ convenit ad comitia centuriata* (Varr., *Lingt lat.*, VI, 9, 88); il ordonnait aux citoyens de se ranger en classes et en centuries, ce qu'on appelait *exercitum educere*, *centurias vocare* ou bien encore *in suffragium mittere* (Tit.-Liv., XXXIX, 15; X, 21; XXXVII, 8), et quand l'armée était organisée, *exercitus procincta*, il lui demandait d'adopter la formule de la *rogatio* qui devait toujours être rédigée en termes précis. Cette demande se faisait ainsi: *Rogo vos... Velitis, jubeatis, Quirites hoc fieri;* d'où les expressions *rogare legem et rogatio* (Tit.-Liv., XXII, 10; Cic., *Pro domo*, 19, 44; id. *in Pison*, 29). La formule adoptée, on procédait définitivement au vote. Dès que le vote était accompli, le président en proclamait le résultat,

accensi, proletarii et *capite censi*[1], dont l'unique centurie était aussi nombreuse que toutes les centuries réunies de la première classe, c'était un événement extraordinaire qu'elle eût à faire connaître son opinion[2]. Tout le pouvoir, dans les comices centuriates, était donc aux mains de la première classe, c'est-à-dire des plus riches[3]. Il semblait équitable que ceux qui avaient le plus d'impôts à payer, qui devaient se procurer l'équipement militaire le plus onéreux et qui occupaient dans les combats la place la plus dangereuse, eussent en retour une part d'influence plus grande dans tous ces votes d'où dépendaient et le choix des magistrats, et les questions de paix et de guerre, et la direction générale des affaires publiques. On trouvait juste aussi que l'âge conférât, à côté de la richesse, quelque privilège et que les *seniores* pussent, à fortune égale, jouir d'une influence plus grande que les *juniores*. Les hommes de quarante-six à soixante ans, bien que moitié moins nombreux que ceux de dix-sept à quarante-cinq ans révolus, formaient, dans chaque classe, tout autant de centuries que ces derniers et par cela même se trouvaient avoir droit au même nombre de voix.

Une telle constitution, à la vérité, ne serait pas de nature à donner satisfaction à notre démocratie contemporaine qui ne vise absolument que la puissance du nombre.

---

denuntiatio, et congédiait l'assemblée, *remittebat exercitum.* Pendant tout le temps de la réunion, un pavillon rouge, *russeum vexillum,* était arboré sur la citadelle et un poste y restait en permanence pour veiller à la sûreté de la ville.

(1) Quelques érudits pensent que, dans les assemblées, les *accensi,* les *proletarii* et les *capite censi* devaient former trois centuries distinctes. Voy. les controverses sur ce point dans Schwegler, *Röm. Geschichte,* XVII, 4 et 6.

(2) « ... nec fere umquam infra ita descenderent, ut ad infimas pervenirent. » Tit.-Liv., 1, 43.

(3) « Οἱ πλούσιοι, dit Denys d'Halicarnasse, πάσης τῆς πολιτείας κύριοι ». (IV, 20). Et Tite-Live : « Gradus facti, ut neque exclusus quisquam suffragio videretur, et vis omnis penes primores civitatis esset. » (I, 43.)

Cicéron, qui vraisemblablement n'aurait eu aucun goût pour notre suffrage universel, loue même Servius d'avoir empêché que les plus nombreux fussent les plus influents, *ne plurimum valeant plurimi*[1]. Mais, pour juger une réforme politique, il faut, avant toute chose, la considérer dans le temps et dans le milieu où elle s'est accomplie. Rappelons-nous que, jusque-là, les plébéiens, quelque considérables qu'ils fussent, n'avaient été comptés pour rien dans les réunions officielles. Toutes les fois qu'il avait été besoin de procéder à la nomination de magistrats, aux déclarations de guerre, aux traités de paix, à l'établissement de nouvelles lois, le roi ou, à son défaut, son représentant n'avait jamais eu recours qu'aux comices curiates, *comitia curiata*[2], qui participaient au caractère essentiellement aristocratique, familial et religieux des curies elles-mêmes, et auxquels les patriciens seuls étaient convoqués nominativement. A côté du roi, l'aristocratie, par le Sénat d'une part, par les assemblées des curies d'autre part, avaient toujours retenu pour elle-même la solution de toutes les

----

(1) Voici la phrase entière de Cicéron : « eos ita disparavit, ut suffragia non in multitudinis, sed in locupletium potestate essent; curavitque, quod semper in republica tenendum est, ne plurimum valeant plurimi. » *De Rep.*, II, 22.

(2) Les *comitia curiata* ne pouvaient être convoqués que par le roi, ou, en cas de besoin, par le magistrat nommé *tribunus celerum*. Un *lictor curiatus* ou *praeco* convoquait les patriciens à domicile (Aul. Gell., XV, 27; Den, d'Hal., II, 7), et ceux-ci se réunissaient au pied du Capitole, dans la partie du *forum* nommée *comitium*. La plèbe était restée en dehors des curies où n'avaient été admis que certains privilégiés, qu'avaient comme clients les patrons patriciens, mais qui, malgré cela, n'y jouaient encore qu'un rôle passif au point de vue des droits, *jura gentilicia*. — Voir sur la composition, les attributions et le mode de délibération des *comices curiates* du temps de la royauté : Willems, *Droit public romain*, 4ᵉ éd., p. 47 note 2; Van der Velden, *De comitiis curiatis apud Romanos;* Becker, *Handbuch d. römisch. Alterthümer*, II, 1, p. 353-394; Lange, *Römische Altert*, 1ᵉ éd. 1, 286-299; id. *Der röm. Republik.* 3ᵉ éd. 396 et suiv.; Ortolan, *Hist. de la législat. rom.* 11ᵉ éd. I, p. 32 et suiv.; Laboulaye, *Essai sur les lois criminelles des Rom.* p. 83-97; Humbert, art. *comitia* dans le *Dict. des ant. gr. et rom.* de Daremberg et Saglio, p. 1375-1377.

grandes questions qui pouvaient intéresser l'État. En dehors d'elle aucune autorité régulière, aucun mandat d'électeur ou de législateur, aucune influence politique. Et voilà que tout à coup surgit un principe nouveau. Le cens devient la base du système centuriate. Auprès des droits que conférait la naissance, droits immuables et à jamais inaccessibles aux non privilégiés, apparaissent des droits que confère la richesse, chose on ne peut plus mobile et variable, que beaucoup déjà possèdent plus ou moins, à laquelle dans tous les cas chacun peut aspirer. Et l'on a beau objecter que l'aristocratie romaine saura maintenir longtemps encore sa puissance et la plupart de ses privilèges; que la constitution de Servius, en concédant aux comices par centuries les attributions politiques des comices curiates, n'a pas pour cela dépouillé ceux-ci de leurs droits séculaires; que les nouvelles assemblées devront se mouvoir dans le cercle restreint qui leur sera tracé par l'initiative royale et par l'autorité du Sénat[1]; il n'en reste pas moins vrai que les lois de Servius, sans être démocratiques dans le sens radical que nous donnons à ce mot, sont les premières qui reconnaissent les plébéiens comme des citoyens libres de Rome; qu'elles ont pour base un principe absolument contraire à celui qui faisait la force de l'aristocratie; qu'elles auront pour résultat d'ouvrir la porte à toutes les conquêtes politiques que les plébéiens vont entreprendre peu à peu.

(1) En effet, le roi seul avait l'initiative des propositions à soumettre aux comices centuriates, et soit qu'il s'agit d'une élection de magistrats, soit qu'il fût question d'un projet de loi, les résolutions prises par les comices centuriates n'avaient de valeur législative que si elles avaient été approuvées, après la prise des auspices, par un sénatus-consulte et confirmées par les comices curiates. Ainsi, l'intervention du Sénat, celle des curies patriciennes, celle des auspices, cette arme mystérieuse du sacerdoce patricien, assuraient encore, malgré l'esprit de réforme répandu dans la constitution de Servius, une large part d'influence à l'aristocratie. — Voy. Ortolan, *Hist. de la Législ. rom.* 1, n°s 68 et 69; Cic., *De rep.*, 1, 32; Plin., *Hist. nat.*, XVIII, 3; Den. d'Hal., VII, 38, 59; IX, 44; Tit.-Liv., 1, 36; IV, 1-7; VI, 41.

Les Romains d'aucun temps ne s'y sont trompés. La mémoire de Servius se conserva parmi eux comme celle du roi qui avait le plus travaillé en faveur du peuple [1]. Les poètes [2], les philosophes [3], et les plus grands historiens [4] se sont plu à célébrer ses louanges ou à reconnaitre ses mérites. On a rappelé à l'envi une foule de lois [5] qu'il aurait promulguées, toutes on ne peut plus libérales, sur les affranchissements, sur la clientèle et le droit des plébéiens au patronage, sur les contrats et les dettes, sur le mode d'acquérir la propriété, sur les poids et les mesures [6], sur les monnaies qu'il aurait été le premier, à Rome, à marquer d'une empreinte officielle [7]. On ne s'est pas contenté de lui

(1) Macrobe rapporte d'après Géminus que le peuple, après l'expulsion des rois, avait l'habitude, dans les *nundines*, c'est-à-dire pendant les jours de marché, de rappeler la mémoire de Servius et de sacrifier à ses mânes. (*Saturn.* I, 16).

(2) Accius, dans sa tragédie de Brutus, lui donnait le surnom de *père de la liberté*. Virgile, il est vrai, le passe sous silence dans son énumération des rois de Rome; mais n'oublions pas que l'auteur de l'Énéide, qui écrivait pour Auguste, ne pouvait guère se permettre une parole comme celle d'Accius.

(3) Nous avons vu plus haut (p. 185, note 1) l'opinion de Cicéron sur la constitution de Servius. Ce prince était celui qui lui paraissait s'être distingué le plus par la profondeur de ses vues politiques... « is. qui mihi videtur ex omnibus in republica vidisse plurimum ». *De rep.* II, 21.

(4) Tacite le considère comme le législateur le plus libéral de tous les rois romains lorsqu'il dit : « Nobis Romulus ut libitum imperitaverat; dein Numa religionibus et divino jure populum devinxit; repertaque quædam a Tullo et Anco; sed præcipuus Servius Tullius sanctor legum fuit, quis etiam reges obtemperarent. » (*Annal.* III, 26).

(5) Den. d'Hal., IV, 13.

(6) Aurel. Vict., *De vir. illustr.*, VII, 8.

(7) À l'origine, tout s'était payé en bétail *pecus*, d'où vint le mot *pecunia* (Varr., *de Ling lat.*, V, 19; Festus, s. v. *Peculatus*; Plin., *Hist. nat.*, XVIII, 3). Mais lorsqu'on eut enfin compris les avantages que les métaux présentaient sur le bétail comme instruments d'échanges, on choisit tout d'abord comme régulateur de la valeur des choses le métal que l'Italie produisait en plus grande abondance, c'est-à-dire le cuivre. On l'employa en lingots, sans forme déterminée, soit brut, soit avec un léger alliage d'étain. Ces lingots, æs *rude*, de poids différents, variaient de deux livres à deux onces et s'estimaient d'après l'étalon de la livre romaine, *libra*,

attribuer une loi agraire des plus graves[1], on est allé jusqu'à lui prêter la pensée de remplacer la royauté par un gouvernement républicain [2].

Reste à savoir où ce prince a puisé ses inspirations, si ce fut dans l'Étrurie, sa patrie, ou si ce ne fut pas plutôt dans les villes grecques et leurs institutions. On trouve en

(325 gr. 453) divisée en 12 onces. L'unité de valeur, qui répondait alors exactement à la livre, s'appelait *as libralis, æs grave* : il fallait dix as pour représenter un mouton et cent pour un bœuf. Mais comme tous ces lingots différents n'étaient en aucune façon contrôlés par l'État, chacun, dans ses transactions, était obligé d'en vérifier le poids, qui en faisait la valeur à l'aide de la balance. (De là le mot latin *æstimare* qui dérive de *æs*, et la forme symbolique de la mancipation *per æs et libram*, laquelle, dans le droit romain, n'était qu'une vente simulée où le morceau de bronze qu'on mettait en contact avec la balance représentait l'ancien *æs rude*). On comprend combien la nécessité de ces pesées continuelles rendait les échanges difficiles. Or ce fut, d'après la tradition romaine, le roi Servius, qui le premier, à l'imitation des Grecs, marqua le bronze d'une empreinte déterminée de façon à lui donner une garantie officielle de l'exactitude de son poids. Du moins Pline le naturaliste attribue à ce prince, en termes formels, cette heureuse innovation : « Le roi Servius, dit-il, marqua le premier les pièces de bronze de l'image d'un mouton ou d'un bœuf... Servius rex ovium boumque effigie primus æs signavit. » (*Hist. nat.* XVIII, 3 ; cf. id. XXX, 13). — L'*æs rude* se transforma ainsi en *æs signatum*. Celui-ci fut une sorte de tuile de bronze, un lingot aplati en forme de long quadrilatère, de poids considérable, ordinairement de cinq livres, et portant sur ses deux faces tantôt un bœuf, tantôt un mouton, tantôt un porc. Pour les poids inférieurs on se servit de morceaux taillés dans ces tuiles et gardant une partie de leur empreinte, ou bien encore de morceaux de bronze de forme cubique ou elliptique, sans figure d'animal, mais avec un signe qui en indiquait le poids. La forme lenticulaire qui rendit ensuite le métal si facile à transporter et en fit la véritable monnaie, ne parut certainement à Rome qu'après l'époque royale. — Voy. d'Ailly, *Hist. de la monnaie rom.*, tom. I ; Mommsen, *Geschichte des Röm. Münzwesens* ; Fr. Lenormant, *Essai sur l'organ. polit. et économ. de la monnaie dans l'antiquité* ; Ch. Lenormant et de Witte, *Élite des monum. céramograph.* tom. I, Introd.

(1) Den. d'Halic., IV, 9· — Il aurait repris aux patriciens une partie des terres usurpées par eux sur le domaine public et aurait distribué à chaque chef de famille plébéienne 7 jugera en pleine propriété quiritaire.

(2) « Id ipsum tam mite ac tam moderatum imperium tamen, quia unius esset, deponere cum in animo habuisse, quidam auctores sunt... » Tit.-Liv., I, 48.

effet dans celles-ci tant de points de ressemblance avec ses propres dispositions qu'on ne peut s'empêcher d'être frappé de cette similitude. A Corinthe, par exemple, les chevaux des cavaliers au service de l'État étaient entretenus par un impôt levé sur les veuves[1], de même qu'à Rome l'*æs equestre* et l'*æs hordearium* que recevaient les chevaliers pour se procurer et entretenir leur cheval de guerre, *equus publicus*, étaient prélevés sur un impôt que payaient les orphelins et les femmes veuves ou non mariées. A Athènes, la législation de Solon avait divisé tous les citoyens en quatre classes d'après le revenu qu'ils possédaient, et la dernière classe, exclue des fonctions publiques, était, comme les *capite censi*, dispensée du service militaire. Du reste, le cens, comme nous l'avons vu dans un des chapitres précédents[2], servait de base aux droits politiques dans un grand nombre de colonies helléniques du sud de l'Italie, et Servius, qui, avant son arrivée à Rome, sous le nom le Mastarna, avait sans doute guerroyé, dans sa vie aventureuse, jusqu'aux extrémités de la confédération méridionale de l'Étrurie, avait très bien pu y acquérir par lui-même des notions exactes sur les lois et les usages des villes grecques du voisinage. De là peut-être ces modifications apportées par lui aux poids et aux mesures qui furent combinés de façon à concorder le mieux possible avec le système des Hellènes[3]. De là aussi, à l'imitation de la Grèce et de ses colonies, qui depuis longtemps avaient opéré ce progrès dans leurs relations commerciales, l'heureuse innovation d'une marque officielle sur les morceaux de métal servant aux échanges. Il n'est pas impossible, en définitive, que Servius ne se soit pas contenté de transporter à Rome les coutumes ou les connaissances étrusques qui reflétaient si souvent celles de la Grèce, mais qu'il s'y soit

---

(1) « Atque etiam Corinthios video publicis equis assignandis et alendis, orborum et viduarum tributis. fuisse quondam diligentes. » Cic., *De rep.*, II, 20.

(2) Liv. I, ch. III, 2.

(3) Liv. I, ch. III, 4.

montré aussi le premier des interprètes directs de la civilisation hellénique.

Quoi qu'il en soit, un esprit si entreprenant, si novateur, ne pouvait plaire à tous ceux qui l'entouraient. Si ses idées libérales le faisaient aimer de la plèbe et de ceux qu'avait plus ou moins favorisés l'ensemble de son organisation militaire et politique, il n'en était pas de même assurément de l'ancienne noblesse, pour qui les droits du sang reposaient sur un principe religieux et qui considérait comme une sorte de sacrilège ces premières atteintes législatives portées à ses prérogatives les plus chères au nom d'un principe nouveau. Le mécontentement des patriciens avait été fatal déjà à plus d'un roi[1]. Il devint un aiguillon pour les ambitieux dont les projets criminels s'ourdissaient dans la famille même de Servius et allaient aboutir à l'un des drames les plus épouvantables que mentionne l'histoire.

Servius avait deux filles qu'il avait pris la précaution d'unir aux deux fils de Tarquin l'Ancien, Lucius et Aruns. Il avait pensé assurer son repos personnel en mettant par cette double union les enfants de son prédécesseur dans l'impossibilité de lui témoigner les dispositions hostiles que Tarquin lui-même avait rencontrées dans les fils d'Ancus. Mais que peuvent les mesures de prudence contre les passions déchaînées et l'envie de régner? Il s'était trouvé que l'ambitieuse Tullie avait été fiancée à Aruns, d'un caractère débonnaire et tranquille, tandis que sa sœur, honnête et douce, avait eu pour mari l'orgueilleux Lucius. La ressemblance d'humeur n'avait pas tardé à rapprocher Lucius et Tullie. Celle-ci s'était alors débarrassée par un double crime de son mari et de sa sœur pour s'unir à celui dont elle appréciait l'audace. Mais le nouvel hymen contracté, les deux scélérats ne pouvaient pas encore tirer de leurs fratricides le profit qu'ils en attendaient. Il fallait pour cela

---

(1) Voir ce que nous avons dit de la mort de Romulus, de Tullus Hostilius et de Tarquin l'Ancien. — Cf. Fustel de Coulanges, *La cité antique*, l. IV, ch. 3. § 4.

que le vieux roi mourût. Cet affreux attentat ne les fit point reculer.

Nous nous rappelons tous le récit qu'en a fait Tite-Live[1]. Lucius, assuré de l'assentiment d'un certain nombre de patriciens mécontents, se présente devant le Sénat. Il y accuse Servius d'avoir méconnu les lois sacrées de la cité, le traite d'usurpateur, réclame sa déchéance et demande pour lui-même ce pouvoir royal auquel peut prétendre légitimement le fils de Tarquin. Lorsque le vieillard paraît, il le saisit à bras-le-corps, l'emporte hors du Sénat et de ses propres mains le précipite du haut des degrés. Servius, meurtri et tout ensanglanté, entouré de quelques amis accourus à ses cris, essaie de regagner son palais; mais les affidés de Lucius le poursuivent, l'atteignent à l'extrémité de la rue Cypria, dispersent son escorte épouvantée, le massacrent et laissent son cadavre gisant sur la voie publique. C'est là précisément que, quelques instants après, arrive Tullie, qui a voulu se trouver la première à saluer son mari du nom de roi, et cette fille dénaturée donne l'ordre de faire passer son char sur le corps de son père! La rue Cypria, dit Tite-Live, nous a transmis le souvenir de cette atrocité en prenant le nom de rue du crime, *via Scelerata*.

Faut-il, avec une école d'érudition allemande et avec un grand historien français qui a promené sur l'histoire du premier siècle de Rome une critique aventureuse, hardie, incrédule et railleuse, ne voir dans ce récit des crimes de Tullie et de l'avènement de Lucius Tarquin que le produit d'une légende mensongère? N'est-ce là, comme on s'est

---

(1) Tite-Live, I, 47-48. — Cf. Den. D'Hal., IV, 33-40; Ovid., *Fast.*, VI, v. 587-624. Tous les auteurs sont d'accord pour donner à Tullie le rôle principal dans cette série de crimes.

(2) « Je ne sais, dit Michelet, ce que pensera le lecteur de cette opposition symétrique du bon et du mauvais Tarquin, de la bonne et de la mauvaise Tullia, de cet empoisonnement à contre-partie, et de l'union des deux criminels, tolérés par le bonhomme Servius. Quant à moi, plutôt que d'admettre ce roman, j'aimerais mieux voir dans la mauvaise fille de Servius

plu à le conjecturer, qu'une pure allégorie, signifiant un retour des lucumons de Tarquinies et d'un gouvernement plus complètement étrusque après les influences helléniques d'un règne intermédiaire? Je ne le pense pas. La description que reproduisent unanimement les écrivains anciens, dépositaires de la tradition primitive, est si nette; elle guide le lecteur avec tant de précision à travers les lieux où se sont déroulées les diverses scènes du drame [1], qu'il me semble impossible qu'elle repose tout entière sur un événement et des personnages fictifs. Ce sont là de ces faits monstrueux dont le temps ne saurait altérer complètement le souvenir et que l'histoire vengeresse cloue, pour ainsi dire, elle-même pour l'éternité sur le sol qui en a été le témoin [2].

une partie des plébéiens qui, quoique élevés à la vie politique par les institutions nouvelles, appellent les Tarquiniens à Rome, et s'unissent à eux pour tuer la liberté pub'ique. » *Hist. rom.* liv. 1er, ch. 1er. Michelet a intitulé ce chapitre: *Les rois, Époque mythique. Explications conjecturales.* Mais ici la conjecture me semble d'autant moins heureuse qu'elle ne concorde même pas avec les faits admis par tout le monde et par l'auteur lui-même. Il est hors de doute que le gouvernement de Servius ou représenté sous le nom de Servius était aimé de toute la plèbe et détesté des patriciens. Si donc le personnage de Tullia ne devait être considéré que comme une allégorie figurant la partie mécontente du peuple romain, c'est évidemment le mécontentement du patriciat qu'elle serait appelée à figurer et non pas l'ingratitude de la plèbe.

(1) Ampère, dans son *Histoire romaine à Rome*, indique avec certitude la place désignée par Tite-Live comme étant celle où Tullie passa sur le cadavre de son père: c'est dans le chemin appelé aujourd'hui *via urbana*, à l'endroit où il fléchit vers la droite et prend le nom de *via di Santa Maria Maggiore*. « Ce fait sinistre, a beau être perdu dans le lointain des âges et à demi-voilé par les nuages de la tradition, quand on se sent au lieu où elle l'a p'acé, il semble revivre, et on croit l'apercevoir. » 1re part, fin du chap. XXIII.

(2) Voyez les termes expressifs dont s'est servi Ovide pour indiquer l'origine de la dénomination du *vicus sceleratus* (*Fast.* VI. 609-610):

Certa fides facti: dictus sceleratus ab illa

Vicus, et æterna res ea presta nota.

IV

Je suis d'autant plus disposé à admettre la vérité de
cette formidable histoire que tout ce que nous savons du
règne de ce Tarquin, qui tint de son caractère le surnom de
Superbus[1], concorde parfaitement avec l'origine sanglante
de son pouvoir. A peine devenu roi, comme il sentait bien[2]
qu'en s'élevant au trône par un crime il avait donné un
exemple qui pouvait tourner contre lui-même, il s'entoura
de satellites et d'espions, gouverna par la violence et par
la ruse, et, pour terrifier complètement la ville, s'érigea
seul juge des causes capitales de manière à pouvoir mettre
à mort, exiler, priver de leur fortune ses ennemis, ceux qu'il
supectait et ceux aussi dont il espérait quelque dépouille.
Ce fut un tyran dans toute la force du terme. Après avoir
détruit les tables qui conservaient les résultats du recensement, il abolit la constitution nouvelle, supprima les
comices centuriates, interdit même aux plébéiens ces
réunions de quartiers dont nous avons parlé[3] et qui n'a-
vaient encore pour objet que le culte de leurs lares tutélaires. Les patriciens de leur côté n'eurent pas le temps de
se féliciter de cet écrasement de la plèbe. L'imprudent
appui que, dans leur inimitié pour Servius, plusieurs d'entre
eux avaient prêté au coup d'État de Tarquin, ne fut compté
pour rien par ce cruel ambitieux dès qu'il se vit tout-puissant. L'aristocratie, à son tour, fut dépouillée de ses droits.
Ni le Sénat, ni les curies ne furent plus consultés. Il dis-

(1) Lorsque nous traduisons *Tarquinius Superbus* par *Tarquin le
Superbe*, nous ne rendons pas le sens entier de ce surnom. *Superbus*
n'indiquait pas seulement l'orgueil et l'arrogance, mais encore la dureté et
la cruauté ; Nonius Marcellus en faisait un synonyme des mots *asper* et
truculentus, et Lydus (*De mens. Feb.* IV, 3) un synonyme de *crudelis*.

(2) « Quum metueret ipse pœnam sceleris sui summam, metui se vole-
bat. » Cic., *De Rep.*, 25.

(3) P. 176.

posa seul du royaume; il n'y eut plus d'autre loi que sa volonté.

Pour affermir son pouvoir dans Rome, il chercha des forces à l'extérieur. Il prit la précaution de se créer certaines influences dans les villes voisines au moyen d'alliances de familles contractées avec leurs citoyens les plus puissants. Ce fut ainsi qu'il donna sa fille à Octavius Mamilius, dictateur de Tusculum [1]. Les peuples latins surtout, sur lesquels il désirait pouvoir fermement compter dans le cas d'une guerre avec la race sabine, devinrent l'objet de ses plus grandes préoccupations. Il commença par les flatter, reporta sur le mont Albain, où il avait été primitivement, le lieu de réunion de leur confédération et érigea sur ce mont, pour la célébration de leurs féries, un temple magnifique [2] en l'honneur de leur dieu protecteur, *Jupiter Latialis*. La confiance qu'il leur inspira par cette adroite flatterie [3], lui permit bientôt d'exercer sur eux une action plus décisive. Sa politique d'ailleurs, comme on le pense bien, ne devait reculer, pour arriver à son but, ni devant le mensonge, ni, à l'occasion, devant le meurtre. Le chef de la puissante ville d'Aricie, faussement accusé par lui et convaincu d'un forfait auquel il n'avait jamais songé, paya de sa vie l'opposition qu'il avait osé manifester par quelques paroles un peu vives dans une assemblée latine [4]. Finalement sa perfide habileté réussit à extor-

(1) Tit.-Liv., I, 49.

(2) Ce temple, au dire de Piranesi, avait deux cent quarante pieds en longueur et cent vingt en largeur. Il en a subsisté des restes jusqu'à la fin du siècle dernier.

(3) Peut-être y eut-il dans cette mesure autre chose qu'une flatterie à l'égard de la confédération. Tarquin pouvait croire qu'il serait imprudent de sa part, alors qu'il asservissait les plébéiens latins de Rome, de réunir, comme l'avait fait Servius, les députés latins dans le temple de Diane élevé par ce roi sur l'Aventin.

(4) Les chefs latins, convoqués dans le bois sacré de la Férentina, s'y étaient trouvés exactement dès le lever du soleil. Mais la journée s'écoulait et Tarquin ne paraissait pas. Ce sans-gêne insolent exaspérait Herdonius, chef d'Aricii, qui conseillait aux alliés de se retirer chez eux. Enfin un peu

quer aux confédérés un traité qui les mit à sa discrétion ; car, d'après une clause nouvelle introduite dans ce pacte d'alliance, il put à l'avenir disposer, pour les expéditions qu'il entreprendrait, de tous les contingents armés des villes de la confédération [1] et il les engloba dans ses propres légions sous les ordres de ses centurions.

Dès lors il put se livrer plus hardiment à son amour pour la guerre. Il est à remarquer que dans tous les temps les despotes ont recherché volontiers la gloire militaire. Outre qu'elle satisfait leur penchant à soumettre tout ce qui se trouve à leur portée, elle reflète aussi sur leurs sujets un éclat trompeur qui contribue pour un temps à dissimuler aux yeux de ces derniers leur humiliante servitude.

D'ailleurs Tarquin n'était pas un mauvais général. Ses

avant la fin du jour, Tarquin arrive, se contentant de dire pour expliquer son retard qu'il a été retenu comme médiateur par une affaire entre un père et son fils. « Une affaire de ce genre, réplique Herdonius, n'était pas longue à régler : il suffisait de deux mots : Le fils doit obéir ou malheur à lui ! » Tarquin, irrité de cette indépendance de langage, cache sur l'instant son ressentiment et propose aux chefs de remettre la délibération au lendemain. Mais il profite de la nuit pour faire déposer secrètement des armes dans la demeure d'Herdonius, et le lendemain, avant même que celui-ci paraisse, il l'accuse d'avoir tramé un complot contre sa vie et celle des autres chefs latins. « Les dieux, dit-il, en retenant la veille à Rome celui qui devait être assassiné le premier ont seuls déjoué cette perfidie ; sans ce retard, le complot eût été exécuté ; les armes qui sont, assure-t-on, amassées chez le coupable, sont la preuve de son crime. » Aussitôt on se rend chez l'accusé ; on le saisit ; et comme on trouve en effet dans sa demeure un monceau d'armes, l'indignation est générale, on ne lui permet même pas de se défendre ; on invente pour lui un nouveau genre de supplice ; on le noie dans la source de la Férentina sous une claie chargée de pierres. — Je ne fais dans cette note que résumer un récit assez long de Tit.-Liv., (I, 50 et 51.) Le bois sacré dont il est question est le bois de Marino et l'aqua Ferentina, dont la source se trouvait au mont Albain, comme le dit Festus (caput quod est sub monte Albano) n'est autre aujourd'hui que la Marrana del Pantano, qui coule dans un ravin pittoresque près de la ville.

(1) «... Indictumque junioribus Latinorum ut ex fœdere die certa armati frequentes adessent. » Tit.-Liv., I, 52.

succès militaires ne sont pas douteux. De tous les ennemis qu'il attaqua on ne cite guère que les Gabiens qui réussirent à repousser son agression. Et encore leur ville, qui était alors très peuplée et qui disposait de moyens de défense considérables [1], tomba-t-elle peu après entre ses mains par suite d'un acte de scélératesse [2]. Il maintint fermement dans la confédération latine les Herniques et les deux villes volsques d'Antium et d'Ecétra, fit une heureuse expédition dans la Sabine [3], conclut une paix avantageuse avec les Èques, s'empara sur les Volsques de la riche cité

(1) Den. d'Hal., IV, 53.

(2) Sextus, troisième fils de Tarquin, s'était réfugié à Gabies, feignant une grande colère contre son père dont il racontait les persécutions. On le reçut avec joie, on l'admit dans les conseils des chefs, bientôt même il inspira une telle confiance qu'on lui donna la direction d'un corps d'armée. Quelques excursions faites sur le territoire romain et dans lesquelles Tarquin laissait volontairement l'avantage aux Gabiens, les remplirent d'enthousiasme pour Sextus, qui devint tout-puissant au milieu d'eux. Ce fut alors qu'il envoya un messager fidèle à son père pour lui demander ses ordres et que celui-ci se contenta d'abattre sous les yeux de cet émissaire les têtes des plus hauts pavots de son jardin. A partir de ce moment, Sextus ne s'occupa plus que de frapper les premiers citoyens de Gabies ; les uns, habilement rendus odieux au peuple, étaient condamnés à mort ouvertement ou exilés ; les autres périssaient en secret. Les biens des bannis et des morts, partagés au peuple, l'excitaient à de nombreuses exécutions. Gabies se trouva ainsi privée de ses meilleurs défenseurs, et incapable de toute résistance, le jour où Sextus, levant le masque, la livra définitivement à son père. — Voy. le récit de Tite-Live, I, 53 et 54. Ce récit, il est vrai, rappelle le stratagème de Zopire à Babylone (Hérod., III, 154) et aussi le conseil silencieux donné par Thrasybule, tyran de Milet, à Périandre, tyran de Corinthe (Hérod., V, 96) ; il n'est pas impossible que l'historien romain ait fait à ce sujet quelque emprunt à l'historien grec ; cependant de ce que deux faits sont rapportés avec quelque analogie dans l'histoire de deux peuples différents, il ne s'en suit pas qu'on doive nécessairement les considérer comme faux. Dans tous les cas, la soumission de Gabies à Tarquin ne peut être mise en doute. Le traité signé à cette occasion était conservé sur un bouclier de bois dans le temple de Jupiter Fidius et Denys d'Halicarnasse l'a vu. (IV, 58.) J'en parlerai dans l'*Histoire de la littérature romaine* (Liv., I, ch. V, 2.)

(3) Den. d'Hal. IV, 59.

de Suessa Pometia où il fit un butin immense [1], et établit, dit-on, sur les terres enlevées à ce peuple deux colonies militaires [2] pour servir à ses conquêtes de boulevards sur terre et sur mer, l'une dans l'ancienne ville pélasgique de Segnia, l'autre à Circéii sur le promontoire du même nom [3]. En un mot, la frontière romaine qui, sous ses prédécesseurs, ne s'était jamais éloignée que de quelques milles des murs de la cité, fut portée par lui à une vingtaine de lieues dans l'intérieur des terres, et sur la côte toutes les villes du Latium ayant quelque importance maritime reconnurent si bien sa souveraineté que, dans l'année même où finit son règne, ses relations commerciales et celles de ses alliés étaient devenues assez importantes pour permettre à Rome de passer un traité avec la puissante Carthage [4].

Les richesses qu'accumulait dans ses mains une telle extension de puissance étaient employées par lui à des travaux grandioses. Il avait appelé de toutes les parties de l'Étrurie [5] les ingénieurs, les artistes, les ouvriers habiles,

---

(1) Tit.-Liv., 1, 55.

(2) Cette fondation d'un roi étrusque aurait ainsi servi d'exemple aux colonies militaires que les Romains établirent ensuite en si grand nombre à mesure que leur État s'agrandit.

(3) Le *monte Circello*, ainsi appelé peut-être à cause de sa forme arrondie et que Virgile a dépeint comme le domaine de la magicienne Circé. (*Æn.*, VII, 10.)

(4) *Hist. de la littér. rom.*, Liv. 1, Ch. V, 2.

(5) « Fabris undique ex Etruria adcitis... » Tit-Liv. 1, 56. — Les rois précédents avaient eu recours bien souvent déjà, comme nous l'avons dit, à l'habileté des Étrusques pour fortifier Rome ou l'embellir ; mais jamais l'Étrurie n'y avait fait sentir encore son influence d'une manière aussi complète. Non seulement une foule de modes et de connaissances toscanes s'introduisaient dans les constructions, les images des dieux, les figures décoratives, toutes les productions de la céramique et de la métallurgie, mais certaines coutumes, certains usages de la vie quotidienne se modifiaient ; il se faisait des innovations dans les ornements de toilette, dans les fêtes, dans les cérémonies. Tarquin alla même, d'après Macrobe (Saturn., 1, 7), jusqu'à vouloir établir dans le culte des Lares et de la déesse Mania les sacrifices humains qu'exigeaient les rites cruels de la supersti-

dont il avait besoin pour faire de sa capitale la rivale glorieuse des plus grandes cités toscanes. Il voulait s'enorgueillir de sa ville comme il s'enorgueillissait de son pouvoir Il acheva complétement le grand Cirque. Il compléta le mur de Servius. Il continua à grands frais, en le décorant d'œuvres d'art, le fameux temple du Capitole qu'avait commencé son père. Il contint le Tibre par des quais et termina l'immense système de déversoirs qui devait dessécher et assainir le sol marécageux des bas quartiers, par ce magnifique égout de la *Cloaca maxima*, qui subsiste encore aujourd'hui, et en présence duquel nous éprouvons nous-mêmes ce sentiment de stupeur et d'admiration qu'exprimaient en termes pompeux les écrivains de l'antiquité [1].

Mais les malheureux plébéiens de Rome ne savaient que trop à quel prix s'opéraient ces magnifiques travaux. Loin de profiter du butin et des trésors que produisait la guerre, ils étaient contraints de remuer sans relâche les pierres et la terre [2]. Réduits au rôle d'esclaves, plongés dans des fossés et des cloaques qu'il leur fallait épuiser, ils n'obtenaient ni trêve ni merci d'un maître dont le caractère impétueux n'admettait aucun retard dans l'exécution des projets qu'il avait formés. Telles étaient les conditions de leur vie que, pour échapper à tant de misères, plusieurs d'entre eux recouraient au suicide. Et pour qu'il ne fût pas dit qu'on pouvait se dérober à son pouvoir, Tarquin les punissait de ce crime en crucifiant leurs cadavres, qui devenaient la pâture des oiseaux de proie !

tion étrusque, mais auxquels les Latins et les Sabins de Rome avaient renoncé depuis longtemps. L'ancienne cité de Romulus et de Numa devenait une ville étrusque.

(1) Tit.-Liv., I, 56 ; Strab., V, 3, 8 ; Plin., *Hist. nat.*, XXXVI, 24 ; I, 4 ; Cassiod., Var., *Ep.*, III, 30 ; Den. d'Hal., III, 67.

(2) « Non pecunia solum ad id publica est usus, sed operis etiam ex plebe... » Tit.-Liv., I, 56, et plus loin, ch. 59 : « miseriæque et labores plebis, in fossas cloacasque exhauriendas demersæ. » — Cf. Den. d'Hal., IV, 81.

Rome pourtant ne se révoltait pas. Sabins et Latins, à la vérité, en butte à tant de tyrannie, ne pouvaient plus oublier qu'ils étaient d'une autre race que cet orgueilleux Toscan. Si les plus pauvres gémissaient sous le poids intolérable de leurs corvées, de leur côté, les patriciens, soucieux de leur passé, s'indignaient secrètement de l'impuissance à laquelle ils se trouvaient réduits, et le sentiment de leurs propres alarmes commençait à les rendre compatissants aux maux de la plèbe. Une même haine avait grandi en eux tous; mais tous se taisaient.

Alors ceux-là seuls qui parlaient au nom des dieux, élevèrent la voix et se mirent à expliquer de sinistres présages. Ils avaient remarqué quelque trouble dans la direction du soleil [1]. Ils avaient vu des vautours chasser un aigle [2] de son nid. Ils regardaient comme la menace d'un mauvais génie la présence d'un serpent [3] qui, sorti d'une colonne, avait jeté tout à coup l'épouvante dans la demeure royale. Ces augures étrusques s'exprimaient-ils ainsi d'eux-mêmes pour avertir Tarquin des dangers au-devant desquels il semblait courir? Ou bien étaient-ils, comme autrefois Navius, les interprètes de quelques patriciens qui auraient voulu effrayer le tyran pour arrêter ses violences? Je ne saurais le dire. Toujours est-il que, sans s'épouvanter

(1) Dans sa tragédie de *Brutus,* Attius rappelait ce prodige en faisant dire à Tarquin : « J'aperçus dans le ciel un phénomène merveilleux ; le soleil changea de route et son orbe enflammé s'avança vers la droite... »

(2) L'aigle qui surmontait les étendards et le sceptre des lucumons, était pour les Étrusques l'emblème du commandement militaire et de la royauté. Quant aux vautours, ils avaient, on s'en souvient, joué un rôle important dans la fondation de la ville de Romulus, et pouvaient, dans le fait signalé, représenter les descendants de Romulus chassant de son trône le roi toscan.

(3) De tous les animaux le serpent est celui que les monuments de l'Étrurie représentaient le plus souvent entre les mains des mauvais génies. Il ne pouvait donc y avoir de doute dans l'explication du fait que mentionne Tite-Live : « Anguis ex columna lignea elapsus, quum terrorem fugamque in regiam fecisset... » I, 56.

outre mesure, il en conçut de vives inquiétudes[1] et résolut d'envoyer en Grèce deux de ses fils avec son neveu L. Junius Brutus[2] afin de consulter l'oracle de Delphes sur ce qu'il avait à craindre pour lui et sa famille.

Ce voyage, je le sais, a été mis très souvent en doute par l'érudition moderne. On s'est demandé si les habitants de Rome de cette époque connaissaient le temple de Delphes, s'ils pouvaient entreprendre un voyage si lointain, et si Tarquin avait des motifs suffisants pour envoyer une telle ambassade. On a répondu négativement à toutes ces questions et l'on a conclu que ce récit n'était qu'une invention des historiens grecs intéressés à faire croire que le roi le plus puissant de l'ancienne Rome avait rendu hommage à leur grand oracle. Mais je me rappelle que Tarquin appartenait à une famille de Corinthe par son bisaïeul Démarate; je me souviens aussi qu'il avait des relations très suivies avec la colonie grecque des Cuméens, d'où il avait reçu les fameux livres sibyllins[3] déposés par lui dans un caveau

(1) « ... ipsius regis, non tam subito pavore perculit pectus, quam anxiis implevit curis. » Tit.-Liv... » 1, 56.

(2) Ce L. Junius, dont Tarquin avait fait périr le frère aîné, cachait prudemment son désir de vengeance sous un masque de gravité et d'impassibilité taciturne; de là, sans doute, ce surnom de *Brutus* qui exprimait anciennement la gravité et la réflexion énergique. « *Brutum*, dit Paul Diacre, antiqui *gravem* dicebant. » Mais le même mot eut aussi le sens d'idiot et d'insensé, et, en le prenant dans cette acception défavorable, on donna naissance à cette légende invraisemblable d'après laquelle le neveu du roi aurait été contraint de cacher son esprit sous les dehors de la folie comme il avait caché un lingot d'or dans le bâton de voyage qu'il offrit à Apollon; « aureum baculum, inclusum corneo cavato ad id baculo, tulisse donum Apollini dicitur, per ambages effigiem ingenii sui. » (Tit.-Liv., 1, 56). La vérité est que, si L. Junius eût passé pour fou, le roi ne l'aurait certainement pas autorisé à faire partie d'une ambassade on ne peut plus sérieuse, et ne lui aurait pas non plus confié, à son retour, comme il la lui confia, (Tit.-Liv., 1, 59), la charge de *tribunus celerum*, qui était une des plus importantes de l'État.

(3) Une vieille femme vint présenter au roi neuf livres dont elle lui demanda un prix très élevé. Sur son refus, elle en brûla trois et lui offrit les six autres aux mêmes conditions. Repoussée une seconde fois, elle en brûla encore trois et réitéra sa proposition pour les trois derniers. Alors Tar-

du Capitole et où il ira même se réfugier dans sa vieillesse après la perte définitive de son pouvoir ; je pense enfin aux habitants de Cæré, ces très proches et très fidèles amis du peuple de Rome, dont les vaisseaux marchands sillonnaient constamment les eaux du Tibre et dont les habiles navigateurs connaissaient certainement le chemin de Delphes, puisque Cæré, en souvenir de son origine pélasgique, possédait, à l'instar d'un grand nombre de villes grecques, un trésor particulier dans le temple d'Apollon [1]. Puis-je, après cela, trouver étonnant que Tarquin ait connu la réputation du grand oracle ? Puis-je douter que ses alliés ne lui aient fourni les moyens de transporter à Delphes son ambassade ? Et quant aux motifs mêmes de cette députation, n'en vois-je pas d'assez puissants dans les vives inquiétudes causées par tant de présages sinistres, que lui expliquaient avec une terreur véritable ou simulée les augures toscans dont il était entouré ? Il me semble que le voyage des princes tarquiniens à Delphes n'est pas aussi invraisemblable qu'on se plaît à le dire et, de même que j'ai constaté dans la constitution de Servius et toutes ses réformes en général une certaine connaissance des lois et des coutumes de la Grèce ou des colonies grecques, je surprends ici dans cette démarche respectueuse du Superbe un effet inattendu de l'influence hellénique sur ce tyran, qui d'ailleurs se montrait si absolument hostile à toutes les idées de son prédécesseur.

Lorsque les fils et le neveu de Tarquin revinrent de Delphes, aucun événement important n'avait modifié l'état des esprits à l'intérieur de Rome. Seulement Tarquin, qui

quin, saisi d'étonnement, les acheta. Cette femme n'était autre que la célèbre Sibylle de Cumes. Ses livres écrits en grec, tous remplis de prédictions, furent placés sous la garde de plusieurs patriciens. Ils prirent le nom de *livres sibyllins* et, plus tard, les Romains, lorsque le Sénat l'ordonnait, y eurent recours pour y chercher des avis dans les cas de calamité publique. J'en dirai quelques mots dans l'*Histoire de la Littérature romaine*, t. I, ch. II, 7.

(1) Voy. p. 108.

avait constamment besoin de nouvelles ressources pour
la continuation de ses travaux et qui n'était pas fâché non
plus de porter sur l'extérieur les préoccupations de son
peuple, poussait avec activité les préparatifs d'une guerre
contre les Rutules. Les hostilités déclarées, l'armée marcha
tout de suite sur la capitale et tenta de l'emporter d'assaut.
Mais Ardée n'était pas une ville ordinaire[1]. Les Étrusques,
qui y avaient dominé longtemps, l'avaient munie d'une
citadelle et de murailles très fortes. Ses habitants, qui
étaient alors nombreux et en pleine prospérité, surent la
défendre. Il fallut donc procéder à un siège régulier, que
Tarquin, malgré sa présence, ne put empêcher de traîner
en longueur. Il y était occupé lorsqu'un jour on lui apporta
tout à coup un avis saisissant. Rome s'était soulevée
contre son autorité ; le Sénat, le peuple s'étaient réunis ;
un sénatus-consulte, confirmé par les curies, venait de
proclamer sa déchéance, son exil et celui de tous les siens.
Aussitôt il quitte son camp et se précipite vers Rome. Il
en trouve les portes fermées. Il revient en toute hâte pour
prendre ses légions avec lui et les mener contre la ville
insurgée. Mais Brutus, un des chefs de l'insurrection, l'a
devancé par une autre route et l'armée aussi vient de se
prononcer contre lui. Un seul jour avait abattu toute sa
puissance, et lui, dont tous les crimes personnels étaient
restés impunis jusque-là, payait de sa ruine le crime d'un
de ses fils. L'attentat de Sextus[2] sur la chasteté d'une noble

---

(1) La richesse de cette ville datait de loin, car Pline parle de peintures
qu'il y a vues et dont l'origine passait pour antérieure à celle de Rome.
(*Hist. nat.*, XXXV, 6.) Ce devaient être des produits de l'art étrusque. —
Les restes qu'on trouve encore aujourd'hui de la citadelle et des murs
d'Ardée portent témoignage de son ancienne puissance. — Cf. Tit.-Liv., 57 ;
Den. d'Hal., IV, 64.

(1) Le récit de cet attentat montre bien le contraste des caractères sabins et toscans ainsi que la différence des mœurs chez les deux races.
Lucrèce était fille de Spurius Lucrétius, d'origine sabine, comme l'indique
son nom, et femme de Tarquin Collatin. Une nuit, les princes tarquiniens, à
la fin d'un de leurs festins ordinaires, engagent entre eux un pari sur les
mérites et la vertu de leurs femmes, pari dont l'idée ne serait jamais venue

femme, qui préféra mourir en criant vengeance que de survivre à un déshonneur involontaire, avait comblé la mesure des forfaits de cette famille et produit enfin l'explosion de la colère publique.

V

Avec Tarquin le Superbe finit à Rome la royauté. « La scélératesse d'un seul, dit Cicéron, avait suffi pour faire

à l'esprit de patriciens sabins. Ils trouvent, dans sa demeure de Collatie, Lucrèce travaillant paisiblement à la laine au milieu de ses femmes jusqu'à une heure très avancée, tandis qu'ils ont surpris à Rome les princesses étrusques en train de se livrer avec leurs compagnes à tous les plaisirs d'un banquet. Les coutumes de l'Étrurie laissaient aux femmes une liberté très grande ; les peintures murales des monuments de ce pays ne nous laissent aucun doute à ce sujet. Lucrèce est donc proclamée la plus sage. Mais sa vertu, non moins que sa beauté, a excité la passion criminelle de Sextus. Quelque temps après, il revient à l'insu de Collatin, s'introduit nuitamment auprès d'elle, et comme il ne peut ni par les prières ni par les menaces vaincre sa résistance opiniâtre, il déclare qu'il va non seulement la tuer, mais placer auprès d'elle le corps nu d'un esclave égorgé afin qu'on puisse croire qu'elle a été immolée dans un adultère avilissant. A cette perspective, l'inflexible chasteté de Lucrèce succombe et Sextus se retire triomphant. Mais aussitôt Lucrèce envoie un exprès à Rome et à Ardée avertir son père et son mari de se rendre auprès d'elle chacun avec un ami. Lucrétius accourt avec P. Valérius, celui qui recevra plus tard le surnom de Publicola, et Collatin avec Brutus. Elle leur raconte l'outrage qu'elle vient de subir, les supplie de la venger, leur fait entendre qu'elle n'y survivra pas. Tous lui promettent vengeance et cherchent à calmer sa douleur en lui montrant qu'elle n'a pas été criminelle. « Il vous appartient, leur réplique-t-elle, de voir quel châtiment mérite Sextus. Pour moi, si je m'absous de la faute, je ne m'exempte pas du châtiment. Jamais femme pour survivre à son honneur ne s'autorisera de l'exemple de Lucrèce. » A ces mots, elle s'enfonce dans le cœur un poignard qu'elle tenait caché sous sa robe et, tombant sous le coup, elle expire. Brutus retire l'arme tout ensanglantée et, la prenant en main : « O dieux ! s'écrie-t-il, je vous prends à témoin de mon serment, par ce sang si pur avant l'attentat de Sextus, je jure de poursuivre avec le fer, avec le feu, avec tous les moyens qui seront en mon pouvoir, Tarquin le Superbe et son épouse infâme et toute leur race ; je jure de ne jamais souffrir que ni eux ni d'autres règnent à Rome. » Il passe ensuite l'arme à Collatin, à Lucrétius, à Valé-

d'un bon gouvernement une chose exécrable[1]». Cette chose exécrée fut abolie, et si le nom de roi ne disparut pas complètement, c'est qu'on ne crut pas décent d'appliquer aux dieux la révolution. Comme il était prescrit par les rites que certains sacrifices fussent offerts par un roi, on nomma pour accomplir ces sortes de sacrifices un prêtre qui prit ce nom *rex sacrorum*, *rex sacrificus*. Mais celui-ci fut soumis au grand pontife dans la hiérarchie sacerdotale, on eut soin de lui interdire toute ambition, en le déclarant incapable d'exercer aucune magistrature dans l'État, et on le chargea, pour ainsi dire, de tourner lui-même son titre en dérision, puisqu'il devait chaque année représenter personnellement la *fuite du roi* dans la fête du *regifugium* qui se célébrait le jour anniversaire de l'expulsion de Tarquin. Quant au pouvoir suprême, il fut conféré à deux consuls qui, avec tous les insignes[2] de la royauté moins la couronne et le manteau de pourpre, en reçurent aussi toutes les prérogatives[3]; car le droit aux grands auspices[4], la garde de la religion, l'administration générale de l'État, la justice et le commandement des armées leur appartinrent. Mais leur autorité, bien que forte et respectée[5], fut

rius, qui répètent le même serment. Le corps de Lucrèce, placé sur un brancard, est porté sur la place de Collatie. L'indignation est généra e. On prend les armes. Et tandis que les uns gardent les portes de la ville qu'on a fermées, les autres, sous la conduite de Brutus, vont à Rome où le Sénat et le peuple, facilement soulevés, proclament la déchéance et l'exil du tyran. — Voy. Tit.-Liv.. I, 57-60.

(1) « Videtisne igitur, ut de rege dominus exstiterit, uniusque vitio genus reipublicæ ex bono in deterrimum conversum sit ? » Cic., *De Rep.*, II, 26.

(2) La toge prétexte, le laticlave, les mules blanches, le sceptre ou bâton d'ivoire, les licteurs armés de faisceaux et la chaise curule.

(3) « ... uti consules potestatem haberent tempore duntaxat annuam, genere ipso ac jure regiam. » Cic., *De Rep.*, II, 32.

(4) Auspicia magna. Voy. Hertzog, *Geschichte und System. d. röm. Staatsverfass*, Leipz. 1884. Tit.-Liv., VI, 41, 42 ; Cic., *De leg.*, III, 3.

(5) Lorsqu'ils paraissaient en public, les consuls avaient droit au plus profond respect : les licteurs y auraient rappelé, même violemment, ceux

établie de telle façon qu'elle se contînt nécessairement elle-même et ne pût devenir menaçante. Ils ne la tenaient en effet que pour un an ; ils ne l'exerçaient dans l'intérieur de Rome que pendant un mois tour à tour[1] ; lorsqu'ils n'étaient point du même avis, l'opposition de l'un[2] arrêtait les décisions de l'autre ; enfin, ils étaient responsables de leurs actes et devaient en rendre compte à l'expiration de leurs fonctions.

Du reste cette révolution romaine ne fut pas un fait extraordinaire à cette époque dans l'histoire de l'Italie. On a remarqué déjà qu'un événement du même genre se produisit alors dans plusieurs colonies grecques et même aussi dans quelques lucumonies. A tous les motifs particuliers qui agirent sur les habitants de Rome pour les soulever contre le despotisme de Tarquin, il semble donc qu'on doive ajouter encore l'influence extérieure de ce mouvement général qui portait bon nombre de peuples de la péninsule à modifier dans un sens identique la forme de leurs gouvernements[3].

qui y auraient manqué ; et lorsqu'ils étaient chez eux, les faisceaux, plantés de chaque côté de la porte de leur maison, témoignaient encore de leur dignité.

(1) Celui des deux consuls qui n'exerçait pas l'autorité était précédé seulement d'un *accensus* et suivi de ses licteurs privés de leurs faisceaux. Ce fut aussi en vertu d'une coutume établie par Valérius Publicola presque aussitôt après la création du consulat que la hache, qui armait les faisceaux hors de Rome, en était ôtée dès que le consul rentrait dans la ville.

(2) Ce qu'on appelait l'*intercessio*.

(3) Il ne faut pas oublier toutefois que la révolution romaine qui fonda la république fut essentiellement aristocratique et ne fit qu'opérer un changement de gouvernement que le patriciat avait déjà tenté longtemps auparavant, à la mort de Romulus. (Voy. la note 1 de la page 139). Ce furent en effet les comices curies, c'est-à-dire les chefs patriciens des *gentes* qui décidèrent que l'*imperium* des rois passerait désormais aux deux consuls, et il allait de soi que cet *imperium consulare* ne pourrait appartenir qu'à des patriciens, puisque ceux-ci seuls avaient la possession des auspices.

VI

Mais si Rome, en expulsant son roi toscan, crut qu'il lui serait permis dans ces circonstances de se soustraire à toute pression de l'étranger, elle se trompa certainement. Car, malgré les précautions de toutes sortes que ses historiens ont prises durant des siècles pour dissimuler, autant que possible, la gravité d'événements dont le souvenir était de nature à froisser l'orgueil national, nous savons pertinemment aujourd'hui que les commencements de la république furent des plus difficiles, qu'elle perdit pour un temps la plus grande partie de sa puissance extérieure et de son commerce, et qu'elle subit de la part de l'Étrurie une de ces interventions militaires qui pèsent si lourdement sur le cœur d'un peuple.

On comprend bien que Tarquin n'était pas homme à rester dans l'inaction après son humiliant échec. Il voulait revenir en vainqueur ou tout au moins se venger par de cruelles représailles. Pour cela, il lui fallait une armée. Il crut dans le premier moment qu'il allait en trouver une à Gabies, comptant sur le pouvoir absolu qu'y avait établi son fils Sextus; mais les Gabiens, loin de se montrer disposés à le seconder, ne tardèrent pas à se venger de l'ancienne trahison qui les avait mis à sa merci et firent périr Sextus. La ville de Cæré[1], où il se rendit avec ses deux autres fils, ne répondit pas non plus à son espoir. Les Cærites, avec qui il avait vécu en bonne intelligence pen-

---

(1) On a retrouvé à Cæré le tombeau d'une famille de Tarquins, où le nom de Tarquinius, sous sa forme étrusque *Tarchnas*, se trouve trente-cinq fois écrit ou gravé sur la paroi des murailles. L'archéologue anglais Dennis, qui a décrit cette tombe dans son voyage aux nécropoles étrusques, paraît disposé à faire remonter la filiation de ces Tarquins jusqu'aux rois de Rome; mais Noël des Vergers pense qu'il serait hardi d'exprimer à ce sujet une affirmation quelconque. (Dennis, *Cities and cem. of Etr.*, tom. II, p. 44-45; N. des Vergers, *L'Étrurie et les Étr.*, tom. II, p. 90. — Cf. *Bull. dell'Inst. arch.*, 1847, p. 56-59-63).

dant tout son règne parce qu'il avait besoin de leur marine
pour ses relations commerciales, ne lui refusèrent pas
l'hospitalité ; mais ils lui firent comprendre que leur prospérité personnelle reposait précisément sur l'état de neu-
tralité qu'ils avaient toujours su conserver au milieu des
autres peuples, que son différend avec Rome ne les concernait en aucune façon et qu'ils ne voulaient pas rompre les
traditions pacifiques de leur politique. Restaient donc les
Étrusques. N'étaient-ce pas eux qui devaient prendre en
main la défense d'un prince toscan ? N'y avait-il pas pour
eux le plus grand intérêt à rétablir à Rome, même par la
force des armes, un roi de leur race, qui, maître de cette
ville, exercerait avec leur appui une action prépondérante
sur tout le Latium et leur tiendrait ouverte la communication dont ils avaient besoin entre leurs deux confédérations du centre et du midi ? Il ne semble pas pourtant qu'ils
se soient empressés de faire à son appel une réponse unanimement favorable ; eux-mêmes étaient sans doute en ce
moment-là quelque peu travaillés par les dissentiments
qui commençaient déjà à relâcher leurs liens fédéraux ; et
il n'y eut que deux villes qui alors lui vinrent réellement
en aide, Véies et Tarquinies : l'une, parce qu'elle avait
tout à craindre du peuple de Rome, s'il restait indépendant,
tandis qu'il cesserait d'être redoutable pour elle sous la
tutelle des Étrusques ; l'autre, parce qu'elle était le berceau
de la famille des Tarquins, qui s'étaient faits, pour ainsi
dire, ses clients à l'origine de leur puissance en lui em-
pruntant son nom.

Un grand danger néanmoins menaça alors la république
naissante. Les députés que ces deux villes envoyèrent à
Rome pour négocier ostensiblement, sinon le rétablissement du roi, du moins la restitution des biens de sa famille,
ne craignirent point d'user dans l'ombre des moyens perfides qui avaient si souvent réussi à Tarquin et formèrent
une conspiration avec un groupe de partisans, qu'il avait
encore dans la ville. Quelque détesté en effet qu'ait été un
gouvernement, il se trouve toujours, lorsqu'il est renversé,

des gens qui le regrettent à côté d'autres gens mécontents de ne pas trouver dans le nouvel ordre de choses tous les avantages qu'ils en ont espérés[1]. Plusieurs jeunes patriciens, anciens compagnons de plaisirs des princes tarquiniens, en société desquels ils avaient joui longtemps d'une foule de faveurs et de privilèges désormais perdus, se mirent à la tête du complot. Ils étaient sur le point d'ouvrir les portes de Rome à son ancien tyran, lorsqu'un esclave, au milieu d'une nuit, les dénonça. Les coupables furent aussitôt saisis, et le lendemain, de bonne heure, Brutus, en sa qualité de consul, assis sur son tribunal, en présence des sénateurs réunis dans le Comitium et de la multitude assemblée sur le Forum, les fit comparaître tous ensemble, les condamna et ordonna leur exécution immédiate sous ses yeux. Au milieu d'eux étaient ses deux fils, qu'il vit décapiter l'un après l'autre avec cette impassibilité de visage qui reflétait si durement sa terrible énergie[2]. On ordonna alors aux députés des deux villes de se retirer; on livra les biens de Tarquin au peuple, et l'on se mit en mesure de soutenir une guerre devenue inévitable. Lorsque l'armée de Véies et de Tarquinies s'approcha, les deux

---

(1) Il est probable aussi que le passage de la royauté à la république, comme toute révolution en général, ne s'était pas opérée sans entraîner quelques excès et par conséquent sans susciter quelques haines contre le nouveau régime. Une phrase de Cicéron permet de le supposer : « Vous n'ignorez pas, dit-il, que le peuple, enivré de sa liberté nouvelle, usa de représailles ; on vit alors beaucoup d'innocents exilés, beaucoup de citoyens dépouillés de leurs biens... — Tarquinio exacto, mira quadam exsultasse populum insolentia libertatis ; tum exacti in exsilium innocentes, tum bona direpta multorum... » (*De Rep.*, 1, 40). Collatin lui-même, devenu suspect, s'était vu obligé de se retirer à Lavinium.

(2) Il se trouve à Rome un admirable buste en bronze, que l'on regarde généralement comme un vrai portrait de L. Junius Brutus. Ce buste, il est vrai, ne date que de la fin de la république et ne semble avoir été exécuté qu'à l'époque où le meurtre de César par le second Brutus raviva la mémoire du premier ; mais l'image du fondateur de la liberté avait pu être conservée jusque-là par sa famille parmi les images en cire des ancêtres, et elle pouvait aussi avoir été copiée fidèlement d'après la statue primitive du Capitole. — Voy. Visconti, *Iconogr. rom.*

consuls sortirent à sa rencontre, et Brutus, qui venait de
sacrifier ses fils à la liberté de son pays, donna aussi pour
elle sa vie : Aruns et lui, en se précipitant à cheval l'un
sur l'autre, s'entretuèrent au milieu de la bataille. La nuit
sépara les combattants sans qu'il y eût de résultats déci-
sifs[1] ; mais les Étrusques, effrayés sans doute des pertes
qu'ils avaient subies dans cette journée, se retirèrent
brusquement en abandonnant leur camp à Valérius. Celui-
ci rentra à Rome en triomphe ; on fit à Brutus des funérailles magnifiques ; les matrones décidèrent de porter
pendant un an le deuil de celui qui avait vengé l'honneur
de Lucrèce, et sa statue, le glaive en main, fut placée dans
le Capitole.

Mais la république n'était pas sauvée pour cela. Porsenna avait entendu, lui aussi, les plaintes de Tarquin, et
ce roi de Clusium, dont la figure apparaît dans l'histoire
comme celle d'un des plus grands personnages de l'Italie,
ne disposait pas seulement des forces de sa lucumonie ; sa
capitale jouait depuis peu dans la confédération centrale
le rôle prépondérant qu'avait eu pendant longtemps la
ville de Tarquinies et il était revêtu de la dignité de
général en chef de l'union[2], qui lui permettait d'agir dans
ses entreprises avec bien plus de puissance que ne pouvaient le faire deux villes isolées, quelque grandes qu'elles
fussent. Sans consentir à s'ériger en champion de la cause

(1) Chacune des deux armées avait eu son aile droite victorieuse et son
aile gauche mise en déroute. Les chances s'étaient si également balancées
qu'une légende disait que l'on n'aurait su dans le moment à qui attribuer la
victoire si, au milieu de la nuit, la grande voix d'un dieu, sortant de la
forêt Arsia, n'avait proclamé les Romains vainqueurs en criant bien haut
qu'i s avaient perdu un homme de moins que les Étrusques. Plutarque, qui
donne ce récit légendaire, y met naïvement les points sur les i, et nous ren-
seigne avec précision sur le nombre des morts : 11,300 pour les Toscans et
11,299 pour les Romains. — Voy. Plut., *Vie de Publicola*, 9.

(2) Pline, Florus, Eutrope, Orose, Zonare font du chef de Clusium un roi
de toute l'Étrurie ; évidemment, il faut entendre par là que Porsenna fut le
chef militaire de la confédération, car jamais l'Étrurie entière ne reconnut
la souveraineté d'un roi unique.

14

personnelle du roi détrôné, il comprit qu'il y avait pour les Étrusques un intérêt national à ne pas laisser s'établir sur les bords du Tibre un grand état indépendant qui empêcherait pour toujours leur unité territoriale, et il marcha sur Rome.

C'est ici que l'esprit de Tite-Live et des plus anciens historiens romains s'est efforcé de cacher sous une narration ininterrompue de faits individuels et d'actes d'héroïsme particuliers l'événement déplorable qu'ils ne voulaient pas avouer de peur de ternir aux yeux de la postérité la réputation glorieuse de la nation. D'après leur récit, Porsenna s'avance jusqu'au Janicule. La bravoure d'Horatius Coclès lui ferme le passage du Tibre. Ce guerrier soutient seul l'effort des Étrusques pendant le temps qu'on coupe le pont Sublicius et, l'ouvrage achevé, se jette tout armé dans le fleuve et revient à la nage vers les siens. Mucius donne un autre exemple de courage. Il entre dans le camp ennemi pour tuer Porsenna et tue un secrétaire qu'il prenait pour le prince. On l'arrête. Il pose sa main sur l'autel où l'on venait de sacrifier, la laisse brûler, et quand il a montré ainsi qu'un citoyen romain ne craint rien, il déclare qu'il y a dans la ville trois cents jeunes gens des premières familles qui ont juré comme lui la mort du roi. L'admiration pour tant de fermeté et aussi la crainte des dangers qu'il court engagent Porsenna à renoncer à la guerre; il propose la paix et reçoit des otages. Une des jeunes filles qui se trouvaient parmi eux, Clélie[1], trompe la vigilance des gardes, entraîne à sa suite quelques compagnes et revient à Rome en traversant le Tibre à la nage. Le Sénat n'hésite pas à la renvoyer à Porsenna qui, touché de sa vertu, lui rend la liberté et la fait reconduire honorablement. Des deux parts on semble alors lutter de courtoisie et de bons procédés. Le chef étrusque, avant de se

---

(1) Voy. Tite-Live, livre II, pour Horatius Coclès, chap. 10; pour Mucius, c. 12; pour Clélie, c. 13. Pline parle (*Hist. nat.*, XXXIV, 11, 2 et 3) des statues élevées par leurs contemporains à Coclès et à Clélie, et j'en ai dit un mot dans le chap. III, p. 105.

retirer, demande bien aux Romains le rétablissement de Tarquin, mais à peine a-t-il entendu les explications de leurs députés, qu'il se rend à leurs raisons et promet de ne plus troubler désormais leur tranquillité. De leur côté, les Romains lui donnent des marques non équivoques de respect et de reconnaissance.

Tous ces faits détaillés, considérés au point de vue de l'antiquité[1], sont très beaux et Tite-Live en particulier les raconte admirablement. Mais l'expédition du roi de Clusium ne s'est pas passée de cette façon[2]; la vanité nationale a altéré la vérité; nous en avons des preuves indiscutables, livrées plus tard par les écrivains latins eux-mêmes. Tacite, dans un mouvement d'indignation, s'écrie en parlant du Capitole incendié par la faction de Vitellius, « qu'une semblable profanation n'avait été commise ni par les Gaulois, lorsqu'ils s'étaient emparés de la ville, ni par les Étrusques, lorsqu'elle s'était rendue à Porsenna[3] ». Pline

(1) Les faits les p'us célébrés par l'antiquité ne peuvent pas toujours être appréciés par nous de la même manière. L'acte de Mucius par exemple, que les historiens anciens citent avec grand éloge et que Valère Maxime (III, 3, 1) appelle même un dessein pieux, est, malgré le motif très noble qui l'inspirait, un assassinat qu'on ne saurait plus approuver. De nos jours, un Staaps qui veut tuer aussi le conquérant de son pays et qui lui répond comme Mucius répondait à Porsenna, peut encore nous frapper d'étonnement par sa fermeté d'âme, mais on le plaint plus qu'on ne le loue.

(2) On sent que Tite-Live lui-même, malgré toute son habileté, se trouve gêné plus d'une fois par les faits dans sa narration. La question des otages, par exemple, le met dans l'embarras et lui arrache un demi-aveu de la défaite des Romains. « Le désir, dit-il, de voir le Janicule délivré des troupes qui l'occupaient réduisit les Romains à la nécessité de donner des otages.., expressæque necessitas obsides dandi Romanis, si Janiculo præsidium deduci vellent. » (II, 13.) Et plus loin, (II, 14) il reconnaît que le départ de l'armée étrusque, tel qu'il le raconte, ne s'accorde pas avec la vente des biens de Porsenna, cette coutume singulière qui s'était conservée à Rome jusqu'au temps d'Auguste et dont je dirai un mot dans la note 3 de le page 214.

(3) « ... sedem Jovis optimi maximi, auspicato a majoribus, pignus imperii conditam, quam non Porsenna *dedita Urbe*, neque Galli capta, temerare potuissent, furore principum exscindi ! » Tac., *Hist.*, III, 72.

est plus explicite encore, parce qu'il n'est ni un politique ni un historien ; il parle en naturaliste qui n'est préoccupé que d'un détail qui touche à l'histoire des métaux : « Dans le traité que Porsenna accorda au peuple romain, dit-il, nous trouvons cette clause expresse que les Romains renonceraient à l'usage du fer, excepté pour cultiver la terre [1] ». Quelle condition est plus dure et dénote un plus complet abandon ! Nous nous expliquons dès lors pourquoi la statue de Porsenna, dont parle Plutarque [2], fut érigée près de la Curie, et pourquoi aussi le Sénat lui envoya comme marques de respect, à ce que dit Denys d'Halicarnasse [3], le trône d'ivoire, le sceptre, la couronne, la robe de pourpre, en un mot, tous les insignes du souverain pouvoir. Il ne nous est plus permis, après de tels aveux [4], de conserver le moindre doute sur la soumission à laquelle la jeune république se trouva tout à coup réduite par le général étrusque.

Bien certainement Porsenna, s'il l'eût voulu, aurait pu dans ce moment-là rétablir Tarquin sur son trône. Rien ne l'en empêchait. Mais quel intérêt avait-il à opérer cette restauration ? Comme roi de Clusium, était-il porté à favoriser si puissamment une famille tarquinienne, alors que

(1) « In fœdere, quod expulsis regibus populo romano dedit Porsena, nominatim comprehensum invenimus, ne ferro nisi in agricultura uterentur. » Plin., *Hist, nat.*, XXXIV, 39.

(2) *Vie de Public.*, 19.

(3) Den. d'Hal., V, 85.

(4) On s'est demandé pourquoi Tacite et Pline ont avoué si hautement un fait que les annalistes du siècle d'Auguste avaient si soigneusement caché. Ont-ils osé dire incidemment ce qu'ils n'auraient pas expliqué tout au long dans un corps d'histoire ? Ou bien la critique historique avait-elle fait assez de progrès pour leur faire comprendre que la gloire d'un grand pays n'a rien à redouter de la vérité ? Ou bien enfin possédaient-ils des documents précédemment inconnus ? Cette dernière supposition n'a rien d'invraisemblable. Suétone (*Vie de Vesp.*, VIII) dit que Vespasien avait fait rechercher dans les diverses parties de l'Italie toutes les pièces d'archives ayant trait à l'histoire du peuple romain. Peut-être le traité conclu avec Porsenna avait-il été retrouvé à cette occasion.

Tarquinies et Clusium étaient deux villes rivales et se disputaient entre elles l'hégémonie de l'Étrurie centrale? Et comme général en chef de la confédération, n'avait-il pas le devoir de garder Rome sous sa propre tutelle plutôt que de la remettre aux mains d'un prince qui, malgré son origine toscane, s'était montré de tout temps disposé à s'appuyer sur le pacte fédéral des Latins pour étendre aussi loin que possible une puissance dont le développement, en fin de compte, devait de toute nécessité nuire à celui de la nation étrusque? De plus, n'était-il pas d'une adroite politique d'avoir l'air de prendre en considération les sentiments intimes des vaincus? Du moment que tout pouvoir militaire et toute armée nationale leur étaient enlevés, y avait-il danger pour le conquérant à leur laisser la forme de gouvernement qu'ils s'étaient choisie? Et ne pouvait-il pas à bon marché prétendre à leur reconnaissance en se faisant à leurs yeux un mérite insigne de ne pas leur imposer le tyran qu'ils abhorraient? Sous quelque rapport qu'on examine cette conquête de Rome par Porsenna, on voit qu'il y avait une foule de raisons pour que Tarquin fût sacrifié. On ne doit donc plus s'étonner qu'il l'ait été.

Cet abandon même explique suffisamment la suite des événements. Tarquin mécontent se retire chez son gendre Mamilius et se met à renouer des intelligences dans la confédération des cités latines. De son côté, Porsenna, maitre de Rome, poursuit son projet d'assurer à la puissance étrusque un passage libre sur le Latium et, dans cette intention, envoie contre les Latins une expédition commandée par son fils. La ville d'Aricie[1], une des cités les plus florissantes du pays, oppose une défense héroïque; mais les Latins, réduits à eux-mêmes, ne seraient pas de force à résister aux troupes toscanes; ils sont heureusement secourus par les Grecs de la Campanie qui ne peuvent voir sans crainte cette entreprise nouvelle des

---

(1) L'ancienne Aricie a laissé son nom au village actuel de Laricia près du lac de Némi.

Étrusques contre la partie méridionale de la péninsule. Les Cuméens, se sentant personnellement menacés, se rendent à l'appel de Tarquin qui par ses anciens rapports avec les deux peuples leur sert naturellement de trait d'union ; ils viennent combattre sous les murs d'Aricie, et ce sont eux qui, au moment même où les Latins sont mis en déroute, prennent à revers l'armée toscane et lui infligent une défaite, au milieu de laquelle périt son général[1]. Les débris de l'expédition de Porsenna se réfugient à Rome[2], qui, tout en les recueillant, comprend que le moment lui est favorable pour secouer le joug militaire du roi de Clusium et s'affranchir du traité humiliant auquel elle avait dû se soumettre. Elle reprend l'usage des armes, reforme ses légions, et débarrassée enfin de Porsenna, dont elle vend les biens à l'encan[3], elle s'apprête

---

(1) On montre encore, dans les environs de Laricie, les ruines d'un tombeau de construction étrusque, que pendant longtemps on a fait à tort passer pour le tombeau des Curiaces et qui est probablement celui du général toscan, fils de Porsenna, tué dans cette bataille. Ce monument est surmonté de pointes tronquées très analogues à celles que Pline dit avoir existé sur la tombe de Porsenna lui-même. (Plin., *Hist. nat.*, XXXVI, 19, 7 ; de Luynes, *I. Arch.*, 1829, p. 306 ; Dennis, *Sepult. of Etr.*, I, p. 416.)

(2) Den. d'Hal., V, 36.

(3) « L'ancien usage qui s'est conservé jusqu'à nos jours, avoue Tite-Live, et qui consiste à proclamer la vente des biens de Porsenna toutes les fois qu'on met des biens à l'encan, ne se concilie guère avec la retraite pacifique des Étrusques... La conjecture la plus vraisemblable qui nous ait été transmise, c'est que Porsenna, lorsqu'il évacua le Janicule, avait un camp abondamment pourvu de vivres tirés des campagnes fertiles de l'Étrurie peu distantes de Rome, et qu'il fit don de tous ces approvisionnements aux Romains, qu'un long siège avait réduits à la disette ; que ces vivres, pour qu'ils ne fussent pas abandonnés au peuple qui les aurait pillés, furent vendus aux enchères sous la qualification de biens du roi Porsenna, mais que cette formule indiquait plutôt la reconnaissance d'un bienfait qu'un acte d'autorité exercé sur des propriétés royales qui n'étaient pas au pouvoir du peuple romain. » (II, 14). On voit combien est embarrassée l'explication de cette hypothèse à laquelle doit recourir Tite-Live pour mener jusqu'au bout la légende d'invention romaine qui faisait disparaître de l'histoire de Rome la domination réelle du roi de Clusium. Rien au contraire

à défendre son indépendance contre tous ceux de ses voisins qui pourraient être tentés d'abuser de sa faiblesse. Elle repousse d'abord l'attaque de quelques tribus sabines attirées sur elle par l'espoir d'une conquête facile [1]. Puis elle se retrouve bientôt en présence de son implacable ennemi. Tarquin, qui a su faire valoir auprès des Latins le service qu'il leur a rendu récemment en contribuant à leur procurer le secours de l'armée cuméenne, réussit à faire appuyer par eux ses revendications personnelles, et reparait plus redoutable que jamais, avec son fils Titus et son gendre Mamilius, à la tête des contingents militaires de trente cités du Latium. Devant un tel déploiement de forces le danger parait si grand que Rome crée une magistrature provisoire mais omnipotente, à laquelle elle aura recours désormais chaque fois qu'elle se sentira menacée : elle nomme un premier dictateur, et bientôt après un second, Aulus Postumius, à qui revient l'honneur de la célèbre journée du lac Régille [2].

Les historiens anciens ont donné au récit de cette san-

ne devient plus facile à expliquer que la commémoration de la vente des biens de Porsenna, si l'on rétablit la vérité des faits. N'était-il pas naturel, en effet, une fois le joug du conquérant secoué, que le Sénat confisquât et vendit ses biens comme il avait confisqué et distribué précédemment ceux des Tarquins ? Et la coutume qui rappelait cette vente n'avait-elle pas dû se perpétuer précisément parce qu'elle rappelait en même temps le grand événement de la libération du territoire.

(1) Il s'agit ici de quelques tribus de montagnards qui jalousaient les grandes familles de leur race installées depuis longtemps à Rome. La preuve d'ailleurs qu'il n'y eut pas d'entente dans tout le pays sabin à cette occasion, c'est l'arrivée à Rome de la puissante famille des Claudius qui vint justement à cette époque apporter à la République le contingent précieux de ses cinq mille clients.

(2) Par une de ses belles et nombreuses découvertes, M. Pietro Rosa a déterminé l'emplacement de cette bataille. Sur la route de Palestrina, à quinze ou seize milles de Rome, non loin de la colline que couronne le petit village de la Colonna, existe une dépression du sol : c'est là que se trouvait le lac Régille, aujourd'hui desséché, mais qu'on appelle encore le marais, *il Pantano*. Le lieu élevé et de difficile accès sur lequel Postumius prit d'abord position ne peut être que la Colonna.

glante bataille des proportions épiques. On y voit les
généraux eux-mêmes, non contents de diriger les mouvements, prendre part à la mêlée, se porter des défis à la
façon homérique, se mesurer corps à corps, et, si l'on
excepte le dictateur romain, on n'y remarque presque
aucun des chefs, dans l'une et l'autre armée, qui sorte du
combat sans blessures[1]. Du côté des Romains, le frère de
Valérius Publicola, T. Herminius, et Æbutius, commandant
de la cavalerie, sont mortellement ou grièvement atteints ;
de l'autre côté, le gendre et le fils de Tarquin succombent
et la personne du vieux roi est frappée d'un coup de lance.
L'action est si importante et doit amener un résultat si
décisif pour les destinées de la république, que le peuple
de Rome ne refusera même pas de croire qu'il s'est trouvé
des divinités protectrices au nombre de ses défenseurs.
Comme Aulus Postumius, au moment le plus critique du
combat, a voué[2] un temple aux Dioscures, on ne craindra
pas d'affirmer que Castor et Pollux, montés sur des chevaux blancs, se sont montrés à la tête des légions et ont
franchi les premiers les retranchements ennemis ; le temple magnifique[4] qui leur sera élevé sur le Forum, perpé-

(1) « Nec quisquam procerum ferme hac aut illa ex acie sine vulnere,
præter dictatorem romanum, excessit. » Tit.-Liv., II, 19.

(2) Ce vœu de Postumius, que Tite-Live se contente de rappeler très brièvement (II. 20), n'avait rien que de naturel et de conforme aux usages
romains.

(3) Denys d'Halicarnasse (VI, 13) raconte ce fait merveilleux des Dioscures combattant en faveur des Romains, puis venant le soir annoncer à
Rome la nouvelle de la victoire et disparaissant après avoir fait désaltérer
leurs chevaux à la fontaine de Juturne, près du temple de Vesta. — La
famille des Albini, descendants de Postumius tint à rappeler cette légende
glorieuse et fit graver une médaille qui représentait, en mémoire de la victoire du lac Régille, les Dioscures avec leurs chevaux à la fontaine de
Juturne.

(4) Cet édifice dans lequel le Sénat tint souvent ses séances (Cic., *Pro
Quinto*, 4), fut un des temples les plus fréquentés et les plus honorés
« celeberrimo clarissimoque monumento » (Cic., *In verr.*, II, 1, 49). Dédié
par le fils de Postumius, il fut réparé par Metellus le Dalmatique et refait

tuera cette tradition fabuleuse, et, durant des siècles, on montrera religieusement, près du lac Régille, l'empreinte gigantesque laissée sur le roc par un des pieds du cheval de Castor [1].

C'est que la victoire de Postumius, en effet, marque dans l'histoire romaine une date essentielle. Elle affirme l'indépendance définitive de la république et met fin pour toujours à toute tentative de restauration d'une monarchie des Étrusques sur le territoire de Rome. Désormais, il ne pourra plus être question des Tarquins; car les trois fils du Superbe sont morts, et lui-même, exclu du Latium par le traité qui vient d'être imposé aux Latins, va terminer sa misérable vieillesse à Cumes près du tyran Aristodème. Quant à la confédération toscane, il semble que les divers États qui la composent ne se réuniront plus jamais sous un même drapeau. On ne voit plus, après l'expédition de Porsenna, de grande entreprise militaire à laquelle prenne part l'ensemble de la nation. Les dissensions intestines, l'excès du luxe et la corruption des mœurs vont enlever peu à peu à l'Étrurie son unité, son action politique, sa raison d'être. Et, pendant que ce vaste empire se décomposera, Rome insensiblement prendra des forces; profitant des divisions des peuples qui l'entourent, elle s'avancera au milieu d'eux par les alliances autant que par les armes; elle fera des conquêtes et grandira. Mais dans son indépendance politique et guerrière, elle ne renoncera pas aux avantages que continueront de lui procurer ses rapports incessants avec les ingénieurs, les navigateurs, les artistes toscans. Elle deviendra en réalité l'héritière des Étrusques [2], de sorte que, après avoir été tenue en tutelle par

sous Auguste et Tibère. Il en reste aujourd'hui trois colonnes qui datent de cette dernière époque et qui sont, dit Ampère (*Hist. rom. à Rome*, IIᵉ partie, fin du chap. Iᵉʳ), le plus bel ornement du forum romain.

(1) C'est de cette empreinte que parle Cicéron dans son traité *De nat. deor.*, III, 5, lorsqu'il dit : « Ergo et illud in silice, quod hodie apparet apud Regillum, tanquam vestigium ungulæ, Castoris equi credis esse? »

(2) Dans un des trois articles qu'il a consacrés à l'examen de l'ouvrage

leur civilisation, elle la représentera glorieusement jusqu'au jour assez prochain où les idées et les arts de la
Grèce à leur tour s'empareront d'elle et lui feront représenter une civilisation plus noble et plus épurée.

de Noël des Vergers. (*Journal des Savants,* ann. 1864 et 1865), Beulé
insiste avec force sur la continuité des rapports étroits qui existèrent entre
les deux peuples au grand avantage de la république romaine.

LIVRE TROISIÈME

HISTOIRE DE LA PAROLE ET DES DÉBATS
LÉGISLATIFS CHEZ LES ROMAINS
JUSQU'A L'UNIFICATION DU PEUPLE ENTIER
PAR L'ÉGALITÉ CIVILE, POLITIQUE
ET RELIGIEUSE.
L'AGE D'OR DE LA RÉPUBLIQUE.

CHAPITRE PREMIER

HISTOIRE DE LA PAROLE ET DES DÉBATS LÉGISLATIFS DANS LA LUTTE DES PLÉBÉIENS ET DES PATRICIENS JUSQU'A L'ÉTABLISSEMENT DE L'ÉGALITÉ CIVILE.

I. Vitalité persistante de l'élément latin malgré l'action exercée par les Sabins et par les Étrusques. Son développement considérable dans la plèbe. — II. Lutte des plébéiens et des patriciens. Les *nexi*. Plaintes d'un ancien centurion devant le peuple; discours des consuls Servilius et Appius Claudius, du dictateur Manius Valérius dans la curie; retraite sur le mont Sacré; apologue de Ménénius Agrippa; traité entre les deux ordres; création des tribuns et des édiles plébéiens. — III. Premières victoires des tribuns : accusations portées par eux contre Coriolan et contre des personnages consulaires ; leur puissance dans les comices par tribus. — IV. La loi agraire. Proposition de Spurius Cassius Viscellinus. — V. Accusation portée par Cn. Génucius, qui est assassiné. Proposition de Publilius Voléron et vote de la loi Publilia. Proposition de Térentilius Arsa. Discours de Cason Quinctius, du tribun Virginius, du consul P. Valérius. La loi Icilia. La loi des consuls Sp. Tarpeius et A. Aternius. Succès définitif de Térentilius et nomination de décemvirs chargés de rédiger une législation applicable à tous. — VI. Les décemvirs et les douze tables. Ambition du décemvir Appius Claudius. Opposition éloquente de L. Valérius Potitus et de M. Horatius Barbatus. Attentat d'Appius contre la fille du centurion Virginius, fiancée de l'ancien tribun Icilius. Révolte des armées et nouvelle sécession de la plèbe sur le mont Sacré, provoquée par les discours de Virginius, d'Icilius et du tribun Duilius. Réconciliation opérée par L. Valérius et M. Horatius : avantages qu'en retirent les plébéiens. — VII. Esprit des lois des XII tables. Discours du tribun Canuleius contre celle de ces lois qui maintient l'interdiction des mariages entre patriciens et plébéiens. Conquête définitive de l'égalité civile.

I

Quand on considère pour la première fois les commencements de Rome, lorsqu'on voit l'action prépondérante exercée par les Sabins et par les Étrusques sur les compagnons de Romulus et leurs descendants, et qu'on pense en outre à tout ce que le peuple romain doit ensuite recevoir des Grecs, on est tenté de se demander si, après un développement dû à tant d'éléments étrangers, il a pu rester dans ce peuple quelque chose d'origine vraiment romaine. Mais plus on l'examine avec attention, plus, au contraire, on est étonné d'avoir à constater en lui la vitalité de son élément primitif. On reconnaît que la molécule latine, qui s'était comme par hasard formée sur le Palatin, était douée d'une énergie native si extraordinaire que, loin de se perdre au milieu des forces qui l'entouraient et la menaçaient de toutes parts, elle les a absorbées peu à peu et se les est assimilées complètement. C'est elle en somme qui, s'accroissant toujours par ce travail d'absorption et d'assimilation continues, finira à un moment donné par se développer au point de ne plus vouloir pour elle-même d'autres limites que celles du monde.

En insistant, comme je l'ai fait dans les chapitres précédents, sur tout ce qui concerne les Sabins et les Étrusques, j'ai montré, autant que j'ai pu, l'importance du rôle joué dans l'histoire de la civilisation des deux premiers siècles de Rome par les peuples appartenant à ces deux grandes races. Mais que de fois, dans cette même histoire, n'avons-nous pas occasion de nous arrêter pour admirer la persistance inébranlable de cette poignée de Latins qui, après avoir fait souche dans la *Roma quadrata*, ne s'en laisse jamais extirper, survit à tous les événements qui se déchaînent sur elle, et trouve moyen d'en tirer profit!

Ne semble-t-il pas, en effet, que les circonstances mêmes qui devaient contribuer le plus à la destruction de l'élément latin, aient été précisément celles qui ont le plus fait pour sa conservation et son développement? Lorsque, tout d'abord, la cité de Romulus à peine naissante se voit en guerre avec le plus puissant des peuples de la Sabine, et qu'elle se trouve, dès son origine, dans l'obligation absolue d'accepter la domination des rois sabins, c'est sur la population latine de Rome que cherchent à s'appuyer ces rois pour défendre leur autorité personnelle contre les projets ambitieux des grandes familles de leur propre race.

Lorsque, plus tard, aux princes sabins succèdent les princes étrusques, la politique royale ne varie pas : c'est encore avec le peuple du Palatin que la royauté cherche à s'allier contre cette vieille aristocratie sabine, trop orgueilleuse, trop imbue des privilèges de sa naissance pour supporter patiemment le gouvernement d'un seul. Il n'est pas jusqu'aux guerres acharnées qu'on fait à l'extérieur aux peuples d'origine latine qui ne tournent au profit des Latins de Rome : car la transportation en masse sur les collines romaines des tribus vaincues dans chacune de ces guerres donne une importance considérable à la plèbe dont le caractère essentiellement latin, loin de s'atténuer, s'accentue ainsi de plus en plus.

Qu'y a-t-il alors d'étonnant si, après l'expulsion des rois, en présence d'une aristocratie qui croit pouvoir abuser désormais, sans aucun frein, de toute la puissance que lui donnent des lois qu'elle a faites elle-même, s'élève cette grande masse plébéienne qui ne veut pas être comptée pour rien, qui dans son importance numérique et dans les services militaires qu'elle peut rendre, non moins que dans les humiliations qu'on lui impose et les exactions qu'on lui fait subir, puise le sentiment des réformes auxquelles elle a le droit d'aspirer. La lutte sans cesse renouvelée du patriciat et de la plèbe qui, presque aussitôt après la bataille du lac Régille, constitue l'histoire intérieure de Rome pendant les premiers siècles de la république, n'est pas seulement une lutte du privilège qui se défend et du droit commun qui réclame; au fond de cette guerre civile on sent comme une sorte de guerre nationale. Ces deux classes, qui se haïssent mutuellement, qui sont toujours aux prises, représentent deux races, deux villes, comme dit Denys d'Halicarnasse[1] : dans l'une, la plèbe, reste personnifié l'élément latin, et dans l'autre, le patriciat, bien que le

____

(1) Den. d'Hal., VI, 36. — « Dans la première époque, dit Michelet, Rome se forme et s'organise par le nivellement et le mélange des *deux peuples* contenus dans ses murs, patriciens et plébéiens; l'œuvre est consommée vers l'an 350 avant l'ère chrétienne. » *Hist. rom.*, Préface.

patriciat compte bon nombre de nobles d'origine toscane et d'origine latine, se maintient toujours prépondérant le vieil élément sabin, avec ses vertus et ses défauts, c'est-à-dire la fermeté du caractère et l'austérité des mœurs, la parcimonie, l'avarice et la dureté.

II.

Cette dureté et cette avarice des nobles furent les principales causes et donnèrent le premier signal des troubles populaires.

Comme, après chaque guerre, une foule de plébéiens revenaient chez eux dénués de toutes ressources, ils se voyaient obligés de recourir aux patriciens afin d'obtenir quelque subsistance pour nourrir leurs familles en attendant qu'ils eussent remis en bon état leurs maisons et leurs champs. Mais ces emprunts ne leur étaient consentis qu'au taux de douze pour cent par an ; la valeur de leurs petites propriétés ne tardait pas à être absorbée par les intérêts accumulés ; et alors, ce gage une fois disparu, leurs personnes mêmes répondaient de leurs dettes, et, avec leurs personnes, leurs familles tout entières. Ils devenaient ce qu'on appelait *nexi*[1], ils appartenaient à leurs créanciers, qui souvent se montraient impitoyables, les emprisonnaient chez eux et les torturaient comme de véritables bourreaux. La loi à cet égard était d'une rigueur inexorable ; elle allait jusqu'à permettre au créancier de vendre à l'étranger, au-delà du Tibre, le débiteur insolvable.

Avec les guerres nombreuses qu'avait eu à soutenir la République naissante, le nombre des *nexi* s'était considérablement accru. De là une grande misère et un grand mécontentement dans le peuple, qui se plaignait d'avoir à combattre sans cesse au dehors pour la liberté de tous et

(1) Voir Varron, *De Ling. lat.*, VI, 5 ; Festus, au mot *nexum*, et le chapitre de Niebuhr.

l'indépendance de la patrie alors qu'il ne trouvait au dedans pour lui-même qu'oppression et captivité [1]. Ces plaintes finirent par faire explosion en plein Forum. Un jour, raconte Tite-Live [2], apparut au milieu de la foule un vieillard, un ancien centurion, honoré de plusieurs récompenses militaires et dont la poitrine couverte de nobles cicatrices témoignait de sa valeur en plus d'une bataille. Il était presque méconnaissable. Sa pâleur, la maigreur de son corps exténué, ses vêtements en lambeaux attiraient sur lui la pitié générale. Il dit que, pendant la dernière guerre, sa récolte avait été détruite, sa ferme brûlée, ses troupeaux enlevés ; que, dans cette détresse, il avait été contraint d'emprunter ; que ses dettes, grossies par les intérêts, après l'avoir dépouillé du champ qu'il tenait de son père, avaient atteint sa personne elle même ; et que, saisi par son riche créancier, il avait trouvé en lui, non un maître, mais un geôlier et un bourreau [3]. En même temps il montrait ses épaules meurtries des coups qu'il venait de recevoir. A cette vue, à ces paroles, l'indignation publique se souleva et bientôt retentirent dans la ville des cris séditieux qui appelaient de tous côtés les débiteurs et ceux qui voulaient défendre leur cause.

Pendant qu'un tumulte indescriptible se produisait au Forum, les deux consuls émettaient dans la Curie des avis différents : l'un, Servilius, penchait vers les mesures de conciliation ; l'autre, Appius, le représentant de cette grande famille des Claudii qui, en se transportant à Rome après l'expulsion des Tarquins, y était venue fortifier l'élément sabin du patriciat dans tout ce qu'il avait de plus énergique, s'exprimait avec l'impérieuse dureté de sa race et voulait recourir aux moyens violents. Le Sénat,

____

(1) « Fremebant se, foris pro libertate et imperio dimicantes, domi a civibus captos et oppressos esse ; tutioremque in bello, quam in pace, inter hostes, quam inter cives, libertatem plebis esse... » Tit.-Liv., II, 23.

(2) Tit. Liv., II, 23.

(3) « Ductum se ab creditore, non in servitium, sed in ergastulum et carnificinam esse. » Tit.-Liv., II, 23.

entre ces deux opinions contraires, se trouvait sous le coup de la plus profonde émotion, lorsqu'une nouvelle imprévue vint aggraver singulièrement la situation. Les Volsques déclaraient la guerre et envahissaient le territoire de la République. Comment dès lors former les légions et enrôler des citoyens qui criaient[1] que maintenant les patriciens pouvaient bien soutenir la guerre à eux seuls, puisqu'eux seuls en retiraient profit? Il fallut de toute nécessité adopter l'avis de Servilius. Ce consul, dont les dispositions bienveillantes étaient connues et qui par conséquent était populaire en ce moment-là, se rendit donc sur le Forum, y fit au nom du Sénat les plus belles promesses pour l'avenir, et afin qu'on ne mît pas en doute ses paroles[2], publia un édit qui rendait aux *nexi* leur liberté, et défendait en outre de saisir ou de vendre les biens d'un soldat tant qu'il serait à l'armée, d'arrêter et de détenir les membres de sa famille. L'effet d'un tel édit fut immédiat. Les *nexi* délivrés s'enrôlèrent aussitôt, les légions formées sans nouvel obstacle se portèrent avec ardeur contre l'ennemi, et il suffit de quelques jours, non seulement pour disperser l'armée des Volsques, mais encore pour refouler un peuple de la Sabine ainsi que les Aurunces, qui étaient entrés en campagne presque en même temps qu'eux.

Mais, le danger disparu, les patriciens renièrent les promesses faites en leur nom. Servilius, abandonné par le Sénat et réduit à l'impuissance, ne put que gémir sur le rôle qu'on lui avait fait jouer; traité d'ambitieux par les uns et de traître par les autres, il ne tarda pas à devenir presque aussi impopulaire qu'Appius[3]. Quant à celui-ci,

---

(1) « Patres militarent, Patres arma caperent, ut penes eosdem pericula belli, penes quos præmia, essent ». Tit.-Liv., II, 24.

(2) Concioni deinde edicto addidit fidem, quo edixit : « Ne quis civem romanum vinctum aut clausum teneret, quo minus ei nominis edendi apud consules potestas fieret. Ne quis militis, donec in castris esset, bona possideret, aut venderet : liberos nepotesve ejus moraretur. » Tit.-Liv., II, 24.

(3) Le peuple ne manqua pas de le lui témoigner à la première occasion qui se présenta. Lorsque, dans la même année, il s'agit de la dédicace du temple de Mercure, comme les deux consuls se disputaient cet honneur, le

fermement résolu à braver la haine des plébéiens, il ne gardait plus aucune mesure : il faisait livrer aux créanciers les anciens *nexi* et leur en abandonnait d'autres encore. Ces rigueurs amenaient à chaque instant des scènes désordonnées dans la ville. Tantôt les ordres des magistrats étaient étouffés sous les clameurs publiques, tantôt on se portait à des voies de fait sur les créanciers qui voulaient s'emparer de leurs débiteurs. Bientôt même, chose plus dangereuse, il se forma dans le quartier des Esquilies et sur l'Aventin des assemblées nocturnes où l'on se mit à délibérer en secret sur les résolutions à prendre.

Sur ces entrefaites, le hasard voulut que les Èques, les peuples de la Sabine et les Volsques prissent tous à la fois les armes. Les nouveaux consuls ne savaient à quel parti s'arrêter; personnellement ils ne manquaient pas de modération, mais ils étaient obligés de conformer leur conduite à celle du patriciat, et Appius, qui le dirigeait, restait inflexible. « Croyez-moi, disait-il, créez un dictateur dont les jugements soient sans appel, et vous verrez s'éteindre à l'instant même cette fureur des plébéiens qui menace de tout embraser. Oseront-ils encore repousser un licteur lorsqu'ils sauront que le droit de faire frapper de verges le coupable et de le mettre à mort appartient exclusivement au magistrat dont on aura outragé la majesté ? » Appius sans doute espérait pour lui-même cette magistrature suprême qui l'eût rendu le maître absolu de ceux auxquels il était odieux; mais il ne l'obtint pas, et les consuls réussirent du moins à amortir la violence du coup qu'on allait porter, en faisant nommer un homme dont le caractère conciliant était une garantie qu'il n'userait pas avec dureté

peuple, libre de choisir, ne nomma ni l'un ni l'autre et leur préféra un simple centurion du nom de Lætorius. On put ainsi se convaincre, dit Tite-Live, que Servilius était devenu aussi odieux qu'Appius aux plébéiens; car il était facile de reconnaître que leur intention en cette circonstance avait été moins d'honorer Lætorius, en lui décernant une mission au-dessus de son rang, que de faire un affront égal aux deux consuls. Voy. Tite-Live, II, 27.

de son immense pouvoir. Le dictateur fut Manius Valérius, fils de Volésus, et frère de cet autre Valérius, si cher au peuple, qui avait porté la loi sur l'appel. Par l'édit qu'il publia et qui ne différait guère de celui de Servilius, il délivra de nouveau tous les *nexi*, et comme son caractère aussi bien que son autorité inspirait plus de confiance, le peuple, subjugué par les mêmes promesses, consentit encore une fois à marcher à l'ennemi pour défendre l'indépendance et la patrie communes. Des dix légions qui furent levées en cette circonstance, trois furent confiées à chacun des consuls et Valérius se mit à la tête des quatre autres. Toutes se conduisirent avec la plus grande valeur : les Èques, les peuples de la Sabine et les Volsques furent successivement battus[1].

Après tout ce dévouement et tant de victoires, la plèbe pouvait croire à la reconnaissance du patriciat. Elle fut encore trompée. Comme ils s'étaient joués de la parole de Servilius, les patriciens ne tinrent pas plus compte des promesses de Valérius. Ils poussèrent l'audace jusqu'à vouloir se servir à l'intérieur de Rome du pouvoir discrétionnaire du dictateur pour abattre complètement la plèbe et la jeter à leur merci. Valérius repoussa avec indignation leurs prétentions; il les apostropha avec véhémence dans la Curie, leur montra les dangers qu'allait faire courir à la République une sédition causée par leur insigne mauvaise foi, et prenant à témoin le dieu Sabin Fidius, résilia ses fonctions. Sans se déconcerter pour cela, le Sénat, faute de dictateur, résolut de se servir des deux consuls. Par la raison que c'était entre les mains de ces derniers que les troupes avaient prêté serment, et sous le prétexte que les Èques n'étaient pas complètement soumis, il maintint les enrôlements et ordonna que les légions se remettraient immédiatement en campagne. Mais alors la patience des plébéiens eut un terme. Ils n'obéirent plus. Après avoir agité un moment la question de savoir s'ils ne se dégage-

(1) Tit.-Liv., II, 29 et 30.

raient pas de leur serment en massacrant les consuls, ils les abandonnèrent et se retirèrent en masse, à trois milles de Rome, au-delà de l'Anio, sur une colline qui depuis lors fut appelée le mont Sacré [1].

Qu'allait devenir Rome? Privée des citoyens qui défendaient ses murs et cultivaient ses champs, ne serait-elle pas la proie de l'ennemi ou de la famine? Ne verrait-elle même pas s'élever bientôt sur le mont Sacré une ville essentiellement latine qui lui disputerait le rôle qu'elle s'était réservé? Lorsque le Sénat vit que la sécession se prolongeait [2], la crainte de toutes les suites qu'elle pouvait entraîner, s'empara de lui. Il comprit la faute qu'il avait commise en poussant à bout la patience des plébéiens et délégua vers eux, pour les apaiser et les ramener, les personnages qui paraissaient les plus capables de les convaincre. De ce nombre était Ménénius Agrippa, orateur habile, qui ne négligea rien des moyens que sa facilité de parole mettait à son service et qui prononça ce fameux apologue

(1) Le mont Sacré est la colline allongée qu'on a devant soi de chaque côté de la route de Nomentum lorsqu'en venant de la Porta Pia on a passé l'Anio sur un pont antique que surmonte une tour du moyen âge.

(2) On se demande comment vécut tout ce peuple sur le mont Sacré. Il est probable qu'il ne se fit pas scrupule de commettre certaines déprédations dans le voisinage. Il est possible aussi que les villes latines environnantes lui vinrent en aide. La tradition populaire d'Anna Perenna, dont parle les *Fastes* d'Ovide, semblait rappeler cette assistance des populations latines en personnifiant ces dernières sous la figure d'une vieille femme de Bovilla, pauvre et bienfaisante, qui pétrissait chaque nuit des gâteaux rustiques pour les apporter, le matin, tout fumants aux plébéiens romains. — Voy. Ov., *Fast.*, III, 663-674 :

« Plebs vetus, et nullis etiamnum tuta tribunis
    Fugit; et in Sacri vertice montis erat.
Jam quoque, quem secum tulerant, defecerat illos
    Victus, et humanis usibus apta Ceres.
Orta suburbanis quædam fuit Anna Bovillis
    Pauper, sed multæ sedulitatis, anus.
Illa, levi mitra canos redimita capillos,
    Fingebat tremula rustica liba manu;
Atque ita per populum fumantia mane solebat
    Dividere : hæc populo copia grata fuit.
Pace domi facta signum posuere Perennæ,
    Quod sibi defectis illa tulisset opem. »

des Membres et de l'Estomac, dont nous aurons à parler comme de l'un des monuments les plus anciens de l'éloquence latine[1]. Il est à croire pourtant que, malgré leur habileté et leurs discours, Agrippa et ses collègues auraient échoué dans leur démarche. La plèbe voulait désormais autre chose que de belles paroles. Elle réclamait des concessions, et elle ne consentit à rentrer dans la ville qu'après les avoir obtenues avec de sérieuses garanties. La paix, en effet, fut scellée solennellement par l'entremise des féciaux comme entre deux peuples et, aux termes du traité qui fut conclu, non seulement les *nexi* furent délivrés et les dettes des débiteurs insolvables abolies, mais le Sénat reconnut, comme garantie de la liberté des plébéiens, l'établissement de magistrats d'un nouveau genre[2], appelés tribuns du peuple, et dont la charge devait rester inaccessible aux patriciens[3].

Les tribuns, à la vérité, ne furent investis d'aucun commandement, d'aucune autorité. Ils n'avaient ni costume particulier, ni insignes, ni licteurs munis de faisceaux; ils n'étaient précédés que d'un simple appariteur (*viator*), et s'ils avaient le droit d'assister aux délibérations du Sénat pour en observer les résultats, ils ne pouvaient, à l'origine du moins, prendre place dans la Curie même et devaient s'asseoir sur un banc (*subsellium*) près de la porte qu'on laissait ouverte à leur intention. Mais, sous cette apparence des plus modestes, ils se trouvèrent armés d'une force considérable. Car ils avaient le droit, dans la ville et jusqu'à un mille de la ville[4], de se porter au secours de

(1) *Hist. de la Littér. rom.*, tome I, ch. IV, 1.

(2) C'est avec raison qu'on a remarqué que de toutes les institutions romaines le tribunat est la plus originale, puisque rien de pareil n'a existé chez aucun peuple.

(3) Pour qu'un patricien pût devenir tribun, il fallait qu'il eût été adopté dans une famille plébéienne. C'est la circonstance où se trouva Clodius, l'ennemi de Cicéron. — Cf. Cic., *pro Dom.*, 16; Suet., *Jul.*, 20.

(4) « Non provocationem esse longius ab urbe mille passuum. » Tit.-Liv., III, 20. Le motif en était qu'à un mille de la ville commençait le commandement militaire des consuls.

tout plébéien insulté ou maltraité, quelque puissant que
fût l'insulteur ou l'oppresseur [1]. Un seul mot prononcé par
eux (*veto*, je m'oppose) arrêtait l'effet des sentences consulaires [2]. Et comme leur personne avait été déclarée inviolable, quiconque portait la main sur eux, était voué [3] aux
dieux, c'est-à-dire à la mort.

Enfin, en même temps que le tribunat, fut créée une
autre magistrature plébéienne, l'édilité. Les édiles, comme
les tribuns, étaient inviolables, *sacrosancti* [4]. Ils suppléaient
les tribuns dans toutes les affaires que ceux-ci leur ren-

(1) Comme le peuple ne devait jamais rester sans défense, il ne fut pas
permis de laisser le tribunat vacant. Pour le même motif, il fut défendu aux
tribuns d'être plus d'un jour hors de la ville, et leurs portes durent rester
constamment ouvertes afin qu'ils fussent toujours prêts à recevoir les malheureux qui avaient besoin de leur aide. — Cf. Den. d'Hal., VIII, 87; Macrob., Sat., I, 3; Gell., III, 2.

(2) Non seulement les tribuns du peuple étaient indépendants des consuls,
mais, par leur principe même, ils leur étaient opposés : ils avaient été, dit
Cicéron, établis contre eux; « contra consulare imperium tribuni plebis
constituti. » *De rep.*, II, 33. Dans un autre de ses ouvrages où il établit une
discussion entre son frère Quintus et lui-même, Cicéron, qui pourtant n'avait
pas eu à se louer du tribunat, explique l'utilité de cette diminution du consulat. « Le nom seul de monarque, dit-il à son frère, sera banni et la monarchie subsistera, si un seul magistrat commande à tous les autres. Voilà
pourquoi les éphores, à Lacédémone, n'ont pas été sans cause opposés aux
rois par Théopompe, ni parmi nous les tribuns aux consuls. Le consul, en
effet, a toute la puissance légale, et les autres magistrats lui sont subordon-
nés, à l'exception du tribun, qui fut créé plus tard, de peur que ce qui
avait été ne revint. Ce fut une première diminution du droit consulaire que
l'existence d'un magistrat qui n'en dépendait point; la seconde fut le
secours qu'il prêta, non seulement aux autres magistrats, mais aux citoyens
qui n'obéissaient point au consul. — Vous parlez là d'un grand mal, s'écrie
Quintus; car une fois que cette magistrature fut née, l'autorité des grands
tomba, et le pouvoir de la multitude prit des forces. — Non, non, réplique
Cicéron; l'autorité consulaire devait nécessairement paraître un jour trop
superbe au peuple, et même trop violente, au lieu qu'avec ce sage tempérament, la loi devint égale pour tous. » *De Leg.*, III, 10.

(3) *Sacer esto*, telle était la formule employée contre le coupable, qui
devenait *consacré* comme était *consacrée* dans les sacrifices la victime
offerte aux divinités.

(4) Festus, *s. v. sacrosanctus*; Tit.-Liv., XXIX, 20.

voyaient et veillaient spécialement aux intérêts matériels de la plèbe [1].

III

Bien que le tribunat, tel qu'il avait été créé, ne manquât pas d'importance, ce n'était à vrai dire qu'une arme d'opposition, une arme purement défensive, et le rôle des tribuns, en se renfermant dans les limites qui lui avaient été primitivement fixées, ne leur eût jamais donné qu'une force négative. Mais il ne leur fallut pas beaucoup de temps pour modifier profondément le caractère de leur mandat et pour tirer de cette première victoire de la plèbe

(1) Les fonctions des édiles, qui dans l'origine avaient eu un caractère politique très accentué, en devenant de plus en plus nombreuses, rendirent de plus en plus municipal le rôle complexe de ces magistrats. Préposés particulièrement à la garde du temple de Cérès, la déesse du pain, ils eurent à surveiller l'alimentation publique et la distribution des secours aux malheureux dans les temps de famine (Non. Marcel., *s. v. pandere*), à inspecter les marchés (Plaut., *Rud.*, II, 3, 42), à fixer le prix des denrées, à briser les faux poids et les fausses mesures (Juven., X, 101), à juger les contestations relatives aux transactions (Den. d'Hal., VI, 90 ; Zonaras, VII, 15). Tous les temples en général furent placés sous leur surveillance, et non seulement ils durent s'occuper de l'entretien et des réparations des édifices publics (d'où vient leur nom d'édiles, Cic., III, 3), mais, au point de vue religieux, ils furent chargés de s'opposer à l'introduction de cultes non reconnus (Tit.-Liv., IV, 30). Ils tinrent en dépôt, dans le temple de Cérès, et les archives des comices plébéiens et les sénatus-consultes (Tit.-Liv., II, 55). Ils présidèrent aux jeux, et particulièrement aux jeux plébéiens établis en mémoire de la liberté reconquise. L'hygiène publique, l'inspection des édifices privés et des maisons malsaines ou malfamées, le service de la voirie avec l'alignement des rues, le soin des égouts et des thermes, furent aussi de leur ressort, et ils eurent le droit de condamner à des amendes tous ceux qu'ils trouvaient en contravention aux règlements de la police municipale. Leur administration, en un mot, embrassa toute la ville et leur charge parut si importante que les patriciens, jaloux de leur influence, cherchèrent et réussirent à créer pour leur ordre des édiles nouveaux qui prirent le nom *d'édiles curules*. Le Sénat, en effet, d'après le récit de Tite-Live (VI, 42 ; VII, 1), en l'an de Rome, 388 (366 av. J.-C.), ayant ajouté un quatrième jour aux jeux romains, les édiles effrayés reculèrent devant ce surcroît de dépense ; les jeunes patriciens offrirent aussitôt de s'en

des conséquences auxquelles vainqueurs et vaincus n'avaient certainement point songé tout d'abord. A peine furent-ils établis que l'arme de défense dont ils avaient été munis, se transforma entre leurs mains en une arme offensive des plus puissantes. Dans le droit de protéger les plébéiens, ils puisèrent immédiatement celui d'attaquer et d'atteindre les patriciens.

Ce fut, si l'on en croit la tradition, un membre de la grande famille Marcia qui en fit la première expérience. Caius Marcius s'était distingué dans maint combat, s'était emparé sur les Volsques de la ville de Corioles et tenait de cet exploit le surnom de Coriolan [1]. Le plus brave et le plus chevaleresque [2] peut-être des patriciens, il était aussi le plus fougueux et le plus agressif de tous dans les luttes quotidiennes du Forum et de la Curie. Après la retraite du mont Sacré qui, en interrompant la culture des terres, avait mis Rome dans la nécessité de faire venir d'Étrurie

charger, on accepta leur offre, et comme il n'y avait que des édiles qui pussent présider ces fêtes, on fut entraîné à créer en leur faveur la nouvelle édilité qui, tout en gardant pour elle cette présidence des jeux romains, partagea avec l'édilité plébéienne l'entretien des temples et l'administration de la police. Les édiles patriciens, qui étaient revêtus de la robe prétexte, qui avaient le droit d'images et le droit de donner leur avis dans le Sénat (Cic., *Verr.*, V, 14), eurent l'honneur de posséder un siège curule tandis que les édiles plébéiens continuèrent de s'asseoir, comme les tribuns, sur le banc de bois à une ou deux places, *subsellium* ou *bisellium*. Mais les tribuns trouvèrent rapidement le moyen de faire tourner cette victoire des patriciens à leur confusion ; car, un an à peine après l'établissement de l'édilité curule, ils firent décider qu'elle serait accessible aux plébéiens. (Niebuhr, *Röm. Gesch.*, III, 39-49 ; Becker, *Handbuch*, II, 2, p. 229 ; Mommsen, *Röm. Forsch.*, I, 97.) — Certaines monnaies représentent très bien le siège curule des édiles patriciens et le banc de bois à deux places des édiles plébéiens.

(1) Voir les raisons qu'oppose Ampère à l'avis de Niebuhr qui n'accepte pas l'origine de ce surnom. (*Hist. rom. à Rome*, II° part., ch. III, note.)

(2) Au dire de Plutarque (*vie de Coriolan*, 8), le consul Postumius Cominius, après la prise de Corioles, ayant décerné à Marcius la dîme de tout le butin, celui-ci l'aurait refusée, demandant pour seule récompense la liberté d'un Volsque, son hôte et son ami, fait prisonnier dans le combat.

et de Sicile le blé nécessaire à l'alimentation publique, il
eût volontiers condamné la plèbe entière à la plus extrême
misère pour la réduire par la famine à la soumission. En
réponse aux sénateurs modérés qui voulaient écouter la
voix de l'humanité et ménager la multitude en abaissant le
prix du blé, il émit hautement cette odieuse proposition
que les greniers devaient se fermer tant que les plébéiens
n'auraient pas renoncé d'eux-mêmes à la nouvelle institution du tribunat. On comprend l'effet que produisirent les
tribuns dans le Forum, lorsqu'ils vinrent y répéter les
paroles entendues par eux à la porte de la Curie. S'ils
l'avaient voulu ce jour-là, la foule indignée se serait pré-
cipitée sur les sénateurs à la sortie de leur assemblée et
aurait massacré Coriolan ; mais ils aimaient mieux donner
à leur conduite un caractère de légalité et tirer ainsi de
leur ennemi une vengeance plus profitable : ils le citèrent
à comparaître devant le peuple. Coriolan, à la tête des
jeunes nobles et de ses nombreux clients, se moqua d'abord
de leurs menaces et n'y répondit qu'avec mépris. Mais, en
bravant ceux qu'il avait mécontentés, il accrut le tumulte
au point que le Sénat, effrayé des dispositions hostiles qui
se manifestèrent dans toute la ville, crut prudent d'y
mettre un terme par sa modération. Il abaissa le prix du
blé et, sacrifiant un seul des siens à la sécurité nationale,
il décida de laisser procéder dans le Forum à la mise en
accusation de Coriolan. Peut-être par cette double concession espérait-il calmer subitement la colère publique et
produire un de ces revirements auxquels la multitude se
laisse si facilement entraîner. Toujours est-il que les
tribuns, restés inflexibles, déjouèrent les efforts qui furent
tentés au dernier moment pour soustraire l'orgueilleux
patricien à la condamnation qu'ils voulaient lui faire infliger ; comme ils l'avaient demandé, la peine de l'exil fut
prononcée contre lui [1].

Qu'à la suite de cette condamnation, Coriolan, emporté

____

(1) Cf. Tit.-Liv., II, 34 et 35.

par la colère, se soit retiré de préférence chez l'ennemi le plus implacable des Romains, Attius Tullus, chef des Volsques; qu'il ait été alors placé à la tête de ces derniers; que, vainqueur de toutes les légions, il se soit avancé jusqu'à cinq milles de la ville, tout prêt à consommer la ruine de sa patrie; qu'il n'ait été arrêté dans l'exécution de cette vengeance impie ni par les magistrats ni par les prêtres envoyés vers lui pour l'implorer; mais qu'il se soit laissé fléchir par les remontrances de sa mère et les prières de sa femme[1]; et que, de retour dans le pays des Volsques, il y ait payé de sa vie l'inexécution de ses projets et de ses promesses[2]; ce sont là tous détails biographiques sur lesquels je n'ai pas à insister ici. Je sais d'ailleurs que sur plus d'un point l'histoire de Coriolan touche à la légende et qu'il ne faut pas accepter sans réserve certaines parties de cette tradition, telle que nous l'ont laissée les historiens anciens. Peut-être même devrais-je me conformer à l'avis de quelques critiques allemands[3] et fixer au bannissement de ce grand proscrit une date postérieure d'une dizaine d'années environ à celle que je viens de lui attribuer d'après le récit de Tite-Live. Ces critiques objectent, en effet, que le tribunat, dès les premières années de son existence, n'a pas dû se trouver assez fort pour lutter ainsi contre le Sénat. On pourrait leur répondre que les tribuns n'agirent en cette occasion qu'avec la plèbe entière et que la plèbe, appuyée sur ses défenseurs, pouvait très bien braver le Sénat, puisqu'elle l'avait déjà bravé sur le mont Sacré alors qu'elle n'avait pas encore cet appui. Mais j'aime mieux laisser de côté une question qui, en définitive, ne comporte pour nous aucun intérêt essentiel. Ne suffit-il pas, pour que l'accusation portée contre Coriolan garde à nos yeux son importance historique, qu'elle ait été anté-

(1) Cf. Id., 35, 39 et 40. — Cf. Den. d'Hal., VIII, et Plut., *Vie de Coriolan.*

(2) D'après une autre version, il aurait vécu très vieux, répétant sans cesse que « l'exil est cruel pour un vieillard. »

(3) Parmi eux il faut toujours citer Niebuhr.

rieure à toutes celles du même genre ? Or ce point ne paraît pas contestable. Les tribuns, en s'arrogeant un pouvoir offensif contre le patriciat, durent naturellement essayer leur force sur un adversaire qui, comme Coriolan, n'avait jamais exercé de grande magistrature[1], avant d'oser s'en prendre à des personnages consulaires tels que les Ménénius, les Servilius et les Appius Claudius.

Il n'existe du moins aucun doute sur la date de la citation par laquelle ils appelèrent pour la première fois un consul à rendre compte de sa conduite devant le peuple : elle eut lieu en 476, dix-sept ans après la création du tribunat. Là famille entière des Fabius qui, à la suite d'événements que l'on ne connaît pas bien[2], était sortie de Rome et s'était portée sur les bords de la Créméra, dans une sorte de place forte, en face des Véiens pour soutenir contre ce

(1) Coriolan avait brigué le consulat, mais n'avait pas réussi ; Plutarque et Denys d'Halicarnasse attribuent même à cet échec la haine qu'il ne cessa de témoigner au peuple.

(2) L'histoire des vicissitudes de la *gens* Fabia n'a pas été parfaitement élucidée. On voit tout d'abord cette famille servir avec zèle les intérêts du Sénat et les patriciens attacher à ses services un si haut prix que, durant sept années consécutives (484-478), ils font en sorte qu'il y ait toujours un de ses membres consul. Puis, tout à coup, il s'opère dans la conduite des Fabius une révolution complète. Au lieu de figurer au nombre des plus fougueux adversaires de la plèbe, ils deviennent au contraire ses protecteurs, la flattent et font en sa faveur les propositions les plus libérales. Les patriciens avaient-ils mis à la continuation de leurs honneurs des conditions inacceptables ? Ou bien avaient-ils abandonné les Fabius par peur de rendre le pouvoir héréditaire dans une même maison ? L'une ou l'autre supposition peut être vraie. Il faudrait croire alors que les Fabius furent entraînés, soit par un sentiment d'équité envers la plèbe, soit par le désir de retrouver de ce côté l'appui et les faveurs qu'on leur refusait de l'autre. Dans tous les cas, ils s'attirèrent de violentes inimitiés, et comme ils ne voulaient pas sans doute entrer en lutte ouverte avec le patriciat, ils préférèrent sortir de Rome et continuer noblement, dans cette sorte d'exil volontaire, à servir encore leur patrie en s'établissant avec leurs nombreux clients (4,000, dit Denys d'Halicarnasse ; 5,000, dit Florus ;) en face des Véiens. — La tradition conservée par la famille Fabia voulait qu'un enfant laissé à Rome eût seul échappé au désastre de la Créméra et conjuré par son salut l'anéantissement de sa race (Tit.-Liv., II, 50 ; Ovid., *Fast.*, II,

peuple la vieille guerre nationale, avait été attirée dans une embuscade et venait d'être massacrée, malgré des prodiges de valeur, à une heure de marche à peine du consul Ménénius, qui n'avait rien fait pour lui venir en aide. On le soupçonna de n'avoir agi ainsi que pour sacrifier aux craintes jalouses du Sénat une famille qui, dans les derniers temps de son séjour à Rome, avait cherché à conquérir la faveur du peuple. Une défaite sanglante, essuyée immédiatement après par lui-même, accrut encore son impopularité. Les tribuns l'accusèrent alors de trahison. Après avoir d'abord demandé contre lui une condamnation capitale, ils réduisirent sa peine à une amende de deux mille as; mais cet arrêt mitigé n'en fut pas moins mortel[1], puisque, sous le poids de la honte et de la douleur, Ménénius se laissa mourir de faim.

A partir de ce moment les tribuns n'hésitèrent plus. Ils surent que, pour intimider leurs adversaires les plus puissants, ils n'avaient qu'à les appeler dans leurs comices par tribus. Car il ne faut pas oublier que c'était dans ces sortes de comices que s'effectuaient leurs citations; et, comme nous l'avons expliqué à propos de la constitution du roi Servius[2], il y avait une grande différence entre ces assemblées du Forum, où les votes de tous les citoyens furent égaux, et les assemblées par centuries, convoquées sur le Champ de Mars par les consuls en vertu de leur autorité militaire, où chacun votait en raison de ce qu'il possédait. Au Champ de Mars les classes privilégiées, les patriciens et les riches, exerçaient une influence prépondérante. Au Forum, au contraire, dans le *comitium plebis*, les suffrages

195 et suiv.) ; mais Ampère fait remarquer que le Fabius resté à Rome ne pouvait être un enfant, puisque, dix ans plus tard, il devenait consul ; et l'ingénieux critique suppose (note du ch. 3 de la IIe partie) que la *gens* Fabia avait tenu à laisser dans la ville, sur le lieu même du foyer héréditaire, un de ses représentants attitrés pour continuer d'y célébrer le culte domestique.

(1) Tit.-Liv., II, 52.
(2) Voy. p. 182 et suiv.

individuels des pauvres [1], par leur nombre considérable, prirent la plus grande importance. Ajoutez à cela que rien n'entravait la convocation des comices plébéiens puisqu'ils n'avaient besoin pour se réunir ni du consentement du Sénat ni de la consécration des augures. Les tribuns se trouvèrent donc avoir toute liberté d'action, et ils en usèrent.

Dès l'année qui suivit leur succès contre Ménénius, ils accusèrent un autre personnage consulaire, Sp. Servilius, auquel les Véiens, qui s'étaient avancés jusque sous les murs de Rome après leur victoire de la Créméra, avaient infligé, sur le Janicule même, un échec dont les suites eussent été des plus graves sans le concours immédiat que lui avait apporté son collègue Virginius. Mais cette fois l'accusé se défendit avec vigueur. Il expliqua le mouvement qu'il avait tenté contre les Étrusques. Il appela en témoignage Virginius qui sut lui attribuer une partie de sa gloire personnelle. Il osa même reprocher aux plébéiens la condamnation et la mort de Ménénius, fils de cet Agrippa qui leur avait été si cher, qui leur avait donné ces magistratures et ces lois sacrées dont ils semblaient ne vouloir faire désormais que des instruments de cruauté. Son audace lui réussit et le souvenir tout récent d'un événement tragique que beaucoup de citoyens ne pouvaient s'empêcher de déplorer, lui fut une sorte de protection [2] : il fut acquitté.

Cet acquittement toutefois n'interrompit point la série des accusations tribunitiennes. Deux ans plus tard, en 473, les comices furent appelés à juger non plus seulement un des deux consuls sortant de charge, mais les deux consuls à la fois. Il leur était reproché de s'être opposés à l'exécution de la *loi agraire*.

---

(1) Denys d'Hal., IX, 41.

(2) « Menenianum profuit judicium. » Tit.-Liv., II, 52.

IV

Qu'entendait-on par cette expression de *loi agraire* qu'il suffisait à cette époque de prononcer dans le Forum pour y produire tout de suite l'agitation populaire? Quelques mots d'explication à ce sujet sont d'autant moins inutiles qu'une erreur vulgaire sur la nature et le caractère de la loi fait croire qu'elle a eu pour objet de porter atteinte à la propriété privée tandis qu'en réalité elle a été une revendication parfaitement justifiée des plébéiens pauvres contre les fraudes exercées depuis longtemps par les riches patriciens au détriment du domaine public.

On sait que, d'après la division primitive, le territoire romain, *ager romanus*, se composa de trois parties. L'une d'elles fut affectée à l'entretien de la royauté et à la religion, *ager regius* [1] et *res sacra* [2]. Une autre fut attribuée aux chefs de famille et partagée entre eux par portions égales, dont les limites furent rigoureusement fixées par les augures : elle constitua l'ensemble des propriétés privées, *ager privatus*, propriétés inviolables et héréditaires, auxquelles

(1) Le domaine royal s'appelait *ager regius* (Cic., *De rep.*, V, 2 ; Den. d'Hal., III, 1) ; il cessa naturellement d'exister après l'expulsion des rois. Une partie, située entre la ville et le Tibre, fut consacrée à Mars et devint le Champ de Mars (Tite-Live, II, 3-5) ; le reste rentra dans le domaine public (Cic., *De Leg. agr.*, II, 31), ou, si l'on en croit un passage de Pline (*Hist. nat.*, XVIII, 4), fut assigné aux chefs de famille plébéiens à raison de sept *jugera* par tête.

(2) Les terrains qu'occupaient les temples, par suite de leur consécration et de leur dédicace à une divinité, étaient dits *res sacra* et par cela même étaient inaliénables. Il ne faut pas les confondre avec les terres servant simplement à pourvoir aux frais du culte et qui pouvaient être aliénés par l'État (Gaius, II, 2, 3, 4, 9). Il faut le distinguer aussi des emplacements protégés par une sanction pénale, *sancti*, tels que les murs et les portes de la ville (Gaius, II, 8), et des terrains qui, comme l'enceinte de la ville, le *pomœrium*, et celle de certains lieux consacrés aux affaires publiques, avaient été purifiés par des cérémonies religieuses, *ager liberatus et effatus* (Cic., *De legib.*, II, 8 ; Varr., *De ling. lat.*, VII, 7-10 ; Walter, *des Röm-Rechts*, I, § 159).

furent attachés tous les droits de la cité. La troisième
enfin, sous le nom d'*ager publicus*, appartint à l'État.
Cette troisième partie du territoire romain n'en était pas
la moins importante; elle s'accrut rapidement par suite
des entreprises militaires dirigées avec bonheur contre les
peuples voisins : car, après chaque victoire décisive,
comme le droit de la guerre livrait aux vainqueurs la terre
occupée par les vaincus, on ne se faisait aucun scrupule de
la leur enlever, sinon en totalité, du moins en grande partie pour la faire entrer dans l'*ager publicus* [1]. Il est vrai que
le domaine public se trouva soumis dans un assez grand
nombre de circonstances à des diminutions légales. Il
arriva plus d'une fois, par exemple, que les rois qui voulaient s'appuyer sur la plèbe et l'élément latin pour résister
au patriciat et à l'aristocratie sabine, usèrent du droit qui
leur appartenait de décréter des *assignations* de terres en
faveur des plébéiens [2]. Servius Tullius, le roi populaire par
excellence, en fit une beaucoup plus importante que les
autres : il assigna, dit-on [3], à chacun des chefs de famille
plébéiens un lot de sept *jugera*, tandis que jusque-là les lois

---

(1) Après la ruine d'une cité, l'annexion du territoire des vaincus à l'*ager
publicus* se faisait par la force : ainsi Tullus annexa le territoire d'Albe
détruite; Ancus, celui de Politorium, de Tellenæ et de Ficana (Tite-Live, I,
30, 33). A la suite d'une guerre, l'annexion se faisait aussi par une convention de *deditio*, dont les historiens nous ont conservé la formule solennelle
(Tite-Live, I, 38; VII, 31; XXVIII, 34) et qui, en droit, attribuait à Rome la
souveraineté et la pleine propriété sur ce qui appartenait au peuple vaincu
(Fr. 20, § 1, *Dig.*, *De captiv.* XLIX, 15). Il n'était même pas rare que de
simples traités sans *deditio* renfermassent quelque clause stipulant la cession d'une portion de territoire (Tit.-Liv., I, 15; II, 25, 31; X, 3).

(2) Voy. Macé, *Des lois agraires chez les Rom.*, p. 127 et suiv.; Hol-
mann, *De leg agrar.*; Engelbregt, *De leg. agrar. ante Gracch.*, p. 18.
— Les rois furent ainsi les auteurs des premières *lois agraires* promulguées en faveur des plébéiens, s'il faut entendre sous cette dénomination,
comme on l'entend généralement aujourd'hui, toutes les lois qui eurent pour
objet la division, la colonisation, la limitation ou la reprise de terres appartenant à l'*ager publicus*. Mais quelques auteurs restreignent beaucoup le
sens des mêmes mots en ne les appliquant qu'aux lois relatives au retrait
des concessions révocables faites sur le domaine public.

(3) Den. d'Hal., IV, 9. — Cf. la note 1 de la page 188.

du même genre n'avaient jamais attribué que deux *jugera*
au même individu[1]. Il arriva aussi, lorsque les besoins du
trésor l'exigèrent, que des portions plus ou moins grandes
du domaine public furent mises en vente par les soins des
questeurs[2]. La coutume qu'on prit de bonne heure[3] d'envoyer des colonies sur le territoire des vaincus, qui se trouvait alors partagé (*divisus et assignatus*) entre les colons
(*coloni*), devint également une cause d'amoindrissement de
l'*ager publicus*. Enfin les historiens nous signalent quelques concessions individuelles faites aux dépens du domaine public à titre de récompense nationale : ainsi le
Sénat accorda à Horatius Coclès la surface de terrain qu'un
sillon de charrue pouvait entourer en un jour et fit un don
semblable à Mucius Scævola[4]. Mais quelque importance
qu'eussent dans leur ensemble toutes ces assignations et
cessions de terres distraites légalement de l'*ager publicus*,
celui-ci n'en conservait pas moins une étendue considérable et pouvait fournir à l'État de magnifiques revenus.
Seulement l'État était fraudé. Et voici comment.

Il y avait bien dans le domaine public certaines parties
que l'État n'avait mises en bail que moyennant une redevance proportionnelle à leur superficie (*vectigal*)[5], et qui,
déjà cultivées au moment de la location, avaient été mesu-

(1) Deux *jugera*, c'est-à-dire 50 ares 40 centiares.

(2) Les terrains ainsi vendus au profit de l'*ærarium* par les questeurs du
trésor, *quæstores ærarii*, étaient désignés sous le nom de *quæstorii*.
Ceux qui les achetaient en avaient la pleine propriété. La vente d'ailleurs
n'avait lieu, comme les partages eux-mêmes et l'établissement des colonies,
qu'en vertu d'une loi spéciale, toujours nécessaire lorsqu'il s'agissait de
l'aliénation d'une portion quelconque de l'*ager publicus* et de sa transformation en *ager privatus*.

(3) Ancus Martius attribua une partie du territoire qu'il avait conquis à
une colonie fondée par lui à l'embouchure du Tibre, *Ostium Tiberis*. Tarquin l'Ancien, ne pouvant à cause de la résistance de la noblesse faire le
partage des terres qu'il désirait, tourna la difficulté comme il en avait l'habitude, et fonda la colonie de Collatia. (Den. d'Hal., III, 50 ; Tit.-Liv., I, 38 ;
Macé, *Des lois agraires chez les Rom.*, p. 131).

(4) Tit.-Liv., II, 10 et 13 ; Macé, *Des lois agr.*, p. 136.

(5) Hygin, *De cond. agr.*, p. 116.

rées et régulièrement délimitées. Mais à côté de ces champs ainsi loués qu'on appelait *agri vectigales*, il y avait une foule de terres vagues ou en friche qui ne se distinguaient entre elles que par leurs bornes naturelles et qui n'avaient jamais reçu de délimitation régulière. Les unes (*pascua*), appropriées au pâturage, avaient été mises à la disposition de tous les citoyens pour y faire paître leurs bestiaux, moyennant un droit par tête de bétail[1]. Les autres, jugées meilleures et susceptibles de culture, avaient été confiées, en vertu d'édits spéciaux, aux patriciens qui les occupaient à la condition de payer au trésor un dixième des récoltes et un cinquième des produits des arbres fruitiers. Cette occupation, qui avait fait donner à cette importante catégorie de terres le nom d'*agri occupatorii*[2], ne conférait à ceux qui en bénéficiaient qu'un simple droit de possession, dont la durée à la vérité n'était pas fixée comme par un bail ordinaire et qu'ils pouvaient transmettre à leurs héritiers, mais que l'État, dont la propriété restait imprescriptible[3], était toujours maître de révoquer. Cependant les patriciens, en rendant leur occupation permanente, réussirent à lui faire perdre le caractère précaire qu'elle tenait de son origine et qu'elle aurait dû garder[4]. Les magistrats chargés de percevoir la dîme des récoltes et le cinquième des fruits, s'étaient mis tout naturellement d'accord avec eux : comme ils appartenaient eux-mêmes au patriciat et se trouvaient personnellement intéressés dans la question, ils s'étaient acquittés de leur mission avec tant de mollesse que peu à peu cette perception était tombée en désuétude. Les détenteurs d'*agri occupatorii*, exonérés de la sorte de la redevance qui était la marque

----

(1) Varro, *De re rust.*, II, 1; Plin., *Hist. nat.*, XVIII, 3.

(2) Festus. s. v. possessiones; Schwegler, *Röm. Gesch.*, XXV, 6. — Cf. Giraud, *Rech. sur le droit* de propriété, I, p. 198; Laboulaye, *Hist. du droit de prop. en Occid.*, p. 75.

(3. Cic., *De Rep.*, II, 14.

(4) Giraud, *Rech. sur le dr. de propr.*, p. 167 et suiv.; Macé, *Des lois agr.*, p 90 et suiv.; Walter, Röm. Rechtsgesch. § 252, p. 371.

du droit de l'État, n'hésitèrent plus alors à les considérer comme leurs biens particuliers et les firent entrer dans leur domaine privé. Il est même à remarquer que les terres ainsi usurpées leur devinrent plus avantageuses que celles qui leur appartenaient légalement; car ces dernières étaient soumises à l'impôt (*tributum ex censu*) qui atteignait toutes les propriétés particulières, régulièrement délimitées, tandis que les *agri occupatorii*, soustraits au domaine public où ils n'avaient jamais reçu de délimitation, n'étaient point recensés et se trouvaient affranchis de cet impôt.

La fraude qui privait en même temps l'*ager publicus* d'une grande partie de ses terres et le trésor public d'une belle partie de ses revenus, lésait très sensiblement les plébéiens. Car, d'un côté, l'amoindrissement du domaine public ne permit plus de faire ces distributions de champs dont ils avaient profité plus d'une fois au temps de la monarchie : depuis les premières années de la République et malgré les charges incessantes que des guerres continuelles faisaient peser sur eux, il n'y avait plus eu une seule assignation de territoire en leur faveur. Et, d'un autre côté, par suite de la non rentrée des revenus domaniaux dans les caisses de l'État, il fallut augmenter la taxe générale que subissaient toutes les propriétés particulières : les petits propriétaires plébéiens, qui avaient déjà tant de difficultés à se tirer d'affaire, durent encore supporter ce nouveau fardeau. De là un plus grand nombre d'emprunts déplorables qui les ruinaient, l'aliénation plus fréquente de leurs biens qu'accaparaient avidement leurs riches créanciers, l'emprisonnement enfin d'une grande foule de débiteurs.

Ce fut, comme nous venons de le voir tout à l'heure, à propos des sévices exercés sur la personne des débiteurs et sur leurs enfants que les plébéiens laissèrent éclater leur colère en opérant leur sécession sur le mont Sacré. Il semble donc qu'il appartenait au tribunat, créé alors pour les défendre, de rechercher quelque moyen légal qui pût

remédier à l'exploitation vicieuse du domaine public, cause
principale de leur extrême misère. Cependant l'initiative
d'une telle réforme qui, en brisant l'omnipotence financière des patriciens, aurait détruit le mal jusque dans sa
racine, ne fut pas prise par les tribuns. L'honneur en revient (je dis l'honneur, s'il est vrai qu'il agit en cette circonstance par sagesse politique et non par ambition) à l'un
des personnages les plus illustres du patriciat, Spurius
Cassius Viscellinus, qui, après avoir conclu au dehors avec
les Latins et les Herniques un traité d'alliance on ne peut
plus avantageux pour Rome [1], essaya de pacifier l'intérieur
de la ville au moyen de la réparation des torts commis par
ceux de sa classe. Révoquer conformément au droit imprescriptible de l'État toutes les concessions d'*agri occupatorii*, faire rentrer dans le domaine public les terrains usur-
pés, mesurer et limiter les diverses parties de ce domaine,
assigner en pleine propriété un certain nombre de lots aux
chefs de famille plébéiens nécessiteux, en distribuer aussi
aux alliés Latins, et louer les autres pour un temps bien
défini moyennant une redevance annuelle, dont le produit
versé au trésor aurait permis de fournir une solde aux
citoyens dans le temps de leur service militaire : telle fut,
dans son ensemble, la loi réparatrice et libérale, qu'il voulut faire passer lorsqu'il exerça pour la troisième fois le
consulat. Il se trouva, comme il s'y était sans doute
attendu, en présence de l'opposition unanime des patriciens. Mais il avait compté, pour triompher d'eux, sur sa
dignité personnelle, sur ses fonctions de consul, sur l'appui
de la plèbe et des tribuns : et en tout cela il fut trompé. Le
Sénat, en effet, eut l'habileté de ne pas se révolter contre
l'autorité du consul : on discuta ses propositions; on sem-

---

(1) Ce traité avait pour Rome cet immense avantage qu'il interdisait aux
Latins et aux Herniques de donner passage à ses ennemis sur leurs territoires et qu'il faisait aussi tomber sur ces deux peuples le poids des guerres
fréquentes qu'entreprenaient contre elle ses éternels ennemis, les Èques et
les Volsques. — Nous en parlerons dans l'*Histoire de la Littérature
romaine*, Liv. I, ch. V, 2.

bla même les admettre ; on décida de nommer des décemvirs pour reconnaître les terres qui avaient été soustraites
au domaine public ainsi que celles qui pouvaient être distribuées aux plébéiens ; seulement, grâce au collègue de
Cassius qui, en usant du droit d'*intercessio*, paralysait ses
efforts, il n'y eut rien de fait devant les comices centuriates et toute exécution dut être renvoyée aux consuls de
l'année suivante. En même temps on troubla les comices
plébéiens en excitant quelques tribuns qui ne voyaient
pas sans inquiétude un membre du patriciat s'emparer de
leur rôle et de leur influence ; on répandit habilement
contre lui de perfides accusations ; on le soupçonna d'aspirer à la tyrannie ; on lui reprocha d'avoir voulu dans ce
but associer les alliés aux plébéiens dans le partage des
terres. Ce dernier point surtout toucha la plèbe : un esprit
étroit de jalousie prévalut chez elle sur les sentiments
d'équité [1] et de reconnaissance : elle se détacha de Cassius
et il fut perdu. A peine sorti de charge, il fut accusé de
haute trahison, condamné et exécuté [2]. La colère patricienne le poursuivit même après sa mort : on rasa sa maison, et la place qu'elle occupait resta vide.

Mais si le patriciat se plut à perpétuer sa vengeance [3], la
plèbe ne tarda pas à regretter l'erreur dans laquelle on
l'avait entraînée. Car les patriciens, délivrés de Cassius, se
gardèrent bien de tenir les promesses dont l'exécution
avait été renvoyée aux consuls qui devaient venir après
lui ; les *agri occupatorii* restèrent entre leurs mains comme

(1) L'admission des alliés latins au partage des terres n'était pas seulement équitable, elle répondait à une clause de leur traité d'alliance suivant
laquelle les conquêtes faites en commun devaient être partagées.

(2) Denys d'Halicarnasse (VIII, 78) dit qu'il fut précipité du haut de la
roche Tarpéienne et semble attribuer cette exécution à une condamnation prononcée par les comices plébéiens. Tite-Live parle d'un jugement du peuple,
damnatum populi judicio. Il rapporte aussi, mais sans y croire, une autre version d'après laquelle Cassius aurait été jugé, condamné et mis à mort
par son père, tant alors était grande à Rome l'autorité du père de famille.

(3) Voir la note 1 de la page 103 au sujet de la statue dédiée à Cérès en
mémoire du châtiment infligé à Cassius.

par le passé; le domaine public ne recouvra aucune des terres qui lui avaient été frauduleusement enlevées; les redevances ne rentrèrent pas mieux dans les caisses de l'État; aucune solde ne fut établie pour le service militaire; aucun partage de territoire ne fut accordé aux plébéiens nécessiteux. Aussi le projet de loi agraire, repris dès lors par les tribuns, devint-il une cause d'émotions perpétuelles dans le Forum [1].

V

Déjà le tribun C. Mænius, en 482, le tribun Sp. Licinius, en 480, et le tribun T. Pontificius, en 479, avaient voulu profiter du moment où la République se trouvait attaquée par les Véiens et les Èques, pour forcer le Sénat à capituler : ils avaient essayé d'opposer leur *veto* aux enrôlements des consuls tant que la loi agraire n'aurait pas été acceptée. Leurs efforts, il est vrai, étaient restés infructueux. La première fois, les consuls, en transportant leur tribunal hors de la ville, avaient soustrait les citoyens à la protection de leurs défenseurs [2], et, dans les deux autres cas, comme ils n'osaient plus recourir à ce moyen énergique, ils avaient usé d'habileté et avaient gagné par leurs flatteries les collègues des opposants. Licinius [3] et Pontificius [4], combattus l'un comme l'autre par d'autres tribuns qui faisaient valoir l'intérêt commun et le salut de la patrie, avaient été réduits à l'impuissance. Mais, en 473,

(1) « Tum primum lex agraria promulgata est; nunquam deinde usque ad hanc memoriam sine maximis motibus rerum agitata...» Tit.-Liv., II, 41.

(2) L'infanterie légionnaire s'en vengea pendant la guerre contre les Èques en refusant d'achever une victoire commencée par la cavalerie et dont il ne tenait qu'à elle d'honorer son général. Cf. Tit.-Liv., II, 43.

(3) « Nec in eum consules acrius, quam ipsi ejus collegæ, coorti sunt : auxilioque eorum delectum consules habent. » Tit.-Liv., II, 43.

(4) « Quatuorque tribunorum adversus unum moratorem publici commodi auxilio delectum consules habent. » Tit.-Liv., II, 44.

les circonstances étaient toutes différentes. C'est en pleine paix que la loi agraire venait d'être proposée de nouveau : les consuls L. Furius et C. Manlius s'y étaient opposés de toutes leurs forces, et, à la sortie de leur charge, le tribun Cn. Génucius les citait devant le peuple, après avoir juré que rien ne l'arrêterait dans l'accomplissement du devoir qui lui incombait.

La condamnation qu'avait subie déjà un personnage consulaire devant les comices plébéiens, le danger qu'y avait couru tout récemment encore le consul Servilius, le grand intérêt personnel qu'avaient les plébéiens dans le moment présent à frapper d'un coup décisif les deux magistrats qui s'étaient obstinés à les priver de la plus populaire des lois, l'agitation extrême qui troublait les esprits[1], tout annonçait la perte certaine de Furius et de Manlius. Ils furent sauvés pourtant ; mais ce fut au moyen d'un crime odieux que consomma le parti le plus exalté du patriciat. Le jour même du jugement, alors que les plébéiens, réunis dans le Forum, attendaient Génucius avec impatience, ils apprirent tout à coup que l'accusateur des deux consuls venait d'être trouvé mort. A cette nouvelle, les collègues du malheureux tribun, qui ne pouvaient plus croire à l'inviolabilité de leur personne, furent frappés de terreur, et la plèbe, comme une armée qui se trouve subitement privée de ses chefs, se dispersa de tous côtés en proie à une panique indescriptible.

Cependant cette triste victoire, tout en soustrayant les deux accusés au sort qui les menaçait, ne produisit pas tous les résultats qu'en espérait le patriciat. Lorsque le Sénat voulut profiter de la frayeur des tribuns et de leur silence pour faire procéder à l'enrôlement militaire avec une rigueur inouïe et sans tenir compte des grades obtenus par les plébéiens dans les campagnes précédentes, un ancien centurion, du nom de Publilius Voléron, qu'on enrôlait comme simple légionnaire, osa donner le signal de la

____

(1) « Agrariæ legis tribuniliis stimulis plebs furebat. » Tit.-Liv., II, 54.

résistance; appréhendé par les licteurs qui, sur l'ordre des consuls, s'efforçaient de le dépouiller de ses vêtements pour le frapper de verges, il ameuta la foule qui brisa les faisceaux consulaires et repoussa les magistrats jusque dans la Curie. Le Sénat, surpris à son tour par la violence de cette révolte, crut prudent de la laisser impunie[1], et quelques mois plus tard, Voléron, en récompense de son énergie, se vit conférer par les suffrages des plébéiens les fonctions de tribun. Négligeant alors ses motifs de vengeance personnelle et sans s'inquiéter d'accusations à lancer contre les consuls qui avaient failli le faire périr, il porta plus haut ses vues et fit preuve d'esprit politique. Il proposa une loi par laquelle les tribuns ne seraient plus jamais élus que par les comices par tribus. Cette loi, on le comprend, avait pour but d'enlever aux patriciens la facilité qu'ils avaient de faire passer parfois dans les comices centuriates, où ils restaient encore très influents, certains candidats qui, par reconnaissance, leur témoignaient ensuite assez de dévouement pour s'opposer aux projets les plus populaires des autres membres du tribunat. Dans l'espoir de s'en débarrasser, le Sénat fit traîner la discussion pendant tout un an. Mais, l'année suivante, bien que l'élection eût eu lieu dans les comices par centuries, Voléron fut réélu, et avec lui se trouva nommé un des plébéiens les plus réputés par son intrépidité dans les combats, Lætorius, qui, non content d'appuyer sa proposition, y ajouta que les édiles seraient nommés, comme les tribuns, dans les comices par tribus et que ces mêmes comices pourraient connaître des affaires de l'État, c'est-à-dire feraient des plébiscites. Vainement les patriciens avaient fait arriver au consulat le plus fougueux défenseur de leurs intérêts, Appius Claudius, fils du premier Claudius. La violence de ce magistrat, qui vint sur le Forum entouré des nobles et de leurs clients pour résister aux menaces des tribuns, n'aurait amené que le plus dangereux des conflits. Déjà le sang

(1) « Adversus temeritatem plebis certari non placuit. » Tite-Live, II, 55.

coulait; Lætorius était blessé; Appius, que ses licteurs et ses nombreux amis n'avaient pu défendre contre cet outrage, était aux mains de ses ennemis, lorsque son collègue, Quinctius Cincinnatus, homme prudent et qui savait se faire écouter des plébéiens [1], obtint sa mise en liberté. Un vote affirmatif, comme Lætorius l'avait juré la veille [2], fut aussitôt émis par les comices; puis la plèbe, pour tenir un gage de sa victoire, s'empara du Capitole [3], et nul dans la Curie n'osa plus élever la voix pour s'opposer à la loi Publilia qui passa dans un profond silence [4].

Mais Appius, avec son caractère indomptable, ne voulait pas laisser sans châtiment l'affront que le consulat avait subi dans sa personne. Une guerre qu'il eut à diriger peu après contre les Volsques mit sous ses ordres les plébéiens devenus soldats, et tandis que Quinctius qui combattait les Èques s'attirait l'amour de ses troupes par ses bons procédés, lui se plut à tourmenter les siennes par toutes les rigueurs de son commandement [5]. Surexcitée par ses vexations, son armée le trahit devant l'ennemi, prit la fuite en jetant ses armes et ses étendards. Il saisit cette occasion pour assouvir sa colère, fit battre de verges et frapper de la hache les centurions, décima par voie de tirage au sort les légions tout entières.

Aussi, dès qu'il sortit de charge, fut-il appelé devant les comices par les tribuns. Il l'avait prévu. Et son orgueil ne fléchit point. Loin de s'humilier devant ceux qui l'accusaient, il parut dans le Forum avec la même contenance, la même fierté de visage, la même âpreté de langage. Les

(1) Den. d'Hal., IX, 44.

(2) Chez ce soldat, dit Tite-Live, peu accoutumé à la parole, la langue ne secondait pas la liberté et le courage, et l'expression venant à lui manquer : « Romains, s'était-il écrié, puisque je parle moins facilement que je ne sais agir, trouvez-vous ici demain : je mourrai sous vos yeux, ou j'emporterai la loi. »

(3) Den. d'Hal., IX, 48.

(4) « Lex silentio perfertur. » Tit.-Liv., II, 56 et 57.

(5) Tit.-Liv., II., 58, 59 et 60.

plébéiens, frappés de stupeur, lui accordèrent un délai. Il en profita pour mettre ordre à ses affaires et mourut[1].

A la suite de cette mort, qui fut comme l'épilogue de la grande lutte qu'avait suscitée la loi de Voléron, il se produisit un certain apaisement dans les esprits. Une guerre contre les Èques qui mit la république dans la nécessité de recourir un moment à la dictature et procura à Quinctius une grande gloire militaire[2], et une peste, qui s'étendit sur tout le territoire et ravagea particulièrement la ville, occupèrent aussi les diverses classes du peuple romain d'une manière assez sérieuse pour les détourner momentanément des luttes du Forum[3]. Mais cette sorte de calme relatif prit fin dès l'année 462, lorsque le tribun Terentilius Arsa annonça aux plébéiens qu'il allait proposer la nomination de cinq citoyens chargés de définir par une loi l'autorité consulaire[4]. Cette proposition avait pour but de détruire les incertitudes que comportait l'ensemble des vieilles lois et des vieilles coutumes, dont la plupart n'étaient écrites nulle part[5], de mettre un terme à l'arbitraire qu'autorisait le mode actuel de rendre la justice d'après des données

---

(1) Tite-Live (II. 61) dit qu'il mourut de maladie ; mais Denys d'Halicarnasse (IX, 54) affirme qu'il se suicida. Il eut d'ailleurs de belles funérailles ; les plébéiens, plus généreux que leurs tribuns, ne voulurent pas empêcher qu'on prononçat son oraison funèbre et écoutèrent l'éloge qu'on fit de lui après sa mort avec autant d'attention qu'ils avaient écouté l'accusation dirigée contre lui pendant sa vie.

(2) Sous la dictature de Posthumius, en 468, Quinctius délivra l'armée de Furius, cernée par les Èques. Nommé l'année suivante consul pour la seconde fois, il s'empara d'Antium et reçut, au retour, les honneurs du triomphe avec tant d'éclat que le surnom de Capitolinus lui en resta.

(3) Tite-Live raconte assez longuement ces divers événements dans les huit premiers chapitres de son troisième livre.

(4) « Legem se promulgaturum, ut quinque viri creentur legibus de imperio consulari scribendis. » Tit.-Liv., III, 9.

(5) Des textes nombreux attestent qu'il y eut à Rome certaines lois écrites avant les décemvirs. (Den. d'Hal., X, 1 ; 36 : Cic., *De Rep.*, II, 14 ; Plin., *Hist. nat.*, XIV, 12 ; XXXII, 2 ; Servius, *ad Eclog.*, IV, 43 ; *ad Georg.*, III, 387 ; Pompon. *Dig.*, I, 2.) Nous en parlerons dans *l'Histoire de la Littérature romaine*, Liv. I, ch. III, 1.

qu'ignoraient le plus souvent les défenseurs de la plèbe. Elle ne réclamait rien moins en réalité qu'une législation nouvelle, qui fût connue des tribuns comme des consuls, qui ne fût pas seulement ouverte à l'intelligence et à la pratique des patriciens, qui pût être appliquée à tous également. Une pareille prétention parut aux nobles tout aussi dangereuse que la loi agraire elle-même[1]. Ils résolurent de la combattre le plus longtemps qu'ils pourraient.

Le parti le plus exalté du patriciat, selon sa coutume, essaya tout d'abord de recourir à l'intimidation. Comme les consuls avaient voulu produire une diversion au moyen d'enrôlements militaires, et que les plébéiens, appuyés par les tribuns, refusaient de se faire inscrire, les jeunes nobles à plusieurs reprises envahirent le Forum pour prêter main forte aux licteurs. A leur tête était le fils de Cincinnatus, Cæson Quinctius, fier de sa taille et de sa force extraordinaires, fier aussi de son éloquence et de son courage. Plus d'une fois il s'empara de la tribune, chassa les tribuns et dispersa la foule. Quiconque tombait sous sa main s'en allait le corps meurtri et les habits en lambeaux. Enfin un tribun, Virginius, moins intimidé que ses collègues, l'accusa d'avoir méconnu le caractère inviolable du tribunat et d'avoir causé la mort d'un citoyen par les coups qu'il avait portés[2]. C'était une accusation capitale et l'irritation de la plèbe contre lui était si grande que sa condamnation n'était point douteuse. Quand il comprit qu'il n'avait plus rien à espérer ni de l'intervention des plus grands personnages de l'État ni des sollicitations de son père, qui pourtant

(1) Cette prétention leur parut même impie. Car, d'après leurs idées et leurs traditions, les lois faisaient partie de la religion et ne s'appliquaient qu'aux membres de la cité religieuse, c'est-à-dire aux curies, aux *gentes*, à eux-mêmes et à leurs clients, et non à d'autres. Elles ne reconnaissaient pas le droit de propriété à celui qui n'avait pas de *sacra*; elles n'accordaient pas l'action en justice à celui qui n'avait pas de patron. Et c'est à ce caractère religieux de la loi que la plèbe s'attaquait en demandant qu'elle fût applicable à elle comme aux patriciens. Cf. Fustel de Coulanges, *La cité antique*, Liv. IV, ch. VII, 30.

(2) Tit.-Liv., III, 10-13.

n'était pas mal vu des plébéiens, il sortit de Rome pendant la nuit et s'exila chez les Toscans, laissant à Cincinnatus [1] le soin de payer la caution de 30,000 livres, qu'il avait été obligé de garantir pour être laissé en liberté jusqu'au jugement définitif.

Se retira-t-il sans aucune pensée de retour et de vengeance ? Il est probable que non. Son âme, comme celle de Coriolan, était trop altière pour supporter patiemment le triomphe de ses ennemis et tout permet de supposer qu'il continua d'entretenir dans la ville des intelligences secrètes. Les tribuns du moins le craignirent ; ils dénoncèrent bientôt au Sénat un complot dont ils l'accusèrent d'être l'instigateur, et leurs craintes ne devaient pas être absolument chimériques. Car, l'année suivante, au moment où l'on s'y attendait le moins, le Capitole se trouva tout à coup occupé par des bannis et des esclaves, au nombre de quatre à cinq mille, sous la direction d'un riche habitant de la Sabine nommé Herdonius [2] : Cæson sans doute était au milieu d'eux. Les tribuns n'en doutèrent pas, et comme l'occupation surprenante du Capitole leur semblait n'avoir pu réussir que par trahison, ils n'hésitèrent pas à soupçonner les patriciens de complicité. « Cette attaque, à les entendre, n'était qu'une feinte ; on voulait forcer la plèbe à s'enrôler et détourner son attention de la loi Terentilia [3]. » Il fallut toute l'éloquence, la popularité et la modération du consul P. Valérius pour venir à bout de l'aveuglement et de la résistance des plébéiens. Encore ne

(1) Cincinnatus n'était donc pas tout à fait par goût et par philosophie le soldat laboureur sous les traits duquel on s'est tant plu à le dépeindre. Il jouissait d'une assez belle fortune lorsque, ruiné par le payement de l'énorme caution de son fils, il se vit obligé par ce revers de fortune à se retirer dans un tout petit domaine qu'il possédait au-delà du Tibre et dans lequel vinrent le chercher un jour les délégués du Sénat pour lui offrir la dictature contre les Èques encore une fois victorieux. Den. d'Hal., X, 4-8..

(2) Den. d'Hal., IX, 14 ; Tit.-Liv., III, 15.

(3) « Tantus enim tribunos furor tenuit, ut non bellum, sed vanam imaginem belli, ad avertendos ab legis cura plebis animos, Capitolium insedisse contenderent... » Tit.-Liv., III, 16.

finirent-ils par consentir à leur enrôlement que sur la promesse formelle qu'il leur fit qu'après leur victoire il prendrait en main leurs intérêts et empêcherait lui-même les patriciens de les gêner dans leurs comices. Avec l'aide d'une troupe de Latins alliés, accourus en toute hâte de Tusculum, le Capitole fut donc repris, Herdonius tué, ses complices décapités ou crucifiés [1].

Seulement, Valérius, en se précipitant un des premiers dans le vestibule du temple de Jupiter où s'était retranché l'ennemi, y avait péri. Avec lui avaient disparu ses promesses. Son collègue Claudius, prié de les exécuter, répondit qu'il ne pouvait rien faire avant la nomination du subrogé consul chargé de remplir jusqu'à la fin de l'année le mandat du défunt [2]. Or ce fut Cincinnatus qui fut nommé, Cincinnatus qu'avait aigri la condamnation de son fils et qui ne cachait pas combien l'avait révolté la conduite des tribuns dans l'affaire du Capitole. Il déclara qu'il ne relevait pas les soldats du serment militaire qu'ils avaient prêté à Valérius et prit le commandement de l'armée. Le bruit courut qu'il allait tenir les comices hors de la portée des tribuns pour abroger toutes les lois qu'ils avaient obtenues [3]. En se laissant attribuer ces prétentions exagérées, peut-être voulut-il simplement amener les plébéiens à quelques concessions. Et il est de fait que le Sénat, qui dans cette circonstance avait intérêt à montrer de la modération, crut avoir abouti à une sorte de trêve d'après laquelle ni les consuls ni les tribuns ne pourraient être réélus plusieurs années consécutives. Mais cette mesure de conciliation, acceptée des deux parts, ne fut pas plus respectée d'un côté que de l'autre [4] : les plébéiens les premiers la violèrent en reportant immédiatement leurs suffrages sur leurs tribuns, et si les patriciens, malgré le désir qu'ils en avaient, ne réussirent pas à atteindre un résultat identique à l'égard de leurs con-

<hr>

(1) Tit.-Liv., III, 17 et 18.
(2) Tit.-Liv., III, 19.
(3) Tit.-Liv., III, 20.
(4) Tit.-Liv., III, 21.

suls, c'est qu'ils en furent empêchés au dernier moment par Cincinnatus qui, seul entre tous, resta fidèle aux engagements pris en déclarant que les voix qui lui seraient données seraient annulées par lui.

Les luttes du Forum recommencèrent donc de nouveau. La réélection toujours répétée des mêmes tribuns ramenait nécessairement les mêmes propositions de sorte que le projet de loi de Terentilius, sans cesse repris, était une menace perpétuelle pour le patriciat. Les ennemis qui envahissaient presque chaque année [1] quelque partie du territoire de la république interrompaient à peine ces désaccords sans fin [2]. Et les satisfactions partielles que le Sénat se sentait parfois obligé d'accorder aux plébéiens, ne calmaient que pour un temps très court leur impatience. En 457, ils obtinrent que le nombre des membres du tribunat fût porté à dix à raison de deux pour chaque classe [3]. En 456, le tribun Icilius, après avoir essayé sa force en faisant condamner à la confiscation de leurs biens quelques jeunes patriciens qui avaient troublé les comices populaires par leurs violences, fit passer un plébiscite aux termes duquel les terres que le domaine public possédait encore [4] sur l'Aventin

(1) Jamais Rome ne fut serrée de plus près qu'à cette époque : un tiers des villes de la confédération latine qui avait accepté le traité de Cassius avaient succombé ; les Èques tenaient l'Algide et les Volsques le mont Albain.

(2) Ne voyons-nous pas (Tit.-Liv., III, 26-29) qu'il suffit à Cincinnatus d'une dictature de seize jours, non seulement pour dégager l'armée de Minucius, remporter une grande victoire sur les Èques et recevoir à Rome les honneurs du triomphe, mais encore pour intervenir dans les comices et venger son fils en faisant condamner à l'exil le plébéien Volscius sur le témoignage duquel s'était appuyé le tribun Virginius dans le procès de Cæson.

(3) Tricesimo sexto anno a primis tribunis plebis, decem creati sunt, bini ex singulis classibus : itaque cautum est, ut postea crearentur. » Tit.,-Liv., III, 30.

(4) De ce partage entre les plébéiens des terres de l'Aventin appartenant au domaine public, fait qui prouve seulement qu'une partie du mont était encore inoccupé, Schwegler conclut que le mont tout entier n'avait pas eu d'habitants jusque-là. Il raye ainsi, comme le dit Ampère, d'un trait de plume,

devaient être distribuées aux citoyens nécessiteux ; et non seulement ce plébiscite fut porté au Sénat par les consuls, mais Icilius les accompagna pour le défendre lui-même et inaugura ainsi la coutume que prirent ensuite les tribuns de siéger et de parler dans la Curie. En 454 une loi votée par les comices centuriates sur la proposition des consuls Sp. Tarpeius et A. Aternius fixa le minimum et le maximum des amendes que les consuls pouvaient infliger à ceux qui leur manquaient de respect ou d'obéissance dans l'exercice de leurs fonctions civiles et, du même coup, reconnut aux tribuns et aux édiles non moins qu'aux autres magistrats le droit d'infliger ces mêmes amendes[1]. La première de ces trois concessions, à la vérité, n'était pas d'un grand prix ; car, si les tribuns devenus plus nombreux avaient la facilité de rendre plus de services à la plèbe, leur grand nombre permettait aussi aux patriciens l'espoir de gagner quelqu'un d'entre eux plus aisément dans les affaires épineuses. Mais les deux dernières avaient une importance réelle : la loi Icilia n'était pas autre chose qu'une loi agraire qui, dans ses proportions réduites, n'en apportait pas moins une dérogation partielle à l'usurpation générale des terres publiques par les patriciens ; et celle de Tarpeius et d'Aternius répondait dans quelque mesure à l'un des griefs de Terentilius puisqu'elle fixait des limites dans certains cas à la juridiction arbitraire du consulat. Quoi qu'il en fût, tribuns et plébéiens ne voyaient dans ces concessions que des palliatifs ingénieusement employés pour écarter leur principale demande. Ce qu'ils ne cessaient de réclamer, c'était une législation écrite, connue de tous, et surtout applicable à tous.

avec toute l'histoire antérieure de l'Aventin, la meilleure partie des origines de la plèbe. — Voyez Ampère, *Hist. des Rom. à Rome*, note du ch. IV de la IIᵉ partie — Cf. Den. d'Hal., X, 31.

(1) Gratam etiam illam rem, quarto circiter et quinquagesimo anno post primos consules, de multæ sacramento Sp. Tarpeius et A. Aternius consules comitiis centuriatis tulerunt. » Cic, *De Rep.*, II, 35. — Cf. Den. d'Hal., X, 50.

A la fin, le Sénat comprit qu'il ne pouvait plus résister à cette réclamation équitable sans entretenir entre le consulat et le tribunat une guerre acharnée, qui jetait la république dans une anarchie permanente. Il eut l'air de prendre son parti de bonne grâce et de céder sans arrière-pensée ; le consul Romilius, qui avait été précédemment condamné par les tribuns à une forte amende, appuya lui-même la proposition tribunitienne ; on se mit d'accord pour envoyer trois commissaires à Athènes [1] et dans les autres villes grecques afin d'y étudier les institutions, les mœurs et les différents codes, dont la connaissance pouvait servir à la confection de la législation demandée ; on attendit tranquillement le retour de ces députés ; et lorsqu'ils

(1) Les noms et la mission de ces trois commissaires nous sont nettement indiqués par Tite-Live (III, 31) : Missi legati Athenas Sp. Postumius Albus, A. Manlius, P. Sulpicius Camerinus ; jussique inclutas leges Solonis describere, et aliarum Græciæ civitatium instituta, mores, juraque noscere. » Malgré ce témoignage formel, plusieurs critiques modernes, tout en admettant le voyage des députés romains dans ces villes grecques de l'Italie méridionale où Servius, comme je l'ai dit (page 189), avait déjà cherché des inspirations, ont jugé inadmissible l'opinion qui les fait aller jusqu'à Athènes pour prendre copie des lois de Solon. Mes lecteurs doivent savoir que je n'incline nullement à partager cet avis. J'ai montré ailleurs (page 201) qu'il a pu y avoir des rapports directs des Romains avec la Grèce proprement dite dès le temps des rois et qu'on a le droit de ne pas considérer comme invraisemblable la députation du fils et du neveu de Tarquin à l'oracle de Delphes. Par conséquent une députation de commissaires romains à Athènes soixante ans plus tard ne m'étonne pas. Ne signale-t-on pas d'ailleurs dans les lois des décemvirs des ressemblances frappantes avec la législation de Solon, et l'exposition même des *Tables* dans le Forum ne rappelle-t-elle pas que les tables en bois de Solon furent exposées dans l'Agora d'Athènes ? (Heinecc, *Ant. rom.*, IV, 1, § 2, § 12, Gaius, Digest., XLVII, 22, 4 ; Cic., *De leg.*, II, 25, 26). L'explication des lois grecques attribuée à Hermodore et la statue que les Romains, comme le rapporte Pline (*Hist. nat.*, XXXIV, 2, 1), lui élevèrent en récompense de ce service, ne me semblent pas donner lieu à des objections susceptibles de faire rejeter l'affirmation si nette de Tite-Live, corroborée par celle de Denys d'Halicarnasse (X, 54). Les Romains, même après avoir été à Athènes et dans les autres villes grecques, purent encore tirer grand profit de l'interprétation qu'Hermodore leur donna de toutes ces lois étrangères, qu'ils avaient d'abord relevées sur place. Les deux faits ne sont pas contradictoires.

furent revenus, on décida de conférer à dix hommes, pour la durée d'un an, avec les pouvoirs réunis de toutes les magistratures, le soin d'établir un code de lois qui ne deviendrait valable que par l'approbation du Sénat et du peuple. Le tribunat et le consulat disparaissaient l'un comme l'autre devant cette magistrature temporaire des décemvirs ; le droit d'appel lui-même était suspendu en sa faveur ; il ne lui était interdit que de toucher aux lois sacrées ainsi qu'à la loi Icilia sur le partage des terres de l'Aventin. Seulement comme il n'y avait que les patriciens qui eussent des ancêtres et qu'eux seuls par conséquent possédaient la *sainte coutume des ancêtres, mos majorum,* sur laquelle était basé tout l'ancien droit, il fallut nécessairement que les décemvirs fussent choisis parmi eux[1]. Et le Sénat espérait bien qu'à leur sortie de charge, ils sauraient obtenir de la plèbe l'abandon définitif du tribunat, en lui représentant que les lois écrites, dont elle allait être munie, seraient désormais pour elle la meilleure des protections, la moins trompeuse des sauvegardes.

VI

Les dix patriciens nommés décemvirs n'abusèrent pas des pouvoirs qui leur avaient été confiés. Chaque jour, à tour de rôle, un d'eux rendait la justice et, durant cette présidence, avait douze licteurs tandis que chacun de ses

(1) Lorsque les tribuns avaient émis la prétention que les plébéiens travaillassent avec les patriciens à la rédaction des lois, le patriciat tout entier avait crié à l'impiété. Car, selon lui, la plèbe n'avait rien de commun avec les choses sacrées, parmi lesquelles il fallait compter la loi. (Tit.-Liv., III, 31 ; Den. d'Hal., X, L.) Aussi, dit M. Fustel de Coulanges (*La cité antique,* liv. IV, c. VII, § 3), les vieilles annales, que Tite Live et Denys consultaient en cet endroit de leur histoire, mentionnaient-elles d'affreux prodiges, le ciel en feu, des spectres voltigeant dans l'air, des pluies de sang (Jul. Obseq., 16). Entre les deux ordres, dont chacun s'étonnait de l'insistance de l'autre, il y eut de longues discussions. Enfin on trouva un compromis : pour concilier les intérêts de la plèbe avec la nécessité religieuse

17

collègues n'avait pour escorte qu'un seul appariteur[1]. Ils observaient à l'égard de tous la plus scrupuleuse équité ; ils souffraient même, quoique leurs jugements dussent être sans appel, qu'on appelât entre eux de leurs décisions, de sorte que la plèbe ne regrettait en rien l'assistance tribunitienne[2]. En même temps, ils se livraient avec ardeur à la confection des lois, et dès que l'année de leur mandat fut sur le point d'expirer, ils se trouvèrent en mesure de satisfaire l'impatience publique. Après avoir présenté sur dix tables exposées au Forum un travail qui était, dit Cicéron, plein de sagesse et d'équité[3], ils y firent les corrections indiquées par l'opinion et le soumirent définitivement à l'adoption des comices centuriates.

Mais ces dix tables ne formaient pas une œuvre complète ; il en fallait encore deux, dirent-ils, pour la parfaire. Il était donc nécessaire de prolonger pour un an la même forme de gouvernement. Personne n'y vit d'inconvénient et les comices furent convoqués pour procéder à l'élection de nouveaux décemvirs.

Ce fut alors qu'Appius Claudius, qui, pendant toute cette première année, avait caché les projets les plus ambitieux et les plus despotiques sous des dehors modestes et sous une apparence de grande bienveillance pour le peuple, réussit à se faire réélire et à faire nommer en même temps que lui neuf collègues nouveaux, moins illustres assurément et moins capables que ceux qu'il écarta par ses cabales, mais qui lui étaient tout dévoués[4].

La plèbe, qui avait été trompée, fut bien surprise lors-

---

que le patriciat invoquait, on décida que les législateurs seraient tous patriciens, mais que leur code n'entrerait en vigueur qu'après avoir été approuvé par les comices centuriates, c'est-à-dire les comices où les deux ordres se trouvaient confondus.

(1) Tit.-Liv., III, 33.

(2) Tit.-Liv., III, 34.

(3) « Qui quum *X Tabulas* summa legum æquitate prudentiaque conscripsissent. » Cic., *De Rep.*, II, 36.

(4) Tit.-Liv., III, 35.

que, le premier jour de leur magistrature, ils parurent
tous ensemble, précédés de cent vingt licteurs [1] qui portaient dans les faisceaux la terrible hache, emblème du
pouvoir sans appel. C'étaient dix tyrans qu'elle s'était imposés [2]; car, bien qu'à la vue de cet appareil une terreur
égale se fût emparée d'abord de tout le monde, il fut bientôt manifeste que les décemvirs ménageaient l'aristocratie
et ne soumettaient à leur oppression capricieuse et cruelle
que les seuls plébéiens [3]. Les jeunes patriciens en effet et
les membres les plus violents du patriciat, bien aises de
faire tourner au détriment de la plèbe une révolution dont
elle attendait de grands avantages, ne demandaient pas
mieux que de faire cause commune avec Appius et ses
collègues; ils l'entourèrent, devinrent ses satellites, reçurent leur part des produits de ses exactions et se mirent à
préférer ouvertement à la liberté de tous la licence dont
ils jouissaient sous sa tyrannie [4]. Forts de cette complicité
et de la crainte que leur puissance illimitée répandait dans
la multitude, les décemvirs ne craignirent même plus d'ou-
trepasser les limites de la durée de leur mandat. D'une
magistrature qui n'avait été acceptée que comme un expédient, ils voulurent faire une institution permanente et la
maintenir indéfiniment entre leurs mains. Quand les deux
dernières tables eurent été publiées et que leur année de
fonctions fut expirée, ils se gardèrent de venir au Forum

(1) Les faisceaux étaient un assemblage de baguettes retenues en forme de
fascine au moyen de courroies (Pline, *Hist. nat.*, XVI, 30; Plaut. *Asin*, III,
2, 24). À partir de Publicola, les consuls n'eurent plus le droit d'y faire figurer
la hache, si ce n'est en dehors de Rome, lorsqu'ils étaient à la tête des armées.
(Cf. note de la page 205). Les magistrats revêtus de la dictature purent seuls
avoir la hache dans leurs faisceaux à l'intérieur de la ville (Tit.-Liv., II, 18;
Cic., *De Rep.*, II, 31; Val. Max., IV, 1, 1.)

(2) Decem regum species erat... » Tit.-Liv., III, 36.

(3) Abstinebatur a patribus; in humiliores libidinose crudeliterque consu-
lebatur. » Tit.-Liv., III, 36.

(4) « Hac mercede juventus nobilis corrupta non modo non ire obviam
njuriae, sed propalam licentiam suam malle quam omnium libertatem. »
Tit.-Liv., III, 37.

déposer la démission légale sans laquelle leur pouvoir ne pouvait prendre fin [1], et comme les peuples de la Sabine et les Èques avaient profité des circonstances pour envahir le territoire romain, ils convoquèrent le Sénat pour enrôler l'armée [2]. Il est vrai que le parti modéré de l'aristocratie ne se rendit à leur convocation que pour protester contre leur usurpation : les représentants des deux grandes familles libérales des Valerii et des Horatii, Valerius Potitus et M. Horatius Barbatus, élevèrent la voix, rappelèrent que leurs ancêtres s'étaient mis à la tête des Romains pour expulser les rois, et dirent qu'eux aussi pourraient bien adresser un appel au peuple contre ces dix nouveaux Tarquins, dont la tyrannie devenait pour la République une menace plus dangereuse que la déclaration de guerre des ennemis extérieurs [3]. Mais les affidés d'Appius déclarèrent qu'il fallait avant toute chose délivrer le territoire et qu'on verrait ensuite à délibérer sur la légalité des actes du gouvernement [4]. Le Sénat se rendit à cet avis et le peuple terrorisé, privé de tout défenseur attitré, se soumit à l'enrôlement [5].

Bien qu'un pouvoir despotique se trouve ordinairement ruiné par les échecs militaires qu'il subit devant l'ennemi, il est possible que, malgré les défaites successives essuyées par leurs armées [6], les décemvirs eussent encore été assez forts pour se maintenir quelque temps à la tête des affaires, si l'emportement des passions d'Appius ne l'a-

---

(1) L'*imperium*, en effet, ne cessait que par le fait de la démission formelle du magistrat qui le possédait.

(2) Tit.-Liv., III, 38.

(3) Tit.-Liv., III, 39 : « Decem Tarquinios appellantem, admonentemque, Valeriis et Horatiis ducibus pulsos reges... »

(4) Tite-Live prête ce discours à L. Cornélius Maluginensis, qui était le frère de M. Cornélius, un des décemvirs, III, 40.

(5) Tit.-Liv., III, 41.

(6) « Fusi et ab Sabinis ad Eretum, et in Algido ab Æquis, exercitus erant. » Tit.-Liv., III, 42. L'historien latin attribue ces défaites au mauvais vouloir des soldats placés sous le commandement de chefs impopulaires ; mais l'incapacité de ces derniers pouvait y être aussi pour beaucoup.

vait entrainé à commettre quelqu'un de ces crimes qui
frappent les imaginations, émeuvent les cœurs et donnent
tout à coup à l'indignation publique une puissance irrésis-
tible. Déjà L. Sicinius Dentatus, citoyen aussi hardi dans
le Forum que sur le champ de bataille, qui avait comme
tribun condamné deux consuls à l'amende et appuyé vi-
goureusement la loi Terentilia, qui pouvait comme centurion rappeler cent vingt combats, se vanter de 45 blessures glorieuses, de 183 colliers, de 160 bracelets d'or, de
18 lances, de 25 harnais, de 14 couronnes civiques [1], avait
été trouvé mort dans un avant-poste, indignement égorgé,
disait-on, par des traitres aux gages des dix tyrans [2], et
défense avait été faite de transporter son corps à Rome par
peur du tumulte qu'y auraient pu produire ses funérailles.
La révolte couvait dans les esprits; l'infâme attentat
d'Appius la fit éclater.

Pris d'une passion brutale pour une belle et toute jeune
plébéienne, qui était la fille du centurion Virginius et la
fiancée de l'ancien tribun Icilius, Appius avait ourdi avec
un de ses clients un complot qui devait la faire tomber en
sa possession. Un jour que la malheureuse traversait le
Forum avec sa nourrice, cet affidé met la main sur elle en
s'écriant que fille de son esclave, esclave elle-même, elle
lui appartient. On la conduit devant le tribunal du despote
qui use de ses fonctions de juge pour donner à ce rapt
odieux les apparences de la légalité. Il écoute impassible
les explications invraisemblables de l'accusateur et par
une sentence inique il les admet. Le père prévenu en toute
hâte par ses amis de Rome accourt de l'Algide où le tenait
le service militaire. Il ne trouve aucun moyen légal de ré-

---

(1) Aul. Gell., II, 11; Den. d'Hal., X, 37. — Voir, au sujet de toutes ces
récompenses militaires, ce que j'en dis dans l'ouvrage intitulé *De la
milice romaine*, IVe partie, *Administration de l'armée*, ch. 4, *Discipline, peines et récompenses*.

(2) Tit.-Liv., III, 43. — Cf. Den. d'Hal., qui dit que ce guet-apens contre
Dentatus avait déjà été tenté une première fois mais inutilement par les
patriciens.

sister au jugement qui lui arrache sa fille; au milieu du
Forum, en face de ce juge impie qui ne se laisse émouvoir
ni par ses prières ni par ses menaces, il la sauve du déshonneur qui l'attend en lui plongeant un couteau dans le
sein. Pendant que le peuple pousse des cris et se précipite
autour du cadavre de la pauvre enfant, Appius, frustré
dans son criminel espoir, veut se venger du père et du
fiancé, qui viennent de faire avorter sa machination. Il
ordonne à ses licteurs de les amener tous deux devant lui :
une sentence sans appel va leur faire payer de la vie leur
rébellion contre son autorité. Mais les licteurs sont entou-
rés, arrêtés par la foule, qui brise les faisceaux : les deux
accusés leur échappent, sortent de la ville et courent,
chacun de son côté, vers les camps des deux armées.

Virginius, escorté de quatre cents citoyens, qui sont
autant de témoins de l'acte d'Appius, parle à ses compagnons d'armes avec toute l'éloquence que lui prêtent la
douleur et le désir de la vengeance; un cri unanime lui
répond; l'armée de l'Algide lève le camp, marche sur
Rome en bon ordre, vient s'établir sur l'Aventin. En même
temps les discours d'Icilius ont produit le même effet sur
les légions de la Sabine; elles aussi se soulèvent, quittent
leur poste et viennent à Rome, où elles traversent le
quartier patricien du Quirinal pour gagner l'Aventin et
opérer leur jonction avec les autres. Chacune des deux
armées, en attendant le rétablissement du tribunat du
peuple, qui paraît désormais indispensable pour garantir
la sécurité des plébéiens, se choisit des chefs qui prennent
le nom de tribuns militaires. Puis, comme le Sénat ne paraît pas disposé à donner une satisfaction immédiate à
leurs plaintes, ces chefs se conforment à l'avis de l'ancien tribun Duilius : les légions et la plèbe tout entière,
hommes, femmes et enfants, abandonnent la ville, laissent
le Forum et les maisons absolument vides : une nouvelle
sécession sur le mont Sacré s'accomplit.

Alors les représentants du parti modéré de l'aristocratie
ont beau jeu contre les décemvirs. Abandonnés de la plu-

part de leurs partisans, ceux-ci se déclarent vaincus, promettent d'abdiquer et prient seulement le Sénat de les protéger contre la haine publique afin, disent-ils, que leur supplice n'accoutume pas la plèbe à voir répandre le sang des patriciens. L. Valérius et M. Horatius, qui seuls avaient autrefois élevé la voix contre la tyrannie, sont naturellement choisis pour porter des paroles de paix sur le mont Sacré. Icilius leur répond au nom des plébéiens. Le rétablissement du tribunat, celui du droit d'appel, la certitude qu'aucun de ceux qui ont pris part à la sécession ne sera inquiété ni poursuivi pour ce motif, le droit immédiat de saisir les décemvirs et de les brûler vifs en châtiment de leurs crimes : voilà ce qu'il réclame. Cette dernière exigence n'est pas acceptée; mais l'accord se fait sur les trois autres points. Aussitôt Appius et ses collègues déposent leur pouvoir dans la forme régulière. Les plébéiens, soldats et citoyens, rentrent dans la ville. Ils nomment les tribuns. Le tribun Duilius présente une rogation pour la nomination des consuls et ce sont les deux patriciens les plus populaires, M. Manlius et L. Valérius, qui sont élevés au consulat.

Ces nouveaux magistrats, sous le commandement desquels les légions ne tarderont pas à remporter d'importants succès sur les ennemis du dehors[1], proposent sans hésitation et font promulguer les lois qui consacrent à l'intérieur la victoire des plébéiens. On ne se contente pas de rétablir le tribunat; pour assurer l'inviolabilité des tribuns, on renouvelle l'anathème par lequel celui qui leur porte atteinte est dévoué à Jupiter et sa famille vendue devant le temple de Cérès. On ne se contente pas non plus de proclamer le droit d'appel aux comices centuriates, suprême garantie de la liberté de chacun; on met ce droit sous la

---

(1) A leur retour, ils se verront refuser les honneurs du triomphe par les patriciens mécontents de leur popularité; mais le tribun Icilius profitera de l'occasion pour attribuer à la plèbe un droit nouveau et leur fera voter par les comices par tribus cette grande récompense nationale dont le Sénat seul avait disposé jusque-là.

garde de tous, en déclarant que quiconque tuera celui qui aura créé une magistrature sans appel, ne pourra encourir pour ce fait une accusation capitale. Ce n'est pas tout. On donne force de loi aux plébiscites, c'est à-dire qu'on admet que les résolutions prises dans les comices par tribus, deviendront, avec la sanction du Sénat, comme les résolutions prises dans les comices centuriates, des lois générales qui lieront désormais le peuple entier et non plus seulement la plèbe[1]. On ordonne aussi, pour assurer la conservation et l'intégrité des sénatus-consultes dont la destruction ou la falsification peuvent être préjudiciables à la plèbe, qu'une copie en sera prise par les tribuns, contresignée par eux et déposée, comme les plébiscites, dans le temple de Cérès, sous la surveillance des édiles plébéiens[2]. Enfin, à toutes ces lois émises sur la proposition des deux consuls, Duilius en fait ajouter encore une, qui punit des verges et de la hache tout magistrat qui négligera de tenir les comices à la fin de l'année pour l'élection des tribuns du peuple[3].

Ces précautions prises contre le mauvais vouloir et l'ambition du patriciat, les tribuns mettent en accusation les décemvirs, dont l'usurpation et les crimes ne peuvent rester plus longtemps impunis. Virginius parle au nom de tous : il lui appartient de venger la plèbe entière en vengeant sa fille. Appius est jeté, de même qu'Oppius, le plus odieux de ses collègues, dans la prison Mamertine : tous deux devancent leur jugement et s'y donnent la mort[4]. Les huit autres s'exilent ; leurs biens sont confisqués. Quant à leurs complices, on les épargne. Duilius, avec

----

(1) Den. d'Hal., XI, 45.

(2) Val. Max., II, 2, 17. — Les sénatus-consultes étaient conservés par les questeurs dans le temple de Saturne.

(3) Diod., XII, 25.

(4) Denys d'Halicarnasse (XI, 46, 49) rapporte une autre version d'après laquelle ils auraient été exécutés. Le suicide d'Appius, qui aurait imité son père, n'est peut-être, en effet, qu'une répétition imaginée par la famille Claudia.

sagesse, empêche par son veto que la vengeance populaire ne s'étende sur d'autres que les principaux coupables.

Ainsi, dit Tite-Live, qui fait de ces événements un long et très pathétique récit [1], comme si ces tyrans avaient été destinés à finir par les mêmes causes que les rois, ce fut un forfait enfanté par la débauche qui les perdit, non moins terrible dans ses suites que le déshonneur et le meurtre de Lucrèce, auquel les Tarquins durent leur expulsion de la ville et du trône.

VII

Quelque misérable pourtant qu'ait été la fin du décemvirat, cette magistrature exceptionnelle, qui avait eu d'heureux débuts, n'en avait pas moins rempli la tâche pour laquelle on l'avait créée, et les plébéiens ne devaient pas regretter qu'elle eût existé, puisque dans les XII Tables promulguées par elle ils possédaient le code qu'ils avaient tant réclamé. Je n'ai pas l'intention de procéder en ce moment à l'examen des détails de ce code : je m'y arrêterai nécessairement plus tard lorsque je traiterai des monuments législatifs les plus anciens de la langue latine [2]. Pour l'instant il me suffit de remarquer l'importance que prit le fait de cette promulgation dans la grande lutte des deux partis qui se partageaient la ville.

Sans doute le code des décemvirs n'apporta pas de modifications bien notables aux vieilles coutumes les mieux établies. S'il fixa, par exemple, un maximum à l'intérêt des dettes, s'il frappa l'usurier de pénalités sévères, plus sévères que celles qui frappaient le voleur, il ne changea pas, au moins dans ses traits principaux, l'impitoyable procédure des actions contre les débiteurs. Il ne chercha

(1) Tit.-Liv., III, 44-63.
(2). *Histoire de la Littér. rom.*, liv. I., ch. III, 2.

pas non plus, comme on le pense bien, à amoindrir le patriciat; en conservant la constitution de l'État telle qu'elle était, il maintint, au point de vue religieux et politique, la situation respective des deux ordres; il renferma même dans une des deux dernières tables, rédigées par Appius et remplies, dit Cicéron, de lois iniques [1], un article qui stipula l'invalidité du mariage entre patriciens et plébéiens. L'esprit aristocratique ne pouvait pas ne point percer dans un code écrit par des patriciens.

Mais il n'est pas moins vrai que le fait seul de la publication de ces lois produisit à Rome en faveur des plébéiens une révolution véritable.

Jusque-là la loi était un arrêt de la religion. Révélation divine faite aux ancêtres, et par conséquent immuable autant que mystérieuse, elle restait entre les mains de ceux qui avaient le droit de parler aux dieux, intelligible seulement aux hommes des familles religieuses, c'est-à-dire aux patriciens. Avec le code nouveau, au contraire, la loi n'est plus cette sainte tradition des ancêtres, *mos majorum;* elle devient un texte discuté, approuvé par tous les citoyens réunis, un texte que le législateur promulgue au nom du peuple dont il tient ses pouvoirs. Dès lors, elle cesse de se présenter avec le caractère divin dont elle était revêtue et qui la rendait immuable : c'est une œuvre humaine, que les hommes peuvent modifier ou détruire avec la même facilité qu'ils l'ont faite. « Ce que les suffrages du peuple ont ordonné en dernier lieu, disent les XII Tables, voilà la loi, voilà le droit [2]. » Dès lors aussi, puisqu'elle

---

(1). « Duabus Tabulis iniquarum legum additis, quibus, etiam quæ disjunctis populis tribui solent, connubia, hæc illis ut ne plebei cum patribus essent, inhumanissima lege sanxerunt. » Cic. *De rep.* II, 37.

(2). Tite-Live rappelle plusieurs fois les termes de cet article des XII Tables dans les discours qu'il prête à ses personnages. Voir livre VII; 17 : « In duodecim tabulis legem esse, ut, quodcumque postremum populus jussisset, id jus ratumque esset. » — Et livre IX, 34, dans un discours du tribun P. Sempronius : « Nemo eorum duodecim tabulas legit ? Nemo id jus esse, quod postremo populus jussisset, scivit ? »

cesse d'être mystérieuse et de faire partie de la religion, elle n'appartient plus en propre aux familles sacrées ; écrite dans une langue que chacun lit et parle, elle est la propriété de tous. Le plébéien peut la connaître et l'invoquer comme les patriciens. Celui-ci pourra encore essayer d'embarrasser celui-là par les formes multipliées et difficiles de la procédure, mais il ne pourra plus faire que le code lui reste caché. Les XII Tables, ouvertes à toutes les classes, s'adressent d'ailleurs à toutes indistinctement sur le même ton ; elles ne reconnaissent dans les menaces à l'adresse des coupables aucun privilège pour personne ; la formule générale qu'elles emploient sans cesse est « *si quis... si quelqu'un* » ; par elles tous les citoyens deviennent égaux devant le même tribunal.

L'égalité devant la loi civile et criminelle, voilà donc l'inappréciable conquête que viennent d'accomplir les plébéiens. Dans cette égalité la plèbe et le patriciat, les divers éléments de la population de Rome viennent de se confondre effectivement pour la première fois. Il est permis d'affirmer qu'il n'y aura bientôt plus qu'un seul peuple dans la ville.

Et, en effet, quatre ans à peine après la déchéance des décemvirs, une réprobation presque universelle fait tomber rapidement cette outrageante distinction entre les deux ordres qu'a maintenue l'article haineux d'Appius et de ses collègues par rapport aux mariages entre patriciens et plébéiens. Lorsque le tribun Canuléius, dès l'année 445, réclame l'abolition de cette loi, quelques-uns des *pères*, il est vrai, dans leur orgueil héréditaire, s'y opposent encore avec acharnement en alléguant la religion : « Le culte des familles, disent-ils, sera flétri ; nul ne saura plus de quel sang il est né, à quels sacrifices il appartient ; c'est le bouleversement des choses divines et humaines [1]. » Mais la réponse du tribun ne manque pas de netteté : « Où sera, réplique-t-il, ce bouleversement de toutes choses et en

_____

[1] Tit.-Liv., IV, 2.

quoi chacun s'ignorera-t-il, puisqu'il est entendu que les enfants provenant de mariages mixtes suivent toujours le sang du père? Vous nous outragez gratuitement. Ce n'est que par orgueil et pour nous humilier que vous nous reléguez ouvertement en dehors de votre peuple comme un peuple à part, souillé d'une tache indélébile. Car, si votre religion était le véritable motif de cette prohibition, si elle était aussi sévère que vous le dites, que ne la respecteriez-vous de vous-mêmes? Qu'auriez-vous besoin pour cela de la loi d'Appius[1]? » Le tribun a raison de la résistance qu'on lui fait[2]. Et la preuve que sa réclamation répond à l'esprit et aux mœurs du temps, c'est qu'immédiatement après le vote qu'il obtient, les mariages mixtes deviennent fréquents, les riches plébéiens sont recherchés par les familles patriciennes, les deux sangs se mêlent intimement, et l'égalité règne dans la vie privée.

Il ne reste plus que la vie politique qui présente encore l'inégalité des deux races.

En ce moment, si la noblesse patricienne eût compris ses véritables intérêts, elle eût franchement contracté une alliance politique avec la classe la plus riche des plébéiens, qui formait une sorte d'aristocratie nouvelle; de même qu'elle l'admettait au culte héréditaire de la famille par l'approbation des mariages mixtes, elle l'eût admise à la célébration du culte public par la participation aux grandes charges de l'État; et cette alliance, qui ne lui eût coûté que quelques concessions à un petit nombre de particuliers, lui eût permis de retenir le gouvernement sans aucune lutte pendant bien des générations. Il n'eût pas été possible à la plèbe d'engager une guerre à la fois contre

---

(1). Voir dans Tite-Live le très long discours qu'il fait prononcer en cette circonstance par Canuléius. IV, 3, 4 et 5.

(2). Quelques auteurs parlent à cette occasion d'une retraite sur le Janicule des citoyens en armes sous la conduite de Canuléius (Tit.-Liv., I, 25). Mais il nous semble permis de mettre ce point en doute; car Tite-Live qui, loin d'oublier les faits de ce genre, les décrit ordinairement avec force détails, n'en dit pas un seul mot.

la noblesse du patriciat et l'aristocratie de sa propre race
dont toutes les forces se fussent réunies contre elle. D'ailleurs la grande masse des plébéiens, qui ne se sentait pas
intéressée, comme ses chefs, dans les discussions ayant
trait au partage du pouvoir politique, n'y apportait pas
l'ardeur qu'elle avait témoignée pour la conquête de l'égalité civile ; cessant d'être aiguillonnée par eux, elle fût
restée passablement indifférente à ces sortes de questions.
Mais ce même attachement aux privilèges de leur naissance, qui a produit dans tous les temps l'entêtement et
l'aveuglement des champions de la légitimité, entraîna les
patriciens dans une lutte nouvelle et opiniâtre, dont le
résultat était fatal. Par une série indéfinie de petits moyens,
de chicanes et d'intrigues ils ne se laissèrent enlever leurs
prérogatives politiques que lambeaux par lambeaux, prolongèrent pendant plus d'un siècle encore la guerre avec
les plébéiens, et toujours luttant, toujours battus, se virent
contraints finalement de recevoir de la plèbe entière des
conditions auxquelles sans doute ils n'eussent jamais été
soumis s'ils avaient montré en temps opportun une sagesse
et une générosité dignes de leur noblesse.

Il n'est pas possible de ne pas entrer dans quelques
détails de cette nouvelle lutte. Je vais le faire brièvement,
assuré d'ailleurs que les considérations auxquelles se prêtent tous ces événements, ne sont pas inutiles au plan que
je me suis proposé. C'est en considérant le peuple romain
dans les manifestations de sa vie intérieure, c'est en étudiant ici ses divers éléments, son esprit, ses mœurs, ses
révolutions et ses institutions, que nous pourrons ensuite
éclaircir la plupart des plus anciens monuments de sa
langue, préciser la nature des premières productions de sa
pensée, comprendre les fragments de textes de sa législation primitive, et nous rendre compte de ce que dut être à
l'origine l'éloquence naturelle des plébéiens et des patriciens sur le Forum et dans la Curie.

CHAPITRE II

Histoire de la parole et des débats législatifs dans la lutte des plébéiens et des patriciens, depuis l'établissement de l'égalité civile jusqu'à celui de l'égalité politique et religieuse. Puissance que donne a Rome, dans le V° siècle, l'unité de son peuple.

I. Caractère sacerdotal de la magistrature suprême. Objections religieuses des patriciens aux tribuns qui en demandaient le partage. Causes du démembrement du Consulat dès le début de la lutte pour l'égalité politique. Censure. Tribunat militaire. Diversité des moyens employés par le patriciat pour résister aux réclamations éloquentes des hommes d'État plébéiens. Qualités nécessaires à ceux-ci dans une telle lutte. — II. Événements tragiques de cette époque : assassinat de Spurius Mælius et discours du vieux Cincinnatus, qui inspire à la plèbe la haine de son bienfaiteur ; condamnation à mort de M. Manlius Capitolinus, malgré la défense véhémente qu'il oppose à ses accusateurs en face du Capitole, témoin de son courage et de sa gloire. — III. Peu à peu néanmoins l'égalité civile, par les mariages entre personnes des deux ordres, crée des intérêts de famille qui portent certains patriciens vers leurs alliés plébéiens. Propositions multiples de Licinius Stolon, gendre du patricien Ambustus. Lui et son associé Sextius sont nommés dix fois de suite tribuns du peuple. Leur persévérance et leur habileté triomphent. Les plébéiens sont admis au consulat en même temps que sont créées deux magistratures nouvelles, la préture et l'édilité curule. — IV. Partage de toutes les magistratures curules. Grands discours des tribuns du peuple au sujet du pontificat et de l'augurat, auxquels les plébéiens sont également admis par la loi Ogulnia. Anéantissement du pouvoir des curies. Unité définitive du peuple romain. Le Sénat en devient l'expression la plus élevée. — IV. Le V° siècle de Rome est l'âge d'or de la République. Forte de son unité, Rome domine rapidement l'Italie entière et les grandes îles qui en dépendent. Elle sort victorieuse de la première guerre punique. — VI. Puissante harmonie de son gouvernement, de ses institutions militaires et de sa politique extérieure. Maîtresse des richesses matérielles de l'Italie, elle met sa langue en communication constante avec celle des Grecs, et voit s'ouvrir à son génie les trésors intellectuels de la race hellénique.

I

Dans le premier siècle de Rome, le roi avait réuni en lui seul tous les pouvoirs. Président de l'assemblée des *patres*, il était le juge suprême de la cité et le chef de l'armée, il était en même temps le grand prêtre du foyer public. Au pouvoir politique et militaire il joignait l'autorité sacerdotale.

Lorsque la révolution tout à fait aristocratique, qui opéra l'expulsion des Tarquins, eut remplacé la royauté par le consulat, cette confusion des attributions politiques et religieuses, qui était alors la loi fondamentale de la société, fut naturellement maintenue[1]. Les familles patriciennes, qui formaient la cité romaine, n'auraient pu comprendre une magistrature suprême dépouillée de tout caractère sacré; car la cité n'était pas moins une association religieuse qu'une association politique, et le chef de l'État devait être prêtre au moins autant que juge et général. Les consuls avaient donc, comme les rois, la plénitude de la puissance; ils ne l'exerçaient, il est vrai, que pendant un an et ils la partageaient à deux; mais ils ne réunissaient pas moins dans leurs mains le pouvoir judiciaire, le commandement des armées et la garde de la religion. La possession des auspices[2], des rites et de la prière publique

(1) Voy. page 204 et la note 3 de la page 205.

(2) Les auspices comptaient pour beaucoup dans l'organisation primitive de la société romaine. La famille, la *gens*, prototype de la cité, avait pour intermédiaire, entre elle et Jupiter, son chef naturel, le *pater*, qui, à ce titre, possédait les auspices privés, *auspicia privata*, c'est-à-dire, avait le droit d'observer les signes qui lui étaient envoyés par la divinité dans ses fonctions essentiellement religieuses de père de famille. Et la possession des auspices privés était la condition préalable du droit d'auspices publics, *auspicia publica populi romani*, droit qui consistait à observer les signes adressés par Jupiter aux magistrats romains pour garantir au préalable la validité et l'utilité de leurs actes officiels. (Cic., *Divin.*, 1, 16; 11, 36; *Pro domo*, 14; *Nat. deor.*, 11, 4). Il en résultait que les auspices

attachait à leur personne la protection des dieux et la fortune de l'État[1].

Du reste c'était, selon la pratique religieuse du temps, la volonté des dieux eux-mêmes qui désignaient les consuls ; car, bien que le consulat fût une magistrature élective, n'oublions pas que le caprice des électeurs n'était pour rien dans le choix des candidats qui pouvaient en être revêtus. Le mode d'élection, qui fut pendant de longues années scrupuleusement suivi, ne nous laisse aucun doute à ce sujet. Celui des jours fastes où devaient avoir lieu les comices était indiqué par un magistrat en charge, c'est-à-dire, par un patricien en possession des auspices. La nuit qui précédait l'assemblée, ce magistrat, dans toute la majesté de son caractère sacré, remplissait le rôle d'intermédiaire entre les citoyens de la cité et ses dieux : il veillait en plein air, les yeux attachés sur le ciel pour y lire les présages par lesquels la divinité déclarait accepter ou refuser ceux des candidats qu'il soumettait mentalement à cette épreuve. Puis quand l'heure des comices était venue, il en prenait à lui seul la présidence, il proclamait les noms des personnages pour lesquels les présages avaient été favorables, et les électeurs ne pouvaient

étaient à Rome la base et la consécration de l'autorité publique. Ils ne pouvaient être un seul instant absents de la société ; ils se transmettaient régulièrement de magistrat en magistrat, et si la cité se trouvait accidentellement dépourvue de magistrats, les auspices revenaient à leur point de départ, à la communauté patricienne qui, par l'organe du Sénat, déléguait alors l'exercice de son droit collectif, *auspicia patrum*, à un interroi. Ce reflux des auspices vers leur source s'appelait *renovatio auspiciorum*. (Cic., *ad Brut.*, I, 5 ; *de Leg.*, III, 4 ; *Pro domo*, 14).

(1) Aussi était-ce une obligation pour les consuls, lorsqu'ils entraient en fonction, de faire usage de leur droit de prendre les auspices ; de là l'expression *auspicari magistratum* ou *munus* employée comme synonyme d'entrer en charge, *inire magistratum*. (Becker, *R. Alterth.* II, 2 ; G. Bloch, art. *consul* dans le *Dict. des antiq. gr. et r.* de Daremberg et Saglio). Comme chefs des confédérés latins et de leurs contingents, il fallait aussi, au jour fixé pour les féries latines, qu'ils offrissent un sacrifice à Jupiter sur le mont Albain. (Tit.-Liv., XXI, 63 ; XXII, 1 ; XXV, 12). En outre, quand ils étaient chargés d'une entreprise militaire au dehors, avant la prise du vête-

voter[1] que pour ceux qu'il venait de nommer puisque les
dieux n'avaient assuré leur protection qu'à ceux-là. Il en
résultait que l'assemblée du peuple ne faisait en somme
que ratifier une élection désignée par l'interprète de la
volonté céleste, qui la présidait, tant il semblait naturel à
l'origine que les hommes qui devaient disposer de la religion et de la fortune de l'État fussent appelés à ce sacerdoce par la voix des dieux.

Voilà les idées, les traditions primitives, les rites qu'il
ne faut pas perdre de vue, si nous voulons nous rendre
compte des objections opiniâtres que les familles patriciennes opposèrent avec tant de force aux tribuns, lorsque
ceux-ci pour la première fois émirent la prétention de
rendre le consulat accessible à tous. Sans doute, à l'époque
où cette prétention se fit jour, la foi n'était déjà plus aussi
sincère qu'au temps de la royauté et que dans les premières années de la République; la croyance des patriciens
au caractère et aux privilèges sacrés de leur race n'était

ment de guerre par eux et par leurs licteurs, ils étaient tenus d'user encore
des auspices et de présenter leurs vœux au Capitole, *vota in Capitolio
nuncupata*, pour l'heureux succès de leur commandement et la prospérité
de la république, *pro imperio suo communique republica*. (Varr., *Ling.
lat.*, VII, 37; Cic., *In verr.*, V, 13; Tit.-Liv., XLI, 10; XLII, 49). L'oubli
de ces cérémonies religieuses était regardé comme une illégalité funeste qui
viciait leurs auspices pour l'avenir, de sorte qu'il arriva que l'armée refusa
obéissance au général négligent jusqu'à ce qu'il eût réparé cet oubli. (Cæs.,
Bell. civ., I, 6; Tit.-Liv., XLI, 10).

(1) Quand le président nommait trois ou quatre candidats possibles, il y
avait à choisir entre ces quelques noms; mais quelquefois il n'en appelait
que deux, et alors les deux candidats désignés par lui étaient nécessairement élus. Car il avait le droit absolu de ne pas tenir compte des suffrages
qui se seraient portés sur d'autres. (Den. d'Hal., IV, 84; Tit.-Liv., III, 21;
XXXIX, 39; Aul. Gell., VI, 9; Val. Max., I, 1, 3; III, 8, 3; Velleius, II, 92).
De cette façon l'assemblée pouvait se trouver dans l'obligation d'élire des
hommes qui n'avaient pas sa sympathie (Den. d'Hal., VIII, 87; Tit.-Liv., II,
42 et 43); les électeurs, il est vrai, pour protester contre des candidatures
qui leur étaient odieuses, avaient la ressource de se retirer sans voter, mais
alors les amis des patriciens restaient seuls et suffisaient à l'élection. (Tit.-
Liv., II, 64; Den. d'Hal., VIII, 82).

plus aussi ferme qu'elle l'avait été pendant plusieurs siècles ; mais si la noblesse de Rome ne possédait déjà plus la même confiance en sa religion, elle comprenait bien qu'en cette religion résidait toute sa puissance héréditaire, et ceux-là mêmes des membres de l'aristocratie qui eussent été portés par leur tempérament personnel à montrer moins de respect envers les dieux, se sentaient obligés de témoigner pour leur culte un attachement d'autant plus vif que toutes ces pratiques religieuses, dont il se composait, restées inintelligibles à la plèbe, formaient la meilleure sauvegarde de leur pouvoir politique, un obstacle qu'ils jugeaient infranchissable pour l'ambition tribunitienne. Que ce fût donc par véritable piété ou par pur intérêt, lorsqu'il s'agit de défendre contre toute atteinte plébéienne la magistrature suprême dont il avait le monopole, le patriciat devait, comme il le fit, s'attacher surtout au caractère sacerdotal du consulat, puisque c'était ce caractère qui en rendait l'accès impossible à quiconque ne faisait point partie de la cité religieuse.

« Eh quoi ! s'écriaient avec indignation les dépositaires du culte sacré, les chefs des *gentes*[1], c'est notre religion qui a fondé la ville, c'est elle qui préside à tous les actes publics en méritant à l'État et à ceux qui le dirigent la protection divine. Nous seuls la possédons, nous seuls pouvons connaître et pratiquer les rites que nous ont appris et laissés nos ancêtres. Le sacerdoce est notre patrimoine. Les auspices nous appartiennent. Que deviendraient donc toutes les cérémonies entre les mains sacrilèges de consuls plébéiens ? ne serait-ce pas détourner à jamais de la ville

---

(1) Voyez le grand discours que Tite-Live met dans la bouche d'Ap. Claudius Crassus, petit-fils du décemvir. « ... Auspiciis hanc urbem conditam esse, auspiciis bello ac pace, domi militiæque, omnia geri, quis est, qui ignoret ? Penes quos igitur sunt auspicia more majorum? nempe, penes patres ;... Nobis propria sunt auspicia... Nunc nos, tanquam jam nihil pace deorum opus sit, omnes ceremonias polluimus. Vulgo ergo pontifices creantur :... tradamus ancilia, penetralia, deos, deorumque curam, quibus nefas est ;... » Tit.-Liv., VI, 41, *passim*.

la bienveillance des dieux et vouloir consommer sa ruine,
que de souiller son culte en livrant les sacrifices et les
sanctuaires à des profanes? »

En même temps qu'ils adressaient à la plèbe ces véhé-
mentes objurgations, les patriciens, loin de rester inactifs,
employaient tout ce que la ruse politique peut inventer de
moyens pour empêcher ou retarder le triomphe définitif
de leurs fougueux adversaires. Comprenant que, dans
quelque guerre que ce soit, plus il y a de points à attaquer,
moins l'attaque a de chance de réussir sur tous les points à
la fois, ils créaient, à côté du consulat, des charges importantes détachées de cette grande magistrature, et se pré-
paraient ainsi, pour un avenir aussi long que possible, la
ressource de pouvoir éprouver plus d'une défaite avant
d'être battus complètement.

Déjà ils s'étaient réservé l'instruction des affaires criminelles au moyen des *Quæstores parricidii* et le contrôle
de la caisse de l'État par les *quæstores ærarii*; le tribunat, à
la vérité, avait obtenu [1] que ces deux sortes de magistrats
fussent élus dans les assemblées par tribus et non, comme
on l'aurait voulu, dans les comices centuriates; mais les
deux charges n'en étaient pas moins restées exclusivement
patriciennes.

Il leur parut opportun aussi de détacher des attributions
consulaires, pour se la garantir plus sûrement, une fonction religieuse qui avait la plus grande importance politique, celle qui consistait à accomplir la sainte cérémonie
du *lustrum* [2] et à régler les classes des citoyens par l'opération du recensement. Afin de ne pas exciter l'éveil du
tribunat, ils feignirent de n'attacher aucun intérêt à cette

_____

(1) En 447 avant J.-C. (307 de R.). Jusque-là les questeurs avaient été
choisis par les consuls eux-mêmes. « Mansit consulibus potestas deligendi,
donec eum quoque honorem populus mandaret. », Tac., Ann., XI, 22.

(2) L'opération du *census* était terminée par la cérémonie solennelle,
appelée *lustrum*, fête religieuse qui consistait dans une purification du
peuple organisé à nouveau.

diminution du consulat. » Il fallait bien, dirent-ils, libérer les consuls, si souvent occupés au dehors, d'une partie de leur besogne[1] ; et d'ailleurs la *censure* (c'était le nom de la nouvelle charge) ne devait être qu'une magistrature sans *imperium*, c'est-à-dire sans commandement militaire et sans juridiction. » Le tribunat ne leur fit donc à ce sujet aucune opposition[2]. Mais ils avaient une intelligence trop profonde du gouvernement pour ne pas avoir compris tous les éléments de haute influence que renfermait dans sa sphère primitive la tenue du cens. Ces éléments devaient, en effet, se développer rapidement[3] et faire de la censure la magistrature la plus considérée de la république après

(1) « Ortum initium rei est, quod in populo, per multos annos incenso, neque differri census poterat, neque consulibus. quum tot populorum bella imminerent, operæ erat id negotium agere. » Tit.-Liv., IV, 8.

(2) « Tribuni, magis necessariam, quam speciosi ministerii procurationem intuentes, ne in parvis quoque rebus incommode adversarentur, haud sane tetendere. » Tit.-Liv., *id.*

(3) On ne peut nier que, dès l'origine (443) av. J.-C., 311 de R.), la censure n'ait eu une certaine action sur la composition des comices puisque c'était elle qui organisait les centuries et les tribus par le classement des citoyens. Par cela seul elle avait déjà son importance ; mais son rôle grandit ensuite à ce point que, pour nous servir du terme de Tite-Live, « la direction des mœurs et de la discipline romaine tomba entre ses mains ; que le Sénat, les centuries des chevaliers virent leur honneur en son pouvoir ; que l'inspection des lieux publics et particuliers ainsi que les revenus de l'État lui furent confiés ». Elle devint aussi le palladium du parti aristocratique, moins en raison de son influence financière, qui pourtant s'exerça sur l'administration d'une bonne partie de la fortune publique, qu'à cause de la haute surveillance morale (*regimen morum*) qu'elle s'attribua et du droit qu'elle acquit de dresser la liste des sénateurs et des chevaliers. — Voy. sur l'ensemble des fonctions des censeurs, outre Tite-Live que je viens de citer, Cic., *De leg.*, III, 3, 7 ; Hist. Aug. *Valer.*, 2 ; Zonar. VIII, 19 ; Willems, *Droit publ. rom.*, 3ᵉ éd. p. 255. — Ajoutons que les censeurs étaient au nombre de deux, et que la durée de leur pouvoir, fixée d'abord à cinq ans, fut réduite à 18 mois par la loi Amilia (434 av. J.-C., 320 de R.), sans doute comme une durée plus conforme à l'esprit de la constitution républicaine (Tit.-Liv., IV, 24 ; Lange, *Röm Alterth.* I, p. 568, 673) ; cette modification d'ailleurs ne changea rien à la période ordinaire du *lustrum*.

la dictature[1], la plus respectable par son inviolabilité[2], la plus puissante par le droit de correction qu'elle exerça bientôt sur les mœurs[3].

Les patriciens ne se contentèrent même pas de démembrer le consulat. Dans un moment où ils se voyaient presque acculés à l'obligation d'en admettre le partage avec la plèbe, ils aimèrent mieux consentir à le supprimer et à le remplacer par autre chose. Il va sans dire qu'ils ne le supprimèrent qu'avec la pensée de le rétablir à la première occasion, et rien ne dénote mieux leur habileté que les précautions qu'ils surent prendre en cette circonstance pour se réserver l'avenir sans compromettre leur autorité dans le présent. Il fut en effet convenu qu'au lieu de deux consuls il y aurait des chefs qui prendraient le titre de tribuns militaires[4]. Ces chefs, au nombre de trois, quatre ou six, suivant que l'exigeraient les besoins des guerres extérieures, devaient être mis à la tête des légions, sauf un seul qui, en qualité de préfet de la ville, devait y rester pour présider le Sénat et les comices, pour être le gardien de la religion, des lois et des intérêts de la cité[5]. A l'exception de ce dernier, dont le patriciat eut le soin de s'assurer constamment[6] les attributions religieuses et politiques,

(1) On ne l'accordait qu'aux hommes d'État qui avaient rempli déjà une brillante carrière. Il s'établit même comme une règle de ne nommer censeurs que des personnages consulaires.

(2) Cicéron l'appelle « *Sanctissimus magistratus* ». *Pro Sestio*, 25, 13, Cf. Den. d'Hal., IV, 22.

(3) Voir Laboulaye, *Lois crim. des Rom.* Paris, 1845, p. 48 et suiv.

(4) *Tribuni militum consulari potestate.*

(5) Ce sont les termes dont se sert Camille, dans Tite-Live (VI, 6), pour indiquer ses attributions à celui de ses cinq collègues qui doit rester à Rome : « Te, Ser. Corneli, præsidem hujus publici consilii, custodem religionum, comitiorum, legum, rerum omnium urbanarum, facimus. »

(6) Pour tout le temps que dura le tribunat militaire nous ne trouvons dans Tite-Live, qu'une seule fois, en 396, une liste composée de plébéiens sans exception. Encore peut-on croire que c'est une erreur de l'historien, puisque, dans cette même liste, comme le remarque M. Duruy (*Hist. des Rom.* 2ᵉ pér. ch. IX, § 2), au lieu du plébéien P. Mælius, les nouveaux fragments des Fastes et Diodore (XIV, 90) nomment le patricien Q. Manlius.

tous allaient pouvoir être choisis parmi les plébéiens. Mais leurs fonctions d'officiers généraux de l'armée ne leur conféraient, remarquons-le, ni les honneurs curules ni le droit d'images[1], ni surtout le droit des grands auspices publics[2], si bien que, par suite de cette dernière privation, ils ne pouvaient, comme le faisaient les consuls, ni procéder régulièrement à la nomination d'un dictateur[3], ni même, en cas de grande victoire sur l'ennemi, prétendre aux honneurs du triomphe, puisque, pour triompher à Rome, il fallait avoir vaincu *suis auspiciis*, sous ses propres auspices[4].

Malgré tant de restrictions apportées prudemment au pouvoir de ceux qui devaient remplacer les consuls, les patriciens n'eurent pas plus tôt consenti à cette institution qu'ils la battirent en brèche. Chaque année ils en firent une question à discuter de nouveau, et toutes les fois qu'il s'agit de procéder à l'élection des chefs de l'État, l'assemblée des centuries eut à décider sur la proposition du Sénat si l'on élirait des tribuns militaires ou des consuls. Vingt fois en trente-cinq ans (de 444 à 409 av. J.-C.) ils réussirent à rétablir leur magistrature favorite. Bien plus, comme la loi qui avait institué les tribuns militaires avait

(1) Voy. Mommsen, *Hist. rom.*, liv. II, 3ᵉ frag. du chap. III ; Eischtœdt. *Dissert. de imag. rom.*

(2) Maxima auspica. Aul. Gel., XIII, 15.

(3) « Religio obstaret, ne non posset nisi ab consule dici dictator. ». Tit.-Liv., VI, 31. — Dans les circonstances graves qui exigeaient la création d'un dictateur, alors que précisément les consuls étaient remplacés par des tribuns militaires, c'était ou un interroi nommé *ad hoc*, ou le préfet de la ville qui recevait les auspices de la haute assemblée patricienne, en remettait la possession à celui qu'il était chargé de créer dictateur.

(4) Zonar., VII, 19. — Sans posséder les auspices publics par lui-même, le chef d'une armée pouvait en avoir reçu la délégation ; il en usait alors pour le compte et sous la responsabilité du mandant ; c'était ce que l'on appelait les *auspicia aliena*, et la victoire remportée avec des *auspicia aliena* était attribuée à celui qui les avait délégués. D'où il suivit, sous l'Empire, que les honneurs du triomphe furent réservés à l'empereur seul, puisqu'il était le seul général en chef des armées et que tous les autres généraux ne commandaient que par délégation, comme ses lieutenants.

permis qu'ils fussent choisis dans les deux ordres, mais n'en avait pas fait une obligation, il arriva que, durant près d'un demi-siècle, pas un seul plébéien ne parvint à se faire nommer. Les ressources prohibitives dont disposait la race privilégiée étaient si puissantes qu'il était presque impossible aux chefs de la plèbe de lutter contre elle. Tantôt c'étaient ou la corruption ou les menaces qui influençaient les électeurs, tantôt c'était le président de l'assemblée qui usait de son droit d'auspices ou pour écarter de la liste des candidats ceux sur qui se seraient portés les votes de la majorité, ou pour admettre un si grand nombre de candidats plébéiens que les suffrages de leurs partisans s'éparpillaient inutilement sur eux. Et si, malgré tout cela, une élection désagréable venait à se produire, on pouvait encore, grâce au collège des prêtres exclusivement patricien, en prononcer la nullité par suite de présages défavorables ou d'irrégularités religieuses qu'il n'était jamais difficile de découvrir après coup dans les auspices ou dans les cérémonies rituelles.

Ces luttes incessantes sur le même objet pour ramener toujours les questions déjà jugées à leur point de départ, ces obstacles de tous genres que le patriciat suscitait sans relâche aux plus ambitieux des plébéiens pour les empêcher de recueillir les résultats des quelques concessions politiques qui lui avaient été arrachées, finissaient parfois par les décourager. Il leur devenait indifférent qu'on nommât des tribuns militaires ou des consuls le jour où ils comprenaient que des patriciens seuls allaient être portés à l'une ou l'autre charge indistinctement, et quelques-uns d'entre eux avouaient alors qu'ils préféraient les comices où il ne pouvait être question d'eux à ceux d'où on les écartait comme indignes[1]. « Il y avait, disaient-ils, moins

____

(1) « Vicerunt patres, quia et plebs, patriciis seu hunc seu illum delatura honorem, frustra certare supersedit ; et principes plebis ea comitia malebant, quibus non haberetur ratio sui, quam quibus ut indigni præterirentur. » Tit.-Liv., IV, 35.

de honte pour eux dans une incapacité légale que dans des rebuts pour cause d'indignité personnelle[1] ».

Les chefs de la plèbe sentaient bien aussi que, s'ils étaient certains d'exercer sur elle une grande action dans toutes les questions de nature à favoriser ses intérêts matériels, ils couraient risque de la trouver moins attentive à leur voix dès qu'il s'agissait de leur élévation aux plus hautes fonctions de l'État et de projets de lois purement politiques qui lui paraissaient dictés par leur propre ambition sans répondre à aucun besoin général. Lorsque, par exemple, pour combattre dans les comices la brigue de leurs nobles adversaires, ils réussissaient à proscrire les robes blanches qui désignaient de loin, à tous les yeux, les candidats patriciens[2], lorsque même ils obtenaient l'accessibilité de l'ordre plébéien à la questure[3], ce qui pouvait être considéré comme une conquête très importante[4], ils n'ignoraient pas que ces sortes de lois étaient moins agréables à la foule que d'autres d'une utilité plus tangible, comme celle qui mettait un terme à l'arbitraire des amendes payées en espèces[5], ou celles qui faisaient distribuer à des familles indigentes un certain nombre d'arpents de terre sur les territoires nouvellement conquis[6], ou celle enfin qui, en établissant la solde régulière des troupes[7], assurait aux pauvres une indemnité pour venir

(1) « Minorem quippe ruborem fore in juris iniquitate, quam si per indignitatem ipsorum praetereantur. » Tit.-Liv., IV, 35.

(2) « Placet tollendæ ambitionis caussa tribunos legem promulgare, ne cui album in vestimentum addere petitionis liceret caussa. » Tit.-Liv., IV, 25. — En l'an 481, av. J.-C.

(3) — En 421. — Pendant plus de dix ans, il en fut de la questure comme du tribunat militaire ; la loi qui prononçait en théorie l'admissibilité des plébéiens à cette magistrature, ne produisit pas de résultats immédiats dans la pratique.

(4) Voy. Mommsen, *Hist. rom.*, liv. II, ch. 3.

(5) En 430. — Par cette loi la valeur d'un bœuf était fixée à cent as, celle d'un mouton à dix.

(6) Sur le territoire d'Ardée en 442, de Labicum en 418, de Véies en 393.

(7) En 405, lorsque le siège de Véies réclama une armée permanente. Voy. Lamarre, *De la milice romaine*, IVe partie, ch. VI, *Solde militaire*.

en aide à leurs familles pendant toute la durée de leur service militaire.

De là, souvent, pour les chefs plébéiens, qui se rendaient compte du peu d'attachement de la plèbe à leurs personnes en se voyant si peu soutenus par elle dans les circonstances les plus décisives de leur carrière politique, un sentiment de lassitude, dont les patriciens s'efforçaient encore d'augmenter l'amertume par un de leurs procédés de prédilection. Le patriciat, en effet, lorsqu'il était en lutte ouverte avec eux au sujet d'une question d'ordre politique, qu'il savait très intéressante pour eux, mais peu attachante pour les masses plébéiennes, ne se faisait pas faute de capter la faveur de ces dernières en prenant lui-même l'initiative de quelque concession plus en rapport avec leurs goûts et leurs besoins; de sorte que les armes si puissantes dont les tribuns du peuple s'étaient si longtemps servis contre la noblesse, non seulement leur échappaient alors des mains, mais tournaient contre eux à leur grand désespoir. C'est ainsi qu'il accapara[1] pour lui l'honneur de cette fameuse loi sur les amendes, que je viens de citer, et qui, d'après le témoignage des écrivains de l'antiquité[2], fut si agréable à la plèbe. C'est ainsi que, par ses soins, certaine assignation de terres fut ordonnée, sans qu'il se fût produit à ce sujet aucune demande tribunitienne[3]. C'est ainsi enfin qu'au moment du siège de Véies, il sut, sans y être sollicité par personne, faire décréter par le Sénat que les soldats seraient désormais payés par l'État.

(1) « Legem de multarum æstimatione *pergratam* populo, quum ab tri_bunis parari consules unius ex collegio proditione excepissent, *ipsi præoccupaverunt ferre*. » Tit.-Liv., IV, 30.

(2) Au témoignage de Tite-Live on peut joindre celui de Cicéron, *De Rep.*, II, 35. « Gratumque etiam illam rem... de multæ sacramento... consules comitiis centuriatis tulerunt. Annis postea XX, ex eo, quod censores multis dicendis vim armentorum a privatis in publicum averterunt, levis æstimatio pecudum in multa lege. C. Julii, P. Papirii consulum constituta est. »

(3) « *Postulante nullo, largitor voluntarius* repente senatus factus, Satricum coloniam duo millia civium romanorum deduci jussit; bina juger a et sunisses agri adsignati. » Tit.-Liv., VI, 16.

« Jamais faveur, dit Tite-Live[1], ne fut accueillie de la plèbe avec plus de joie. On court au Sénat, on presse, à leur sortie, les mains des sénateurs; ils ont vraiment mérité le nom de *pères*. Après un tel bienfait, chacun proteste que, tant qu'il lui restera quelque vigueur, il n'épargnera, pour une si généreuse patrie, ni son corps ni son sang. Quel avantage, quel bonheur, en effet, de savoir que son patrimoine au moins est en sûreté pendant qu'on est attaché tout entier au service de la République ! et puis c'était une largesse volontaire, spontanée; pas une plainte des tribuns, pas un mot du peuple ne l'avaient sollicitée : cette pensée redoublait encore l'enthousiasme, et ajoutait un nouveau prix à la faveur. Les tribuns du peuple étaient seuls étrangers à cette commune joie qui rapprochait le patriciat et la plèbe. »

Il eût été difficile, on le voit, d'imaginer, dans une lutte politique, plus de ressources et plus d'habileté que n'en déployait la noblesse romaine dans la défense opiniâtre de sa situation privilégiée; et pour lutter sans découragement contre une classe tout à la fois si puissante, si adroite et si obstinée, il fallait aux hommes d'État plébéiens, qui devaient triompher d'elle pour arriver au partage des magistratures, avec une intelligence hors ligne, une fermeté de caractère à toute épreuve.

11

L'espèce de désintéressement et d'indifférence que je viens de signaler, et que témoignait ordinairement la grande masse du peuple dans les discussions théoriques qui s'élevaient alors entre les patriciens et les plus ambitieux des plébéiens au sujet des charges de la République, fit que, pendant toute cette période, le Forum fut beaucoup moins agité que dans la période précédente. Sans doute, il y avait

(1) Tit.-Liv. IV, 60.

encore, à certains jours, des injures lancées par les jeunes
nobles à l'adresse des tribuns, des discours virulents de
ceux-ci, des accusations bruyantes, des condamnations et
quelques tumultes. Mais, en somme, les grands désordres
devenaient plus rares. La ville n'était plus, comme autrefois, divisée en deux peuples absolument distincts, toujours prêts à se ruer l'un sur l'autre. A la guerre ouverte
qu'ils s'étaient faite jusqu'à l'institution de l'égalité civile,
avait succédé, sur la question de l'égalité politique, une
guerre sourde, presque tout entière de ruses et de manœuvres, dans laquelle on semblait apprendre de part et d'autre à ne plus recourir constamment à la violence.

Cependant deux événements tragiques de cette époque
prouvent que les agitations plébéiennes et les rigueurs
patriciennes pouvaient toujours se montrer ce qu'elles
avaient été.

Pendant une grande famine qui affligea la ville en l'an
439, un riche chevalier du nom de Spurius Mælius, après
avoir fait venir à ses frais des plaines de l'Étrurie d'importantes provisions de blé, le vendit à très bas prix et en
distribua même gratuitement à un grand nombre d'indigents. Cette générosité, qui n'était pas dans les mœurs du
temps, excita contre lui la jalousie de la noblesse et lui
attira tout particulièrement la haine du patricien Minucius
Augurinus qui, en qualité de préfet des subsistances, *præ-
fectus annonæ*, avait bien envoyé des commissaires chez les
nations voisines pour acquérir des vivres, mais n'y avait
pas réussi suffisamment. Ses envieux ne voulurent voir
dans sa conduite qu'un moyen criminel de flatter la multitude pour s'élever par elle au-dessus des lois. Minucius le
dénonça secrètement au Sénat comme ayant tenu chez lui
de dangereux conciliabules, amassé des armes, gagné des
tribuns, préparé une révolution. On l'accusa dans la Curie
d'aspirer à la royauté. Comment un homme, sorti des rangs
de la plèbe et qui n'avait même pas été tribun, pouvait-il
songer à se faire l'héritier des Tarquins ; combien était sérieuse cette accusation patricienne, qu'ont répétée plus tard

avec bonne foi la plupart des historiens romains[1], je le laisse
à juger. Néanmoins le Sénat prit l'affaire à cœur, et comme
si la République eût été réellement en danger, on décida
de créer un dictateur. La dictature n'avait pas été rétablie
depuis la chute des décemvirs, et le patriciat était bien
aise de montrer que la loi Horatia-Valéria, qui avait proscrit tout pouvoir sans appel, ne s'appliquait pas à cette
magistrature extraordinaire, qu'il voulait ressaisir. On ne
trouva donc pas indigne de recourir dans une telle occasion à celui-là même qu'on avait été chercher autrefois
dans son champ pour rétablir la fortune chancelante des
armées romaines. Cincinnatus, malgré ses quatre-vingts
ans, se laissa persuader, accepta la charge suprême qui lui
était conférée, établit aussitôt une forte garnison au Capitole où il assembla le Sénat, puis chargea son général de
la cavalerie, Servilius Ahala, jeune patricien d'une grande
impétuosité, d'aller signifier à Mælius, au milieu de la
multitude tumultueuse qui encombrait le Forum, l'ordre
de comparaître immédiatement devant son tribunal. A
cette citation, Mælius, comprenant le sort qui l'attend,
cherche à gagner du temps, se réfugie dans la foule; mais
les licteurs le poursuivent, l'appréhendent; il appelle alors
à son secours tous les citoyens qu'il a sauvés de la famine;
« il n'a point commis, s'écrie-t-il, d'autre crime que celui
d'avoir allégé la misère publique, d'avoir réparé, au détriment de sa fortune, l'imprévoyance du gouvernement » ;
un mouvement se produit en sa faveur, et déjà il est sur
le point d'être enlevé des mains de ceux qui le saisissent,
lorsque le général de la cavalerie fond sur lui le glaive
haut et lui tranche la tête. Couvert de ce sang, Servilius,
acclamé par les jeunes nobles qui l'entourent, retourne
auprès du dictateur et lui annonce que Mælius, qui est

---

(1) Tite-Live, ordinairement complaisant au parti aristocratique de Rome,
adopte, dans le récit qu'il fait de cet événement (IV, 13, 13, 14, 15),, la tradition patricienne du complot ourdi par Mælius. — Cf. l'opinion de Cicéron
dans le passage que cite une des notes suivantes. *Pro. dom.* 38.

entré en révolte ouverte contre lui, a subi le châtiment de son crime. « C'est bien, répond tranquillement le grand justicier du patriciat, j'applaudis à ton courage : tu as sauvé la République! » Et comme le peuple, ému par un tel assassinat, fait entendre des plaintes et des protestations, le vieux Cincinnatus s'avance dans le Forum à la tête des patriciens, armés d'épées nues. Il harangue la foule, explique le complot qu'a découvert Minucius et que le Sénat a voulu punir. Il déclare que la mort du coupable ne suffit pas pour expier un pareil forfait, mais que sa mémoire doit rester infâme. Devant tout cet appareil et à ce nom de roi qui produit toujours tant d'effet sur l'esprit des Romains, les sentiments de la multitude se modifient. La maison de Mælius sera rasée et laissera vide à jamais un emplacement qui prendra le nom d'Æquimælium [1] ; ses approvisionnements de blé, confisqués, seront distribués au peuple par les soins de Minucius au prix infime d'un as le boisseau, et par ce fait le riche préfet de l'annone devenu tout à coup populaire, se verra élever par souscription [2], dans le quartier des greniers publics, une statue, au pied de laquelle on lui fera hommage d'un bœuf aux cornes dorées [3].

(1) Cicéron, qui aimait les épigrammes et les calembours, donne de ce mot une fausse étymologie, lorsqu'il dit : « *Æquum* accidisse mælio populus romanus judicavit : nomine ipso *Æquimælii* stultitiæ pœna comprobata est. » *Pro dom.*, 38 : (Cf. Val. Max., VI, 3, 1.) Les autres écrivains anciens l'expliquent mieux en l'interprétant par *l'emplacement de la demeure de Mælius qui fut rasée*, solo æquata. (Varr., *De ling. lat.*, V, 157 ; Den. d'Hal., *Frag..*, XII, 4 ; Aur. Vict., *De vir. ill.*, 17.) *Æquimælium*, c.-à-d., *æquatum Mælium*.

(2) Pline en deux endroits parle de cette statue élevée à Minucius. « Minucius Augurinus, qui Sp. Mælium coarguerat, farris pretium... ad assem redegit... qua de causa statua ei extra portam Trigeminam, a populo stipe collata statuta est. » *Hist. nat.*, VIII, 4, Cf. XXXIV, 14.

(3) «... bove aurato extra portam Trigeminam est donatus » ; Tit.-Liv., IV, 16. — Plusieurs commentateurs, embarrassés par l'expression de *bove aurato* qu'ils ne pouvaient expliquer avec la pauvreté de la République en ce moment-là, ont proposé différentes leçons, *bove et agro*, *bove aratore*, *bove et arvo*, *bove et prato*, etc. Mais Rollin, s'en tenant au texte véri-

Le second fait que je veux citer n'est pas moins émouvant que ce meurtre public de Mælius et prouve que, si le patriciat se montrait cruel envers un riche chevalier plébéien qui lui faisait ombrage, il ne ménageait pas davantage, lorsqu'il le jugeait nécessaire, ceux des siens qui trahissaient sa cause et cherchaient à se rendre populaires au détriment des magistrats en fonction. Cette fois, en effet, ce fut un noble qui encourut sa colère, un membre d'une famille des plus puissantes, un personnage consulaire, le sauveur du Capitole lors de l'attaque des Gaulois, Marcus Manlius Capitolinus [1]!

L'invasion gauloise, en ravageant Rome et ses environs, avait réduit le peuple à la plus extrême misère. Les légionnaires, qui avaient poursuivi l'arrière-garde de l'ennemi sous la conduite de Camille, n'avaient trouvé à leur retour que des maisons renversées, des champs sans moissons et sans troupeaux. Chacun, à la vérité, lorsqu'il eut été décidé qu'on n'abandonnerait pas les ruines sacrées de la ville, avait reçu les matériaux nécessaires pour la construction d'une demeure [2]. Mais comment vivre et entretenir sa famille jusqu'à la moisson prochaine? Comment ensemencer son champ patrimonial et racheter du bétail?

---

table, l'a traduit par *un bœuf aux cornes dorées*, s'appuyant avec raison, ce me semble, sur plusieurs autres passages dans lesquels Tite-Live s'explique plus clairement en parlant de bœufs offerts dans les mêmes conditions. (Tit.-Liv., VII, 37; XXV, 12.) — La faveur populaire de Minucius Augurinus nous est rappelée par une médaille d'argent de la famille Minucia. On y voit entre deux épis et deux lions couchés, une colonne surmontée d'une statue, avec les lettres initiales CAVG; d'un côté de la colonne est un personnage qui porte le bâton augural, et de l'autre, un second personnage qui tient un pain de chaque main.

(1) Ce surnom de Capitolinus ne lui avait pas été donné à cause de son exploit, comme on le croit généralement, mais parce que son habitation était sur le mont Capitolin. Plusieurs membres de sa famille l'avaient porté comme lui, entre autres un Manlius dont parle Tite-Live, IV, 42. Le même surnom d'ailleurs appartenait également à des patriciens de la famille Quinctia et de la famille Servilia pour le même motif.

(2) Pour l'invasion des Gaulois et la prise de Rome, voir plus haut, liv. I, ch. IV, § 1.

Comment s'acquitter des taxes nouvelles que nécessitaient les travaux de défense, la réfection des temples, la reconstitution du trésor public? Il avait fallu s'endetter, accepter des conditions usuraires. Et jamais l'usure n'avait été plus cruelle. Les riches patriciens, oublieux des services de la plèbe pendant la guerre et tentés de refaire leurs fortunes amoindries, redoublaient de rigueur envers leurs débiteurs devenus plus nombreux. Seul d'entre eux, Manlius se montrait compatissant aux pauvres. Un jour, comme un brave centurion venait d'être arrêté et allait être livré à son créancier, il accourut sur le Forum : « J'aurais bien vainement, s'écria-t-il, sauvé le Capitole et la citadelle, si je souffrais qu'un citoyen, un de mes frères d'armes, fût, sous mes yeux, comme un prisonnier des Gaulois vainqueurs, mené en servitude et en prison ». Et en présence du peuple il paya lui-même la dette du malheureux qui fut mis en liberté. Il délivra, paraît-il, de la même façon plus de quatre cents prisonniers, et poussa la libéralité jusqu'à mettre en vente les champs qu'il possédait sur le territoire de Véies, en déclarant publiquement qu'aussi longtemps qu'il lui resterait un morceau de terre, de pareils abus ne se commettraient pas. Sans doute, dans son indignation, se laissa-t-il plus d'une fois entraîner à des paroles regrettables contre l'avidité des patriciens et la conduite des personnages les plus élevés de la République. Peut-être même au sentiment de générosité qui le poussait vers la plèbe opprimée en joignait-il un autre, bien différent, le dépit d'avoir été délaissé par la noblesse et de s'être vu fréquemment préférer le célèbre vainqueur des Véiens, Camille, qui était devenu le chef attitré du parti aristocratique. Toujours est-il que ce fut ce dernier sentiment qu'on lui prêta [1]. On ne voulut voir en lui qu'un vulgaire ambi-

______

(1) Tite-Live naturellement abonde dans ce sens (VI, 11), et ne fait de Manlius qu'un conspirateur prétendant à la royauté (VI, 14-21); mais il ne peut s'empêcher d'avouer qu'on n'a jamais su ni avec qui, ni jusqu'à quel point ce prétendu conspirateur avait conspiré: « Inde de regno agendi

tieux, qui fondait sur la reconnaissance des malheureux
de présomptueuses et coupables espérances. Son but était
d'exciter la plèbe contre les patriciens, les pauvres contre
les riches, d'attiser le feu des querelles civiles, et de se
frayer, au milieu des dissensions publiques, par ses largesses intéressées une voie vers la royauté. Le même
grand mot qui avait servi à flétrir la mémoire de Mælius,
qui précédemment déjà avait causé la ruine de Sp. Cassius [1], était lancé contre lui.

Sous prétexte [2] d'une guerre contre les Volsques on eut
recours encore une fois à la dictature : Cornélius Cossus,
armé de ce pouvoir, n'eut pas plus tôt dirigé contre l'ennemi
une expédition de quelques jours, qu'il rentra à Rome, et
dès le lendemain [3] de son retour, se faisant escorter de
tous les sénateurs, se rendit au Comitium où il fit appeler
Manlius devant son tribunal. A cet ordre celui-ci s'avance
à la tête d'une foule nombreuse. « Le Sénat d'un côté, dit
Tite-Live [4], le peuple de l'autre, les yeux fixés chacun sur
son chef, se tenaient là comme deux armées en présence. »
Au milieu d'un silence profond, le dictateur interroge
l'accusé. Mais lui, sans rien perdre de sa fière assurance,
refuse de répondre à des questions insidieuses et dit que
tout son crime est dans son amour des malheureux, que,
si les patriciens sont jaloux de sa popularité, ils n'ont qu'à
prodiguer leur bien au peuple comme il le fait lui-même.
Le dictateur aussitôt ordonne de le saisir et de le conduire
à la prison Mamertine. Celle-ci est si près du Comitium

ortum initium dicitur : sed nec cum quibus, nec quem ad finem consilia
pervenerint, sat planum traditur. » (VI, 18).

(1) Voir plus haut, liv. II, ch. I, 4.

(2) « Bellum itaque volscum, grave per se,... in speciem caussæ jactatum,
ut major potestas quæreretur. Sed nova consilia Manlii magis compulere
senatum ad dictatorem creandum. » Tit.-Liv., VI, 11.

(3) « ... postero die senatu habito, quum discedere senatum ab se voluis-
set, stipatus ea multitudine, sella in Comitio posita, viatorem ad M. Man-
lium misit. » Tit.-Liv., VI, 15.

(4) « Hinc senatus, hinc plebs, suum quisque intuentes ducem, velut in
acie constiterant ». Tit.-Liv., VI, 15.

que la foule, arrêtée d'ailleurs par le Sénat massé en cet
endroit, ne peut y mettre obstacle.

Les jours suivants furent des jours de deuil pour les
plébéiens qui vinrent se promener en gémissant devant le
vestibule de la prison. Mais lorsque Cornélius Cossus,
après avoir triomphé des Volsques, eut abdiqué la magistrature qui ne lui avait été ostensiblement confiée que
dans ce but, la terreur qu'il inspirait disparut ; la foule,
même la nuit, ne quittait plus le voisinage de la prison et
menaçait d'en enfoncer les portes. Le patriciat, qui crai-
gnait une sédition, fit semblant de pardonner : un sénatus-consulte rendit Manlius à la liberté. On espérait bien
que cet homme ardent, aigri par l'emprisonnement, troublé par le succès de sa délivrance, se laisserait entraîner à
quelque manifestation téméraire qui viendrait corroborer
l'accusation portée contre lui. En même temps, comme on
ne manquait jamais de ressources pour combattre un
ennemi, on gagna quelques tribuns du peuple qui, jaloux
de voir un patricien usurper leur rôle auprès de la plèbe,
ne demandaient pas mieux que de se débarrasser de lui.
Ce furent eux qui se chargèrent de le perdre dans l'opinion publique, d'accumuler les preuves d'un complot et
enfin de l'assigner devant les comices centuriates.

Tant d'efforts pourtant faillirent échouer. Au jour fixé,
Manlius délaissé par tous les membres de sa noble famille,
parut seul[1] devant ses accusateurs. Après avoir rappelé
ses exploits, montré ses récompenses militaires, produit
les citoyens qu'il avait sauvés devant l'ennemi[2], il exhiba
sa poitrine marquée de blessures nombreuses, et, les yeux
tournés vers le Capitole, suppliant Jupiter et les autres
divinités d'inspirer en sa faveur au peuple romain les

(1) Il était d'usage à Rome que l'accusé fût accompagné de ses parents,
qui, vêtus d'habits de deuil, sollicitaient les votants en sa faveur.

(2) Tite-Live cite les dépouilles de trente ennemis tués par lui ; quarante
récompenses militaires dont deux couronnes murales et huit couronnes civiques ; trente citoyens sauvés des mains de l'ennemi, parmi lesquels aurait
dû figurer le fameux maître de la cavalerie Servilius Ahala, alors absent.

19

sentiments dont ils l'avaient inspiré lui-même pour la défense de ce peuple, il conjura ses juges de contempler la citadelle et de se mettre en face des dieux immortels pour prononcer leur jugement. Quelques gémissements répondirent à son appel, et les tribuns, désespérant d'obtenir sa condamnation dans un lieu d'où l'on voyait le Capitole, témoin de son courage et de sa gloire, s'empressèrent de proroger l'affaire pour qu'elle fût jugée dans un autre endroit. L'assemblée[1], cette fois, se réunit dans le bois sacré Pætilinus, hors de la porte Nomentane, et prononça la sentence fatale. Le condamné périt dans le Comitium sous les verges du bourreau[2], ou, comme on le croit plus généralement, fut précipité de la roche Tarpéienne[3]. Sa maison fut rasée ; et sa famille, ajoutant encore à cette flétrissure publique, décida qu'aucun de ses membres ne porterait désormais le nom de Manlius.

Ainsi finit le sauveur du Capitole, plus misérablement encore que le chevalier Mælius. Pas plus que lui, sans doute, il n'avait aspiré sérieusement à la royauté. Car le titre de roi était tellement en horreur aux habitants de Rome qu'il eût fallu être atteint de folie pour concevoir l'espérance de l'usurper. Mais il est probable qu'en s'appuyant sur la multitude il avait voulu briser l'opposition que lui faisaient les patriciens, leur forcer la main, atteindre malgré eux le consulat qu'ils lui avaient refusé. Il n'en fallait pas plus pour attirer sur lui toutes les rigueurs d'une caste qui ne pouvait supporter qu'on la mît

(1) Schwegler (III, p. 206) et Ampère (*Hist. des Rom. à Rome*, II⁵ part., ch. VI) pensent que, pour rendre la condamnation plus certaine, l'assemblée des centuries fut remplacée dans cette circonstance par celle des curies patriciennes. — Une autre version citée par Tite-Live, qui semble la repousser (VI, 20), le fait condamner par des décemvirs spécialement créés pour l'examen du complot contre l'État.

(2) Aul. Gel., *noct. att.*, XVII, 21.

(3) D'après Dion Cassius, cité par Zonaras (VII, 24), la mort de Manlius aurait été différente ; il se serait emparé du Capitole, et un traître, envoyé par les patriciens, après l'avoir conduit sur la roche Tarpéienne sous le prétexte de lui confier un secret important, l'en aurait précipité.

en lutte ouverte avec la plèbe dans les questions politiques. Comme il avait trahi son ordre et que de cette trahison il n'était pas possible de tirer vengeance publique, il lui fut imputé un crime capital de nature à le faire tomber sous les coups de ceux-là mêmes dont il avait recherché l'appui.

III

Quoi qu'il en fût de la ténacité du patriciat, de la variété des moyens dont il usait à l'égard de ses ennemis, l'heure de sa défaite ne pouvait être indéfiniment retardée. Il y a dans l'action même du temps, dans la transformation des mœurs, dans la marche incessante d'une révolution progressive, une force si saisissante que le gouvernement le plus énergique et le plus habile se sent nécessairement amené à la reconnaître tôt ou tard. Le patriciat ne pouvait se soustraire aux conséquences inévitables de l'égalité civile. Le mélange des classes et des races, causé par les mariages mixtes, produisait à la longue ses effets délétères au sein même de la vieille aristocratie, et l'on finit par voir les chefs vénérables de certaines grandes familles, qui s'étaient unis par les liens les plus étroits à des plébéiens intelligents et riches, encourager l'ambition de leurs gendres, leur apporter, avec les conseils d'une longue expérience politique, l'appui de leur nom et de leur nombreuse clientèle. La charmante histoire que raconte Tite-Live au sujet des filles de Fabius Ambustus, malgré quelques détails puérils et invraisemblables, nous montre bien quel était l'état véritable des esprits à cette époque et quelles difficultés nouvelles devaient rencontrer alors, tout autour d'eux, les défenseurs les plus intraitables de l'ordre privilégié.

Fabius Ambustus, un des patriciens les plus en vue, avait marié l'aînée de ses filles au patricien Serv. Sulpicius, et la cadette à Licinius Stolon, homme distingué mais plébéien. Un jour que les deux sœurs étaient réunies au logis de Sulpicius, celui-ci, qui était tribun militaire, rentra chez lui, et, suivant la coutume, le licteur qui le précédait frappa la porte de sa baguette. Comme la jeune Fabia ne connaissait pas cet usage, elle eut peur. Sa sœur la rassura, non sans se moquer un peu de son ignorance. Cette moquerie et la vue de la foule respectueuse qui avait accompagné son beau-frère, lui firent comprendre combien un mariage plébéien l'avait condamnée à une situation inférieure en la plaçant dans une maison où les dignités et les honneurs ne devaient jamais entrer. Elle en conçut un chagrin si vif qu'elle ne put le dissimuler à son père. Il la consola et lui promit qu'elle aussi verrait un jour chez elle ce qu'elle venait de voir chez sa sœur. Il commença dès lors à se concerter avec son gendre, encouragea son ambition et lui associa, pour faciliter l'exécution de ses desseins, un autre jeune homme de cœur, du nom de L. Sextius [1].

Tel est, en résumé, le récit de Tite-Live, qui donne volontiers, comme l'on sait, de petites causes à de grands événements [2], mais qui aussi, par l'expression typique de quelques personnages, dépeint admirablement et fait comprendre la situation générale avec autant de netteté que par une large peinture d'ensemble. Laissons donc de côté, si nous le voulons, et la surprise de la jeune Fabia, et son chagrin, et les consolations de son père. Mais tenons pour certain que la conduite de Fabius Ambustus à l'égard de Licinius Stolon n'était plus, à cette époque, un fait extraordinaire. Il s'était formé entre un certain nombre de patriciens et les plus distingués des plébéiens trop de rapports de famille et trop d'intérêts communs pour que la lutte politique entre les deux ordres se maintînt longtemps encore avec la même opiniâtreté qu'autrefois.

(1) « Inde consilia inire cum genero cœpit, adhibito L. Sextio, strenuo adolescente... » Tit.-Liv., VI, 34.

(2) « Parva (ut plerumque solet) rem ingentem moliundi caussa intervenit. » Tit.-Liv., VI, 34.

Il semble d'ailleurs que Licinius Stolon et son associé Sextius se montrèrent plus intelligents et plus adroits que leurs prédécesseurs. Après avoir réussi, avec l'aide d'Ambustus, qui était très populaire, à se faire nommer tous les deux tribuns du peuple [2], ils eurent l'ingénieuse idée de présenter comme un système complet et indivisible, dont toutes les parties se soutenaient mutuellement, trois propositions dont l'une, à la vérité, intéressait tout particulièrement les chefs plébéiens, mais dont les deux autres répondaient aux vœux les plus chers de la plèbe tout entière puisqu'elles réglaient de la façon la plus favorable pour elle le payement des dettes et l'occupation du domaine public. Évidemment la plus importante de ces trois rogations aux yeux de Licinius et de son collègue était celle qui était de nature à favoriser leur ambition personnelle : elle supprimait le tribunat militaire et rétablissait l'élection annuelle des deux consuls avec cette condition expresse que l'un des deux serait toujours choisi dans l'ordre plébéien. Ils s'ouvraient ainsi à eux-mêmes et aux autres chefs de la plèbe le chemin du gouvernement par la solution définitive du grand débat qui se perpétuait depuis tant d'années. Mais, comme les leçons du passé leur avaient appris qu'ils n'avaient pas à compter sur les efforts persévérants de la multitude au sujet d'une question qui ne la touchait pas dans ses besoins matériels, ils eurent la précaution d'échauffer son zèle en liant cette question à celles qui lui avaient en tout temps inspiré le plus d'ardeur. Ils visèrent la situation misérable des débiteurs dont le grand nombre continuait à remplir les ergastula; ils demandèrent qu'on déduisît du capital des dettes les intérêts déjà reçus et qu'on répartît le payement du surplus en trois termes d'un an [3]. En même temps, ils portèrent leurs

---

(1) « Fabii Ambusti, potentis viri, quum inter sui corporis homines, tum etiam ad plebem... » Tit.-Liv., IV, 34.

(2) En l'an 376 av. J.-C.

(3) Cette mesure, il faut l'avouer, nous paraîtrait aujourd'hui non moins contraire à la foi des contrats qu'aux préceptes d'une saine économie politi-

réclamations sur la possession des terres du domaine public en proposant de distribuer aux pauvres une partie de celles qui avaient été usurpées par les patriciens[1]. Aux termes de cette loi agraire[2], personne n'avait le droit de détenir plus de cinq cents jugera (126 hectares) de l'*ager publicus*, ni d'envoyer dans les pâturages publics plus de cent têtes de gros bétail et cinq cents têtes de petit. Les terres restituées à l'*ager publicus* étaient distribuées aux citoyens pauvres à raison de sept jugera pour chacun. Ceux qui restaient détenteurs du domaine avaient à payer exactement à l'État la dîme des fruits de la terre, le cinquième du produit des oliviers et de la vigne ainsi que la taxe fixée pour chaque tête de bétail. Enfin, tout propriétaire était tenu d'employer un nombre d'hommes libres proportionné à celui de ses esclaves ruraux et à l'étendue de son exploitation.

Les patriciens, que cet ensemble de propositions attaquait dans tous leurs intérêts, dans leurs propriétés, leurs créances et leurs honneurs, s'apprêtèrent, comme on le pense bien, à les repousser énergiquement. Ils usèrent de cette opposition tribunitienne qui leur avait rendu déjà tant de services dans des débats antérieurs et engagèrent les collègues de Licinius et de Sextius à arrêter par un veto tous leurs projets. Mais Licinius répondit à cette tactique en se servant de la même arme et toutes les fois que les comices furent convoqués pour l'élection des magistrats, à son tour il y mit obstacle par son veto, de sorte que, durant cinq années consécutives, Rome fut dépossédée de tribuns militaires non moins que de con-

conçu ; mais elle n'avait rien que de conforme aux idées de l'antiquité sur le pouvoir du législateur, et ce fut celle des propositions liciniennes qui souleva, semble-t-il, le moins d'objections. Cf. G. Humbert, *Agrariæ leges*.

(1) Voir plus haut (Liv. II, ch. III, 4) ce que j'ai dit de l'usurpation des terres domaniales par le patriciat.

(2) Ces détails, dans lesquels n'entre pas Tite-Live, nous sont fournis par Appien, *De bell. civ.*, 7, 8. — Cf. Lange, *Röm. Alterth.* I, p. 575 ; Mommsen, *Hist. rom.* II, 3.

suls[1]. Il fallut que le territoire de la République fût envahi
et que la ville de Tusculum fût assiégée pour qu'il se désis-
tât et laissât procéder aux élections. Mais la guerre elle-
même favorisait ses desseins. Car la plèbe, dont la misère et
les dettes augmentaient à mesure que se répétaient les enrôlements militaires, n'en devenait que plus ardente à le
soutenir dans la lutte engagée contre le patriciat. Neuf fois
de suite, avec Sextius, il fut réélu tribun du peuple, tandis
que les collègues qui leur faisaient opposition succom-
baient l'un après l'autre. En vain les patriciens recoururent-
ils alors au dernier de leurs grands moyens, à la dictature.
En vain conférèrent-ils cette redoutable magistrature et à
Camille et à P. Manlius. Le premier, cédant, soit à un scrupule religieux[2] au sujet d'un vice dans son élection, soit à
la crainte d'une amende de cinq cent mille as dont il était
menacé s'il usait de son pouvoir, s'en démit tout à coup.
Et P. Manlius ne l'eut pas plus tôt reçu qu'à la grande indignation de ceux qui l'avaient nommé, il confia la charge
importante de maître de la cavalerie à un plébéien qui lui
était attaché par les liens de la parenté[3]. Licinius et Sextius, maintenus de nouveau et pour la dixième fois dans
leurs fonctions tribunitiennes, profitèrent des circonstances pour présenter une rogation indépendante des
trois premières; et celle-ci, malgré l'intérêt qu'elle comportait, passa sans grande résistance. La loi nouvelle ordonnait que les décemvirs patriciens, chargés de garder
les livres sibyllins et d'y lire les oracles, seraient désormais remplacés par des décemvirs dont cinq seraient toujours plébéiens. C'était une grande victoire pour les deux
tribuns qui se trouvaient assurés par là que les patriciens
ne pourraient plus, à un jour donné, faire intervenir

---

(1) « Eaque solitudo magistratuum... per quinquennium urbem tenuit. »
Tit.-Liv., VI, 35.

(2) Tite-Live (VI, 38) discute ces deux motifs et s'attache de préférence au
premier en s'appuyant sur le caractère religieux, bien connu, de Camille.

(3) Tite-Live, VI, 39. — Nouvel exemple des intérêts de famille qui portaient alors un certain nombre de patriciens vers leurs alliés plébéiens.

contre eux les menaces de la Sibylle. Aussi cette concession, bien loin de calmer leur impatience, ne fit-elle que l'exciter. Ils sentaient d'ailleurs que le moment décisif était arrivé. La plèbe se montrait fatiguée de toutes ces lenteurs, et trompée par les caresses des patriciens qui lui promettaient d'accepter les deux lois sur les dettes et sur les terres, elle paraissait disposée, pour jouir immédiatement de ce double avantage, à tromper les espérances de ses chefs en abandonnant celle de leurs prétentions qui concernait le partage du consulat. Il fallait couper court à ce danger. Une déclaration on ne peut plus nette le fit en peu de mots. « Nos trois projets, dirent les réformateurs, sont inséparables. Ou vous accepterez tout, ou vous n'aurez rien [1] ». A une question posée de cette façon la réponse n'était plus douteuse. Les propositions liciniennes passèrent toutes ensemble dans les comices par tribus, le Sénat les accepta, et les centuries nommèrent aussitôt consul un des tribuns du peuple, L. Sextius [2].

Mais la lutte n'était pas encore terminée. Les consuls, après leur élection dans les comices centuriates, devaient recevoir leur *imperium* des curies [3]; or, de ce côté, les patriciens étaient tout-puissants et ils refusèrent l'*imperium* au magistrat plébéien. Alors il semble que les tribuns ne continrent plus leur colère et qu'ils poussèrent la plèbe à quelque grand tumulte. Tite-Live n'entre pas dans beaucoup de détails à ce sujet, mais il dit en termes formels que le peuple faillit en venir à une sécession après avoir fait d'effroyables menaces de guerre civile [4]. Au milieu de ces désordres, Camille lui-même, qui, après avoir été nommé une cinquième fois dictateur, venait de repousser une nouvelle invasion des Gaulois et d'obtenir pour ce fait

---

(1) « Aut omnia accipite, aut nihil fero. » Tit.-Liv., VI, 40.

(2) Licinius Stolon le fut aussi, peu après. Tit.-Liv., VII, 2.

(3) Nous verrons tout à l'heure, § 4, comment les curies perdirent ce droit de refuser l'*imperium* aux magistrats élus par les centuries.

(4) « Prope secessionem plebis res terribilesque alias minas civilium certaminum venit. » Tit.-Liv., VI, 42.

les honneurs du triomphe, se vit un moment sur le point
d'être maltraité sur le Forum par la multitude[1]. Il aima
mieux ne pas compromettre sa dignité et la gloire d'une
longue vie dans un conflit aventureux. Réfugié dans le
Comitium, il adressa à ceux qui l'entouraient les conseils
les plus sages et mit à profit la grande influence qu'il
exerçait sur la partie modérée de l'aristocratie patricienne
pour obtenir d'elle que les curies ratifieraient l'élection de
Sextius. Il n'obtint, il est vrai, cette concession qu'au
moyen d'un compromis. Le consulat n'était définitivement
partagé qu'à la condition de subir encore un démembrement par la création d'une nouvelle magistrature patricienne, la préture, à laquelle devait appartenir l'administration de la justice, dont les plébéiens ne connaissaient
pas les formules. Mais les tribuns du peuple étaient trop
heureux de pouvoir enfin arriver à la dignité consulaire
pour ne pas consentir à cette condition. Camille fut recon-
duit jusque chez lui au milieu des acclamations de la foule
et, conformément au vœu qu'il avait fait, s'occupa tout
aussitôt d'élever un temple à la Concorde[2]. Pour cimenter
d'ailleurs leur union, patriciens et plébéiens décidèrent
qu'en mémoire de cet événement la solennité des grands
jeux serait à l'avenir célébrée pendant quatre jours au
lieu de trois : le patriciat offrit d'en faire les frais, et les
tribuns, acceptant sa proposition, admirent à cet effet
qu'il y aurait désormais, à côté de l'édilité plébéienne, une
édilité curule réservée à deux de ses membres[3].

Ainsi, dans sa défaite, la vieille aristocratie patricienne

(1) Plut., *Vie de Cam.*, 42.

(2) On a souvent confondu ce temple de Camille avec un autre temple de
la Concorde, dont l'emplacement n'est pas méconnaissable au pied du Capitole, et dont il reste de très beaux débris. Mais, comme le prouve un passage
des Fastes d'Ovide, le monument dédié par le vieux dictateur était sur le
Capitole même, puisqu'il se trouvait au pied des degrés qui conduisaient au
temple de Junon Monéta, élevé dans la citadelle (*Fast.*, I, 637). Il fut refait
par Tibère et il n'en reste rien. Voy. Ampère, *Hist. Rom. à Rome*, 2e partie,
fin du ch. VI.

(3) Voy. note sur l'édilité, Liv. II, ch. I, fin du § 2.

avait encore trouvé moyen de créer et de se réserver deux magistratures curules. Mais c'était un bien faible dédommagement pour un si grand échec. Contrainte pour la première fois d'ouvrir aux chefs plébéiens les portes de sa cité religieuse et politique, elle leur avait officiellement reconnu le droit d'auspices et l'aptitude au gouvernement de l'État. N'allaient-ils pas dès lors aspirer avec confiance à toutes les charges indistinctement? Et toutes, sans exception, n'étaient-elles pas destinées au partage que venait de subir le consulat?

IV

La dernière charge créée fut la première atteinte. Dès l'année qui suivit l'institution de l'édilité curule, les tribuns du peuple ne purent supporter l'infériorité blessante de l'édilité plébéienne par rapport à l'autre, et, sous prétexte que le patriciat, tant par cette création que par celle de la préture [1], avait gagné trois sièges curules tandis que la plèbe, par son admission au consulat, n'en avait eu qu'un seul [2], ils réclamèrent et obtinrent le partage de la nouvelle édilité (365 av. J.-C.).

Seulement, les patriciens, qui ne demandaient pas mieux que de revenir sur le règlement du passé, profitèrent de cette réclamation pour user de représailles. Ils mirent obstacle autant qu'ils le purent à l'exécution de la loi licinienne sur le consulat: par un recours fréquent à la dictature, ils interrompirent à chaque instant l'exercice régulier des magistratures annuelles et, après avoir fait passer (en 358) la loi Pætilia sur la brigue, loi qui devait gêner tout particulièrement les hommes nouveaux moins connus de l'ensemble des électeurs, ils réussirent, dans

(1) Il n'y avait à l'origine qu'un préteur.

(2) « ... non patientibus tacitum tribunis, quod pro consule uno plebeio tres patricios magistratus, curulibus sellis prætextatos tanquam consules sedentes, nobilitas sibi sumsisset... » Tit.-Liv., VII, 1.

l'espace de quatorze ans (de 355 à 341), à faire prendre sept fois les deux consuls dans leurs rangs.

Cette violation flagrante et trop souvent répétée d'une stipulation légale, dont l'obtention avait demandé tant de labeurs, appelait une réplique des tribuns. Un événement militaire de la plus haute gravité leur en fournit l'occasion. Les légionnaires laissés en garnison dans Capoue, après la première guerre contre les Samnites, avaient formé le dessein de s'emparer de cette ville et de s'y établir; leur complot avait été dévoilé; mais, pour n'avoir pas à lutter contre une révolte ouverte, le consul avait feint de ne rien savoir et s'était contenté de renvoyer, fractions par fractions, sous divers motifs, un bon nombre d'entre eux dans leurs foyers avant l'expiration régulière de leur service militaire. Ces renvois successifs étaient devenus le signal de la sédition qu'il s'était efforcé d'éviter. Une grande foule de déserteurs, réunis aux soldats congédiés, s'étaient formés en corps d'armée et, après s'être emparés nuitamment, près de Tusculum, du patricien T. Quinctius, qu'ils avaient contraint, sous menace de mort, de se mettre à leur tête, ils avaient marché vers Rome. Ce fut ce moment que choisit le tribun Génucius pour soulever la plèbe au sujet des sévices exercés par les créanciers sur leurs débiteurs. Le Sénat se trouvait pris entre deux dangers : la guerre civile était imminente. Heureusement les armées romaines n'avaient pas encore appris, dans ce temps-là, à combattre l'une contre l'autre en bataille rangée; elle ne savaient encore que verser le sang de l'étranger[1]; et lorsque les troupes du dictateur Valérius Corvus se trouvèrent en présence de celles de Quinctius, la vue des enseignes et le sentiment de la patrie apaisèrent soudain toutes les colères; chefs et soldats se rapprochèrent et s'entendirent. Quinctius fit abandon de sa personne au dictateur en le suppliant de prendre en

____

(1) « Nondum erant tam fortes ad sanguinem civilem, nec, præter externa, noverant bella. » Tit.-Liv., VII, 40.

main la défense des malheureux, et celui-ci, touché du rôle qui lui était dévolu, se rendit en toute hâte à Rome pour arrêter de concert avec le Sénat les conditions d'une paix générale. L'importance des concessions faites en cette circonstance prouverait assez, dit Tite-Live [1], la gravité du mouvement auquel il fallait mettre fin. Pour donner satisfaction entière aux légions, on accorda aux soldats de Quinctius une amnistie complète, on opéra sur la solde des chevaliers une réduction qui la mit plus en rapport avec celle de l'infanterie, on admit que quiconque aurait servi comme tribun ne pourrait être enrôlé comme centurion, et l'on porta une loi sacrée [2] qui garantissait aux légionnaires les avantages attachés à leur service par la défense expresse de les rayer des contrôles sans leur assentiment. D'un autre côté, conformément aux diverses propositions de Génucius et des tribuns du peuple, plusieurs lois furent votées et ratifiées dans le double but de soulager la misère des pauvres et de répondre aux provocations récentes du patriciat. L'usure fut interdite [3] et les citoyens prisonniers pour dettes furent rendus à la liberté. On empêcha les anciennes familles de se perpétuer dans les charges publiques et l'on facilita l'arrivée des hommes nouveaux en défendant de remplir deux magistratures

(1) « Quæ si omnia concessa sunt plebi, adparet, haud parvas vires defectionem habuisse. » Tit.-Liv, VII, 42.

(2) « Lex quoque sacrata militaris lata est... » Tit.-Liv., VII, 41.

(3) Tout intérêt fut même défendu (Tac., *Ann.*, VI, 16) ; mais dans ces termes excessifs, c'était, dit Mommsen, « une loi insensée, rendue pour la forme et qui ne fut jamais pratiquée. Le taux normal de l'intérêt qui fut plus tard en usage, c'est-à-dire un pour cent par mois, ou douze pour cent pour l'année civile commune (ce qui, d'après la valeur du capital dans l'antiquité, représentait environ, au taux moderne, cinq ou six pour cent par an), doit avoir déjà, vers cette époque, été établi comme le maximum d'un intérêt raisonnable. La demande de tout intérêt plus élevé fut prohibée, et s'il n'est pas certain qu'elle exposait les usuriers de la part des emprunteurs à des réclamations judiciaires pour le remboursement, il est hors de doute qu'elle les exposait du moins à des citations devant les comices par tribus qui les condamnèrent plus d'une fois à de lourdes amendes. » *Hist. rom.*, Liv. II, ch. 3.

dans la même année ou de prétendre à une même magistrature deux fois dans l'espace de dix ans. Enfin il fut permis aux plébéiens d'occuper à eux seuls les deux places de consul. Cette dernière stipulation renfermait une menace manifeste à l'adresse de l'aristocratie patricienne et la véritable réplique des chefs plébéiens à la violation de la loi licinienne sur le consulat.

Aussi ne la laissèrent-ils pas tomber dans l'oubli. Deux ans plus tard (en 339), lorsque le Sénat, à la suite de difficultés avec les deux consuls en fonction, leur eut ordonné de créer un dictateur, et que le consul Æmilius, qui avait alors les faisceaux, eut porté son choix sur son collègue plébéien, Publilius Philo, celui-ci ne manqua pas d'user de son pouvoir pour faire passer les dispositions les plus favorables à la plèbe [1]. Il prit soin tout d'abord de rappeler et de confirmer cette fameuse loi de Génucius qui ouvrait aux plébéiens le consulat tout entier. Puis il leur assura une autre conquête en portant qu'une des deux places de censeur leur serait toujours réservée.

Ce ne fut pas tout. Il voulut que le pouvoir législatif du peuple fût à l'abri de toute résistance patricienne. A cet effet, comme les résolutions des tribus, par la loi Horatia Valéria, étaient obligatoires pour tous les citoyens romains, mais n'acquéraient cette force d'obligation que si elles réussissaient à être sanctionnées par le Sénat, il les affranchit de cette sanction et fit décider que désormais le Sénat donnerait son approbation aux propositions plébiscitaires avant qu'elles fussent votées par les tribus. De même toute loi présentée à l'acceptation des comices centuriates dut être à l'avance approuvée par le Sénat [2]. Ces

(1) « Et, postquam senatus, finire imperium consulibus cupiens, dictatorem... dici jussit, Æmilius, cujus tum fasces erant, collegam dictatorem dixit. — Dictatura popularis fuit... quod tres leges secundissimas plebei, adversas nobilitati, tulit ». Tit.-Liv., VIII, 12.

(2) « ... ut legum, quæ comitiis centuriatis ferrentur, ante initum suffragium patres auctores fierent. » Tit.-Liv., VIII, 12. — Voy. Walter, *Geschichte*, 1, n. 66.

dispositions laissaient encore au Sénat la facilité de s'entendre avec les consuls et les chefs plébéiens pour améliorer les projets qui devaient être soumis à l'une ou à l'autre assemblée populaire. Mais elles interdisaient définitivement à l'assemblée patricienne des curies tout espoir ultérieure de contrôle ou d'action législative.

Remarquons en outre que, par son élévation à la dictature, Publilius Philo affirmait dans sa propre personne le droit d'admission des plébéiens à cette magistrature extraordinaire. Déjà le Sénat avait implicitement reconnu ce droit dès l'année 356, lorsqu'au milieu des dangers que suscitait la guerre contre les Étrusques il avait fait proclamer un des plébéiens les plus illustres par sa science militaire, Marcius Rutilus, celui-là même qui arriva aussi le premier de son ordre à la censure.

Ajoutons enfin que la dictature de Publilius Philo ne mit pas un terme aux conquêtes plébéiennes de sa carrière politique. En 337, il obtint la préture qui jusque-là était restée exclusivement patricienne, et, en 326, au moment où il dirigeait avec habileté l'armée romaine qui manœuvrait contre Palépolis, pour que l'expiration de son consulat n'apportât pas à la direction des manœuvres une interruption qui eût été contraire à l'intérêt public, on lui laissa le soin d'achever la guerre avec le titre de proconsul[1], de sorte que, grâce à lui, cette charge toute nouvelle du proconsulat, dont il s'acquitta si bien qu'elle lui valut à son retour les honneurs du triomphe[2], fut plébéienne dès son origine.

En fin de compte, si le partage du consulat avait exigé

(1) « Quum et comitiorum dies instaret, et Publilium, imminentem hostium muris, avocari ab spe capiendæ in dies urbis, haud e republica esset; actum cum tribunis est, ad populum ferrent, ut, quum Publilius Philo consulatu abisset, pro consule rem gereret, quoad debellatum cum Græcis esset ». Tit.-Liv., VIII, 23.

(2) Quelques pages plus loin (VIII, 26), Tite-Live dit en parlant de Publilius : « Duo singularia hæc ei viro primum contigere, prorogatio imperii non ante in ullo facta, et acto honore triumphus. »

des plébéiens plus de trois quarts de siècle d'une lutte continue, on voit que toutes les magistratures curules qui en avaient été détachées pour retarder l'achèvement de leur victoire, ne leur demandèrent ni la même persévérance ni la même intensité d'efforts. Quarante années suffirent pour les faire arriver à toutes l'une après l'autre, et pour les placer dans une situation si favorable qu'ils pouvaient passer à leur tour pour les privilégiés, puisque, admis désormais à toutes les charges politiques autrefois réservées au patriciat, ils avaient gardé pour eux les deux fonctions créées en leur faveur lors de leur première retraite sur le Mont Sacré, le tribunat du peuple et l'édilité plébéienne.

Cet avantage prit une grande importance par suite du plébiscite Ovinius qui, en transférant aux censeurs le droit qu'avaient les consuls de dresser les listes du Sénat, leur enjoignit de porter leur choix sur les hommes les plus considérés de chaque ordre[1], sur ceux qui avaient exercé les magistratures curules, la questure, le tribunat du peuple et l'édilité. Il résulta nécessairement de cette disposition que plus les plébéiens comptaient parmi eux de citoyens ayant rempli quelqu'une de ces charges, plus ils avaient de chance de voir augmenter leur nombre dans les promotions sénatoriales. Et en effet, la majorité patricienne de cette haute assemblée se mit à subir une diminution dont les progrès très sensibles attestèrent bientôt le parfait mélange et l'égalité politique des deux ordres[2].

Cependant il ne faut pas oublier que, même après le partage des magistratures curules, les patriciens restaient encore en possession de certains privilèges qui n'étaient pas à dédaigner. Eux seuls connaissaient les formules de la procédure et les calculs mystérieux qui réglaient chaque année sur leur calendrier les jours et les heures où l'on

______

(1) « Ex omni ordine optimum quemque ». — On ne sait pas la date précise de ce plébiscite, on est certain toutefois qu'il fut antérieur à l'an 312.

(2) Un jour viendra où les plébéiens à leur tour seront en grande majorité dans le Sénat. En 179, sur 304 sénateurs on ne comptera que 88 patriciens. Voy. Willems, *Sénat de la rép. rom.*, p, 366.

pouvait légalement plaider. Eux seuls pouvaient être pontifes ou augures et disposer ainsi d'un veto précieux dans les circonstances les plus graves. Eux seuls enfin consacraient effectivement les magistrats élus dans les centuries ; car les comices curiates qui, comme je l'ai dit il n'y a qu'un instant, s'étaient vu enlever tout contrôle et toute action sur la confection des lois, n'avaient pas encore perdu leur autorité sur les élections ; il leur appartenait de conférer l'*imperium* à ceux qu'avaient désignés les suffrages des centuries et ils avaient toujours le droit de le leur refuser. Mais ces divers privilèges ne durèrent plus longtemps.

En l'an 304, Flavius, un fils d'affranchi, greffier du censeur Appius, et que celui-ci poussa plus tard, malgré l'humilité de sa naissance et l'opposition de toute l'aristocratie, jusqu'à l'édilité curule et par suite jusqu'au Sénat, exposa publiquement des tables[1] qui, en dévoilant le calendrier des pontifes et les formules de la procédure, communiquèrent aux plébéiens la connaissance du droit civil et sacré[2], dont ils purent alors se servir eux-mêmes sans être obligés, comme ils l'avaient été jusque-là, de recourir à la science des patriciens.

Quatre ans plus tard, en 300, les tribuns du peuple Q. et Cn. Ogulnius proposèrent le partage du pontificat et de l'augurat. Les vieilles familles essayèrent bien de pousser encore les mêmes cris d'indignation qu'à l'époque des pro-

---

(1) « Civile jus, repositum in penetralibus pontificum, evulgavit, fastosque circa Forum in albo proposuit, ut, quando lege agi posset, sciretur. » Les tables de Flavius formèrent le *jus flavanium*. Les patriciens voulurent ensuite recourir à de nouvelles formules ; mais elles furent à leur tour dévoilées en 202 par Sextus Ælius Catus (*jus œlianum*).

(2) A Rome, droit et religion ne faisaient qu'un. C'était une vérité reconnue qu'on ne pouvait pas être un bon pontife si l'on ne connaissait pas le droit (Cic., *de Leg.*, II, 19), et, réciproquement, que l'on ne pouvait pas connaître le droit si l'on ne savait pas la religion. De là cette vieille définition conservée par les jurisconsultes jusqu'à Justinien : « Jurisprudentia est rerum divinarum atque humanarum notitia. » — Voy. Fustel de Coulanges, *La cité ant.*, III, 11.

positions liciniennes : elles parlèrent de la profanation du culte et de la colère des dieux[1]. Mais il était devenu difficile d'objecter aux plébéiens leur incapacité religieuse. Les avait-on empêchés de sauver la patrie par l'accomplissement de l'acte religieux solennel du dévouement?[2] Ne les avait-on pas vus, comme dictateurs et comme consuls, offrir les sacrifices; comme censeurs, faire la lustration; comme vainqueurs de l'ennemi, remplir les saintes formalités du triomphe? Par l'exercice des magistratures, n'étaient-ils pas déjà en possession d'une partie des sacerdoces? Et même ne leur avait-on pas reconnu le droit de garder les livres sibyllins et d'y lire les oracles? Après tout cela que signifiait l'interdiction qu'on voulait encore leur opposer? Paraissait-il donc humiliant d'avoir pour collègues dans le pontificat ceux avec qui l'on partageait les charges suprêmes de l'État? Et n'en étaient-ils pas arrivés au contraire, après tous les services qu'ils avaient rendus dans ces hautes fonctions, à pouvoir apporter au sacerdoce, par leur illustration, un éclat égal à celui qu'ils en recevaient? Voilà les réponses[3] faciles que se firent adresser ceux qui s'opposèrent à la proposition des tribuns. Les mœurs nouvelles étaient trop opposées au vieux principe d'hérédité sur lequel avait été fondée la cité religieuse, pour ne pas en triompher. Il avait été reconnu que tout citoyen, à quelque ordre qu'il appartînt, était apte à prononcer la prière, à accomplir, comme magistrat, les cérémonies du culte public; il en résultait logiquement que le pontificat ne pouvait plus être interdit aux plébéiens. La loi Ogulnia

(1) « Simulabant ad deos id magis, quam ad se, pertinere : ipsos visuros, ne sacra sua polluantur; id se optare tantum, ne qua in rempublicam clades veniat ». Tit.-Liv., X, 6.

(2) Le dévouement chez les Romains n'était pas seulement un acte d'héroïsme, c'était une institution soumise à des règles, à des formules précises qu'imposait la religion. Nous verrons (*Hist. de la Littér. rom.*, liv. I, ch. V, 3) la cérémonie par laquelle Décius se prépare à la mort et la formule de consécration qu'il prononce.

(3) Voir dans Tite-Live, X, 7 et 8, le grand discours de P. Décius Mus, dont le nom figure ensuite (X, 9) parmi ceux des quatre premiers pontifes plébéiens.

fut donc votée à une très grande majorité[1] et décida qu'à l'avenir quatre pontifes sur huit et cinq augures sur neuf seraient pris dans le second ordre.

Restait donc, comme dernier débris de l'antique omnipotence de la cité patricienne, le pouvoir qu'avaient les curies de refuser l'*imperium* aux magistrats élus par les centuries. La loi Mænia[2] le leur enleva, en 287, et leur imposa l'obligation d'accepter quiconque leur serait désigné par les suffrages. Dès lors les patriciens cessèrent de se rendre aux comices curiates et ceux-ci devinrent une pure fiction. Par respect public pour le passé non moins que par scrupule religieux, on conserva, en effet, les anciens rites[3], qui avaient été considérés de tout temps comme indispensables à la transmission de l'autorité souveraine et au salut de la puissance romaine; mais la collation obligatoire de l'*imperium* n'eut plus rien de politique : elle ne fut qu'une cérémonie purement rituelle, dans laquelle, en présence des pontifes et des augures, les trente curies furent simplement représentées par trente licteurs.

Son dernier privilège disparu, le patriciat n'était plus qu'un titre de noblesse, un souvenir, un nom. La victoire de la plèbe se trouvait achevée. Les pénibles événements qui surgirent l'année suivante (286) offrirent au dictateur plébéien Hortensius l'occasion de la confirmer. La loi Publilia sur l'abolition des dettes et du prêt à intérêt, mesure trop révolutionnaire pour pouvoir durer, n'avait pas été observée; et les créanciers et usuriers, non contents de la

---

(1) « Ingenti consensu accepta est ». Tit.-Liv., X, 9. — Il est à noter d'ailleurs que, dans cette discussion, la question religieuse ne fut qu'une question politique : les chefs plébéiens n'attachaient tant de prix aux fonctions de pontifes et d'augures que parce qu'ils en connaissaient l'influence dans la direction générale des affaires publiques. Quant aux dignités des prêtres saliens, des frères arvales, des féciaux, du *rex sacrorum*, qui n'avaient aucune importance politique et qui pouvaient rester sans danger aux mains du patriciat, elles lui furent laissées.

(2) Cic., *Brut.*, 14.

(3) Den. d'Hal., II, 6 ; Cic., *adv. Rull.* ; *de Leg. agr.*, II, 11 et 12 ; Becker-Marquardt, II, 3 ; Walter, I, nᵒˢ 66, 67.

violer, avaient renouvelé leurs cruautés sur les personnes des débiteurs, ce qui venait de renouveler aussi l'effervescence populaire [1]. Ce mouvement, à la vérité, quoique très grave puisqu'il s'était manifesté par une retraite sur le Janicule, n'avait rien de politique en lui-même, et pour l'apaiser, il eût suffi sans doute d'assurer la mise en vigueur de la loi Pœtelia qui, en 326, avait interdit l'esclavage pour dettes, de décréter quelque règlement des créances avec une peine sévère pour l'usure, et de distribuer quelques terres du domaine public aux indigents, toutes mesures d'ailleurs que sut faire prendre en effet le dictateur. Mais il n'était pas maladroit d'avoir l'air d'accorder aux mécontents plus qu'ils ne demandaient, et les chefs plébéiens étaient bien aises, en ce qui les concernait personnellement, d'assurer pour l'avenir par une consécration nouvelle toutes les lois acquises par leurs victoires antérieures [2]. Hortensius fit donc confirmer ces lois ; il fit reconnaitre de nouveau le caractère obligatoire des plébiscites et il les affranchit même de l'autorisation préalable du Sénat, dont les décrets, par contre, furent élevés, comme les plébiscites, au rang de lois générales.

Du moins il est permis de croire, bien qu'il n'y en ait pas de preuve absolue, et je crois pour ma part très volontiers qu'Hortensius fut réellement auteur de cette disposition sur les sénatus-consultes. La réputation qu'il nous a laissée d'homme d'État véritable, ami de la concorde et de l'ordre public, me persuade que, tout en prenant en main la défense des intérêts de la plèbe, il sut, par une mesure aussi prudente qu'utile, fortifier la haute assem-

---

(1) Val. Max., VI, 1, 9 ; Tit.-Liv., Epitom., XI.

(2) Entre autres lois populaires on cite cette disposition d'Hortensius qui portait que les jours de marché *nundinæ,* dont les patriciens avaient fait des jours de fête consacrés à Jupiter (Macrob. *saturn.,* I, 16), seraient à l'avenir considérés comme *fasta,* c'est-à-dire comme des jours pendant lesquels on pouvait rendre la justice, de sorte que le peuple de la campagne, en venant à la ville pour le marché, pût aussi s'occuper de la poursuite de ses procès et des affaires publiques.

blée de la République contre les excès toujours possibles de la puissance populaire. N'avait-on pas vu déjà, quelques années auparavant[1], le censeur Appius Claudius, un des derniers défenseurs de la noblesse patricienne, chercher un appui dans la partie la plus humble du peuple et l'opposer à ses chefs? Ce magistrat n'avait-il pas donné le droit de vote aux affranchis, aux marchands, aux gens de métiers, à tous les *libertini* et *ærarii* qui pullulaient à Rome, pour les répandre dans les trente-cinq tribus et tenir par eux la majorité des suffrages?[2] Heureusement Fabius, qui dut à cette réforme son surnom de Maximus, avait bientôt[3] conjuré le danger en refoulant cette multitude dans les quatre tribus urbaines où elle n'eut plus alors que quatre suffrages contre trente et un. Mais la leçon ne devait pas être perdue pour l'avenir. Les chefs plébéiens, assez intelligents pour prévoir la suite plus ou moins lointaine des événements, pouvaient craindre qu'à la lutte entre les deux ordres qu'ils venaient de mener à bien, il n'en succédât un jour une autre, plus dangereuse celle-là, plus révolutionnaire et qui les menacerait personnelle-

(1) En 312.

(2) « Humilibus per omnes tribus divisis, Forum et Campum conrupit... In duas partes discessit civitas; aliud integer populus, fautor et cultor bonorum, aliud forensis factio tenebat. » Tit.-Liv., IX, 46.

(3) En 304. — « Fabius, simul concordiæ caussa, simul ne humillimorum in manu comitia essent, omnem forensem turbam excretam in quator tribus conjecit, urbanasque eas adpellavit; adeoque eam rem acceptam gratis animis ferunt, ut Maximi cognomen, quod tot victoriis non pepererat, hac ordinum temperatione pareret. » Tit.-Liv., IX, 46. — Malgré les paroles sévères de l'historien latin à l'adresse d'Appius, on ne peut s'empêcher de penser que son innovation dangereuse se transforma, par la correction qu'y apporta Fabius, en un véritable bienfait. La foule des ærarii n'était pas si mal composée qu'elle méritât la dégradation civique qui lui avait été infligée; en recevant le droit de suffrage, elle fournit un nombre considérable de légionnaires nouveaux, dont la république avait alors grand besoin; et son admission (sans considérer l'abus politique qu'en voulut tirer Appius) n'était nullement en contradiction avec la politique d'assimilation qui fit la grandeur de Rome. On ne saurait d'ailleurs oublier les services qu'Appius rendit à sa patrie par les grands travaux d'utilité dont il la dota.

ment, la lutte des classes infimes contre le reste de la société. Et comme ils avaient maintenant, par l'exercice des magistratures, la facilité de fournir à la liste des sénateurs un aussi grand nombre de candidats que les patriciens, il y avait intérêt pour eux à donner au Sénat une force qui lui permît de défendre la constitution actuelle de la République contre toute entreprise future de la démagogie.

Aussi, quelle qu'ait été l'initiative individuelle d'Hortensius dans la question spéciale des sénatus-consultes, il est une chose certaine, c'est que l'autorité du Sénat prit à cette époque un développement rapide, qu'il lui échut alors un rôle merveilleux dans la pondération des forces qui dirigeaient la République, et qu'on doit voir dans ce fait le résultat naturel de l'union et de la fusion absolue des deux ordres. Lorsque l'égalité civile et politique, achevée, affirmée, eut enfin confondu complètement, par la suppression de toute distinction héréditaire, les divers éléments de la République; lorsque des deux races, des deux peuples, si longtemps en présence, fut sortie l'unité parfaite du peuple romain, cette unité ne put avoir d'expression plus nette, plus élevée, moins incontestée, que la noble corporation où figuraient les hommes appelés aux grandes magistratures de l'État par les suffrages du peuple entier, et qui embrassait en elle-même tout ce que ce peuple possédait de vertu civique, d'illustration militaire, d'intelligence politique et d'habileté pratique.

V

Le vᵉ siècle de Rome, pendant lequel s'accomplit la transformation grandiose du peuple romain, est aux yeux de tous les historiens l'âge d'or de la République.

Forte de son unité, Rome porte ses armées au-delà des frontières étroites qui resserrent son horizon. A peine a-t-elle repoussé les invasions gauloises qu'elle soumet le Latium (340-338), qu'elle s'empare de Palæpolis et tient la Campanie. Si la terrible guerre des Samnites lui fait baisser un instant la tête sous les Fourches Caudines (321), elle la relève aussitôt. A la face des Samnites, des Étrusques, des Ombriens et des Gaulois réunis contre elle (300-290), elle déclare que le domaine de la République ne peut être moindre que l'Italie, met sur pied à la fois quatre-vingt dix mille hommes, dissout la coalition et, promenant ses légions en tous sens, combat corps à corps chacun de ses ennemis successivement. Elle n'attend même pas l'échec final des Étrusques pour disposer d'une partie de ses forces contre les Lucaniens en faveur de la ville de Thurium, qu'elle occupe ainsi que Locres, Crotone et Rhégium. Si les Tarentins, qui se sont crus assez forts pour attaquer ses galères et insulter grossièrement ses ambassadeurs[1], réussissent à attirer contre elle le roi d'Épire, si la victoire sourit tout d'abord à celui qui se flatte d'être le plus digne héritier d'Alexandre[2], il suffit, pour affermir chez elle toutes les âmes, de la parole véhémente du vieil Appius Claudius qui, aveugle, se fait conduire dans la Curie, et s'y oppose à une paix qu'il juge honteuse[3]. Pyrrhus a beau s'emparer de Préneste, la grande bataille qu'il livre aux consuls près d'Asculum n'est plus qu'une action indécise[4]. Et, lorsqu'il revient de Sicile, où il est allé fonder un

(1) Les galères que Rome avait adjointes à la garnison de Thurium pour croiser dans le golfe, ayant franchi le promontoire de Junon Lacinienne, qu'un ancien traité leur défendait de doubler au dire des Tarentins, ceux-ci s'élancèrent à leur rencontre et en détruisirent la moitié. Puis ils attaquèrent Thurium qu'ils mirent au pillage. Les ambassadeurs romains, envoyés à Tarente à la suite de ces faits pour en demander réparation, furent hués par le peuple; et l'un d'eux, Postumius, vit sa toge salie d'urine par un plaisant dont la grossièreté excita le rire de la foule. « Riez, dit simplement Postumius, riez maintenant; mes habits seront lavés plus tard dans votre sang. » Voir Val.-Max., I,, 2, 5. Cf. Tit.-Liv., *Epit.*, XII.

(2) Près d'Héraclée, entre Thurium et Tarente.

(3) Tit.-Liv., *Epit.*, XIII. Au sujet du discours d'Appius Claudius, voir *Hist. de la Littér. rom.*, liv. I, chap. IV, 1.

(4) En l'an 279. Voir Florus, I, 18; Den. d'Halyc. XX, 1, 3. — « Dubio eventu pugnatum est. » Tit.-Liv., XIII.

royaume éphémère après s'être porté, en sa qualité de gendre d'Agathocle[1], au secours de Syracuse attaquée par les Carthaginois, il ne tarde pas à éprouver un échec désastreux[2], qui le force à regagner l'Épire. Lui parti, les Tarentins succombent. Les habitants de Rhégium, révoltés, subissent aussi les châtiments de leurs méfaits. Rome s'avance jusqu'aux extrémités de la Messapie, soumet les Salentins et s'empare de Brindes. En même temps elle comprime un mouvement des Picénins, porte un dernier coup à la nation ombrienne et se rend maîtresse d'une révolution démagogique de Volsinie, la plus puissante cité de l'Étrurie[3]. On peut dire que sa lutte pour la domination de l'Italie est terminée : du Rubicon jusqu'au détroit de Messine, tout reconnaît son autorité ou subit son alliance.

Mais de l'autre côté du détroit, se montre en face d'elle une puissance rivale, la grande république de Carthage, qui compromettrait cette domination, si la Sicile lui était abandonnée. Il faut donc faire passer des légions en Sicile, s'emparer de Messine, poursuivre Hiéron jusque dans Syracuse et imposer à ce roi un traité qui le détache des Carthaginois. Ce résultat est acquis en moins de deux ans par Appius Caudex et les deux consuls qui lui succèdent (264-263). Dès la troisième année (262), la plus forte des villes siciliennes, Agrigente, est prise après un siège de sept mois, et les Carthaginois, sans alliés, ne conservent plus dans la grande île que quelques places maritimes. Seulement par leurs flottes ils tiennent toujours le détroit et menacent les côtes d'Italie. Il ne suffit plus de les combattre sur terre, il s'agit de les atteindre sur leur élément. En soixante jours, Rome lance à la mer cent soixante vaisseaux de guerre[4], et son génie militaire lui fait introduire, pour cette première campagne, une innovation radicale

---

(1) Diodor., XXII, 11.

(2) Victoire de Curius Dentatus à Bénévent, en l'an 276. V. Tit.-Liv., *Epit.*, XIV.

(3) « Caput Etruriae ». Tit.-Liv. X., 37.

(4) Des quinquérèmes, vaisseaux à cinq rangs de rames.

dans la tactique navale. Le consul Duilius[1] imagine de munir chaque navire d'un pont qui, s'abaissant sur les bâtiments ennemis, les saisit par des mains de fer, *corvi*, les rend immobiles et en facilite l'abordage. En permettant à ses légionnaires de combattre ainsi de plain pied, il leur conserve tous leurs avantages. Sa première bataille est une grande victoire qui dissipe à jamais le prestige de la supériorité maritime de Carthage[2]. Ce succès inespéré, suivi bientôt d'un autre près des îles Éoliennes, permet à Rome la conquête de la Sardaigne et de la Corse, lui inspire la pensée de porter la guerre en Afrique. Avec une nouvelle flotte de trois cent trente navires, elle bat encore, à la hauteur d'Ecnome[3], la flotte carthaginoise, qui n'en compte pas moins de trois cent cinquante, et débarque sur la côte africaine une armée considérable, dont les premières entreprises sont si éclatantes et si rapides qu'elle croit pouvoir sans danger en rappeler immédiatement une partie. Régulus, resté seul consul à la tête de 15.000 hommes et de 500 cavaliers, bat partout l'ennemi, s'empare des villes, ravage les campagnes et s'avance jusque dans Tunis. Carthage, qui n'est qu'à trois lieues de là, qui vient de voir tomber dix-sept mille des siens dans la bataille d'Adès et qu'abandonnent ses sujets révoltés, demande à traiter. Mais les conditions que veut lui dicter Régulus, sont si dures que, pour s'y soustraire, elle achète en tous lieux des mercenaires et met à leur tête le Lacédémonien Xanthippe qui n'a pas désespéré d'elle. Alors la fortune des deux peuples change pour un temps. Régulus, vaincu, est fait prisonnier, et les débris de son armée se réfugient dans les murs de Clypea[4]. Rome remporte bien un succès naval

---

(1) L'autre consul avait perdu dix-sept navires dans une expédition contre Lipari.

(2) Cette victoire de Myles, en l'an 260, valut à Duilius les plus grands honneurs. On lui érigea une colonne rostrale dont j'aurai à parler en traitant des monuments historiques les plus anciens de la langue latine, *Hist. de la Litt. rom.*, liv. 1, ch. V, 4.

(3) En 256.

(4) Polyb., 1, 34.

devant cette ville[1], mais la tempête lui brise toute une flotte de 270 galères et elle se voit contrainte de renoncer à l'Afrique. La guerre est reportée en Sicile (254) et s'y maintient encore pendant treize années avec des chances diverses[2]. Cependant Carthage ne trouve pas chez elle la même unité de direction, la même persévérance, le même patriotisme que Rome. Les généraux habiles ne lui font pas défaut : Imilcon[3], Adherbal, Carthalon et Amilcar l'Éclair[4] montrent dans la défense des places, dans le maniement des troupes, dans la conception des coups de main hardis, des talents de premier ordre. Seulement les soldats qu'elle met à leur disposition sont pour la plupart des mercenaires qui ne combattent qu'en vue de la solde et du butin. Son peuple est avant tout un peuple de marchands, qui ne demande qu'à naviguer pour ses affaires et que rebutent à la longue les dépenses et les angoisses d'une lutte continue. Rome a donc le sentiment qu'en troublant le commerce maritime de sa rivale, elle lui porte les coups les plus sensibles : et les combats et les orages ont beau disperser ou détruire ses galères, elle se prête à tous les sacrifices qu'exige la fortune pour reconstituer chaque fois ses forces navales. Lorsque son trésor est vide, le dévouement de ses concitoyens y supplée. En 241, une souscription publique lui fournit les moyens d'armer encore deux cents vaisseaux ; et c'est cette flotte qui, sous le commandement de Lutatius Catulus, rencontre et bat près

(1) Polyb., I, 36.

(2) Ce fut dans une de ces alternatives que les Carthaginois envoyèrent Régulus à Rome pour traiter de la paix et de l'échange des prisonniers, comptant sur l'intérêt qu'il avait lui-même à parler pour ces derniers. Mais Régulus donna au Sénat le conseil héroïque de continuer la guerre et de laisser mourir en captivité ceux qui n'avaient pas su rester libres. De retour à Carthage, il fut livré, disent les écrivains latins, aux tourments d'une longue mort. — Cic., *De Offic.*, III, 26-27 ; id., *in Pison.*, 18 ; Hor., *Carm.*, III, 5 ; Sil. Ital., *Pun.*, VI.

(3) Les mérites de ces généraux Carthaginois sont indiqués par Polybe, I, de 48 à 60.

(4) En langage punique, *Barca*.

des îles Ægates quatre cent navires carthaginois chargés d'armes et de provisions pour l'armée de Sicile. Les marchands de Carthage, après ce désastre, perdent tout courage et demandent la paix. Ils rappellent Amilcar, abandonnent complètement la Sicile, s'engagent à ne jamais attaquer ni Hiéron, ni ses alliés, à rendre sans rançon tous les prisonniers romains et à payer en dix ans 3,200 talents d'argent euboïques[1].

VI

Ainsi Rome, qui pendant près de quatre siècles est restée confinée dans une partie du Latium, n'a pas besoin de plus du ve siècle de son existence pour étendre sa domination sur l'Italie tout entière et sur les grandes îles qui en dépendent. Et une telle continuité de succès n'est pas l'effet d'une fortune aveugle. Le développement rapide de sa puissance tient à la transformation intérieure de son peuple, à la solidité de ses institutions militaires, à la sagesse de sa politique extérieure.

A cette époque, en effet, où l'égalité civile et politique unifie le peuple romain, la constitution de la République est telle que les trois grands systèmes de gouvernement s'y trouvent admirablement combinés. L'*imperium* des consuls y représente l'unité du commandement et la forme monarchique ; l'autorité du Sénat semble appartenir à un état aristocratique ; la puissance du peuple à une démocratie. A chacun de ces trois pouvoirs opposés il est fait une part si exacte et si mesurée, que tous les trois se contrebalancent et se soutiennent mutuellement de façon à former un ensemble d'une harmonieuse union. « Car, ce qu'on appelle union dans un corps politique, comme l'a très

---

(1) Ces diverses conditions sont énumérées par Polybe, I, 62 et 63. L'indemnité de guerre dont il y est question valait environ dix-neuf millions de francs.

bien dit Montesquieu, est une chose fort équivoque : la vraie est une union d'harmonie, qui fait que toutes les parties, quelque opposées qu'elles nous paraissent, concourent au bien général, comme des dissonnances dans la musique, qui concourent à l'accord total[1]. »

Aucun écrivain ancien n'a mieux compris ni mieux analysé que Polybe le fonctionnement des divers rouages de ce gouvernement. Après avoir déclaré quelque part[2] que cette étude n'est pas seulement propre à l'histoire, mais qu'elle peut être d'une grande utilité au philosophe et au politicien pour l'établissement et la réforme des États, il s'y est attaché dans le sixième livre de son histoire et y a consacré des pages d'un jugement et d'une précision remarquables. Il ne s'est pas contenté d'y considérer les trois pouvoirs de la République, chacun pris isolément avec les attributions et les droits respectifs qui leur assuraient une certaine force intrinsèque et personnelle ; son examen s'est porté sur la combinaison même qui les liait l'un à l'autre[3], les plaçait constamment dans une dépendance mutuelle, et ne leur assurait une autorité complète qu'à la condition d'être unis.

(1) Montesquieu, en s'exprimant ainsi, répète une comparaison employée par Cicéron : « Ut enim in fidibus aut tibiis, atque ut in cantu ipso ac vocibus, concentus est quidam tenendus ex distinctis sonis...; isque concentus ex dissimillimarum vocum moderatione concors tamen efficitur et congruens : sic ex summis, et infimis, et mediis et interjectis ordinibus, ut sonis, moderata ratione civitas consensu dissimillimorum concinit... etc. » *De Rep.*, II, 42. Comparaison conservée par Saint Augustin dans la *Cité de Dieu*, II, 21.

(2) Pol., fin du livre III.

(3) Le consul, à l'intérieur de Rome, exerce la magistrature suprême ; mais il a à compter avec l'opposition de son collègue, avec l'inviolabilité des tribuns, avec le peuple qui vote les lois, avec le Sénat qui peut l'annihiler en recourant à la dictature. Et même, à l'armée, lorsqu'il semble revêtu d'un pouvoir absolu, il dépend encore et du Sénat et du peuple ; car le premier lui fournit les subsides nécessaires à la guerre, a le droit de suspendre ses entreprises, peut lui accorder ou lui refuser la prorogation de son commandement aussi bien que les honneurs du triomphe, tandis que l'autre lui réclame des comptes à l'expiration de ses fonctions et le tient

Le même historien s'est plu également à voir dans les institutions militaires des Romains une des causes principales de leur prodigieuse fortune. Il en a parlé avec son talent d'observation ordinaire, et a laissé sur ce sujet une foule de renseignements d'une exactitude rigoureuse. Mais le cadre de mon travail ne me permet guère d'entrer avec Polybe dans les détails de l'organisation des légions. J'en ai fait d'ailleurs une étude spéciale dans un ouvrage [1] dont je prépare la troisième édition et auquel le lecteur pourra recourir, s'il le juge à propos. Il me suffit ici de rappeler que, dans le siècle où Rome soumet la péninsule, elle possède l'armée la meilleure qui y ait jamais paru jusque-là. Si elle triomphe alors de la force des Étrusques, de la ténacité des Samnites, de la fougue des Gaulois, de la tactique des Grecs, et de la puissance des Carthaginois, ce n'est pas seulement parce que ses soldats sont plus vigoureux, plus braves, mieux disciplinés et mieux aguerris que les autres, c'est aussi parce qu'ils ont la religion du drapeau, que leur union sous les armes représente l'image de la

sous la menace d'une flétrissure publique capable de briser toute carrière politique. D'un autre côté, le Sénat, quelque grands que soient ses droits dans l'État, ne saurait se soustraire ni à l'action des consuls qui le président et dirigent ses délibérations, ni à celle des tribuns qui le convoquent, ni à celle du peuple qui dispose par les élections de toutes les charges par lesquelles on arrive à la Curie. Il est soumis d'ailleurs au contrôle irresponsable des censeurs. Quant au peuple, s'il est tout-puissant dans le Forum, il n'en est pas moins contraint de montrer une prudente déférence aux consuls et au Sénat : il sait, en effet, que d'un moment à l'autre les consuls sont appelés à exercer sur lui l'autorité militaire qui deviendrait facilement un instrument de vengeance, et il n'ignore pas non plus que les sénateurs, outre qu'ils sont les juges des tribunaux civils, ont en main la surveillance des travaux publics, le recouvrement des impôts, l'administration du domaine de l'État, toutes choses où leur bienveillance peut favoriser ses intérêts les plus chers. « C'est ainsi que, dans ce gouvernement, conclut Polybe, chacun demeure à sa place, réprimé par la force des autres, lorsqu'il n'est pas contenu tout d'abord par la crainte de leur inquiète surveillance. » VI, 18.

(1) *De la milice romaine,* depuis la fondation de Rome jusqu'à Constantin.

patrie, et qu'en face d'adversaires ou désunis ou obligés
de recourir à des troupes mercenaires, ils forment seuls
une armée vraiment nationale.

N'oublions pas enfin qu'une telle armée de citoyens dont
les sentiments patriotiques et la sévère discipline assurent
le courage en même temps que le dévouement à ses devoirs,
puise encore un supplément de force dans la confiance que
lui inspire la fière et prudente politique de ceux qui gou-
vernent au dehors les affaires de l'État. Le Sénat est de
toutes les assemblées du monde la plus hardie dans ses
desseins, mais aussi la plus avisée, la plus réglée dans ses
conseils. On est certain avec lui qu'il n'y a point d'entreprise inutile, point de victoire sans résultat pratique.
Après chaque guerre, les traités qu'il conclut avec les
alliés, les conditions qu'il impose aux vaincus, sont établis
au plus grand profit de la République; et il le fait avec
tant d'habileté que les cités italiennes, liées envers Rome
par des contrats spéciaux, cessent d'avoir des intérêts
communs qui puissent les entraîner à se liguer entre elles.
S'il accorde à quelques municipes privilégiés le droit de
cité dans sa plénitude, *jus civitatis optimo jure*, qui confère
à leurs habitants tous les droits et les obligations des citoyens romains, il ne donne à d'autres qu'une partie de
ces mêmes privilèges. Certains municipes, par exemple,
dont les habitants ont le titre de citoyen romain et sont
portés sur le rôle des légions, ne jouissent pas du droit de
suffrage, et certains autres, qui reçoivent les lois civiles de
Rome, ne sont pas admis à faire partie de son peuple[1].
Au-dessous de ces diverses catégories de municipes, il
place les villes qui, sous le nom de préfectures[2], n'ont pas
de magistrats à elles et sont laissées sous l'autorité d'un
préfet qu'il leur envoie chaque année pour y rendre la
justice et y administrer les affaires. Il traite plus sévère-

____

(1) Festus, s. v. *municeps, municipium.*

(2) Festus, s. v. *præfecturæ.* Cf. Tit.-Liv., VII, 31; IX, 20; XXVI, 16; etc.
Cicer., *De leg. agr.*, I, 6; II, 32.

ment encore les peuples *dedititii*, c'est-à-dire ceux que la fortune des armes a mis à sa discrétion[1] et qu'il considère comme des sujets. Quant aux villes qu'il déclare les libres alliées de la République, *civitates fœderatæ*, il leur conserve leur régime municipal, leur constitution propre, leurs magistrats, leurs lois, leurs juges ; mais, par suite de conventions particulières, les unes, comme Tarente, reçoivent dans leurs murs une garnison romaine ; les autres, comme Naples, sont astreintes, en temps de guerre, à livrer des vaisseaux ou un tribut en argent pour le transport ou la solde des troupes[2] ; et celles-là mêmes qui sont réputées les plus libres, qui semblent ne traiter avec Rome que sur le pied de l'égalité, *æquo fœdere*, sont tenues d'accepter dans leur contrat d'alliance la formule par laquelle elles promettent de « respecter la majesté du peuple romain »[3], formule vague, qui établit la dépendance de la cité alliée à l'égard de la cité maîtresse tout en laissant la mesure de cette dépendance au gré du plus fort.

Du reste le Sénat, dans sa prévoyance, ne se contente pas de diviser les intérêts de toutes ces villes par l'habile variété des traitements qu'il leur accorde ou leur impose ;

---

(1) Je donnerai en parlant des monuments les plus anciens de la langue latine, la formule de dédition que les *detititii* devaient prononcer en se livrant. *Hist. de la Litter. rom.* Liv. I, ch. III, 1.

(2) Tit.-Liv., XXVI, 39 ; XXVIII, 45 ; XXXV, 16, etc. — Cicéron, dans la seconde action contre Verrès (V, 20), parle d'un traité d'alliance de ce genre avec les Mamertins et qui mettait ces derniers dans l'obligation de fournir une birème. « Cette obligation, dit-il, n'était pas seulement onéreuse pour eux ; elle entachait leur traité d'alliance avec nous d'un caractère de servitude... *Nam, quum hoc munus imperaretur tam gravi civitati, inerat, nescio quo modo, in illo fœdere societatis quasi quædam nota servitutis.* »

(3) Dig., XLIX, 15, 7, § 1. — Cicéron, amené dans son discours pour Balbus à parler du traité d'alliance avec Gadès, cite la formule « *majestatem populi romani comiter conservato* », et en conclut qu'elle affirme suffisamment la supériorité du peuple dont la majesté se trouve ainsi garantie : « *quum alterius populi majestas conservari jubetur, de altero siletur : certe ille populus in superiori conditione causaque ponitur, cujus majestas fœderis sanctione defenditur.* » *Pro Balbo*, 16. — Cf. Fustel de Coulanges, *La cité antique*, liv. V, ch. 2, 34.

il emploie, pour conjurer tout danger de ligue entre elles, un moyen plus ouvert et plus énergique. Par la fondation de nombreuses colonies, composées de plébéiens pauvres et d'anciens soldats auxquels il assigne certaines parties du territoire des vaincus, il entoure effectivement le Latium d'une foule de garnisons[1] permanentes, que l'amour de la propriété attache au sol qu'elles ont à défendre, et qui forment un cercle redoutable à l'abri duquel Rome pourra braver toute entreprise hostile[2]. Les autres parties de l'Italie ne sont pas négligées non plus. Des postes militaires du même genre sont établis au loin dans les positions stratégiques les mieux choisies pour couvrir les places faibles ou tenir en respect les populations remuantes. Et comme tous ces établissements ont besoin d'être reliés avec le centre afin de recevoir en cas de besoin le secours rapide des légions, de grandes voies militaires, dont le censeur Appius Claudius a donné le premier modèle, vont maintenant sillonner la péninsule en tous sens[3], l'enlacer du réseau qui la tiendra captive.

Grâce à ce merveilleux ensemble de gouvernement et de politique, Rome, consciente de son unité et de sa force après tant de luttes intestines et de guerres extérieures, jouit maintenant de l'âge d'or de son existence républicaine. Les oracles lui ont prédit l'empire du monde avec l'éternité, et tout semble concourir à ne lui laisser aucun doute sur sa brillante destinée. Son renom s'étend si loin

(1) Les colonies étaient de véritables armées dont les établissements remplissaient le rôle de boulevard et de fort avancé : « colonias sic idoneis in locis... collocarunt, ut esse non oppida Italiæ, sed propugnacula imperii viderentur. » Cic., *De leg. agr.*, II. 27.

(2) Annibal lui-même, après toutes ses victoires, craindra de s'y arrêter

(3) Comprenant l'importance considérable de ces voies, Rome s'empressa tellement d'y travailler qu'avant la dernière guerre punique elle possédait déjà la voie *Appienne* et la voie *Latine* qui la tenaient en communication avec l'Italie méridionale; la voie *Valérienne*, qui ne s'arrêtait que de l'autre côté de l'Apennin et lui permettait la surveillance des régions centrales; la voie *Aurélienne* et la voie *Flaminienne*, par lesquelles elle rayonnait au nord sur les pays toscans et ombriens. — Voy. Bergier, *Histoire des grands chemins de l'Empire romain.*

que les princes de l'Orient ont déjà tourné les yeux vers elle : ceux des successeurs d'Alexandre qui règnent en Égypte lui ont adressé des ambassades pour la féliciter et lui demander son amitié. Elle a le spectacle de triomphes plus pompeux que tous ceux dont le Capitole ait été témoin. Elle y voit figurer des éléphants venus des contrées les plus lointaines[1]. Elle y voit aussi la pourpre, les tableaux et les statues de la Grande Grèce. Le butin trouvé dans le pillage de maintes cités commerçantes, les tributs payés par les peuples vaincus, font affluer les richesses dans ses murs : au temple de Junon Moneta, «la bonne conseillère», elle adjoint une officine où elle se met à frapper pour la première fois de la monnaie d'argent[2]. Mais ses trésors n'ont pas encore corrompu ses mœurs ni terni son caractère. Elle s'en sert pour multiplier et orner ses temples[3], construire des aqueducs[4], élargir ses rues[5], achever de

(1) Le char de Curius Dentatus avait été traîné par quatre éléphants qui provenaient, comme l'a établi W. Schlegel, de ceux qu'Alexandre avait ramenés de l'Inde et que ses successeurs avaient conduits en Grèce. « Ainsi, dit Ampère, les conquêtes d'Alexandre avaient été chercher bien loin un trophée pour décorer la victoire des Romains. » *L'Hist. rom. à Rome*, IIe partie, fin du chap. 7.

(2) Le denier d'argent, qui représentait dix as, avait pour division le *quinaire*, valant cinq as, et le sesterce valant deux as et demi. On frappa aussi des *doubles deniers* valant vingt as. Quant au *victoriat*, ainsi nommé à cause de la figure de la Victoire que portait son revers, il avait la même valeur que le quinaire. Le *double victoriat* était donc l'équivalent du denier, et le *demi-victoriat* l'équivalent du sesterce. — Rome commença la frappe de la monnaie d'argent en 268. Soixante ans plus tard, elle frappa de la monnaie d'or (Plin., *Hist. nat.*, XXXIII, 3). Il y eut des pièces de vingt, de quarante, de soixante sesterces. Mais le denier d'or ou *aureus* valut 25 deniers d'argent, c'est-à-dire cent sesterces, et les quinaires d'or ou *demi-aureus* cinquante sesterces.

(3) Les grands personnages de Rome élevaient à l'envi ces pieuses et riches constructions qui servaient doublement leur ambition, puisqu'elles leur fournissaient dans le présent un moyen très sûr de gagner la faveur populaire et qu'elles devaient après eux perpétuer leur gloire.

(4) Le premier aqueduc avait été construit par le censeur Appius ; le second le fut par Manius Curius après la guerre de Pyrrhus.

(5) Les rues de l'ancienne Rome étaient si étroites que les Vestales et les matrones avaient seules le droit d'y passer en char pour les solennités religieuses.

grands travaux d'utilité publique. L'accroissement de ses ressources lui permet aussi d'augmenter le nombre des petits héritages par de généreuses distributions de terre qui, en donnant satisfaction à la partie la moins fortunée de son peuple, assurent la tranquillité publique et préparent pour les guerres futures une vigoureuse pépinière de soldats.

Puis, ce ne sont pas seulement les richesses matérielles qui viennent à elle. Au contact de tant d'hommes et de choses les idées qu'elle acquiert complètent peu à peu les résultats des grands événements qui viennent de se produire en sa faveur. Bien que sa nature agreste et son éducation dure et guerrière ne la portent en aucune façon à honorer les artistes, les œuvres d'art qu'elle enlève à Véies, à Volsinii, à Tarente, à Syracuse, et qu'elle accumule dans ses édifices, sur ses places, dans ses rues, voire même dans ses maisons particulières, font sur elle une impression de plus en plus vive. Elle commence à soupçonner qu'il peut y avoir pour l'homme d'autres travaux, d'autres plaisirs que ceux de la guerre et de la force brutale. Les trésors intellectuels de la Grèce vont s'ouvrir à son génie. Sa langue, qui, durant cinq siècles, est restée sans culture, et qui, pendant tout ce temps, n'a produit aucune grande œuvre digne de passer aux âges futurs, en se trouvant désormais en communication constante avec le grec, va recevoir de lui des leçons de fécondité surprenantes. Elle essayera de traduire les chefs-d'œuvre qu'il lui présente; elle se les assimilera et apprendra d'eux à en produire elle-même.

[illegible]

TABLE DES MATIÈRES

Préface   I

LIVRE PREMIER

Les Peuples anciens de l'Italie

CHAPITRE I. — Peuples parlant une langue sœur de la langue grecque   3

I. Passage des Alpes par les premiers envahisseurs. Opinions contradictoires, au siècle dernier, des érudits italiens et de Fréret. Recherches nouvelles de la science (p. 3). — II. Origine commune des peuples indo-européens. Dispersion des Aryas primitifs. Leur langue, mère de toutes les langues indo-européennes (p. 7). — III. Branche aryenne des Pélasges, ancêtres des Grecs et des Latins (p. 10). — IV. Les Pélasges en Italie. Aborigènes, Autochtones, Sicules, Tyrrhéniens, Opiques et Sabelliens (p. 13). — V. Sicanes, Ligures, Ombriens (p. 17). — VI. Grecs et Troyens. Établissement de la colonie grecque de Cumes (p. 19). — VII. Développement des populations opiques et sabelliennes. Formation du peuple des Vieux Latins *(Prisci Latini)* (p. 22). — VIII. Confédération latine sous la présidence du canton d'Albe (p. 27).

CHAPITRE II. — Les Étrusques   30

I. Leur langue et leur origine (p. 30). — II. Leur religion (p. 36). — III. Leur littérature sacrée (p. 44). — IV. Leurs grands travaux

324 TABLE DES MATIÈRES

d'assainissement et d'hygiène publique. Leur architecture, dont les modèles sont retrouvés dans les nécropoles (p. 50). — V. Leur sculpture et leur peinture (p. 53). — VI. Leurs arts industriels : objets d'art de toutes sortes découverts dans les chambres sépulcrales (p. 58). — VII. Leur commerce maritime et leur puissance (p. 66). — VIII. Cause de leur décadence (p. 67).

CHAPITRE III. — Les Gaulois et les Colonies grecques 73

I. Invasions des Gaulois ; leur influence nulle sur le peuple romain (p. 73). — II. Nombreuses colonies grecques : villes chalcidiques ; ligue des cités achéennes ; groupe dorien. Leur puissance et les monuments qui nous en restent (p. 78). — III. Leur civilisation. Vive impression qu'en reçurent les Romains dans la période qui a suivi l'occupation par eux d'une ville grecque (p. 92). — IV. Relations antérieures. Influence exercée sur Rome par les Grecs dans les premiers temps de la République et même pendant la période des rois. Introduction de l'alphabet grec à Rome (p. 101).

LIVRE DEUXIÈME

Éléments constitutifs de la nationalité romaine : Latins, Sabins, Étrusques

CHAPITRE I. — Rôle prépondérant des Sabins dans la première période des rois 115

I. Immigrations très anciennes des Sabins et des Étrusques sur les collines romaines (p. 115). — II. Rôle des Étrusques dans la fondation de la ville latine de Romulus (p. 121). — III. Ascendant presque immédiat des Sabins sur les Latins de Rome. Règne de Romulus et de Tatius (p. 131). — IV. Règne de Numa. Prépondérance de l'élément sabin (p. 140). — V. Règne de Tullus Hostilius. Destruction d'Albe et relèvement de l'élément latin à l'intérieur de Rome (p. 146). — VI. Règne d'Ancus, dernier roi sabin (p. 154).

CHAPITRE II. — Rôle prépondérant des Étrusques dans la seconde période de l'époque des rois et dans les premières années de la République . . . 158

I. Opinions extrêmes et excès contraires dans lesquels est tombée l'érudition au sujet de la suprématie politique des Étrusques à Rome (p. 158). — II. Règne de Tarquin l'Ancien. Affaiblissement du patriciat sabin (p. 163). — III. Règne de Servius Tullius. Ses réformes et sa constitution où perce l'influence hellénique (p. 171). — IV. Règne de Tarquin le Superbe ; sa puissance et sa tyrannie. Ambassade à Delphes. Révolution. Expulsion de la famille tarquinienne (p. 193). — V. Établissement du gouvernement consulaire (p. 203). — VI. Commencements difficiles de la République. Domination momentanée de Porsenna. Entreprises réitérées de Tarquin. Sa défaite définitive qui met fin au rôle politique des Étrusques à Rome. Continuation de l'influence de leur civilisation. (p. 206).

LIVRE TROISIÈME

Histoire de la parole et des débats législatifs chez les Romains jusqu'à l'unification du peuple entier par l'égalité civile, politique et religieuse. L'âge d'or de la république.

CHAPITRE I. — Histoire de la parole et des débats législatifs dans la lutte des plébéiens et des patriciens jusqu'à l'établissement de l'égalité civile. 221

I. Vitalité persistante de l'élément latin malgré l'action exercée par les Sabins et par les Étrusques. Son développement considérable dans la plèbe (p. 221). — II. Lutte des plébéiens et des patriciens. Les *nexi*. Plaintes d'un ancien centurion devant le peuple ; discours des consuls Servilius et Appius Claudius, du dictateur Manius Valérius dans la Curie ; retraite sur le mont Sacré ; apologue de Ménénius Agrippa ; traité entre les deux ordres ; création des tribuns et des édiles plébéiens (p. 224). — III. Premières victoires des tribuns : accusations portées par eux contre Coriolan et contre des personnages consulaires ; leur puissance dans les comices par tribus (p. 232). — IV. La loi agraire. Proposition de Spurius Cassius Viscellinus (p. 239. — V. Accusation portée par Cn. Génucius, qui est assassiné. Proposition de Publilius Voléron et vote de la loi Publilia. Proposition de Térentilius Arsa. Discours de Cæson Quinctius, du tribun Virginius, du consul P. Valérius. La loi Icilia. La loi des consuls Sp. Tarpeius et A. Aternius. Succès définitif de Térentilius et nomination de décemvirs chargés de rédiger une législation applicable à tous (p. 246). — VI. Les décemvirs et les douze tables. Ambition du décemvir Appius Claudius. Opposition éloquente de L. Valérius

Potitus et de M. Horatius Barbatus. Attentat d'Appius contre la fille du centurion Virginius, fiancée de l'ancien tribun Icilius. Révolte des armées et nouvelle sécession de la plèbe sur le mont Sacré, provoquée par les discours de Virginius, d'Icilius et du tribun Duilius. Réconciliation opérée par L. Valérius et M. Horatius : avantages qu'en retirent les plébéiens (p. 257). — VII. Esprit des lois des XII tables. Discours du tribun Canuléius contre celle de ces lois qui maintient l'interdiction des mariages entre patriciens et plébéiens. Conquête définitive de l'égalité civile (p. 265).

CHAPITRE II. — Histoire de la parole et des débats législatifs dans la lutte des plébéiens et des patriciens, depuis l'établissement de l'égalité civile jusqu'à celui de l'égalité politique et religieuse. Puissance que donne à Rome, dans le ve siècle, l'unité de son peuple 271

I. Caractère sacerdotal de la magistrature suprême. Objections religieuses des patriciens aux tribuns qui en demandaient le partage. Causes du démembrement du consulat dès le début de la lutte pour l'égalité politique. Censure. Tribunat militaire. Diversité des moyens employés par le patriciat pour résister aux réclamations éloquentes des hommes d'État plébéiens. Qualités nécessaires à ceux-ci dans une telle lutte (p. 271). — II. Événements tragiques de cette époque : assassinat de Spurius Mælius et discours du vieux Cincinnatus, qui inspire à la plèbe la haine de son bienfaiteur ; condamnation à mort de M. Manlius Capitolinus, malgré la défense véhémente qu'il oppose à ses accusateurs en face du Capitole, témoin de son courage et de sa gloire (p. 282). — III. Peu à peu néanmoins l'égalité civile, par les mariages entre personnes des deux ordres, crée des intérêts de famille qui portent certains patriciens vers leurs alliés plébéiens. Propositions multiples de Licinius Stolon, gendre du patricien Ambustus. Lui et son associé Sextius sont nommés dix fois de suite tribuns du peuple. Leur persévérance et leur habileté triomphent. Les plébéiens sont admis au consulat en même temps que sont créées deux magistratures nouvelles, la préture et l'édilité curule (p. 291). — IV. Partage de toutes les magistratures curules. Grands discours des tribuns du peuple au sujet du pontificat et de l'augurat, auxquels les plébéiens sont également admis par la loi Ogulnia. Anéantissement du pouvoir des curies. Unité définitive du peuple romain. Le Sénat en devient l'expression la plus élevée (p. 298). V. Le ve siècle de Rome est l'âge d'or de la République. Forte de son unité, Rome domine rapidement l'Italie entière et les grandes îles qui en dépendent. Elle sort victorieuse de la première guerre punique (p. 309). — VI. Puissante harmonie de son gouvernement, de ses institutions militaires et de sa politique extérieure. Maîtresse des richesses matérielles de l'Italie, elle met sa langue en communication constante avec celle des Grecs, et voit s'ouvrir à son génie les trésors intellectuels de la race hellénique (p. 344).

www.ingramcontent.com/pod-product-compliance
Lightning Source LLC
LaVergne TN
LVHW021122050726
842519LV00002B/326